Mosaik

Grau/Kremer/Möseler/Rambold/Triebel

Gräser

Süßgräser, Sauergräser, Binsengewächse und grasähnliche Familien Europas

Herausgegeben von Gunter Steinbach

Illustriert von Jürke Grau, Bernd Kliehm, Bruno P. Kremer, Gerhard Rambold und Anke Schlehufer

Mosaik Verlag

Abkürzungen im Bestimmungsteil

G In der Bundesrepublik geschützte Art (nach der Bundes-Artenschutzverordnung)

RL Art steht auf Roter Liste der in der BRD gefährdeten oder ausgestorbenen Arten

N = Nord
O = Ost
S = Süd
W = West
± = mehr oder weniger

Abkürzungen auf den Textzeichnungen

Ä = Ährchen
B = Blatt
BL = Blüte
BLB = Blütenblatt, Kronblatt
BLST = Blütenstand, Vereinigung mehrerer bis zahlreicher Blüten in einem meist charakteristischen Verzweigungssystem
BQ = Blattquerschnitt
BS = Blattscheide, basaler, meist den Sproß umgreifender Teil des Blattes (im Übergang zur Spreite)
D = Deckspelze
F = Frucht, Blüte bzw. ihr Fruchtknoten zur Zeit der Samenreife (bei Seggen: Fruchtschlauch)
FQ = Fruchtquerschnitt (bei Seggen: Fruchtschlauchquerschnitt)
H = Hüllspelze
HB = Halmbasis
HQ = Halmquerschnitt
SA = Samen
SCH = Schuppenblatt bzw. Spelze (meist bei den Sauergräsern), charakteristisches trockenhäutiges Blatt, in dessen Achsel die Blüten stehen
SP = Sproß, Stengel mit ansitzenden Blättern oder Blüten
SPQ = Sproßquerschnitt

♂ = männlich
♀ = weiblich

Die Textillustrationen wurden bei den Sauergräsern, Binsen und grasähnlichen Familien nach Original-Material gefertigt, bei einem Teil der Süßgräser mit Abweichungen nach HUBBARD.

Der Mosaik Verlag ist ein Unternehmen
der Verlagsgruppe Bertelsmann

Neue, bearbeitete Sonderausgabe

Druck und Bindung: Graphischer Großbetrieb Pößneck GmbH
Printed in Germany · ISBN 3-576-10702-9

Inhalt

Zum Buch

Zwei Pflanzenfamilien, die Süßgräser und die Sauergräser mit zusammen weltweit etwa 14000 Arten, werden im engeren Sinne als Gräser bezeichnet. Obwohl die Süßgräser mit über 600 Gattungen ungleich formenreicher sind als die in nur 90 Gattungen gegliederten Sauergräser, weisen die Süßgräser einen einheitlicheren Bauplan auf. Den Sauer- oder Riedgräsern stehen die auch in diesem Band behandelten Binsengewächse verwandtschaftlich näher als die Süßgräser. Die weiteren im Buch berücksichtigten grasähnlichen Familien ähneln den eigentlichen Gräsern in ihrer Wuchsform, sind aber nicht näher mit ihnen verwandt.
Fossile Gräserfunde weisen bis in die obere Kreidezeit, dem letzten Abschnitt des Erdmittelalters. In der Kreide waren die Blütenpflanzen zum beherrschenden Element der Landpflanzen geworden. Die windbestäubten Gräser sind also verhältnismäßig »moderne« Pflanzen in der Entwicklungsgeschichte, nicht etwa primitiverere Vorfahren der hoch organisierten insektenbestäubten Blütenpflanzen.
Die Gräser nahmen schon im Tertiär, dem ersten Abschnitt der Erdneuzeit, einen bedeutenden Teil der Landpflanzen-Gesellschaften ein. Im Tertiär liegt auch die Blütezeit der Säugetierentfaltung. Säugetiere waren und sind die Hauptnutzer der Graspflanzen. Gräser suchen sich durch härtende Kieselsäureeinlagerungen vor Tierverbiß zu schützen. Ein Grashalm im Salat bzw. zwischen unseren Zähnen kann uns vorführen, wie schwer er sich mechanisch zerkleinern läßt. Die vorwiegend von Gras lebenden Weidetiere entwickelten mächtige und sehr wirkungsvolle Gebisse, wie etwa die Pferde, um das massereiche Futterangebot der Gräser nutzen zu können. Auch die in der Stammesgeschichte mehrmalig vollzogene Entwicklung des Wiederkäuens kann als eine Antwort der Pflanzenfresser auf das reiche Grasangebot nahezu aller Landlebensräume verstanden werden. Neben anderen Familien sind die Hornträger, die Giraffen und die Hirsche Wiederkäuer. Die großen Landsäugetiere entwickelten sich in den natürlichen Grasgürteln der Erde. Wie kaum eine andere Pflanzengruppe verträgt Gras ständige Beweidung, ja es wird von regelmäßigem Verbiß durch Ausschluß seiner Wettbewerber und durch die Verjüngung der Pflanzen wesentlich gefördert. Grasländer ermöglichen die Sozialform der individuenreichen Tierherde und eine Vielzahl großer und kleiner Raubtiere, die sich von Grasfressern ernähren. Auch der Mensch lebt überwiegend und unmittelbar von Graspflanzen, aber nicht von ihren grünen Teilen, sondern vom Samen der Getreidearten. Auf sie gehen die Autoren ausführlicher ein.
Die düngerverträglichen Wirtschaftsgräser unter den Süßgräsern, die sich durch Rinder in Milch verwandeln lassen, erfuhren in der modernen Landwirtschaft eine übermäßige Förderung auf Kosten der Gräser, die an ihren Lebensraum differenziertere Ansprüche stellen. Die Rote-Liste-Arten unter den Gräsern unserer Heimat machen deutlich, daß heute nicht mehr blumenpflükkende Zeitgenossen, sondern Veränderung und Zerstörung von Lebensräumen viele Wildpflanzen, vor allem die ökologisch spezialisierten Arten, an den Rand der Ausrottung bringen.
Die von Natur aus besonders auf Feuchtwiesen große Bestände bildenden Sauergräser wurden einst als Pferdefutter und Einstreu genutzt und somit auch durch die Landwirtschaft erhalten. Die Trockenlegung der meisten Feuchtgebiete, das Verschwinden der Arbeitspferde und das Umstellen von der Bereitung streuehaltigen Mistes auf Schwemmentmistung ließen die einst landschaftsprägenden Sauergräser örtlich zu seltenen Arten werden.
Die Bildautoren lösten die Bebilderungsfrage mit brillanten Freilandaufnahmen, einem Knackpunkt jedes auch für botanische Laien benutzbaren Gräserführers. Für einen nur kleinen Anteil der Fotos wurde auf Herbarmaterial zurückgegriffen. Die von den Textautoren selbst erarbeiteten Zeichnungen bestimmungsfähiger Einzelheiten, die jeder beschriebenen Art beigestellt wurden, ermöglichen zusammen mit den sich auf Wesentliches beschränkenden Artbeschreibungen ein sicheres Bestimmen aller in diesem Band vorgestellten Arten. Unsere Artenwahl repräsentiert die Wildgräser Europas ohne Anspruch auf Vollständigkeit mit deutlichem Schwerpunkt Mitteleuropa. G. S.

Übersicht der Bildsymbole

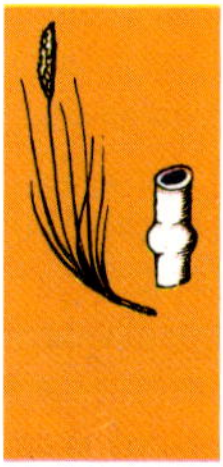

Süßgräser
Poaceae
ab Seite 24

Binsengewächse
Juncaceae
ab Seite 174

Sauergräser
Cyperaceae
ab Seite 194

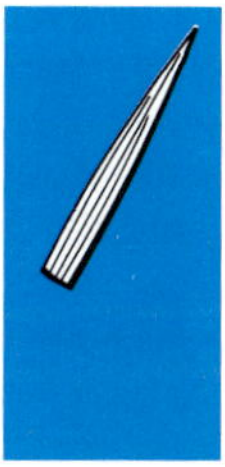

Grasähnliche Pflanzen
ab Seite 260

Die Gräser – ein weltweiter Erfolg

In vielen Sprachen der Welt findet sich die begriffliche Unterscheidung von Gräsern und Kräutern. Diese Teilung der nicht verholzenden Pflanzen in zwei Großgruppen ist bemerkenswerter als es zunächst erscheinen mag. Sie drückt die Einschätzung aus, daß die Gräser – Repräsentanten eines sehr engen Verwandtschaftskreises – gleichsam ebenbürtig dem gesamten, ungleich vielgestaltigeren Rest der Blütenpflanzen gegenüberstehen. Zwei Erfahrungen sind an dieser Bewertung der Gräser beteiligt. Zum einen verbindet sich mit dem Begriff Gras sofort das typische, zunächst einmal recht einheitliche Erscheinungsbild einer schlankwüchsigen Pflanze mit dünnen Halmen, schmalen parallelnervigen Blättern und unauffälligen, einfachen Blütenständen – ein denkbar großer Gegensatz zu den überaus formenreichen und allgemein farbenprächtig blühenden Kräutern. Zum anderen führte auch die Häufigkeit zu dieser gängigen Gliederung in Gräser und Kräuter. Gräser bestimmen vielerorts den Pflanzenwuchs, sie beherrschen das Erscheinungsbild ganzer Landschaften und drängen andere Pflanzen auch in der örtlichen Zusammensetzung der Flora oft in den Hintergrund. Die allgemeine Unterscheidung nicht verholzender grüner Pflanzen in Gräser und Kräuter umfaßt somit eine qualitative und eine quantitative Seite. Beide verdienen nähere Betrachtung.

Der offensichtlichen Einheitlichkeit im Erscheinungsbild der Graspflanzen – man kann geradezu von einer typhaften Grastracht sprechen – liegen viele gemeinsame Merkmale dieser Gruppe zugrunde. Der Bauplan der Gräser hat sich in der Evolution bestens bewährt. Er wurde vielfach weiterentwickelt und besonderen Umweltbedingungen angepaßt. Er weicht entscheidend von den Eigenheiten der übrigen Pflanzengruppen ab, deren unübersehbare Vielfalt keinen anderen gemeinsamen Nenner hat als den, nicht Gräser zu sein.

Der allen Gräsern und einigen grasähnlichen Pflanzenfamilien gemeinsame Bauplan enthält eine denkbar große Variationsbreite einzelner Merkmale, Kennzeichen von Bau- und Leistungseigentümlichkeiten, die im Genpotential festgeschrieben, also erblich sind. Mit ihrer Hilfe lassen sich mehr als 100 mitteleuropäische Süßgräserarten und nicht weniger Sauergräserarten bestimmen. Die einzelnen Arten unterscheiden sich nicht weniger eindeutig voneinander als die Arten anderer Blütenpflanzen, erfordern aber für das Bestimmen ein recht genaues Beobachten und begriffliches Erfassen der Pflanzenorgane und ihrer Einzelheiten.

Die Beschäftigung mit Gräsern zeigt, daß auch bei der auf den ersten Blick scheinbar größeren Einförmigkeit der Gestaltung selbst innerhalb einer Art keine Pflanze der anderen vollkommen gleicht.

Ihre genauere Betrachtung erschließt uns eine überraschende Vielfalt. Als windblütige Pflanzen verbinden sie mit ihren Blüten nicht die Funktion auffälliger Schauorgane mit dem bei tierblütigen Pflanzen oft beträchtlichen Aufwand an Größe, Farben, Formen und Duft. Der eher zurückhaltende ästhetische Reiz einer Grasblüte offenbart sich erst im Detail und in der kleinen Dimension. Gräser fordern zu größerer Betrachtungsnähe und zu genauerem Beobachten der klar und jeweils arttypisch gestalteten Einzelheiten heraus.

Gräser wachsen allerorten

Die Gräser gehören zu den ökologisch erfolgreichsten Pflanzen überhaupt. Allein die Süßgräser sind weltweit in nahezu allen Pflanzenformationen vertreten und bestimmen oft genug deren Aussehen oder Artenzusammensetzung. Gräser kommen hoch in den Alpen und weit jenseits des Polarkreises an der klimatischen Verbreitungsgrenze der Blütenpflanzen vor. Eine der beiden Blütenpflanzenarten, die auch in Teilen der Antarktis vorkommen, ist ein Vertreter der Süßgräser. Gräser findet man flutend in Binnengewässern, bestandsbildend im Röhricht der Uferzonen, auf dauernd nassem oder wechselfeuchtem Boden, aber auch an Problemstandorten wie Straßenrändern, Trockenböschungen oder Felsriegeln. Selbst extreme Pflanzenstandorte wie Kiesböden, Schotterflächen oder Mauerkronen werden von bestimmten Gräsern erfolgreich erobert.

Natürliches Grasland kommt in hohen Gebirgen, etwa in den Alpen, in Form ursprünglich magerer grüner Matten oberhalb der Baumgrenze vor. Durch jährliche Sömmerung von Weidevieh im Hochgebirge und durch regelmäßiges Schwenden des Gehölzaufwuchses veränderte die Alpwirtschaft vielerorts den Verlauf der Waldgrenze und vergrößerte das alpine Grünland beträchtlich. Verbiß und Düngung durch Weidegang fördern zusätzlich Grasarten und drängen andere Pflanzen dieses Lebensraumes zurück.

An der Meeresküste ertragen spezialisierte Arten den hohen Salzgehalt der Marschenböden. In Dünengebieten tragen Gräser zur Sandfestlegung und Stabilisierung des gesamten Lebensraumes bei. An diesem Sonderstandort müssen sie auch gegen den feinen Flugsand gerüstet sein, der auf Dauer wie ein Sandstrahlgebläse wirkt und den Untergrund abtragen oder anhäufen kann. Kurz, Gräser überleben an Standorten denkbar großer ökologischer Bandbreite von dauernaß bis extrem trocken und von sehr heiß bis arktisch kalt. Innerhalb dieses Spektrums nimmt zwar jede einzelne Art ihren jeweiligen Vorzugsbereich ein, doch deckt allein die Familie der Süßgräser praktisch alle Standorttypen ab, die überhaupt von Blütenpflanzen zu besieden sind – von den Hochgebirgskämmen bis zur Meeresküste und von den polnahen Gebieten bis zum Äquator. Es gibt keine ökologisch bedeutendere Pflanzenformation, in der Gräser gänzlich fehlen.

Viele Pflanzengesellschaften werden von Gräsern beherrscht. Rund ein Fünftel der gesamten Vegetation der Erde besteht überwiegend aus Gräsern: die ausgedehnten, landschaftsprägenden Grasgürtel zwischen Wald und Wüste, die Steppen, Savannen, Prärien und Pampas. Ausgedehnte Savannen finden sich als klimatisch bedingte Vegetationszonen in den tropischen Sommerregengebieten aller Kontinente (außer Europa). In den afrikanischen Savannen überwiegen Grasarten aus den großen Gattungen *Andropogon*, *Aristida*, *Panicum* und *Pennisetum*. In den

indischen Savannengebieten dominieren große Bestände der Gattung *Imperata*. Australische Savannen sind zu großen Anteilen von den Gattungen *Eragrostis* und *Sporobolis* zusammengesetzt.
Prärien und Steppen sind weitgehend natürliche Grasländer der gemäßigten Breiten mit ausgeprägt kontinentalem Klima. Hier müssen die Graspflanzen nicht nur sommerliche Trockenheit, sondern auch winterliche Tieftemperaturen ertragen, wie in der Pußta Ungarns oder in der Pampa Argentiniens. Der Artenreichtum vieler Steppen ist bemerkenswert. Gelegentlich werden die Bestände aber auch von nur wenigen vorherrschenden Arten zusammengesetzt. Horizontweite Teppiche bildet beispielsweise das Büffelgras *(Buchloe dactyloides)* der nordamerikanischen Prärien.

Als der Wald zur Weide wurde

In Mittel- und Westeuropa kommen Gräser von Natur aus nur dort bestandsbildend vor, wo der Baumwuchs aus natürlichen Gründen stärker eingeschränkt ist: Alpine Matten oberhalb der klimatischen Gehölzgrenze oder staunasse Böden entlang von Gewässern wurden daher zur Domäne der Gräser. Erst unter dem Einfluß des landnutzenden Menschen entstanden auf Standorten, die sonst der Wald für sich beanspruchen würde, die weiten, heute vielfach landschaftsprägenden Grasfluren des Wirtschaftsgrünlandes. Neben den Äckern bilden sie die kennzeichnenden Elemente unserer Kulturlandschaft, die der Mensch seit der Jungsteinzeit aus der Naturlandschaft geformt hat. Auf Wiesen (für die Heuernte) und Weiden (Milch- und Fleischproduktion) werden die weitaus meisten Konkurrenten der Gräser schon durch die Bewirtschaftungsform ausgeschaltet. Die Erneuerungsorgane der Gräser liegen tief am oder sogar im Boden. Insofern ertragen sie Schnitt oder Verbiß ungleich besser als viele andere Pflanzen. Nur wenn die Nutzung aufgegeben wird, gehen die Grünlandstandorte durch Verbrachung allmählich wieder in Buschland und schließlich Wald über.
Je nach Bewirtschaftungsform und Standort können Wiesen und Weiden trotz der Vorherrschaft der Gräser zeitweise außerordentlich bunt und blumenreich sein. Artenreiche Pflanzengesellschaften (siehe S. 272) entwickeln sich vor allem auf nährstoffarmen Standorten. Sie sind naturnäher und schon wegen ihres artenreichen Kleintierlebens ökologisch hochwertiger als durch Intensivnutzung artenarme Fettwiesen, auf denen neben Löwenzahn und Ampfer nur noch ein halbes Dutzend Wirtschaftsgräser gedeihen. Obwohl gerade auf den extensiv genutzten Grünlandflächen nicht wenige Rote-Liste-Arten vorkommen und einige dieser Standorte sogar unter Naturschutz stehen, sollte man nicht übersehen, daß sie landwirtschaftsbedingte Elemente unseres Kulturlandes darstellen. Bunte, artenreiche Mähwiesen gibt es in Mitteleuropa erst seit rund 1000 Jahren. Weiden sind dagegen erheblich älter. Sie gingen unmittelbar aus Wäldern hervor, die durch Holzeinschlag und Waldweidebetrieb zunächst stärker aufgelichtet und schließlich vollends von Gehölzen entblößt wurden. Dem Bild der parkartig aussehenden Waldweiden mit ihren schon größeren Grasflächen, wie sie spätestens seit der Bronzezeit die damaligen Siedlungsgebiete prägten, kommen unsere heutigen Streuobstwiesen am nächsten.
Spezialisierung vermeidet Konkurrenz. Nur selten konkurrieren Süßgräser mit Sauergräsern oder Vertretern anderer grasartiger Familien (S. 14) um den gleichen Standort. Sauergräser und Binsengewächse bevorzugen in der Naturlandschaft sehr nasse, oft nährstoffarme und saure Standorte. Sie sind daher die Kennpflanzen der verschiedenen Moortypen und vergleichbarer Lebensgemeinschaften (Naßwiesen, Großseggenrieder, Brücher). Allerdings gibt es auch in diesen Familien Spezialisten, die sich ziemlich trockene Standorte eroberten.

▷ *Oben: Kulturland mit Wiesen und Weiden. Die hier vorherrschenden Süßgräser haben hohen Futterwert.*
Unten: Naßwiesen werden von Sauergräsern beherrscht; das Milchvieh verschmäht sie.

Gräser im System der Pflanzen

Nach der Häufigkeit oder dem Flächenanteil an der Vegetation der Erde könnte man die Gräser gleichsam als Typ-Pflanzen schlechthin bezeichnen. Sie zeigen einen klaren Sproßaufbau mit der klassischen Gliederung in Wurzel, Sproßachse und Blattorgane wie die meisten übrigen höheren Landpflanzen. Sie besitzen ferner grüne Blattfarbstoffe (Chlorophylle), sind also zur Photosynthese befähigt, entwickeln Blüten und vermehren sich durch Samen bzw. Früchte. Ihre Zugehörigkeit zum Pflanzenreich liegt also klar auf der Hand. Man faßt es heute enger und genauer als noch vor wenigen Jahren. So gehören die Bakterien oder die Pilze nicht mehr dazu, sondern bilden eigene Organismenreiche. Auch die bunte Gesellschaft der Algen wird in neueren Systemen nicht mehr zum Pflanzenreich im engeren Sinne gestellt. Algen bilden aus mancherlei Gründen ebenfalls ein eigenes Organismenreich.

Systeme sind Klassifikationen des beobachtenden Menschen. Sie sollen die natürliche Verwandtschaft der betrachteten Lebewesen widerspiegeln. Verwandtschaftskriterium sind übereinstimmende Bauplan-Merkmale und deren Abwandlungen. Von den vielen Verwandtschaftsgruppen, die zusammen das Pflanzenreich bilden, berücksichtigt unser Schema nur diejenigen, die zur Klassifikation der Gräser im weitesten Sinne erforderlich sind.

Wegen ihrer besonderen Fortpflanzungseigenheiten gehören die Gräser zur Abteilung Blüten- und Samenpflanzen (Spermatophyta), die innerhalb des Pflanzenreiches gleichrangig neben den Abteilungen Moospflanzen und Farnpflanzen steht. Wesentliches Kennzeichen der Spermatophyta ist der Samen, ein von mütterlichem Gewebe eingeschlossener und mit reservestoffreichem Nährgewebe versorgter Pflanzenembryo.

Die Samenpflanzen lassen sich ihrerseits in zwei Untergruppen (Unterabteilungen) gliedern: Die Nacktsamer, zu denen unter anderem die Nadelhölzer gehören, tragen ihre Samenanlagen frei auf den Fruchtblättern. Bei den Bedecktsamern, zu denen die Gräser zählen, verwachsen die Fruchtblätter jeweils zum Fruchtknoten und schließen die Samenanlage völlig ein. Zur Befruchtung muß der auf eine Narbe außerhalb des Fruchtknotens gelangte Blütenstaub oder Pollen der Samenanlage mit einem langen Schlauch regelrecht entgegenwachsen.

Für die weiterführende Untergliederung der Bedecktsamer bieten sich weitere allgemeine Bauplan-Merkmale an. Gräser sind einkeimblättrige Pflanzen – eine Pflanzenklasse, die nicht nur durch die Einzahl ihrer Keimblätter gekennzeichnet ist, sondern auch noch durch eine ganze Reihe anderer Merkmale, etwa durch die Art ihrer Bewurzelung, durch die streifen- oder parallelnervige Aderung ihrer Laubblätter oder durch den Blütenaufbau mit Dreierwirteln.

Innerhalb der Einkeimblättrigen lassen sich vier Unterklassen unterscheiden. Die Gräser gehören zu den Commelinidae, einer Pflanzengruppe, die nur windblütige Arten umfaßt. Diese haben sich nach neuerer Auffassung parallel zu den tierblütigen Liliidae aus gemeinsamen Vorfahren entwickelt. In der europäischen Flora kommen nur Vertreter der drei Ordnungen Poales, Juncales und Cyperales vor. Jede dieser Ordnungen enthält nur eine Pflanzenfamilie, auf die sich die Gräser im weitesten Sinne verteilen: die Binsengewächse (Juncaceae), die Sauer- oder Riedgräser (Cyperaceae) und die Süßgräser oder Echten Gräser (Poaceae). Sie werden in diesem Buch genauer vorgestellt. Eine enge Verwandtschaft besteht zwischen diesen drei wichtigen Pflanzenfamilien nicht. Zudem ist nicht immer eindeutig festzustellen, ob Merkmalsähnlichkeit etwa zwischen den Cyperaceen und Poaceen auf Parallelentwicklung beruht und somit unabhängig zustande kam oder ob darin die gemeinsame Abstammung zum Ausdruck kommt. Grasartig aussehende Pflanzen gibt es auch noch in anderen Verwandtschaftsgruppen, beispielsweise in der Unterklasse Arecidae mit der Ordnung Typhales: Hierher gehören die Rohrkolbengewächse (Typhaceae) und die Igelkolbengewächse (Sparganiaceae), die neben einigen weiteren Vertretern auch aus der Unterklasse Alismatidae am Ende unseres Bandes behandelt werden.

▷ *Schema zur Stellung der Gräser im System der Pflanzen*

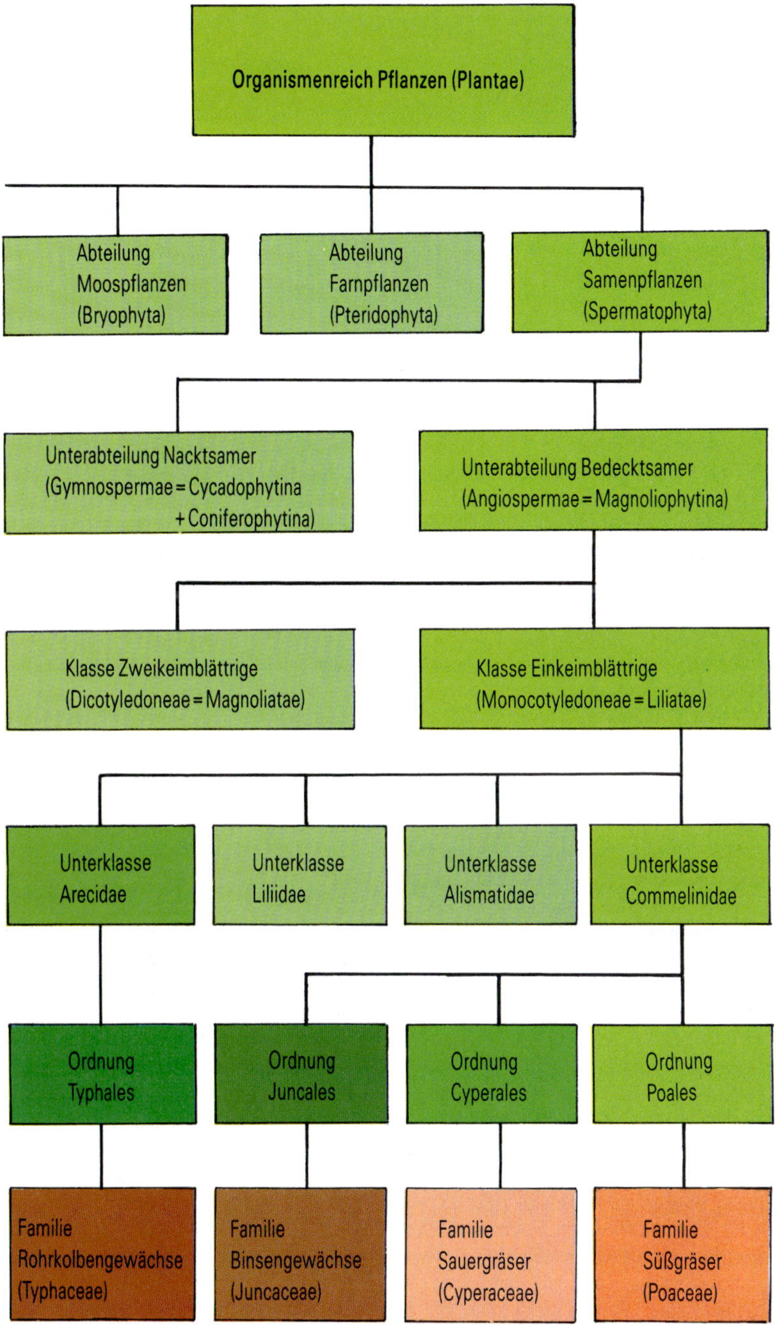
Organismenreich Pflanzen (Plantae)
Abteilung Moospflanzen (Bryophyta)
Abteilung Farnpflanzen (Pteridophyta)
Abteilung Samenpflanzen (Spermatophyta)
Unterabteilung Nacktsamer (Gymnospermae = Cycadophytina + Coniferophytina)
Unterabteilung Bedecktsamer (Angiospermae = Magnoliophytina)
Klasse Zweikeimblättrige (Dicotyledoneae = Magnoliatae)
Klasse Einkeimblättrige (Monocotyledoneae = Liliatae)
Unterklasse Arecidae
Unterklasse Liliidae
Unterklasse Alismatidae
Unterklasse Commelinidae
Ordnung Typhales
Ordnung Juncales
Ordnung Cyperales
Ordnung Poales
Familie Rohrkolbengewächse (Typhaceae)
Familie Binsengewächse (Juncaceae)
Familie Sauergräser (Cyperaceae)
Familie Süßgräser (Poaceae)

Getreide – unsere wichtigsten Nutzgräser

Die Gräser schaffen direkt oder indirekt unentbehrliche Lebensgrundlagen – auch für uns Menschen. Sehr viele Grasarten bilden Futterpflanzen für Nutztiere, von denen wir Nahrungsmittel und technisch verwertbare Materialien beziehen. Jeder Lederschuh repräsentiert umgewandelte pflanzliche Biomasse, an der die Gräser einen beachtlichen Anteil haben. Etliche Gräser spielen bis heute eine wichtige Rolle als Pflanzen mit technischer Nutzung, etwa als Rohstoffe für die Papierherstellung oder als Werkstoffe für Binde- und Flechtarbeiten. Die mit Abstand größte Bedeutung kommt jedoch denjenigen Nutzgräsern zu, die man üblicherweise als Getreide bezeichnet und die einen Großteil unserer pflanzlichen Nahrungsmittel, buchstäblich das tägliche Brot, bereitstellen. Von den sieben weltwirtschaftlich bedeutsamsten Pflanzen, die gleichsam die Säulen der menschlichen Ernährung bilden, gehören gleich vier Arten zu den Gräsern. Angeführt wird diese Rangliste von Weizen, Mais und Reis. Aber auch viele weitere Nutzgräser wie etwa die zahlreichen Hirse-Arten, deren Erntemengen die 300 Millionen Tonnen-Grenze nicht überschreiten, sind zumindest regional unverzichtbare Bestandteile der täglichen Nahrung. Ohne ertragreiche Gräser stünde es schlecht um die Ernährungslage der Menschheit. Eine Fülle weiterer Konsumgüter wie Malzkaffee, Bier, Whisky, Rum, Arrak oder Korn werden unmittelbar aus bestimmten Kulturgräsern gewonnen.

Unter Getreide versteht man alle wegen ihrer stärke- bzw. mehlhaltigen Früchte angebauten Kulturpflanzen. Dazu gehören im allgemeinen Sprachgebrauch auch Arten wie Buchweizen (Familie Knöterichgewächse) oder Reismelde (Familie Gänsefußgewächse). Botanisch wird der Begriff jedoch auf die Süßgräser eingeschränkt. Getreidearten finden sich in den Gattungen Borstenhirse *(Setaria)*, Fingergras *(Digitaria)*, Fingerhirse *(Eleusine)*, Gerste *(Hordeum)*, Hafer *(Avena)*, Hirse *(Panicum)*, Hühnerhirse *(Echinochloa)*, Mais *(Zea)*, Mohrenhirse *(Sorghum, Pennisetum)*, Reis *(Oryza)*, Roggen *(Secale)* und Weizen *(Triticum)*. Gerste, Hafer, Reis, Roggen und Weizen werden auch als Brotgetreide bezeichnet, die übrigen als Breigetreide. Aus Getreiden hergestellte Nahrungsmittel heißen Cerealien.

Weizen

Alle heute angebauten Getreide sind besonders ertragreiche und leistungsfähige Kulturpflanzen, die es in dieser Form in der Natur nicht gibt. Die ersten Getreide, die Menschen nutzten und zu Beginn der Jungsteinzeit vor nahezu 10000 Jahren auch in Kultur nahmen, müssen daher Wildgräser gewesen sein. Der Weg vom Wildgras zur Kulturpflanze wurde für den Weizen in vielen Einzelheiten aufgeklärt. Seine wichtigsten Stationen gibt das nebenstehende Verwandtschaftsschema wieder. Danach könnte die Evolution unseres heutigen Saat-Weizens *(Triticum aestivum)* etwa folgendermaßen ausgesehen haben: Wie Bodenbefunde ausweisen, gehört das Kultur-Einkorn *(Triticum monococcum)* zu den ältesten Kulturpflanzen überhaupt. Es entstand vermutlich durch Auslese aus dem Wild-Einkorn *(Triticum boeoticum)*, einem in Vorderasien weit verbreiteten Wildgras. Beide Einkorn-Arten besitzen jeweils 14 Chromosomen in zwei Sätzen zu je 7. Für das Erbgut dieser Weizen schreibt man auch die Formel AA.

Im gleichen Gebiet wie das Wild-Einkorn wächst ein nahe verwandtes Gras, das Ziegen- oder Gänsefußgras (*Aegilops speltoides = Triticum speltoides*), ebenfalls mit 14 Chromosomen ausgestattet, die jedoch den beiden Sätzen SS angehören. Bei diesem Gras klaffen die Spelzen zur Blütezeit besonders weit auseinander, so daß die Staubbeutel und Narben frei zugänglich sind. Deshalb ist es auch leicht mit anderen Arten zu kreuzen. Normalerweise würde die Kreuzung eine Pflanze mit der Erbgutformel AS ergeben. Aus verschiedenen genetischen Gründen ist sie jedoch nicht so recht vital und eigentlich nur dann lebensfähig, wenn gleichzeitig eine Verdoppelung der Chromosomensätze auf AASS erfolgt. Solche Individuen sind tetraploid, weil sie vier Chromosomensätze (mit insgesamt 28 Chromosomen) enthalten, im Unterschied zu ihren diploiden Eltern. Pflanzen mit der Erbgutformel AASS sind bislang unbekannt; es gibt jedoch einen Weizen *(Triticum timopheevi)* mit dem sehr ähn-

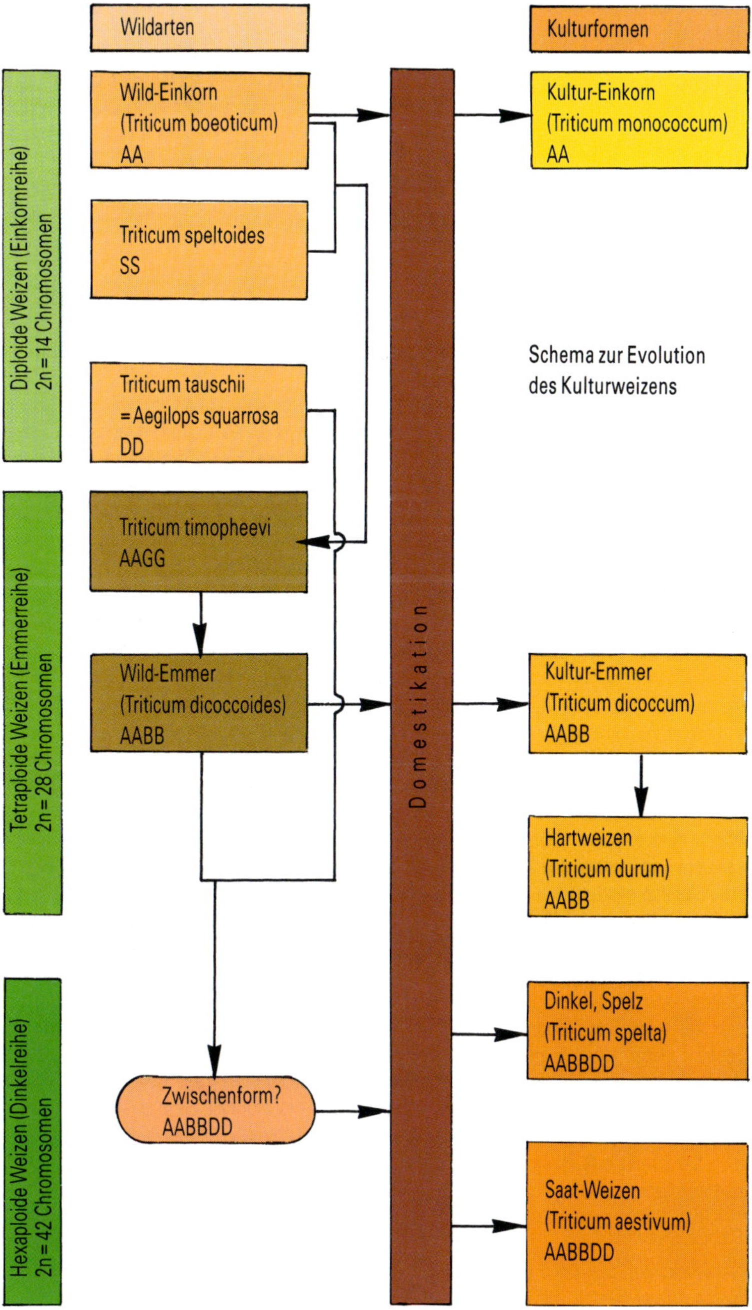

Schema zur Evolution des Kulturweizens

lichen Genbestand AAGG. Von diesem Weizen leitet sich durch Mutation vermutlich der Wild-Emmer *(Triticum dicoccoides)* mit der Erbgutformel AABB und von ihm durch Auslese der Kultur-Emmer (*Triticum dicoccum* – ebenfalls mit AABB) ab. Emmer ist ebenfalls ein uraltes Kulturgetreide, durch Funde nachgewiesen etwa von Jericho oder Çatal Hüyük (beide 7. bis 6. vorchristliches Jahrtausend). Steinzeitliche Ackerbauern verbesserten den noch recht urtümlichen Emmer-Weizen und schufen daraus eine Reihe lokaler Sorten, darunter beispielsweise den langspelzigen *Triticum turanicum* oder den besonders kleberreichen *Triticum polonicum*, aber auch den bis heute wirtschaftlich höchst bedeutsamen Hart-Weizen *(Triticum durum)*.

In der Evolution des Saat-Weizens muß sich mindestens noch einmal die Einkreuzung eines Wildgrases mit anschließender Verdoppelung der Chromosomensätze vollzogen haben. Als Eltern kommen einerseits der Wild-Emmer in Frage, der bereits das Erbgut AABB mitbringt, und andererseits eine weitere Ziegengras-Art (*Aegilops squarrosa* = *Triticum tauschii)* mit den beiden Chromosomensätzen DD. Der normale Bastard zwischen diesen beiden Formen müßte 14 + 7 = 21 Chromosomen und die Erbformel ABD aufweisen, wäre jedoch genetisch sehr unbalanciert und mit Sicherheit unfruchtbar. Erst die spontane Verdoppelung auf AABBDD ergibt eine lebensfähige, hexaploide Pflanze. Dieser Vorgang der Chromosomensatz-Verdoppelung wird von den Genetikern als Allopolyploidiesierung bezeichnet. Ein allopolyploides (hexaploides) Wildgras AABBDD ist nicht bekannt. Hexaploide Weizen existieren heute nur als sortenreiche Kulturpflanzen, nämlich als Dinkel oder Spelz *(Triticum spelta)* und als Saat-Weizen *(Triticum aestivum)*. Der Zeitpunkt, zu dem sich der Schritt von den tetraploiden zu den hexaploiden Weizen vollzog, ist nicht einmal auf das Jahrhundert genau anzugeben. Er ist nach der Fundverteilung für die ausgehende Jungsteinzeit anzunehmen. Der kulturelle Aufstieg der Menschheit hing also vom Getreide ab.

Das Getreidekorn

Getreidekörner sind keine nackten Samen, wie man aus ihrer Gestalt und Konsistenz vielleicht ableiten könnte, sondern Früchte. Einfächerige Fruchtknoten mit nur einer Samenanlage entwickeln sich nach dem Abblühen gewöhnlich zu einsamigen, trockenen Schließfrüchten. Die Fruchtwand solcher Schließfrüchte verbindet sich während der Reifezeit mit der eigentlichen Samenschale, übernimmt durch Aussteifung und Sprödigkeit deren Funktion und verwächst schließlich sogar mit ihr. Solche samenartigen Früchte werden Karyopsen genannt. Sie bilden die typische Fruchtform der Gräser und damit auch der Getreidearten.

Jede Weizen-, Gersten- oder Roggenkaryopse ist ein morphologisches Wunderwerk. Das ausgereifte Korn zeigt auf einer Flanke eine tiefe Furche. Es ist die ehemalige Bauchnaht des Fruchtknotens und damit die Seite, die im reifenden Ährchen der Vorspelze bzw. der Ährchenspindel zugewandt war. An der Basis der Korn-Rückenseite fällt eine schildförmige, etwas asymmetrisch ausgezogene Scheibe auf. Unter ihr liegt der Embryo, die Keimpflanze, mit bereits klar erkennbaren Wurzel- und Sproßanlagen. Der größte Teil des Kornes unterhalb der festen Fruchtwand (Perikarp) und der Samenschale (Testa) wird vom Nährgewebe, dem Endosperm oder Mehlkörper, eingenommen. Hier befinden sich in winzige Körnchen verpackt die gesamten Stärkevorräte des Getreidekorns und ein Großteil seiner Proteinreserven. Diese Vorräte sind die Nahrungsreserve des Embryo und als Starthilfe für die Keimung angelegt, denn bevor die ersten Blättchen die Ackerkrume durchbrechen und sich durch Photosynthese selbständig versorgen können, sind sie auf Materialzufuhr von innen angewiesen. Dieser Stofftransport wird durch eine Gewebeschicht (= Scutellum) vermittelt, die sich direkt an den Mehlkörper anlehnt und einem umgewandelten Keimblatt entspricht. Die ersten Blätter, die eine junge Getreidepflanze entwickelt, sind morphologisch gesehen also bereits Folgeblätter. Das Keimblatt verbleibt im Korn.

Mit nahezu 10000 Arten aus über 600 verschiedenen Gattungen bilden die Süßgräser (Poaceae)

▷ Blühende Weizenährchen (links) und Längsschnitt durch ein keimendes Weizenkorn (rechts) mit eingefärbtem Embryo

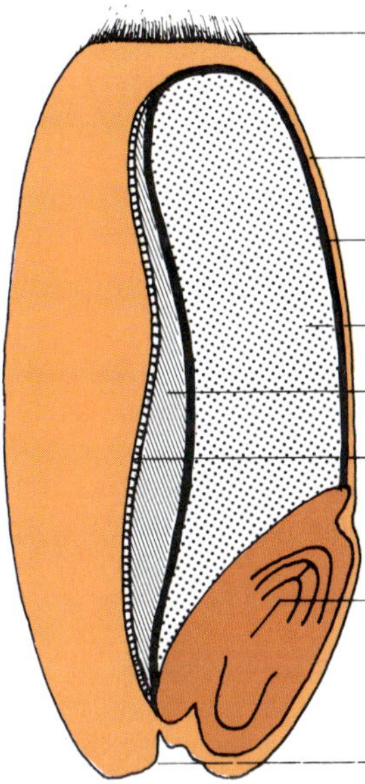

Aufbau eines Getreidekorns (Weizen)

Aufbau eines Weizenembryos

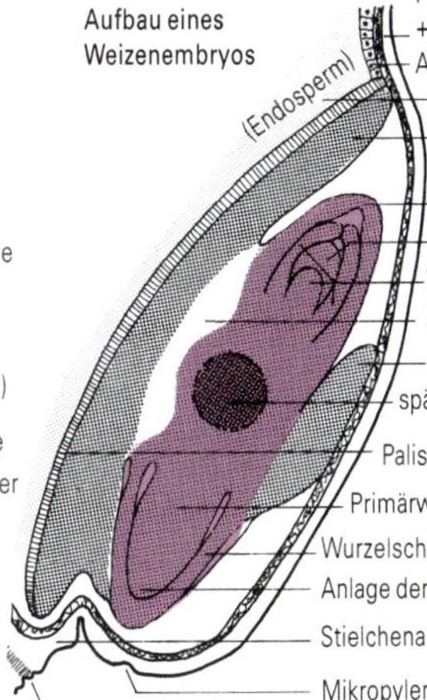

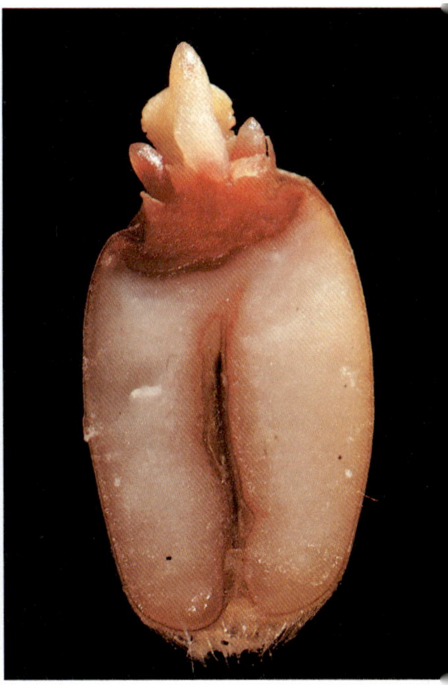

Süßgräser (Poaceae)

eine der umfangreichsten Pflanzenfamilien innerhalb der Blütenpflanzen. Mit Ausnahme der baumhoch wachsenden und deshalb auch stärker verholzten Bambuspflanzen, die eine eigene Unterfamilie innerhalb der Poaceae bilden, sind die Gräser krautige Pflanzen. Manche Arten schließen ihren gesamten Lebenszyklus innerhalb eines Jahres ab (Einjähriges Rispengras). Andere keimen im Laufe des Sommers oder Herbstes, bilden ihre Früchte aber erst im Sommer des Folgejahres (Wintergetreide, Weiche Trespe). Ein Großteil der Arten ist mehrjährig oder ausdauernd, besitzt also überwinterungsfähige Horste, Rosetten, Ausläufer oder unterirdische Kriechsprosse.

Am Bau ihrer Halme (Stengel) lassen sich die Süßgräser leicht und sicher von allen übrigen grasartigen Pflanzen unterscheiden. Süßgrashalme sind

- immer drehrund oder allenfalls ganz wenig zusammengedrückt,
- durchweg in Knoten (Nodien) und Knotenzwischenglieder (Internodien) unterteilt, wobei die Internodienlänge von unten nach oben im allgemeinen zunimmt,
- in den Internodien gewöhnlich hohl und nur in den Knoten mit Gewebe ausgefüllt; nur wenige Grasarten besitzen markige Stengel,
- immer zweizeilig beblättert, d.h. die Blätter wechseln sich von Knoten zu Knoten auf den gegenüberliegenden Seiten eines Halmes ab.

Nach technischem Maßstab ist ein Grashalm eine vollkommene, ja geradezu meisterhafte Konstruktion. Trotz seiner beachtlichen, oft einen Meter überschreitenden Länge bleibt er meist unter 2 mm dick und trägt trotzdem einen reichästigen oder kompakten, auf jeden Fall aber ziemlich schweren Blütenstand. Dies ist nur möglich, weil zugfeste, faserige Verstärkungselemente in die Halmwand eingelassen sind, die wirksam verhindern, daß der Halm unter seinem Eigengewicht wegknickt. Nur unmittelbar oberhalb der Halmknoten setzen diese Fasern aus. Hier befinden sich nämlich Wachstumszonen mit teilungsfähigem Gewebe, die den Halm einerseits in die Höhe schieben, andererseits aus einer Schräglage wieder in die Senkrechte heben können. Zieht man an einem Grashalm, reißt er in der Regel oberhalb der Knoten im Bereich der Teilungsgewebe. Die Blätter der Gräser bestehen immer aus zwei verschiedenen Abschnitten. Der basale Teil heißt Blattscheide. Sie setzt am Knoten an und umhüllt mit überlappenden Rändern das Internodium bis fast zum nächsten Halmknoten. Nahezu immer sind die Blattscheiden an einer Seite offen. Nur bei wenigen Grasarten (z. B. bei den Zittergras- und Perlgras-Arten) sind sie röhrig verwachsen. Der obere Teil der Blattscheide kann bauchig aufgebläht sein. Die Blattscheide geht an ihrem oberen Ende in die Blattspreite über. An der Übergangsstelle befindet sich oft ein kleiner, häutiger Saum, Ligula oder Blatthäutchen genannt. Seine Funktion ist uns unklar, aber wegen seiner Gestaltungsvielfalt für die Artbestimmung hilfreich. Die Vorderseite des Blattscheidenendes kann in spitze Öhrchen ausgezogen sein. Die flache oder gerollte bis gefaltete Blattspreite ist immer länglich und zugespitzt. Sie zeigt die typische Parallelnervatur, die einkeimblättrige Pflanzen kennzeichnet. Jeder Blattnerv ist ein Leitbündel, das dem Stofftransport und der konstruktiven Aussteifung der Blattfläche dient.

Die schlanke, hochwüchsige Graspflanze benötigt eine entsprechende Verankerung im Boden. Im Unterschied zu den Zweikeimblättrigen Pflanzen entwickeln sich keine Haupt- oder Pfahlwurzeln, sondern zahlreiche sproßbürtige Wurzeln an der Stengelbasis, die ihrerseits Seitenwurzeln erster und zweiter Ordnung ausbilden. Insgesamt ergibt sich dadurch ein Wurzelsystem von beachtlicher Länge. Für eine ausgewachsene Roggenpflanze wurde die Gesamtlänge aller Wurzeln mit etwa 80 km ermittelt. Gräser besitzen also allein schon im Boden außerordentlich lange Leitungen für Wasser und mineralische Nährstoffe. Die meisten Gräser sind Flachwurzler.

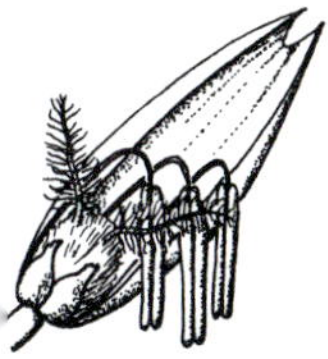

Blüte

Ährchen

Blatt mit Ligula und Öhrchen

Blatthäutchen (weiß) beim Flachen Rispengras

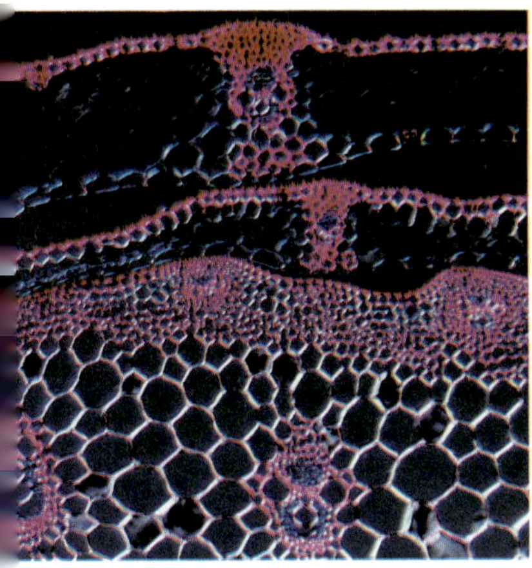

Querschnitt durch Blattscheide und Halm des Windhafers (Mikrofoto im polarisierten Licht)

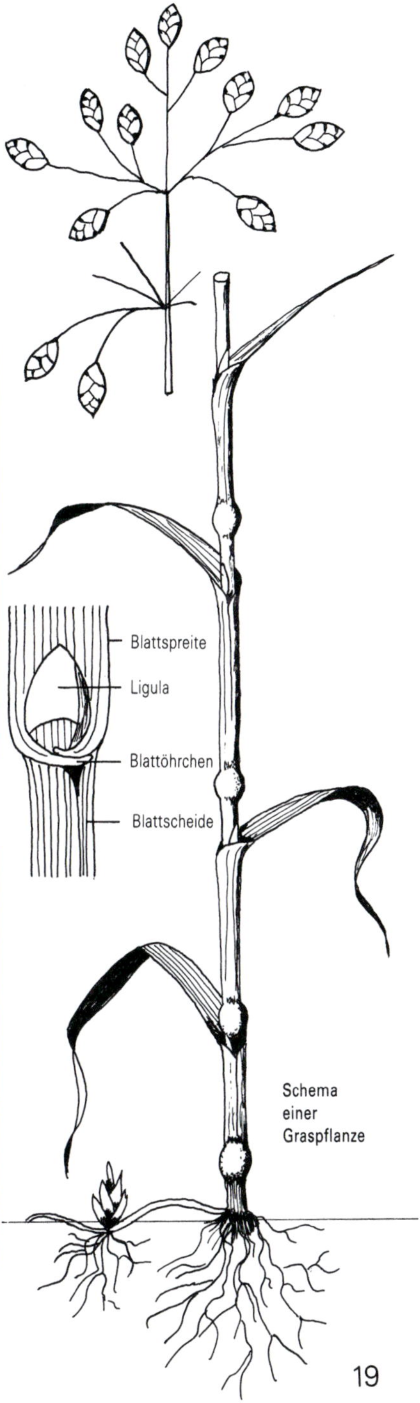

Schema einer Graspflanze

Blüten am Beispiel der Süßgräser

Im Vergleich zu den buntblumigen Wiesenpflanzen sind die Blütenstände der Süßgräser zwar eher unscheinbar, aber nicht schmucklos. Die langen Ähren, Ährenrispen oder Rispen unserer Wiesengräser bilden gestaltlich besonders herausgehobene Organe der Pflanzen, die nicht zu übersehen sind, auch wenn besonders auffällige Formen und lebhafte Farben fehlen. Gräser können als windblütige Pflanzen auf Signale an blütenbesuchende Tiere verzichten. Ihr Blütenstaub (Pollen) wird passiv von Wind und Luftströmungen verfrachtet. Deshalb müssen sie ihre Blütenstände buchstäblich über die Ebene der Blätter herausheben. Auf diesem Wege ist eine Bestäubung ebenso wirksam zu erreichen wie durch gezielten Pollenversand mit Bienen, Hummeln oder Schmetterlingen, sofern die jeweilige Art an einem Standort mit zahlreichen Individuen vorkommt. Eine großartige Aufmachung der Blüten mit plakaktiv herausgeputzter Blütenhülle erfüllt diesen Zweck nicht und wäre beim Start der Pollenkörner aus den Pollensäcken der Staubblätter ebenso wie beim Landemanöver auf der Narbe einer anderen Blüte hinderlich. Die eher bescheiden gestalteten Blüten und Blütenstände der Gräser erweisen sich somit bei näherer Betrachtung als hochgradige Anpassung an diesen Bestäubungsweg.
Entwicklungsgeschichtlich ist die Windbestäubung verhältnismäßig ursprünglich. Für Gräser erweist sie sich als vorteilhafter gegenüber der Bestäubung mit tierischer Hilfe: Grasbestimmte Pflanzengesellschaften umfassen üblicherweise eine sehr große Zahl von Individuen. Sie würden bei Tierbestäubung eine entsprechend große Zahl Bestäuberinsekten für einen zur Befruchtung ausreichenden Pollentransport zu allen Einzelpflanzen benötigen.
Die Anpassung an die Windbestäubung drückt sich in einigen gestaltlichen Besonderheiten im Blütenbau der Gräser aus. Die genauere Betrachtung zeigt auch, daß eine vergleichsweise einfache Blütenkonstruktion auf Schönheit im Detail nicht zu verzichten braucht. Für das Untersuchen von Grasblüten erweist sich eine etwa 5–10fach vergrößernde Lupe als hilfreich, für sicheres Bestimmen sogar als unentbehrlich.

Wie jede Blüte besteht auch die Grasblüte aus einem Fruchtknoten mit zwei (bei einigen Arten auch drei) langen, federartig verzweigten und meist glasig durchscheinenden Narben. Sie kämmen die umherdriftenden Pollen regelrecht aus der Luft heraus. Unterhalb des Fruchtknotens finden sich drei sehr lang gestielte, gewöhnlich baumelnde Staubblätter (Stamina) mit gelblichen oder rötlichen Staubbeutelchen (Antheren) mit je zwei Theken und insgesamt vier Pollensäcken. Hinter den Staubblättern liegen zwei, selten auch drei winzige, längliche Schuppen, die Schwellkörperchen oder Lodiculae. Durch Wasseraufnahme vergrößern sie sich beträchtlich und bewirken auf diese Weise die Blütenöffnung.
Zur Grasblüte gehört schließlich noch ein weiteres schuppenförmiges Blattorgan, die Vorspelze (Palea). Eine zweite Spelze, die Deckspelze (Lemma), bildet das Tragblatt der Grasblüte. Im Vergleich zu einer üppig gestalteten Tulpen- oder Rosenblüte beschränkt sich die Blüte eines Grases auf die notwendigsten Funktionen der Windbestäubung.
Nur selten kommen Grasblüten einzeln vor, etwa beim Einblütigen Perlgras. Meist stehen mehrere Blüten dicht beisammen und bilden einen Teilblütenstand, das Ährchen. Ährchen können recht klein sein wie bei den Straußgras-Arten, aber auch mehrere Zentimeter lang werden wie beim Hafer. Man kann sie ohne Lupe als kompakte, manchmal eher rundliche oder in anderen Fällen längliche Bestandteile einer Ähre oder einer Rispe erkennen. Innerhalb der Ährchen steht jede Einzelblüte in der Achsel einer eigenen Deckspelze. Am Grunde wird das Ährchen von der unteren und der oberen Hüllspelze (Gluma) eingefaßt. Diese beiden Hüllspelzen kann man als Tragblätter des Teilblütenstandes auffassen. Ihre Länge und Ausgestaltung liefert wichtige Bestimmungsmerkmale für die Unterscheidung der Arten. Ein vollständiges Ährchen besteht somit immer aus zwei Hüllspelzen, einer Anzahl von Deckspelzen (je nach Blütenzahl) und einer Vorspelze in jeder Blüte. Im Schema ist ein zweiblütiges Ährchen dargestellt.
Der Vergleich einer Grasblüte mit dem Blütenbau

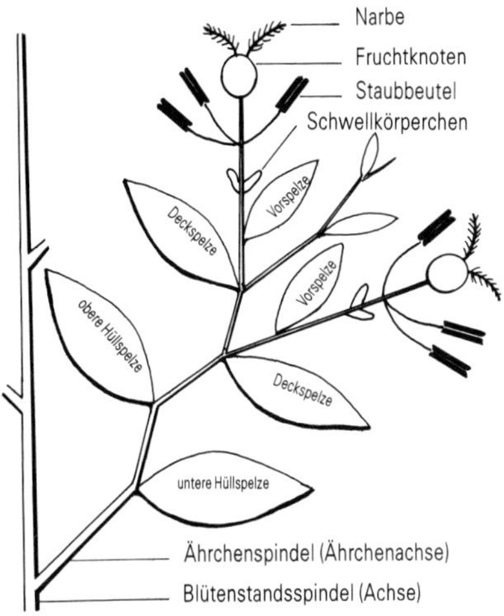

Aufbau eines Grasährchens
(schematisch; alle Achsen gestreckt)

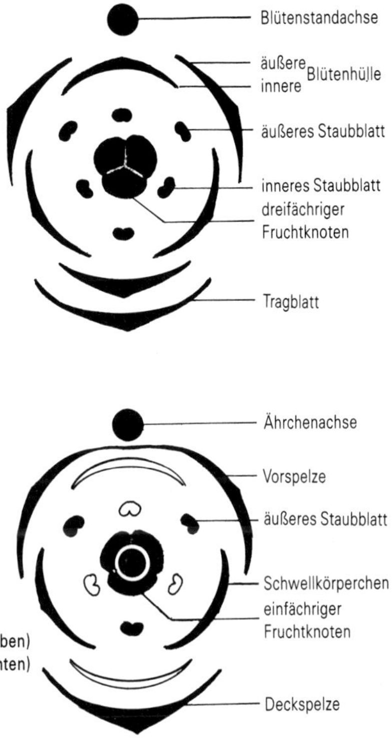

Blütendiagramme vom Gelbstern (oben)
und von einem Süßgras (unten)

Schema der Blütenstände von Süßgräsern

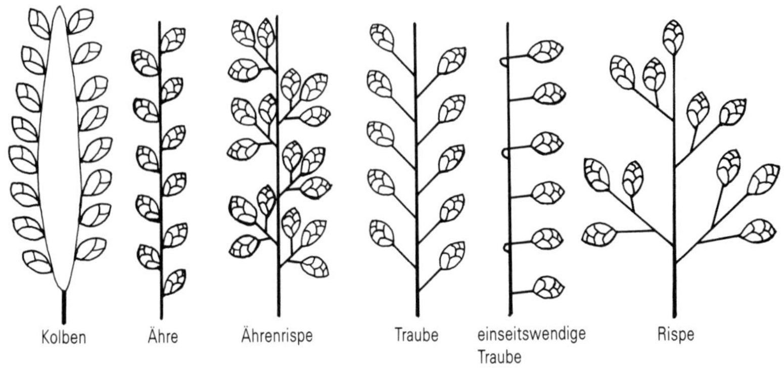

einer von Insekten bestäubten Pflanze ergibt kennzeichnende Gemeinsamkeiten und Abweichungen. Am deutlichsten zeigen sich die Unterschiede, wenn man die Blütengrundrisse (Diagramme) beispielsweise einer Trespe (Familie Poaceae) und eines Wiesen-Goldsterns (Familie Liliaceae) vergleicht.
Die Goldsternblüte zeigt den typischen Blütenbau der meisten einkeimblättrigen Pflanzen mit einem äußeren und einem inneren Blütenhüllblattkreis zu je drei Elementen, ferner einem äußeren und inneren Staubblattkreis (zusammen ebenfalls sechs Glieder) und einem zentralen Fruchtknoten. Alle Teile der verschiedenen Funktionskreise sind geometrisch exakt angeordnet. Die Glieder der inneren Kreise stehen jeweils auf Lücke zum weiter außen gelegenen Nachbarkreis.
Die Grasblüte läßt sich als Abwandlung dieses Grundmusters auffassen (siehe auch Beschreibung der Binsengewächse S. 172 und der Sauergräser S. 192). Die stärkste Umgestaltung erfuhr die Blütenhülle. Der äußere Hüllblattkreis besteht nur noch aus der Vorspelze, die ihren Rükken immer der Ährchenachse zuwendet und offenbar aus zwei ursprünglich getrennten Blättern verwachsen ist. Bei wenigen tropischen Gräsern gibt es auch heute noch jeweils getrennte Vorspelzen. Im inneren Hüllblattkreis sind die Glieder noch stärker zurückgebildet. Hier blieben lediglich die beiden als Schwellkörperchen dienenden Schuppen oder Zipfel. Ihre Stellung zur Vorspelze und zu den Staubblättern verrät unter anderem ihre ursprüngliche Blattnatur.
Im Laufe der Stammesgeschichte der Grasblüte gingen auch im Bereich der Staubblätter Organbildungen verloren:
Von den beiden Kreisen blieb nur der äußere Ring mit seinen drei Staubblättern. Der dreifächerige Fruchtknoten der Liliaceen wurde bei den Gräsern einfächerig; er enthält nur noch eine Samenanlage. In allen Funktionsbereichen der Blüte gab es mithin Abwandlungen und Umgestaltungen. In ihrer Summe sind sie jedoch noch nicht so groß, daß man die sekundär vereinfachte Grasblüte nicht mehr aus dem Grundtypus der Blüten einkeimblättriger Pflanzen ableiten könnte. Diese Ableitung macht uns die Gestaltung einer Grasblüte und ihren stammesgeschichtlichen Zusammenhang erst verständlich.

Vom Ährchen zum Gesamtblütenstand

Das einzelne Grasährchen ist im Normalfall bereits mehrblütig und stellt somit einen kleinen Blütenstand (Teilblütenstand) dar. Mehrere bis sehr zahlreiche Ährchen ordnen sich nun zu größeren Gesamtblütenständen, die das Erscheinungsbild eines blühenden Grases bestimmen. Dabei sind mehrere Möglichkeiten der Anordnung zu unterscheiden, die gleichzeitig wichtige Bestimmungs- und Erkennungsmerkmale liefern.
Im einfachsten Fall sitzen die Ährchen ungestielt an der Blütenstandsachse (= Spindel). Solche Blütenstände werden Ähren genannt. Strenggenommen müßte das Ährchen einblütig sein, doch wird bei den Gräsern von dieser Einschränkung abgesehen. Viele Gräser tragen ihre Ährchen auf langen, mehrfach verzweigten Seitenästen. Diese Blütenstände stellen Rispen dar und können bei einzelnen Arten beachtliche Ausmaße erreichen. Die Seitenäste können auch wesentlich kürzer ausfallen. Der Blütenstand ist dann zwar immer noch eine Rispe, sieht aber auf den ersten Blick aus wie eine Ähre und wird als Ährenrispe bezeichnet.
Erst beim Umbiegen einer solchen Ährenrispe erkennt man ihre genaueren Verzweigungsverhältnisse. Nur bei wenigen Gräsern kommen auch traubige Blütenstände vor, bei denen die Ährchen wiederum auf langen, aber immer unverzweigten Seitenästen sitzen. Weisen die Ährchenstiele alle in die gleiche Richtung, spricht man von einer einseitswendigen Traube. Als Fingergräser bezeichnet man schließlich solche Arten, bei denen mehrere Ähren am Halmende wie die Finger einer Hand angeordnet sind. Ein Kolben (wie beim Mais) entsteht als eine Abwandlung der Ähre durch Vergrößerung des Achsengewebes.

▷ *Links oben: Fuchsschwanzblüte im ♂ Zustand, darunter im ♀ Zustand*
Rechts oben: Narben und Antheren am Blütenstand des Glatthafers
Unten: Blütenstand der Unbewehrten Trespe; links ♂ Blüten (gelb), rechts ♀ Blüten

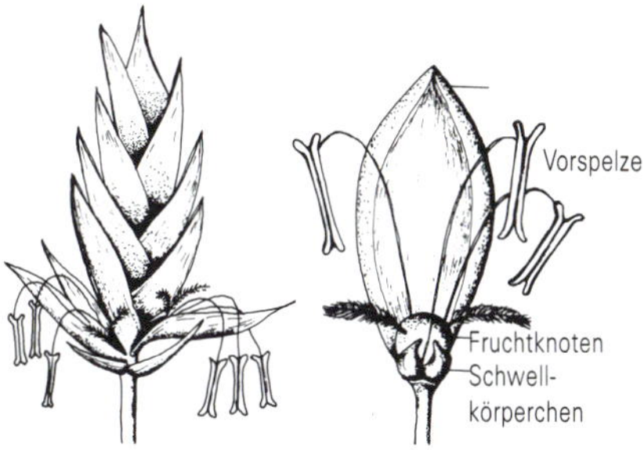

Ährchen (links) und Einzelblüte (rechts) der Trespe *(Bromus)*

Aufrechte Trespe *Bromus erectus*

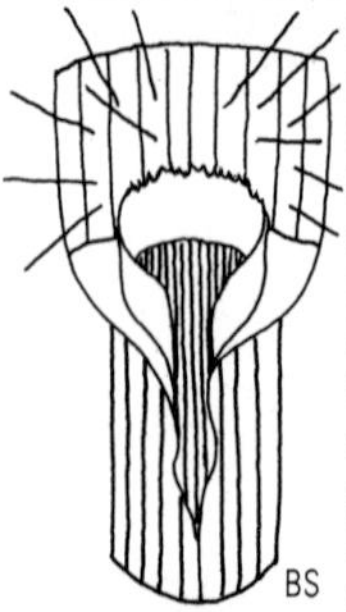

Merkmale: Ausdauerndes, in dichten Horsten wachsendes, bis 60 cm tief wurzelndes, trokkenheits- und kälteverträgliches, ca. 40–120 cm hohes Gras. Steif aufrechte, dünne bis kräftige, meist unbehaarte Halme mit 3–4 Knoten. Blätter schmal, gelblichgrün bis graugrün, Spreiten bis 30 cm lang, locker behaart, lang und fein zugespitzt, grundständige Blätter bei Trockenheit oft zusammengerollt, am Rande bewimpert. Blatthäutchen 1–3 mm lang, ± gezähnelt, ohne Öhrchen. Blattscheiden geschlossen röhrenförmig, die unteren abstehend behaart. Rispen mit dicht stehenden, aufrechten Ästen (Name!). Ährchen schlank, 20 bis 40 mm lang, leicht zusammengedrückt, hellbraun-rötlich. Hüllspelzen verschieden, die untere schmal 1nervig, die obere breiter, 3nervig. Deckspelzen an der Spitze begrannt, Granne 2–8 mm. Staubbeutel 4–6 mm, gelb.

Blütezeit: Juni bis Juli.

Standort: Auf gut durchlässigen, lockeren, mäßig trockenen, basenreichen Lehmböden, Magerkeitszeiger, kalkhold. Charakteristisches, ertragsarmes Obergras extensiv genutzter Kalkmagerrasen und trockener Glatthaferwiesen, das durch Mahd gefördert, durch Beweidung zurückgedrängt wird (nicht weidefest).

Verbreitung: Europa (in den Alpen bis 1300 m), SW-Asien, NW-Afrika.

Allgemeines: Die Aufrechte Trespe breitet sich gemeinsam mit der **Fieder-Zwenke** *(Brachypodium pinnatum)* rasch in brachliegenden, ehemals beweideten Kalkmagerrasen aus. Reichert sich deren hartes, rohfaserreiches Halm- und Blattmaterial als unzersetzter Filz in den Magerrasen an, führt dies alsbald zum Rückgang lichtbedürftiger Arten. Die durch zahlreiche gefährdete Tier- und Pflanzenarten gekennzeichneten Kalkmagerrasen müssen daher durch die Aufnahme gezielter Maßnahmen (z. B. Beweidung durch Schafe) gepflegt werden, um ihren Fortbestand langfristig zu sichern.

Wald-Trespe *Bromus ramosus* RL

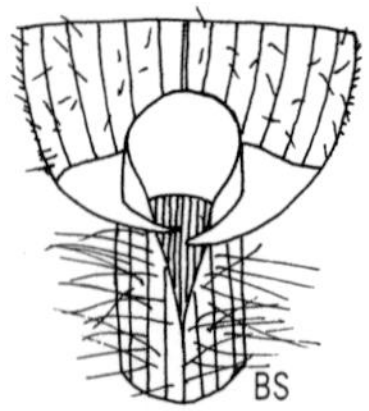

Merkmale: Ausdauerndes, in kleinen Horsten wachsendes Gras mit aufrechten oder aufsteigenden Halmen, 50–120 cm hoch. Blattscheiden röhrig eng, dicht und lang behaart, mit kurzen, spitzen Öhrchen. Blatthäutchen 1–3 mm lang, fein gesägt, häutig. Blattspreiten zugespitzt, 10–25 cm lang und um 10 mm breit, flach, wenig behaart oder fast kahl, leicht rauh. Rispen sehr groß, bis 20 cm hoch, mit weit abstehenden und zuletzt überhängenden Rispenästen. Ährchen bis über 2 cm lang, 3- bis 5blütig, vorne verschmälert, zusammengedrückt. Deckspelze 3nervig, an der Spitze mit 5–8 mm langer Granne.

Blütezeit: Juni bis August.

Standort: Humusreiche, schattige Laubwälder und Gebüsche, meist auf flachgründigem Kalkboden. Bevorzugt Buchenwälder.

Verbreitung: Europa außer Skandinavien.

Roggen-Trespe *Bromus secalinus* RL

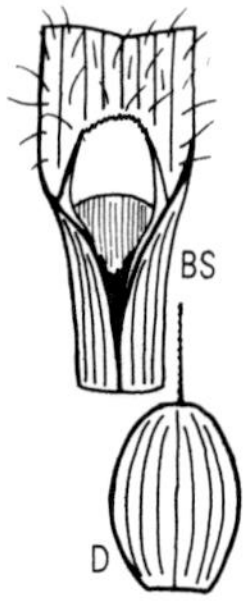

Merkmale: Einjähriges, seltener auch zweijähriges Gras mit einzelnen oder in lockeren Horsten wachsenden Halmen, 30 bis 120 cm hoch, dünn, ziemlich steif, unverzweigt, glatt, mit 5–7 Stengelknoten. Blattscheiden röhrig, auf der Rückseite gerundet, nahezu kahl. Blatthäutchen 1–2 mm lang, leicht gezähnt. Blattspreiten flach, 10 bis 25 cm lang und bis 10 mm breit, spitz, rauh, locker behaart, aufrecht. Rispe anfangs aufrecht, später leicht überhängend, bis 20 cm lang, grünlich-purpurn. Rispenäste kahl, sehr ungleich lang, mit 1–4 Ährchen. Ährchen bis über 2 cm lang, zusammengedrückt, 4- bis 10blütig. Deckspelzen 7nervig, nahe der Spitze mit 6–8 mm langer Granne.

Blütezeit: Juni bis Juli.

Standort: Getreidefelder, Wegränder, Schuttstellen. Mit Getreideanbau verbreitet.

Verbreitung: Ganz Europa, zunehmend selten.

Acker-Trespe *Bromus arvensis* RL

Merkmale: Bis 100 cm hohes, einjähriges, locker horstförmig oder einzeln wachsendes Gras, unverzweigt, mit 2–5 Knoten. Blätter mit röhrenförmigen, auf der Bauchseite geschlossenen Blattscheiden, lang zottig behaart. Blattspreiten 2–5 mm breit, 5–20 cm lang, weich behaart. Blatthäutchen 2–4 mm, gezähnelt. Rispen locker, spreizend, oft überhängend. Ährchen schwach zusammengedrückt, 10–20 mm lang, 4- bis 10blütig. Deckspelzen mit 2 kurzen Zähnen, die 7–10 mm lange Granne kurz unterhalb der Bucht zwischen diesen entspringend, häufig nach außen gebogen.

Blütezeit: Juni bis August.

Standort: Auf mäßig trockenen, nährstoffreichen, sandigen Lehmböden, an Ruderalplätzen, auf Äckern, auf Ödland.

Verbreitung: Europa, gemäßigtes Asien, verschleppt nach N-Amerika.

Sparrige Trespe *Bromus squarrosus*

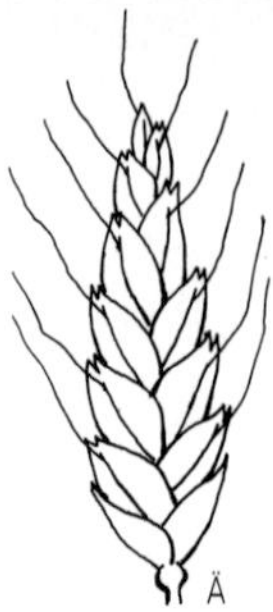

Merkmale: Ein- und zweijähriges, locker horstförmig bis einzeln wachsendes, 30–60 cm hohes Gras. Blattscheiden geschlossen röhrenförmig, die unteren stark behaart. Spreiten der unteren Blätter dicht kurzhaarig, der oberen lockerhaarig. Rispen groß, 10–20 cm lang, locker, wenig verzweigt bis traubig, oft einseitswendig überhängend. Rispenäste meist 3–15 cm lang, oft mit nur 1–2 breit-eiförmig, lanzettlichen Ährchen. Untere Hüllspelzen 3- bis 5-, obere 5- bis 9nervig. Deckspelzen auf dem Rücken abgerundet, mit bis zu 12 mm langer Granne, trocken auswärts spreizend, gedreht.

Blütezeit: Mai bis Juni.

Standort: Selten aber gesellig, eingeschleppt in lückigen, warmen, trockenen Ruderalflächen, an Wegrändern, auf Schuttplätzen, auf nährstoffreichen Sand- und Kiesböden.

Verbreitung: S- und SE-Europa.

Taube Trespe *Bromus sterilis*

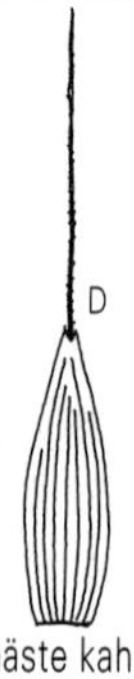

Merkmale: Ein- oder zweijähriges in lockeren Horsten wachsendes Gras, 30–60 cm hoch, unverzweigt, mit 3–5 Knoten. Blattspreiten bis 25 cm lang, 2 bis 7 mm breit, allmählich fein zugespitzt, locker behaart. Blatthäutchen 2–4 mm lang, ± zerschlitzt, Blattscheiden geschlossen röhrig, weichhaarig. Halm unterhalb der Rispen kahl, diese recht groß, locker, Rispenäste kahl, rauh, allseitswendig ausgebreitet. Ährchen nickend, durch Aufspreizen keilförmig, Deckspelzen mit zwei Zähnchen, Granne unterhalb der Bucht zwischen diesen entspringend, 15–30 mm, rauh.

Blütezeit: Mai bis Juni.

Standort: Auf durchlässigen, sandigen, nährstoffreichen Böden, in kurzlebigen, lückigen Ruderalgesellschaften, an Wegen.

Verbreitung: Ebene bis mittlere Gebirgslagen, in Europa und SW-Asien.

Dach-Trespe *Bromus tectorum*

Merkmale: Einjähriges, 10–60 cm hohes, locker horstiges bis einzeln wachsendes Gras. Blattspreiten bis 20 cm lang, 2–4 mm breit, weichhaarig, allmählich zugespitzt. Blatthäutchen 3–5 mm , gezähnt. Blattscheiden röhrenförmig, auf der Bauchseite geschlossen, weich behaart. Halm unter der Rispe kurzhaarig. Diese ± zusammengezogen, einseitswendig nickend. Rispenäste weichhaarig, dicht. Ährchen nickend, durch Aufspreizen keilförmig, 25–35 mm lang, Deckspelzen mit zwei Zähnchen, Granne unterhalb der Bucht zwischen diesen entspringend, 10–18 mm , rauh.

Blütezeit: Mai bis Juli.

Standort: Auf trockenen, warmen, mäßig nährstoffreichen Böden, in kurzlebigen, lückigen Ruderalgesellschaften.

Verbreitung: Europa, Mittelmeerraum, Vorderasien.

Weiche Trespe *Bromus mollis*

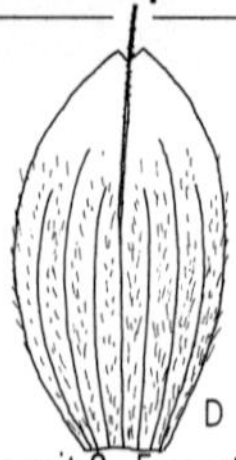

Merkmale: Recht formenreiches, ein- bis zweijähriges (»überjähriges«) (Mittel-)Gras mit lockerer Bestokkung (wenige Halme bildend), häufig auch einzeln wachsend. Halm mit 2–5 samtig behaarten Knoten, ansonsten kahl, 20–60 cm hoch, unverzweigt, aufrecht. Blätter graugrün mit kurz und dicht samtig behaarter Blattscheide. Blattspreiten weich behaart, bis 20 cm lang, 2–7 mm breit, schlaff, ohne Öhrchen an der Blattspreitenbasis. Blatthäutchen bis 1–2 mm, nur schwach gezähnelt. Rispen dicht aufrecht, nur wenig verzweigt, bei der Reife ± zusammengezogen und leicht nickend. Auf sehr trockenen Standorten bisweilen Hungerformen mit nur 1 Ährchen. Rispenäste feinhaarig. Ährchen eiförmig bis länglich, rundlichbauchig, nur wenig zusammengedrückt, 10 bis 20 mm lang, 5- bis 9blütig. Untere Hüllspelze länglich-eiförmig, obere elliptisch, beide zugespitzt. Deckspelzen mit abgerundetem Rücken und schmalen, hellen Hauträndern, 7- bis 9nervig, meist behaart, an der Spitze mit 2 kurzen Zähnen, kurz unterhalb der Bucht zwischen diesen die 5–10 mm lange, rauhe Granne entspringend.

Blütezeit: Mai bis Juli.

Standort: Auf nährstoffreichen sandig-lehmigen Böden, auch auf gestörten, ruderalen Wuchsplätzen, an Wegrändern und Rainen.

Verbreitung: Häufig in ganz Europa, in W-Asien, außerdem als Kulturbegleiter nach N- und S-Amerika sowie Australien verschleppt.

Allgemeines: In frischen bis trockeneren Wiesen gilt die Art als hartnäckiges, ertragsarmes und minderwertiges »Ungras«, da die Blätter rasch vergilben und trocknen. Vor allem in lückigen Wiesen breitet sie sich durch Selbstaussaat rasch aus, da sie in der Regel schon vor der Heuernte zur Samenreife gelangt. Ein früher, vor der Samenreife erfolgender Schnitt, kann sie aus den Wiesen verdrängen, da sie als einjährige Art auf Selbstaussamung angewiesen ist.

Unbewehrte Trespe *Bromus inermis*

Merkmale: Formenreiches, 30–150 cm hohes, ausdauerndes durch Ausläufer rasenbildendes Gras. Blätter flach, kahl, 5–9 mm breit, Blattspreite und -scheide kahl, Blattscheide geschlossen röhrig. Blatthäutchen unscheinbar. Rispen groß, Rispenäste aufrecht oder ausgebreitet, reichährig. Ährchen linealisch, spindelförmig, 20 bis 30 mm. Deckspelzen unbegrannt (unbewehrt, Name!), bisweilen aber auch kurz zugespitzt oder sogar mit 2–4 mm langen Grannen (!), die kurz unterhalb der Spelzenspitze entspringen.

Blütezeit: Juni bis Juli.

Standort: Auf warmen, trockenen bis wechseltrockenen, basenreichen, locker-sandigen Lehmböden, vor allem an Wegrändern, Böschungen, in ruderalen Halbtrockenrasen, an Ruderalplätzen.

Verbreitung: Kontinental getönte Klimabereiche Europas und Asiens.

Traubige Trespe *Bromus racemosus*

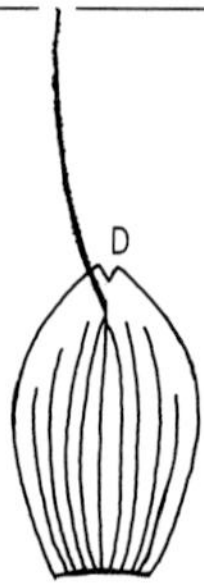

Merkmale: Einjähriges, schwach bestockendes 30 bis 100 cm hohes, unverzweigtes Gras. Blätter grün, Blattspreiten bis 20 cm lang, bis 5 mm breit, allmählich zugespitzt. Blattspreitenbasis nicht geöhrt. Blatthäutchen 1–3 mm lang, gezähnelt. Untere Blattscheiden behaart, obere glatt oder rückwärts rauh. Rispen kurz, bis ca. 10 cm lang, aufrecht, bei der Reife leicht zusammengezogen. Rispenäste 1–3 cm lang, rauh. Ährchen länglich-elliptisch. Deckspelzen ausgerandet, Granne kurz unterhalb dieser Ausrandung entspringend.

Blütezeit: Juni bis Juli.

Standort: Auf stau- oder grundwasserbeeinflußten, feuchten bis frischen, nährstoffreichen, kalkarmen Böden. Charakteristisch in Feucht- oder Naßwiesen.

Verbreitung: Europa, als Kulturbegleiter nach N-Amerika verschleppt.

Süßgräser

Große Trespe *Bromus diandrus*

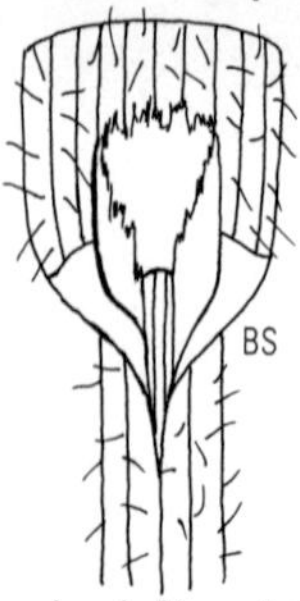

Merkmale: Einjähriges, locker horstförmig bis einzeln wachsendes, 30–80 cm hohes Gras. Halme aufrecht oder ausgebreitet, glatt, unterhalb der Rispen feinhaarig. Scheiden geschlossen röhrig, locker behaart. Spreiten bis 25 cm, 4–8 mm breit, allmählich zugespitzt. Blatthäutchen 3–6 mm, gezähnelt. Rispen groß, locker, ± nikkend, Rispenäste in Büscheln, bis 10 cm, rauh, mit meist 1, seltener 2 Ährchen. Diese nickend, elliptisch, flachgedrückt. Untere Hüllspelze 1- bis 3-, obere 3- bis 5nervig. Deckspelzen an der Spitze fein gezähnt. Kräftige, rauhe, lange Granne dicht unterhalb der Bucht zwischen den Zähnen entspringend.

Blütezeit: Mai bis Juli.

Standort: Auf offenen, trockenen, nährstoffreichen Böden, an Wegen, auf Ruderalplätzen.

Verbreitung: Mittelmeergebiet, verschleppt nach Europa, N- und S-Amerika, Australien.

Mittelmeer-Trespe *Bromus madritensis*

Merkmale: Einjähriges, locker horstförmig bis einzeln mit aufrechten, glatten, unterhalb der Rispen bisweilen fein behaarten Halmen wachsendes Gras. Scheiden geschlossen röhrig, die oberen kahl, die unteren fein behaart. Blattspreiten bis 20 cm, 2–5 mm breit, allmählich spitz zulaufend. Blatthäutchen 1–4 mm, gezähnelt. Rispenäste ± aufrecht, zusammengezogen, 5 bis 15 cm lang, in Büscheln, mit 1–2 Ährchen, diese flach zusammengedrückt, keilförmig, spreizend. Untere Hüllspelze 1-, obere 3nervig. Deckspelzen auf dem Rücken abgerundet, mit zwei Zähnchen bespitzt. Die 12–18 mm lange, rauhe Granne dicht unterhalb der Bucht zwischen diesen Zähnchen entspringend.

Blütezeit: Mai bis Juli.

Standort: Auf Schutt, auf Felsen, an Wegen.

Verbreitung: W-Europa, Mittelmeergebiet, Vorderasien, Iran.

Phönizische Zwenke *Brachypodium phoenicoides*

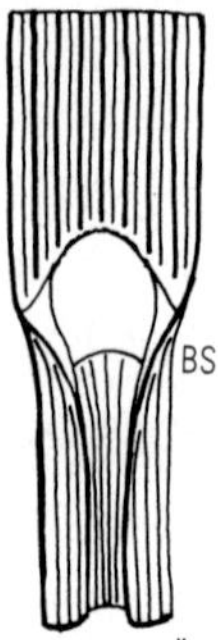

Merkmale: Mehrjähriges Gras mit verzweigtem Rhizom und aufrechten, 50–80 cm hohen Halmen. Blatthäutchen stumpf, 1 bis 2 mm lang. Blattscheiden anliegend. Blattspreiten 10 bis 40 cm lang, flach und dann etwa 3–5 mm breit oder stärker zusammengerollt und etwas steif, bis 1,5 mm breit; einzelne Blattnerven treten deutlicher hervor als andere. Ährchen kurz gestielt, Blütenstand daher traubig organisiert. Traube 15 bis 20 cm lang, schmal, aufrecht, mit 6–9 etwas entfernten Ährchen. Ährchen 30–60 mm lang, oft etwas sichelförmig gekrümmt. Deckspelzen bis 10 mm lang, an der Spitze plötzlich verschmälert, stachelspitzig oder sehr kurz (bis 2,5 mm) begrannt.

Blütezeit: April bis Juni.

Standort: Trockenbiotope, Brachland, Wegränder, Schuttplätze.

Verbreitung: Südeuropa. Selten verschleppt.

Zweizeilige Zwenke *Brachypodium distachyon*

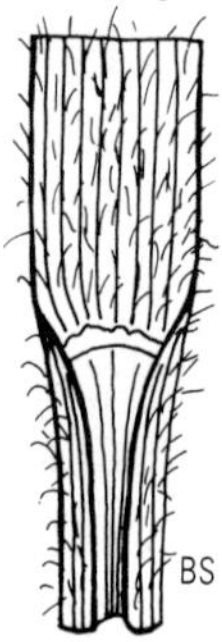

Merkmale: Einjähriges Gras mit 2–15 cm hohen, knickig aufsteigenden oder steif aufrechten Halmen, meist in kleinen, lockeren Horsten. Blatthäutchen höchstens 1 mm lang oder fehlend, Blattscheiden eng anliegend. Blattspreiten 1–12 cm lang und bis 4 mm breit, graugrün und dicht behaart. Ährchen sehr kurz gestielt; der Blütenstand ist daher eine Traube, diese ungefähr 2–4 cm lang und um 1 cm breit. Ährchen zweizeilig wechselständig, deutlich zusammengedrückt und nicht drehrund, 20–30 mm lang, dunkelgrün bis graugrün, kahl oder behaart, von der Blütenstandsachse abstehend. Deckspelze bis 10 mm lang, deutlich gekielt. Granne gerade, 7–15 mm lang.

Blütezeit: April bis Juni.

Standort: Trockenrasen, Brachland.

Verbreitung: Mittelmeergebiet, Südeuropa.

Fieder-Zwenke *Brachypodium pinnatum*

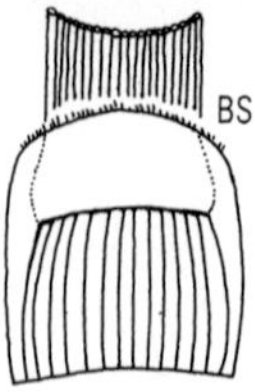
BS

Merkmale: Ausdauerndes, mit unterirdischen Ausläufern dichte Trupps oder große Herden (Sproßkolonien) bildendes, gelbgrünes, 30 bis 120 cm hohes Gras. Halme kahl. Blattscheiden meist kahl. Blattspreiten bis zu 40 cm lang, allmählich zugespitzt, 6–8 mm breit, schlaff, gelbgrün, am Rande ungleichmäßig lang in unregelmäßigen Abständen bewimpert, auf der Spreite rauh, schwach behaart. Blatthäutchen stumpf. Blattscheiden kahl, die unteren bisweilen schwach behaart. Ähre aufrecht stehend, mit 6–8 Ährchen. Diese wenig zusammengedrückt, mit der breiteren Seite der Ährenachse zugewendet. Deckspelze kurz begrannt. Grannen stets kürzer als die Spelzen selbst, rauh.

Blütezeit: Juni bis Juli.

Standort: Auf trockenen bis mäßig frischen lehmigen Böden. Beweidungsfester, kalkliebender Magerkeitszeiger in Halbtrockenrasen.

Verbreitung: Europa, SW-Asien, NW-Afrika.

Allgemeines: Aufgrund ihrer rauhen und behaarten Blätter wird sie von den meisten Weidetieren verschmäht, so daß sie – in der Konkurrenz begünstigt – in den extensiv beweideten Kalkmagerrasen eine verbreitete, kennzeichnende Art ist. Häufig kann bei weidenden Schafen beobachtet werden, daß die Herden ganz plötzlich aufreißen, sich teilen und um die inselartig in die Magerweiden eingestreuten Zwenken-Kolonien herumziehen, ohne auch nur das geringste von den Pflanzen abzufressen. Wegen ihrer tief in der Erde sitzenden Ausläufer ist sie auch gut gegen manchmal auftretende Brände geschützt. Sie kann bereits kurz nach einem Brand aus den unterirdischen Überdauerungsorganen neue oberirdische Triebe erzeugen und so rasch von konkurrierenden Arten freigewordene Flächen selbst besiedeln. In brachgefallenen Kalkmagerrasen trägt ihr schwer zersetzbares Halm- und Blattmaterial durch ein Verfilzen der Grasnarbe zum Rückgang lichtbedürftiger Arten bei.

Wald-Zwenke *Brachypodium sylvaticum*

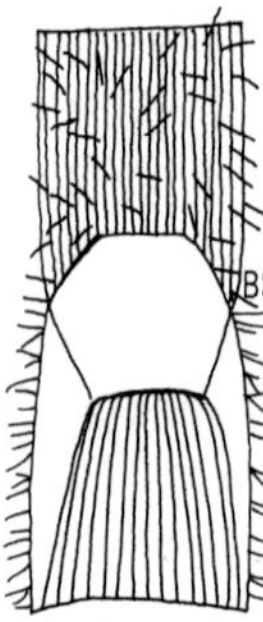
BS

Merkmale: Ausdauerndes, ± dicht horstförmig wachsendes, 60–120 cm hohes Waldgras. Halme mit 4–5 Knoten, kurz unter, über und an diesen schwach flaumig behaart, ansonsten kahl. Blattscheiden locker abstehend behaart. Blattspreiten im unteren Teil am breitesten (4–12 mm), zur Blattscheide schmaler werdend, behaart, schlaff und schopfig überhängend. Blatthäutchen stumpf. Ähre überhängend nickend. Ährchen wenig zusammengedrückt, mit der breiteren Seite der Ährenachse zugewendet. Deckspelze lang begrannt. Granne länger als die Spelze selbst, rauh.

Blütezeit: Juli bis August.

Standort: Auf frischen bis feuchten, basenreichen Mullböden in Laubwäldern, auf Kahlschlägen, in Säumen.

Verbreitung: Europa, gemäßigte Klimabereiche Asiens, NW-Afrika.

Gekrümmter Dünnschwanz
Parapholis strigosa

BLST

Merkmale: Einjähriges, locker horstförmig oder einzeln wachsendes Gras mit liegenden, gekrümmten oder aufrechten Halmen, diese gewöhnlich verzweigt, ziemlich dünn, etwa 10–40 cm hoch, mit mehreren Knoten, glatt. Blatthäutchen um 1 mm lang, sehr fein gezähnelt. Blattscheiden glatt, unbehaart, auf der Rückseite rund. Blattspreiten 1–6 cm lang, bis 2,5 mm breit, zugespitzt, flach, graugrün, unbehaart, nur auf den Nerven rauh. Ähren ziemlich starr, gerade oder gekrümmt, 2–20 cm lang. Ährchen in Aushöhlungen der Achse eingelassen, 4–6 mm lang. Formenreich.

Blütezeit: Juni bis August.

Standort: Salztonböden und Strandwiesen.

Verbreitung: Im Mittelmeergebiet und entlang der atlantischen Küsten bis in den Ostseeraum. Wird manchmal in zwei Arten getrennt.

Lein-Lolch *Lolium remotum* RL

BLST

Merkmale: Einjähriges, einzeln bis locker horstförmig wachsendes Gras, 20–60 cm hoch, ohne nichtblühende Triebe. Stengel dünn, sehr schlank, aufrecht oder etwas knickig aufsteigend, im oberen Teil gewöhnlich rauh. Blatthäutchen bis etwa 2 mm lang, glattrandig. Blattscheiden meist glatt und anliegend, gelblich-grün. Blattspreiten 2–3 mm breit, glatt oder zumindest auf der Oberseite leicht rauh, hellgrün. Blütenstand ährig, aufrecht. Ährchen kleiner als beim nahe verwandten Taumel-Lolch, nur 7–10 mm lang, 4- bis 8blütig, hellgrün, anfangs dichter zusammengezogen, zuletzt breit elliptisch. Hüllspelzen deutlich kürzer als das Ährchen, gewöhnlich 7 bis 9 mm lang. Deckspelzen bis 5 mm lang und höchstens 2 mm breit, immer unbegrannt.

Blütezeit: Juni bis August.

Standort: Der Lein-Lolch bevorzugt frische, basenreiche Lehm- und Tonböden.

Verbreitung: In Mitteleuropa weit verbreitet, hier jedoch nicht einheimisch. Weithin verschleppt.

Allgemeines: Der Lein-Lolch gilt wie seine Nachbarart Taumel-Lolch als leicht giftig. Die Pflanze war früher ein typisches Unkraut in Lein-Äckern. Mit ihrer einjährigen Lebensweise war sie dem Bearbeitungsrhythmus der Lein-Äcker hervorragend angepaßt. Ihre schlanke, hohe Gestalt fiel zwischen den Leinpflanzen kaum auf. Solche Wildpflanzen, die sich ökologisch und in gewissem Umfang auch gestaltlich an bestimmte Kulturpflanzen angepaßt haben und mit diesen verbreitet, ausgesät und geerntet werden, nennt man mimetische Unkräuter. Nicht nur durch den zunehmenden Einsatz von Herbiziden, sondern vor allem wegen der Aufgabe des Flachs- oder Leinanbaus in Mitteleuropa ist der Lein-Lolch inzwischen weithin zurückgegangen. Er ist heute eine Rote Liste-Art, in seinem Bestand akut gefährdet und gebietsweise bereits verschollen.

Taumel-Lolch *Lolium temulentum* RL

Ä

Merkmale: Einjähriges, einzeln bis locker horstförmig wachsendes Gras ohne sterile Triebe. Halme glatt, bisweilen unterhalb der Ähre rauh, steif aufrecht. Blattscheiden meist rauh. Blattspreiten kahl bis 40 cm lang, 3–13 mm breit, flach, mit fester, kurzer Spitze. Am Blattspreitengrund mit schmalen, abspreizenden, sichelförmigen Öhrchen. Ähre aufrecht, 10–30 cm lang, steif. Ährenachse S-förmig geschlängelt, die flachgedrückten Ährchen auf einem kleinen Absatz sitzend, mit der schmalen Flanke in die jeweiligen Buchten geschmiegt, 12–16 mm lang. Untere Hüllspelze nur bei dem obersten Ährchen vorhanden, obere Hüllspelze die Ährchenspitze überragend. Deckspelzen stumpf, auf dem Rücken abgerundet, an der Spitze ausgerandet, Granne bis zu 20 mm lang.

Blütezeit: Juni bis August.

Standort: Sehr selten in Sommergetreideäckern auf frischen bis feuchten, nährstoff- und basenreichen Lehm- oder Lößböden.

Verbreitung: Mittelmeergebiet, mit dem Getreideanbau in alle gemäßigten Klimate verschleppt, stark zurückgehend, gefährdet.

Allgemeines: Der Taumel-Lolch ist ein sehr altes, schon aus der ägyptischen Zeit durch Samenfunde belegtes Wildkraut der Getreideäcker. Wegen der Giftigkeit der Körner wurde es stets als unerwünschtes Unkraut bekämpft. Die Giftigkeit der Körner stammt jedoch nicht vom Lolch, sondern wird von einem Pilz hervorgerufen, der in den Körnern wächst und dort ein giftiges Alkaloid (Temulin) freisetzt. Beim Genuß von vergiftetem Mehl werden Vergiftungen hervorgerufen, die sich in Schwindel und Ohnmacht (Taumeln, Name!) äußern. Im mitteleuropäischen Klima ist der Lolch an die stete Aussaat mit dem Getreide gebunden, da seine Samen im Boden zeitlich nur begrenzt keimfähig sind. Mit Hilfe der modernen Saatgutreinigung kann man die Samen des Taumel-Lolchs wirksam aus dem Saatgetreide entfernen.

Welsches Weidelgras, Italienisches Raygras *Lolium multiflorum*

Merkmale: Ein- bis zweijähriges (überjähriges), bei günstigen klimatischen Verhältnissen auch ausdauerndes, wintergrünes, daher frostempfindliches (Mittel-)Gras. 30–80 cm hohe, einzelne, kräftige, glatte, unbehaarte Halme, diese unterhalb der Ähre häufig ± rauh. Blätter glatt, unbehaart. Blattspreite allmählich in die Spitze zulaufend, in Knospenlage gerollt. An der Blattspreitenbasis kurze, deutliche, längere, abstehende Öhrchen. Blatthäutchen kurz. Blattscheiden ± rauh. Ähre bis 30 cm lang, aufrecht, oft überhängend, Ährchen 8–25 mm lang, flachgedrückt und mit der schmalen Flanke der Ährenachse zugewendet, daher gesamt Ähre flachgedrückt. Achse S-förmig geschlängelt, Ährchen aber ± abstehend, nur wenig in die jeweiligen Buchten der Achse gedrückt sitzend, zur Blütezeit deutlich spreizend. Ährchen reichblütig (5–15). Deckspelzen meist deutlich begrannt, diese bis 10 mm lang, kurz unterhalb der Spelzenspitze entspringend.

Blütezeit: Juni bis August.

Standort: Auf frischen, nährstoffreichen, mittleren Lehmböden, in ruderalbeeinflußten Rasengesellschaften, an Rainen, auf Ruderalplätzen, oft als Futtergras.

Verbreitung: M-, S-Europa, NW-Afrika, SW-Asiens.

Allgemeines: Das in zahlreichen Sorten im Handel geführte **Italienische Weidelgras** ist eine wichtige, schnellwüchsige und ertragreiche Art im sogenannten Feldfutteranbau; z. B.: **Italienisches Weidelgras** i. e. S.: Unter geeigneten klimatischen und standörtlichen Verhältnissen, bei intensiver Stickstoffdüngung und ausreichender Wasserversorgung ermöglicht der rasche, reichliche Nachwuchs in Mitteleuropa bis zu 6 Ernteschnitte.
Westerwoldisches Weidelgras: früh schossend, sonst wie ersteres.
Oldenburgisches Weidelgras: Kreuzungsgemisch aus *L. perenne* und *L. multiflorum*, härter und langlebiger als ersteres.

Deutsches Weidelgras, Englisches Raygras, Ausdauernder Lolch *Lolium perenne*

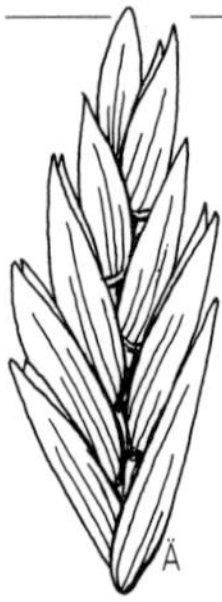

Merkmale: Ausdauerndes, dunkelgrün-glänzendes, auch mit nichtblühenden Trieben versehenes, lockerhorstig wachsendes Gras, im ozeanisch getönten Klima wintergrün bleibend und daher ± frostempfindlich. Halme glatt, mit wenigen Knoten, aufrecht bis locker ausgebreitet oder bogig aufsteigend, 10–70 cm, oft stark bestockend und bei dichtem Stand geschlossene Rasen bildend. Blätter wie der Sproß völlig kahl, in Knospenlage gefaltet. Blattspreiten 2–4 mm breit, auf der Oberseite mit zahlreichen längsverlaufenden Riefen, daher oberseits rauh, unterseits glatt, zugespitzt. Deutliche, kurze Öhrchen an der Blattspreitenbasis. Blatthäutchen etwa 1 mm, stumpf. Ährchen steif aufrecht, häufig schwach gebogen. Ährenachse S-förmig geschlängelt, die zahlreichen zusammengedrückten 7-20 mm langen, länglich-elliptischen Ährchen abwechselnd – mit der schmalen Flanke der Achse zugewendet – in den jeweiligen Buchten sitzend, Ähre daher insgesamt deutlich abgeflacht. Stumpfe Hüllspelzen wenig länger als die stumpfen oder leicht zugespitzten Deckspelzen. Alle Spelzen unbegrannt, auf dem Rücken abgerundet.

Blütezeit: Mai bis August.

Standort: Ziemlich häufig und weit verbreitet in Fettweiden, an Wegrändern, auf Ruderalflächen, in Trittrasen auf frischen bis feuchten, nährstoffreichen Lehmböden.

Verbreitung: Europa, Asien, NW-Afrika, N- und S-Amerika, Neuseeland, Australien.

Allgemeines: Charakteristische Art des beweideten Grünlandes, die dichte Rasen zu bilden vermag, die vor allem trittresistent sind. Daher werden Aussaaten des Weidelgrases in nahezu jeder Art von Grünland verwendet. Ertragreich sowohl in der Weiden- als auch in der Wiesennutzung. Empfindlich reagiert es nur auf Dürre und Frost. Es stellt insgesamt das wichtigste Weidegras bindiger Böden dar, das in zahlreichen Sorten im Handel ist.

Schaf-Schwingel *Festuca ovina* agg.

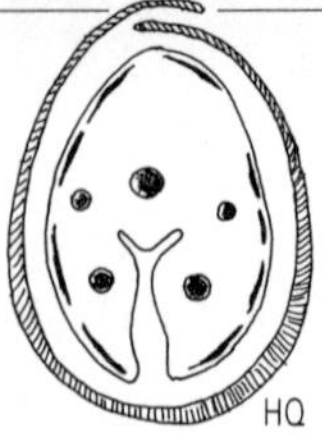

Merkmale: Formenreiche, heterogene Sammelart mit den folgenden gemeinsamen Merkmalen: Ausdauerndes, dicht horstförmig wachsendes, bis 60 cm Wuchshöhe erreichendes Gras. Halme aufrecht bis bogig aufsteigend. Blattscheiden höchstens im unteren Drittel geschlossen (vgl. Rot-Schwingel, *F. rubra* agg.). Blatthäutchen kurz, unscheinbar. Mit kleinen Blattöhrchen. Blattspreiten eng zusammengefaltet, dadurch borstlich bis fein haarförmig, hell- bis dunkelgrün, blaugrau bereift oder unbereift (abwischbare Wachsschicht). Rispen bis 12 cm lang, vor und nach der Blüte zusammengezogen. Rispenäste aufrecht, der unterste etwa ein Drittel der Rispenlänge erreichend. Ährchen länglich-eiförmig, grün bis violett überlaufen, 3- bis 8blütig. Hüllspelzen schmal lanzettlich, auf dem Kiel kurz bewimpert. Deckspelzen begrannt oder unbegrannt.

Diese Merkmale werden innerhalb der zahlreichen verschiedenen Sippen sowohl genetisch als auch standörtlich bedingt mannigfaltig variiert. Zwischen den Sippen existiert zudem eine Fülle von kontinuierlichen Übergängen, die eine exakte Bestimmung nicht selten erschweren.

In dieser Gruppe werden z. B. die folgenden Sippen zusammengefaßt (unter Angabe einiger wichtiger und charakteristischer Lebensräume):

F. airoides: saure, alpine Magerrasen.
F. curvula: subalpine Steinschuttgesellschaften.
F. duvalii: Steppenrasen auf Fels und Sand.
F. guestfalica: Kalkmagerrasen, schafbeweidet.
F. heteropachys: Trockenrasen auf Kalk- und Silikatgestein.
F. ovina i. e. S.: trockene Magerrasen.
F. pallens: Felsbandfluren.
F. pannonica: östliche Felsrasen.
F. patzkei: kalkarme Trockenrasen.
F. polesiaca: Flugsanddünen.
F. psammophila: basische Flugsande.
F. pseudovina: beweidete Kalkmagerrasen.
F. rupicola: Trockenrasen.
F. tenuifolia: Sandmagerrasen, Eichenwälder.
F. trachyphylla: Sandtrockenrasen.
F. vallesiaca: Felssteppen.

Blütezeit: Allgemein: April bis Oktober, je nach Sippe jedoch unterschiedlich.

Standort: Allgemein: an Felsen, in Trocken- und Halbtrockenrasen, Wiesen, Weiden, an Wegen, je nach Sippe jedoch unterschiedlich.

Verbreitung: Allgemein: Europa, gemäß. Asien, N-Afrika, N-Amerika, je nach Sippe jedoch unterschiedlich.

Allgemeines: Der Name Schaf-Schwingel (*F. ovina* agg.), ohne nähere Erläuterungen wie die Angabe einer speziellen Unterart verwendet, umschreibt zunächst sehr unspezifisch nur eine große, weitverbreitete, heterogene und formenreiche Gruppe verschiedener, jedoch sehr nahe miteinander verwandter Schwingel-Arten. Dies gilt in gleicher Weise etwa auch für den Rot-Schwingel (*F. rubra* agg.) und andere Schwingel. Solche auch als Sammelarten bezeichnete Gruppen gliedern sich in zahlreiche verschiedene Sippen von unterschiedlichem systematischen Rang. Sie werden in Abhängigkeit von der Eigenschaft und der entwicklungsgeschichtlichen Bedeutung der diagnostizierten Merkmale als Kleinarten, Unterarten, als sog. Varietäten oder auch als Rassen bezeichnet. Zum Teil sind diese Sippen sowohl morphologisch – von ihrer äußeren Gestalt –, als auch ökologisch – gemäß ihrer Ansprüche an den Standort – oder geographisch – anhand ihrer Verbreitung – recht deutlich unterscheidbar. Es fallen dennoch auch nur schwer erkennbare Sippen in diese Gruppen, so daß man häufig, wenn keine dezidierten Aussagen notwendig sind, alle nahe verwandten Sippen vereinfachend unter den übergreifenden Namen wie z. B. Schaf- oder Rot-Schwingel zusammenfaßt. Man muß dann allerdings exakte, auf spezielle Sippen abgestimmte Aussagen etwa bei gutachtlichen Bestandserfassungen auch tatsächlich unterlassen. Wenngleich inzwischen gute Erkennungsmerkmale wie etwa Blattquerschnitte und die darin erkennbaren Leitbündel und Sklerenchymstränge (strangartige Verstärkungsgewebe) von Fachleuten erarbeitet wurden, so gilt diese Gruppe wie die gesamte Gattung Schwingel *(Festuca)* hinsichtlich ihrer Bestimmbarkeit als Crux, als Problemgruppe der meisten mit ihr befaßten Botaniker und interessierten Laien.

Verschiedenblättriger Schwingel *Festuca heterophylla*

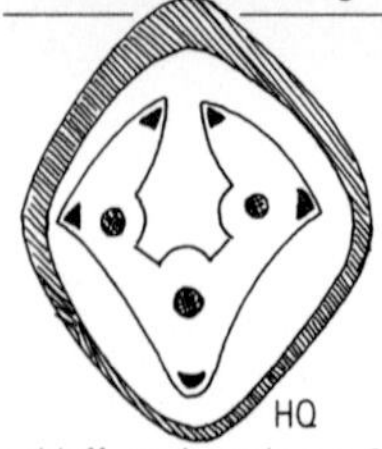

Merkmale: Ausdauerndes, reich beblättertes, dicht horstförmig und ohne Ausläufer wachsendes Waldgras. Halme aufrecht, glatt, 60–120 cm Höhe erreichend, aber ± schlaff, meist mit nur 3 Knoten. Blattscheiden röhrenförmig geschlossen, auf dem Rücken abgerundet. Blatthäutchen nur als schmaler, häutiger Saum ausgebildet, mit kurzen, unauffälligen Blattöhrchen. Grundblätter der nichtblühenden, sterilen Triebe zusammengefaltet, im Querschnitt dreieckig, haarfein, borstlich-fädlich, 0,3–0,6 mm durchmessend, 3nervig, rauh (vgl. Geschlängelte Schmiele, *A. flexuosa*, mit glatter, scheinbar fettig-öliger Blattoberfläche), schlaff überhängend. Stengelblätter der blühenden und fruchtbringenden fertilen Triebe jedoch flach, bis 25 cm lang, 2–3 mm breit, oberseits spärlich behaart, 7- bis 11nervig. Rispen groß, locker, schmal, ± überhängend. Rispenäste zur Blütezeit ± waagerecht abstehend. Ährchen linealisch, länglich, bis 10 mm, 3- bis 9blütig, grün, seltener violett überlaufen. Hüllspelzen linealisch-lanzettlich, zugespitzt. Deckspelzen auf dem Rücken rauh, am Ende in eine 5–6 mm lange Granne auslaufend. Lebendgebährende (vivipare) Formen bekannt.

Blütezeit: Juni bis August.

Standort: Wärmeliebend, Lößzeiger, auf frischen, basenreichen, aber meist kalkfreien, humosen Waldböden, in sommergrünen Laubmischwäldern, vor allem in lichten Eichen-Hainbuchenwäldern.

Verbreitung: Mittel- und S-Europa.

Allgemeines: Der deutsche und der gleichbedeutende aus dem Griechischen stammende wissenschaftliche Name verweisen noch einmal eigens auf die charakteristischen, völlig unterschiedlich aussehenden haarförmigen Grund- und flach ausgebreiteten Stengelblätter. Die ausgesprochen feinen Grundblätter haben dieser Art im Volksmund den Namen »Großmutterhaar« eingebracht.

Rot-Schwingel *Festuca rubra* agg.

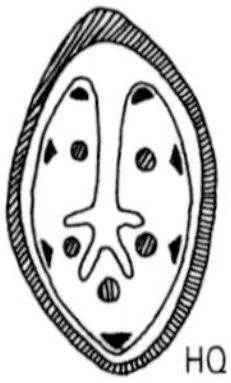

Merkmale: Formenreiche, heterogene Sammelart mit den folgenden gemeinsamen Merkmalen: ausdauernde, meist locker, seltener dicht rasig, mit ± langen unterirdischen Ausläufern wachsende Gräser. Halme 20–80 cm Höhe erreichend, ± steif aufrecht. Blattscheiden ± vollständig geschlossen (vgl. Schaf-Schwingel, *F. ovina* agg.), später zerfasernd. Blatthäutchen sehr kurz, meist nur ein schmaler, häutiger Saum. Blattspreiten der Grundblätter zusammengefaltet, daher dick borstlich und ± steif, Blattspreiten der Stengelblätter meist flach, matt oder graugrün. Rispen aufrecht, locker, nur wenig verzweigt, kaum nikkend, unterster Rispenast etwa halb so lang wie die gesamt Rispe. Ährchen bis 10 mm lang, 4- bis 6blütig. Hüllspelzen bespitzt oder kurz begrannt. Deckspelzen 1–2 mm lang begrannt. Diese Merkmale werden innerhalb der zahlreichen verschiedenen Sippen sowohl genetisch als auch standörtlich bedingt mannigfaltig variiert. Zwischen den Sippen existiert zudem eine Fülle von kontinuierlichen Übergängen, die eine exakte Bestimmung oft erschweren. In dieser Gruppe werden z. B. die folgenden Sippen zusammengefaßt (unter Angabe einiger wichtiger und charakteristischer Lebensräume):

F. diffusa: Hochstaudenfluren im Bergland.
F. nigrescens: ± nährstoffreiche Bergwiesen.
F. rubra i. e. S.: trockene Wiesen, Magerrasen.
F. salina: feuchte Küstenwiesen.
F. trichophylla: Moorwiesen.
F. unifaria: auf Sand, an Ufern.
F. villosa: Küstendünen.

Blütezeit: Allgemein: April bis Oktober, je nach Sippe jedoch unterschiedlich.

Standort: Allgemein: Wiesen, Weiden, Halbtrocken- und Trockenrasen, an Wegen, je nach Sippe jedoch sehr unterschiedlich.

Verbreitung: Allgemein: Europa, gemäßigtes Asien, N-Afrika, N-Amerika, je nach Sippe jedoch unterschiedlich.

Wald-Schwingel *Festuca altissima*

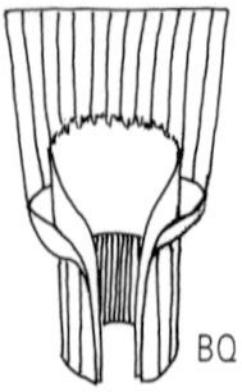
BQ

Merkmale: Ausdauerndes, wintergrünes, dicht oder locker horstig wachsendes mittelgroßes Waldgras, ohne Ausläufer, das sehr oft bestandsbildend auftritt. Stengel 60-120 cm hoch, aufrecht, mit 3–4 Knoten, dünn, am Grunde durch ausdauernde, schuppige, gelbliche Niederblätter (entsprechen blattspreitenlosen Blattscheiden) verdickt. Blätter in Knospenlage gerollt, kahl. Blattscheiden rauh, fast ganz offen. Blatthäutchen 1–3 mm lang, abgerundet, zerschlitzt. Blattöhrchen fehlend. Blattspreiten derb, bis 60 cm lang, bis 15 mm breit, allmählich in die Spitze verschmälert, oberseits bläulich-grün, unterseits grün, kahl, an den Rändern rauh. Spreiten meistens verdreht und die glänzende Unterseite nach oben zeigend. Die großen, bis 15 cm langen, zur Blütezeit zunächst allseitswendigen Rispen zuletzt nach der Blüte einseitig überhängend bis nickend. Rispenäste oft geschlängelt. Ährchen länglich-elliptisch, 6–7 mm, 4- bis 8blütig, blaßgrün, manchmal violett überlaufen. Hüllspelzen spitz, 1nervig. Deckspelzen spitz, deutlich gekielt, 3nervig, unbegrannt. Vorspelzen so lang wie die Deckspelzen.

Blütezeit: Juni bis Juli.

Standort: Ziemlich häufig, auf frischen, humosen, meist sauren, ± steinigen Waldböden, in schattigen Buchen- und Buchentannenwäldern der Bergstufe (kennzeichnende Art), im Flachland fehlend, Verbreitungsschwerpunkt in Höhen zwischen 400–800 m ü. NN.

Verbreitung: Europa.

Allgemeines: Der Wald-Schwingel ist aufgrund der breiten Blätter leicht von anderen Schwingeln zu unterscheiden, könnte jedoch mit dem **Wald-Reitgras** *(Calamagrostis arundinacea)* verwechselt werden, für das aber die auffallend schön glänzenden, dunkelgrünen, nach oben gedrehten Blattspreiten charakteristisch sind und das außerdem auf der Blattoberseite schwach behaart ist.

Riesen-Schwingel *Festuca gigantea*

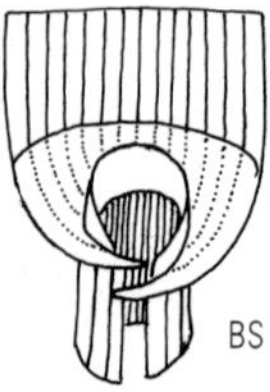
BS

Merkmale: Großes und stattliches, ausdauerndes, horstförmig wachsendes Waldgras, bisweilen lockere Rasen bildend, aber ohne Ausläufer. Halme bis zu 200 cm Höhe erreichend, diese am Grunde häufig bogig aufsteigend und unverzweigt, mit bis zu 5 leicht bräunlich-purpurn gefärbten Knoten. Blattscheiden offen, auf dem Rücken abgerundet, an den Rändern rauh, kahl, die oberste den Halm bis zur Rispenbasis umhüllend. Blatthäutchen bis 2 mm lang, gestutzt. Große, spitze, sichelförmige, halmumfassende Blattöhrchen. Grundblätter nicht borstlich, sondern wie die Stengelblätter flach, bis 60 cm lang, 5–15 mm breit, fest, allmählich in die Spitze auslaufend, oberseits graugrün und manchmal rauh, unterseits dunkelgrün, glänzend, meist glatt. Rispen groß, bis zu 40 cm lang, allseitswendig. Rispenäste stets zu zweit an der Rispenspindel zusammenstehend, rauh, zunächst weit ± waagerecht abstehend, später schlaff überhängend. Ährchen 10–15 mm lang, schmal, locker 3- bis 10blütig, hellgrün. Hüllspelzen ausdauernd, verschieden, bis ca. 8 mm lang, linealisch und zugespitzt. Deckspelzen bis 9 mm, breit lanzettlich, auf dem Rücken abgerundet, fein rauh, 5nervig, mit bis zu 20 mm langer, häufig geschlängelter Granne. Vorspelzen mit zwei fein rauhen Kielen.

Blütezeit: Juli bis August.

Standort: Häufig auf nassen, nährstoff- und basenreichen Tonböden, schattenbedürftiger Nässezeiger, in sommergrünen Laubmischwäldern, vor allem in Auwäldern, auch auf Kahlschlägen und in feuchten, beschatteten Gräben.

Verbreitung: Europa, Asien, Afrika.

Allgemeines: Der Riesen-Schwingel ist befähigt, mit anderen Schwingel-Arten zu bastardieren. Bemerkenswerter aber ist wie bei anderen Schwingeln die Fähigkeit zur Bildung eines Gattungsbastardes mit dem Ausdauernden Lolch *(Lolium perenne)* zu x *Festulolium brinkmannii.*

Rohr-Schwingel *Festuca arundinacea*

Merkmale: Ausdauerndes, dichthorstig wachsendes Gras mit weithin kriechender Grundachse. Halme aufrecht, kräftig, bis zu 150 cm Höhe erreichend, meist glatt und nur unter der Rispe etwas rauh. Blattscheiden bis zu ihrem Grund offen, auf dem Rücken abgerundet, die der Grundblätter rauh, weißlich, nicht zerfasernd. Blatthäutchen vergleichsweise kurz, bis 1 mm lang. Kleine, schmale, am Rande bewimperte Öhrchen am Spreitengrund. Blätter bis 70 cm lang, bis 10 mm breit, steif, oberseits kurz behaart oder rauh, unterseits glatt, allmählich in eine dünne Spitze verschmälert. Rispen bis zu 40 cm lang, zahlreiche Ährchen, bisweilen ± überhängend, locker, offen, manchmal auch zusammengezogen. Rispenachse und -äste rauh. Der kleinere der unteren Rispenäste mit 5–8 Ährchen (vgl. Wiesen-Schwingel, *F. pratensis*). Diese 4- bis 8blütig, schmal elliptisch bis länglich. Hüllspelzen ausdauernd, schmal lanzettlich, zugespitzt. Deckspelzen länglich-lanzettlich, unbegrannt oder auch mit bis zu 4 mm langer Granne, 5nervig, an den Nerven rauh, auf dem Rücken abgerundet. Dem Wiesen-Schwingel recht nahe verwandt und formenreich.

Blütezeit: Juni bis Juli.

Standort: Auf feuchten, nährstoffreichen, schweren Böden, an Bachufern, in nassen Wiesen, an Wegrändern, in nassen Gräben, Nässezeiger.

Verbreitung: Europa, gemäßigtes Asien, N-Afrika.

Allgemeines: Der Rohr-Schwingel ist im Grünland von geringerer Bedeutung, er gilt als minderwertige Art, auf die man auf guten Standorten verzichtet. Er liefert weniger gutes Heu und wird nur im jungen Zustand vom Vieh beweidet. Sein bultiger Wuchs ist einer homogenen Grasnarbe abträglich. Von Bedeutung ist er auf solchen Flächen, die aufgrund ihres hohen Grundwasserstandes das Gedeihen ertragreicherer, besserer Arten kaum ermöglichen.

Wiesen-Schwingel *Festuca pratensis*

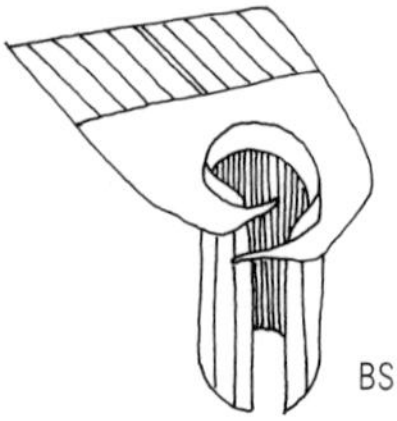

Merkmale: Ausdauerndes, mit kurzer, kriechender Grundachse ± locker rasig wachsendes, dunkelgrünes, formenreiches Wiesengras. Halme aufrecht bis bogig aufsteigend, 30–120 cm hoch. Blattscheiden bis zur Basis offen, auf dem Rücken abgerundet, kahl, die der Grundblätter braun, zerfasernd. Blätter bis 20 cm lang, bis 5 mm breit, schlaff, unterseits glänzend, allmählich in eine feine Spitze verschmälert, an der Spreitenbasis mit kahlen, spitzen Blattöhrchen versehen. Blatthäutchen kurz, weniger als 1 mm lang. Rispen aufrecht, manchmal etwas überhängend, ± 15 cm lang, ± zusammengezogen, einseitswendig. Der kleinere der unteren Rispenäste mit nur 1–3 Ährchen (vgl. Rohr-Schwingel, *F. arundinacea*), diese meist 7- bis 8blütig, schmal elliptisch, hellgrün, bisweilen violett überlaufen. Hüllspelzen lanzettlich, gestutzt. Deckspelzen breit lanzettlich, meist unbegrannt, zugespitzt, ungekielt.

Blütezeit: Juni bis Juli.

Standort: Häufig in Frischwiesen und -weiden, an Wegen und grasigen Plätzen, auf nährstoffreichen, auch schwereren Böden.

Verbreitung: Europa, gemäßigtes Asien, verschleppt nach Amerika.

Allgemeines: Der Wiesen-Schwingel ist ein im Wirtschaftsgrünland weitverbreitetes Obergras. Er gilt als weidefestes Futtergras, bringt außerdem bei reicher Laubentwicklung nur wenige Halme hervor und wird vom Vieh gerne gefressen. Obwohl er ein ertragreiches und hochwertiges Futter liefert, ist es im Hinblick auf seinen Standort nicht sehr anspruchsvoll. In günstiger klimatischer Lage bleibt er im Winter grün und kann daher in der nächsten Vegetationsperiode früh austreiben. Mancherorts werden Vollerträge bereits ab dem 2. Jahr nach der Einsaat erzielt. Obwohl er hohe Düngegaben gut verträgt, wird er bei starker Stickstoffdüngung in Wiesen von konkurrenzstarken Wiesenarten verdrängt.

Goldbrauner Schwingel *Festuca paniculata*

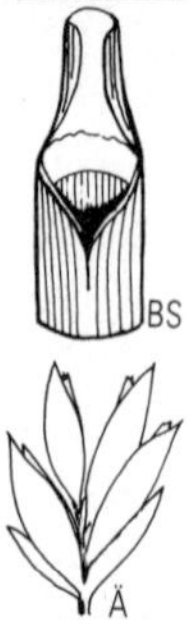

Merkmale: Ausdauerndes Gras in lockeren Horsten mit 50–100 cm hohen, am Grunde leicht zwiebelförmig verdickten Stengeln, meist nur mit 2 oder 3 Stengelblättern. Blatthäutchen bis 2 mm lang. Blattscheiden ziemlich eng anliegend, zerfasern nach dem Absterben nicht. Blattspreiten deutlich gerieft, oberseits graugrün, unterseits dunkelgrün, ziemlich steif, zugespitzt, bis 20 cm lang und um 2 mm breit. Rispen 7–12 cm lang, schmal eiförmig, an der Spitze bisweilen leicht überhängend, sonst aufrecht, kaum unterbrochen, mit glatten Rispenästen. Ährchen 10 bis 15 mm lang, 3- bis 5blütig, auffällig braun gefärbt, breit oval. Deckspelzen deutlich 5nervig, lanzettlich, zugespitzt, immer unbegrannt. Hüllspelzen mit breitem Hautrand.

Blütezeit: Juni bis August.

Standort: Der Goldbraune Schwingel bevorzugt steinige, feinerdearme, wechselfrische Böden, wie sonnenexponierte offene Bergwiesen sie aufweisen.

Verbreitung: In Südeuropa von den Südalpen bis auf den Balkan weit verbreitet, aber nirgendwo allzu häufig. Ferner auch in Nordafrika (Atlas) sowie im westlichen Himalaya. Fast immer nur auf Urgestein, daher in gewissem Umfang als Säurezeiger zu bewerten.

Verwandte Art: An vergleichbaren Standorten, jedoch immer auf kalkhaltigem Untergrund, kommt in den Südostalpen der 30–60 cm hohe **Schlaffe Schwingel** *(Festuca laxa)* vor. Die Blattspreiten sind ziemlich steif, zusammengerollt oder gefaltet und daher borstlich. Die 8–9 mm langen Ährchen sind auffallend violett gefärbt. Die Deckspelzen sind oberhalb der Mitte verschmälert und stets begrannt. Wegen ihres eingeschränkten Verbreitungsgebietes in den Karawanken und in den Julischen Alpen gilt die Pflanze als südostalpiner Endemit. Im gleichen Verbreitungsraum gibt es weitere und ähnliche *Festuca*-Arten.

Alpen-Schwingel *Festuca alpina*

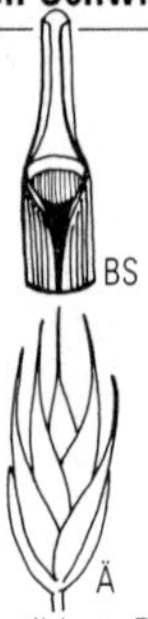

Merkmale: Ausdauerndes, niedrigwüchsiges, nur 5–10 cm hohes, horstiges Alpengras. Halme dünn, fein, umscheidet und oberwärts kantig. Blattscheiden röhrenförmig geschlossen, nach dem Absterben braunrot und zerfasernd. Blätter haarförmig, 0,3 bis 0,4 mm dick, 3- bis 5nervig, nur 1 nahe dem Grunde stehendes Stengelblatt. Rispen kurz, nur ca. 3 cm lang, ± traubig, da pro Rispenast bis auf die unteren (2–4 Ä.) nur 1 Ährchen, diese ca. 6 mm lang, 3- bis 4blütig, blaßgrün. Hüllspelzen linealisch. Deckspelzen lanzettlich, mit Granne, diese halb so lang oder länger als die Spelzen. Lebendgebährende (vivipare) Formen bekannt.

Blütezeit: Juni bis August.

Standort: Felsspalten im Kalkgestein hochalpiner Gebiete, unter extremen Klimabedingungen wachsend.

Verbreitung: Alpen, bis auf 3000 m ü. NN.

Felsen-Schwingel *Festuca halleri*

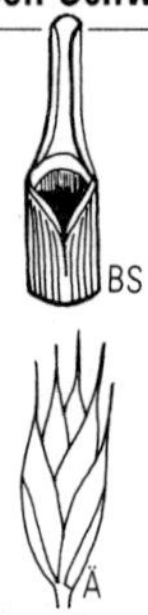

Merkmale: Kleinwüchsiges, nur 10–15 cm hoch werdendes, ausdauerndes Horstgras. Halme im oberen Teil kantig, glatt. Blattscheiden häufig ganz, mindestens aber über die Hälfte röhrig geschlossen, glatt, kahl, zerfasernd. Blattspreiten borstlich, steif, 7nervig. Rispen bis ca. 3 cm lang, Rispenachse meist rauh. Ährchen ca. 6 mm lang, 4- bis 5blütig. Deckspelzen begrannt, Granne wenigstens halb so lang wie die Spelze. (Unterscheidung von Unterarten.)

Blütezeit: Juni bis August.

Standort: Auf sauren, ± trockenen Böden, in Matten (Krummseggen- und Borstgrasrasen) der alpinen Stufe.

Verbreitung: Europäische, asiatische und nordafrikanische Hochgebirge.

Allgemeines: Der wissenschaftliche Name erinnert an den schweizerischen Naturforscher Albrecht von Haller.

Quellgras *Catabrosa aquatica* RL

Ä

Merkmale: Ausdauerndes, 50–80 cm hohes Gras, durch sich bewurzelnde Ausläufer und kriechende Sproßachsen lockere Rasen bildend. Halme bogig aufsteigend, an den Knoten ebenfalls wurzelnd, am Grunde verzweigt, mit kurzen nichtblühenden Trieben. Pflanze kahl. Blattspreiten bis 15 cm lang, bis 15 mm breit, ihre Ränder zu einer kurzen Spitze bootsbugförmig zusammengezogen, jung gefaltet, später flach. Blatthäutchen bis 4 mm lang, wenig zugespitzt. Rispen locker, ± abstehend und ausgebreitet, nach der Blüte zurückgeschlagen. Ährchen 1- bis 3blütig. Hüllspelzen sehr klein. Deckspelzen mit 3 undeutlichen Zähnen, unbegrannt.

Blütezeit: Mai bis Oktober.

Standort: Auf nassen, quelligen, nährstoffreichen Böden, in Gräben, an Ufern.

Verbreitung: Europa, gemäßigtes Asien, N-Afrika, N-Amerika.

Steifgras *Catapodium rigidum*

BS

Merkmale: Kurzlebiges, 2–20 cm hohes, mit ± ausgebreiteten, schräg aufsteigenden Halmen locker horstig wachsendes Gras. Blätter kahl. Blattspreiten bis 14 cm lang, bis 2 mm breit, auf der Oberseite und an den Rändern rauh, allmählich zugespitzt. Blatthäutchen lang, gezähnelt, auch zerschlitzt. Rispen steif, ± einseitswendig, Rispenäste steif aufrecht. Ährchen schmal-elliptisch, bis 10 mm lang, 8- bis 11blütig. Hüllspelzen bis 2 mm lang, die untere 1-, an der Basis 3nervig, die obere vollständig 3nervig. Deckspelzen bis 2,5 mm lang, auf dem Rücken abgerundet, unbegrannt.

Blütezeit: Mai bis August.

Standort: In Mitteleuropa sehr selten, auf trockenen, steinig-sandigen Böden, in offenen Beständen, im mediterranen Raum in lückigen Trockenrasen.

Verbreitung: Mittelmeergebiet, W-Europa.

Trespen-Fuchsschwingel *Vulpia bromoides*

BLST

Merkmale: Einzeln bis locker horstiges, 10–40 cm hohes, aufrecht bis bogig aufsteigendes Gras mit dünnen, glatten unbehaarten Halmen, diese nicht bis zu den Rispen von der Scheide des obersten Blattes umhüllt. Blattscheiden glatt, kahl. Blattspreiten schmal, nur etwa 0,5–3 mm breit, allmählich spitz zulaufend. Blatthäutchen stumpf. Rispen 5–10 cm lang, aufrecht, unterster Ast halb so lang wie die Rispen selbst. Ährchen 7–14 mm lang, obere Hüllspelze stachelspitzig. Deckspelze auf dem Rücken gerundet, mit bis zu 13 mm langer, rauher, dünner Granne.

Blütezeit: Mai bis Juli.

Standort: Auf trockenen, warmen, nährstoffreichen, sandigen Böden, kalkmeidend, an Wegen, auf Ruderalplätzen.

Verbreitung: Europa und im Mittelmeergebiet, weltweit verschleppt.

Mäuseschwanz-Fuchsschwingel *Vulpia myuros*

BLST

Merkmale: Einjähriges, bis 70 cm hohes, büschelig-horstförmig wachsendes Gras. Halme recht dünn, meist bis zur Basis der großen Rispen in die oberste Blattscheide eingehüllt. Blattscheiden wie die Spreiten kahl. Diese schmal, nur etwa 1–2 mm breit, borstlich, als Anpassung an die trocken-warmen Verhältnisse ihrer Wuchsplätze häufig zusammengerollt. Rispen schmal. Ährchen deutlich einseitswendig, 7 bis 10 mm, Deckspelzen mit dünner, rauher und bis zu 15 mm langer Granne.

Blütezeit: Juni bis Oktober.

Standort: Auf warmen, trockenen, lockeren, nährstoffreichen, ruderal beeinflußten Böden, kalkmeidend, an Bahngeländen und Wegen.

Verbreitung: Ebene bis Hügelland, selten über 500 m ü. NN steigend, Europa, W-Asien, Mittelmeerraum.

Salzschwaden *Puccinellia distans*

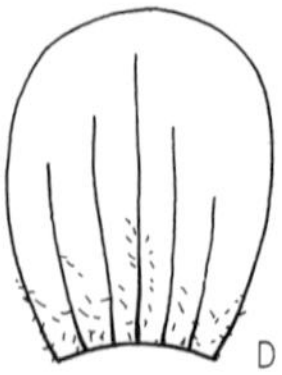

D

Merkmale: Ausdauerndes, locker horstiges Gras ohne Ausläufer, mit aufrecht bis bogig aufsteigenden Halmen, 15–50 cm hoch. Gesamte Pflanze kahl, glatt. Blätter mit glatter Blattscheide. Blattspreite flach, manchmal gerollt, 1,5–4 mm breit, bis 10 cm lang, bisweilen mit kapuzen- oder bootsbugförmig zusammengezogener Blattspitze. Blatthäutchen kurz, stumpf. Rispen offen, locker. Rispenäste rauh, untere Äste in Büscheln zu 2–5, zur Blütezeit ± waagerecht abstehend, nachher zurückgeschlagen. Ährchen schmal-länglich, 3–9 mm lang, 2- bis 9blütig. Hüllspelzen eiförmig. Deckspelzen oval, stumpf abgerundet, grannenlos, basal behaart.

Blütezeit: Juni bis Oktober.

Standort: Auf salzhaltigen, frischen bis feuchten, nährstoffreichen, tonigen, auch sandigen Böden, in Salzwiesen der Küsten, an Salzstellen des Binnenlandes, häufig auch an Straßenrändern.

Verbreitung: Europa, W-Asien, NW-Afrika, N-Amerika.

Allgemeines: Der Salzschwaden ist eine charakteristische Pflanze der Küste und der Salzsteppen und Salzpfannen des Binnenlandes. Dort besitzt er natürliche Wuchsorte. Von diesen vereinzelten Stellen ausgehend ist eine nahezu landesweite Ausbreitung erkennbar. Als neue Wuchsplätze werden dabei vorwiegend Straßenränder besiedelt. Grund hierfür ist der Einsatz von Streusalz im winterlichen Straßendienst, der den Salzschwaden bis in die Mittelgebirge vordringen läßt. So sind insbesondere im Bereich von Steigungen inzwischen häufig 20–30 cm breite Streifen zu beobachten, die die Straßen über lange Strecken hinweg säumen. Die Verbreitungskarte des Salzschwaden gibt daher inzwischen nicht mehr nur die vereinzelten natürlichen Vorkommen von Salz in unserer Landschaft wieder, sondern malt – zumindest teilweise – unser Straßennetz nach.

Strand-Salzschwaden *Puccinellia maritima*

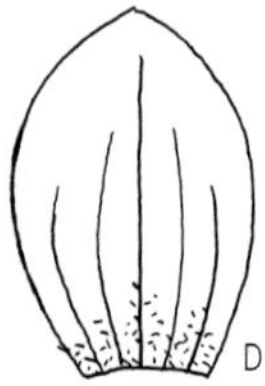

D

Merkmale: Ausdauerndes, 10–80 cm hohes Gras, mit Hilfe der ausläuferartigen, sich bewurzelnden, nicht blühenden Triebe rasenbildend. Halme aufrecht bis niederliegend. Gesamte Pflanze kahl, glatt. Blätter mit glatter Blattscheide, Blattspreite flach oder rinnig gefaltet, manchmal gerollt, 1–3 mm breit, bis 20 cm lang, bisweilen mit kapuzen- oder bootsbugförmig zusammengezogener Blattspitze. Blatthäutchen kurz, stumpf. Rispen offen, einseitswendig. Rispenäste ± glatt, die unteren zu zweit, zur Blütezeit waagerecht abstehend bis aufrecht, nachher aufrecht zusammengezogen. Ährchen schmal-länglich, 5–10 mm lang, 5- bis 9blütig. Hüllspelzen eiförmig. Deckspelzen breit eiförmig, unbegrannt.

Blütezeit: Juni bis September.

Standort: Salzwiesen der Küste.

Verbreitung: Die Strand-Salzschwaden findet man an den Atlantikküsten Europas und Nordamerikas.

Allgemeines: Der Strand-Salzschwaden, auch Andel genannt, ist aus ökologischer Sicht ein bedeutungsvoller Bestandsbildner in der salzertragenden Vegetation der Meeresküsten der nördlichen, gemäßigten Klimazonen. Seine Wuchsplätze schließen sich dort an die Vegetationszone des Quellers an, wo sich das Bodenniveau über die mittlere Fluthöhe heraushebt und die Flächen nur noch episodisch von Salzwasser überflutet werden. Mit seinen bewurzelten Ausläufern festigt und sichert er an diesen Standorten den bereits durch den Queller angelandeten Schlick und trägt seinerseits dazu bei, während der Zeit von Überflutungen weiteren neuen Schlick zurückzuhalten, was allmählich das neugewonnene Land konsolidiert. Auf diesen neuen, jungen Landflächen entwickeln sich dann die z. B. für die Nordseeküste typischen, z. T. ausgedehnten Andelwiesen der Salzmarschen. Als Futtergras ist der Andel für die Beweidung und die Mahd sehr gut geeignet.

Blaugrüner Schwaden *Glyceria declinata*

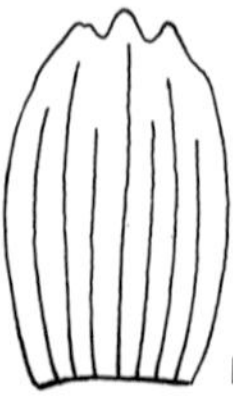
D

Merkmale: Ausdauerndes, locker horstiges blaugrünes Gras, aufrechte, bogig aufsteigende oder niederliegende Halme. Blätter kahl. Blattspreiten flach, auch gefaltet, bis 20 cm lang, bis 8 mm breit, Spreitenränder plötzlich zu einer bootsbugförmigen Spitze zusammengezogen. Blatthäutchen 4–9 mm, spitz zulaufend. Rispen gebogen, armblütig, oft traubig, Rispenäste nach der Blüte ± anliegend. Ährchen schmal länglich. Untere Hüllspelze 1,5–2,5 mm, obere 2,5–3 mm lang. Deckspelzen stumpf eiförmig, in drei stumpfe Zähne auslaufend, unbegrannt. Vorspelzen deutlich zweizähnig, länger als die Deckspelzen, aus diesen herausragend.

Blütezeit: Juni bis September.

Standort: Auf sickernassen, quelligen, nährstoffreichen, mäßig sauren Lehmböden, auf nassen Wegen, an Wegrändern, an Gräben.

Verbreitung: Europa, Ebene bis Gebirge.

Manna-Schwaden *Glyceria fluitans*

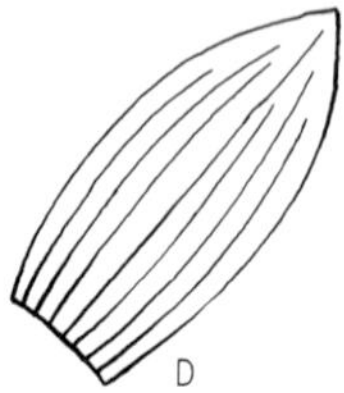
D

Merkmale: Ausdauerndes, locker horstiges, 40–120 cm hohes Gras, lange, kriechende Ausläufer, die bisweilen wurzeln, aber auch auf dem Wasser schwimmen können. Halme aufrecht, manchmal niederliegend, glatt, unbehaart, abgeflacht. Blattscheiden kahl, nach oben rauh, unbehaart, röhrig, zusammengedrückt, gekielt. Blattspreiten bis 25 cm lang, 3–10 mm breit, meist flach. Blatthäutchen bis 5 mm, jung spitz, später zerschlitzt. Rispen zusammengezogen, aufrechte Rispenäste, während der Blüte abstehend. Ährchen bis 35 mm, länglich. Untere Hüllspelze 2–3, obere 3–5 mm, Deckspelzen spitz eiförmig, unbegrannt.

Blütezeit: Mai bis August.

Standort: In Röhrichten, an Bächen, in Wiesen, auf nassen, anmoorigen Sand- und Tonböden.

Verbreitung: Ebene bis Gebirge, Europa, gemäßigtes Asien, N-Afrika.

Großer Schwaden *Glyceria maxima*

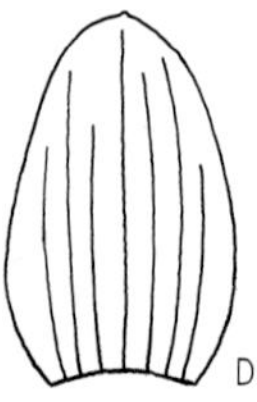
D

Merkmale: Sehr großes, 90–200 cm hohes, ausdauerndes Gras, mit kräftigen Rhizomen ausgedehnte Sproßkolonien bildend, zahlreiche nichtblühende, vegetative Triebe, kräftige starke Halme. Blätter kahl. Blattscheiden geschlossen. Blattspreiten bis 60 cm lang, 7–20 mm breit, gefaltet bis flach. Blatthäutchen 1–3 mm lang, abgerundet bis gestutzt. Keine Öhrchen. Rispen groß offen, ausgebreitet, nach der Blüte zusammengezogen. Rispenäste in Büscheln, rauh. Ährchen schmal länglich, bis 12 mm lang. Untere Hüllspelze 2–3 mm, obere 3–4 mm lang. Deckspelzen mit abgerundetem Rücken, breit eiförmig, stumpf, grannenlos.

Blütezeit: Juni bis August.

Standort: An nährstoffreichen Gewässern, in Verlandungszonen, an Gräben, auf Schlamm.

Verbreitung: Europa und gemäßigtes Asien, verschleppt.

Falten-Schwaden *Glyceria plicata*

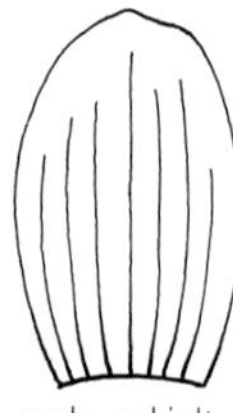
D

Merkmale: Grasgrüne, 40–80 cm hohe, ausdauernde Pflanzen, locker horstförmige, ± niederliegende und bogig aufsteigende Halme, Pflanze kahl. Blattscheiden röhrenförmig, rauh, gekielt. Blattspreiten bis 30 cm lang, jung gefaltet, später flach, zugespitzt. Rispen groß, mit auch nach der Blüte abstehenden, ausladenden Rispenästen. Ährchen schmal länglich, bis 25 mm lang. Hüllspelzen 1nervig, untere 1,5–2,5, obere 2,5–4 mm lang. Deckspelzen auf dem Rücken abgerundet, ohne Grannen. Vorspelzen kürzer oder so lang wie die Deckspelzen.

Blütezeit: Juni bis August.

Standort: Ziemlich verbreitet, licht- und wärmeliebend, auf nährstoffreichen Schlammböden, in Röhrichten, an Bachufern, Wassergräben und quelligen Stellen.

Verbreitung: Europa, W-Asien, NW-Afrika, N- und S-Amerika.

Alpen-Rispengras *Poa alpina*

BLST

Merkmale: Horstförmiges, ohne Ausläufer wachsendes, ausdauerndes, bis 50 cm hohes Gras, das an der Stengelbasis durch lange erhalten bleibende alte Blattscheiden oft fast zwiebelartig verdickt ist. Blätter graugrün. Blattscheiden auf dem Rücken nicht gekielt, glatt. Blatthäutchen der unteren Blätter kurz, gestutzt, der oberen bis 6 mm lang, zugespitzt, häufig zerschlitzt. Blattspreiten kurz und breit, nicht oder nur ganz schwach knorpelrandig. Rispen 7–8 cm lang, aufrecht, ausgebreitet, untere Rispenäste zur Blütezeit waagerecht abstehend. Ährchen ca. 9 mm lang, elliptisch, zusammengedrückt. Hüllspelzen mit weißhäutigen Rändern und Stachelspitze, 1- bis 3nervig. Deckspelzen sich überlappend, zugespitzt, auf dem Rücken gekielt, 5nervig, entlang der randlichen Nerven sind sie weiß abstehend und behaart.

Blütezeit: Mai bis September.

Standort: Auf nährstoff- und basenreichen Lehmböden alpiner Lägerfluren, in Frischwiesen und -weiden.

Verbreitung: Gebirge von Europa, N- und W-Asien, N-Amerika.

Allgemeines: Bei der »lebendgebärenden«, sog. viviparen Form des Alpen-Rispengrases (*P. alpina* var. *vivipara*) finden sich in den Ährchen nach der Blütezeit noch an der Mutterpflanze junge Tochterpflanzen. Bei dieser falschen Viviparie gehen diese jedoch nicht wie bei der echten Viviparie aus den reifen Samen hervor. Sie entwickeln sich vielmehr aus Ährchen, die blatttragende Brutknospen hervorbringen.

Die fertig entwickelten Jungpflanzen fallen später zu Boden und entwickeln sich dort zu ausgewachsenen Individuen. Mitunter verbleiben die Jungpflanzen aber auch an den Mutterpflanzen, bis sich die Rispen unter deren Gewicht zum Boden hinabbiegen, wo die Jungpflanzen dann unvermittelt wurzeln. Diese Brutknospen können genauso wie Samen als Saatgut verwendet werden.

Einjähriges Rispengras *Poa annua*

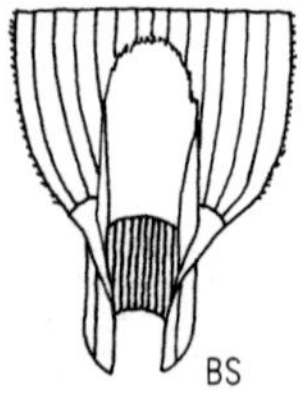

BS

Merkmale: Häufiges, weitverbreitetes, ein- bis zweijähriges, bisweilen auch ausdauerndes, robustes, anspruchsloses, dichte Horste bildendes Gras. Formenreich und von sehr unterschiedlicher Gestalt, von wenigen cm bis 30 cm groß, aufrecht bis niederliegend. Gesamte Pflanze kahl. Blätter grün. Blattscheiden auf Bauch und Rücken gekielt, leicht zusammengedrückt, glatt. Blatthäutchen ± 2 mm lang, ± spitz. Blattspreiten bis 15 cm lang, bis 5 mm breit, in jungem Zustand oft quer zur Spreitenlängsachse wellig gefältelt, tief V-förmig, häufig völlig zusammengefaltet, auch flach, Blattspitze bootsbugförmig zusammengezogen. Rispen bis 8 cm lang, schmal dreieckig bis pyramidal, einseitswendig. Rispenäste glatt, ausgebreitet. Ährchen 3–4 mm lang. Untere Hüllspelzen, 1-, obere 3nervig. Deckspelzen 5nervig, gekielt, meist ohne Ausläufer, Blatthäutchen weißlich, von der Seite sichtbar, unterste Rispenäste zur Blütezeit waagerecht abstehend.

Blütezeit: Ganzjährig.

Standort: Auf frischen, nährstoffreichen Böden, in Trittrasen, an Wegen, auf Plätzen, in Pflasterritzen, in Gärten und auf Äckern.

Verbreitung: Auf der ganzen Erde.

Allgemeines: Wenig ertragreiches, aber vom Vieh gerne gefressenes, vitales Allerweltsgras. Ganzjährig blühend und fruchtend hält es sich durch Selbstaussaat lange an einmal besiedelten Wuchsplätzen. In Wiesen und Weiden findet es sich besonders gerne in Lücken ein, geht aber bei schlechter Wasserversorgung bald zurück.

Da es gegen Tritt recht unempfindlich ist, wird es sehr häufig in Mischungen von Rasensaatgut verwendet, da es außerdem noch ganzjährig grün ist, entstandene Lücken rasch wiederbegrünt und auch bei niedrigem Schnitt der Trittbelastung gut zu widerstehen vermag.

Ähnliche Art: Ähnlich ist das Läger-Rispengras *(P. supina):* Blatthäutchen gelblich, kurz, blüht nur im Frühjahr.

Knolliges Rispengras *Poa bulbosa*

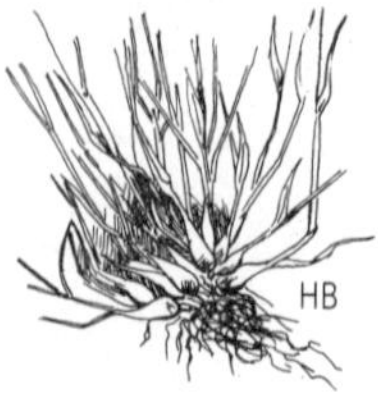

Merkmale: Ausdauerndes und horstförmig wachsendes Gras. Halme aufrecht, seltener am Grunde gebogen und ausgebreitet, dünn, unverzweigt, 10–30 cm hoch. Stengelbasis durch die Blattscheiden zwiebelartig verdickt (Name!), Blattscheiden der Stengelblätter auf dem Rücken abgerundet. Blatthäutchen bis 4 mm, länglich spitz. Blattspreiten graugrün, die der Grundblätter meist borstlich, Spreiten der Stengelblätter flach, 1–1,5 mm, oft gefaltet, plötzlich zu einer Spitze zulaufend, am Rande wenig rauh. Rispen locker, schmal, bis 6 cm, Rispenäste aufrecht, zur Blütezeit ausgebreitet, rauh. Ährchen eiförmig, zusammengedrückt, bis 5 mm lang, 4- bis 6blütig, oft lebendgebährend (falsche Viviparie ähnlich dem Alpen-Rispengras, *P. alpina* var. *vivipara*). Alle Spelzen unbegrannt. Hüllspelzen gekielt, die untere schmal, die obere breit eiförmig. Die Deckspelzen sind zugespitzt und gekielt, 5nervig und haben weiße Haare auf den Kielen.

Blütezeit: April bis Juli.

Standort: Auf sommertrockenen, bisweilen ruderal beeinflußten, meist kalkhaltigen Standorten, in Trockenrasen, an Wegrändern, an Dämmen, auf Mauern.

Verbreitung: Mittelmeergebiet, West-, Mittel- und Südost-Europa.

Allgemeines: Brutknospen sind für vivipare Gräser wirksame vegetative, also auf nicht sexuellem Wege entstandene Verbreitungs- und Vermehrungseinheiten. Neben den Brutknospen stehen beim Knolligen Rispengras zusätzlich noch weitere vegetative Organe im Dienste der Verbreitung und Vermehrung. Vergeht am Ende der Vegetationsperiode des Grases der größte Teil des oberirdischen Pflanzenkörpers, bleiben die basalen Teile der Stengel, in denen Reservestoffe gespeichert sind, erhalten. Der Horst zerfällt allmählich und die nun nicht mehr miteinander verbundenen, zwiebelartigen Sproßstücke werden einzeln verbreitet.

Badener Rispengras *Poa badensis* RL

Merkmale: Bläulich-graugrünes, ausdauerndes, horstiges, bis 40 cm hohes Gras. Halmbasis durch Reste alter Blattscheiden häufig zylindrisch, aber nicht zwiebelartig verdickt wie beim Knolligen Rispengras *(P. bulbosa)*. Blätter mit schmalem, weißlichen »Knorpelrand«, bis 3 mm breit, kurz zugespitzt, oberstes Stengelblatt mit auffallend kurzer Spreite und langer Blattscheide, diese meist schwach aufgeblasen. Blatthäutchen bis 6 mm lang, zugespitzt. Rispen dichtblütig, häufig zusammengezogen, untere Rispenäste zur Blütezeit aufrecht. Ährchen elliptisch, zugespitzt, zusammengedrückt, durch die deutlich gekielten Spelzen außerdem zweischneidig. Hüllspelzen mit Grannenspitze.

Blütezeit: Mai bis August.

Standort: Auf sommertrockenen, basenreichen, humosen Böden, in Fels- und Trockenrasen.

Verbreitung: Besonders S- u. Mitteleuropa.

Flaches Rispengras *Poa compressa*

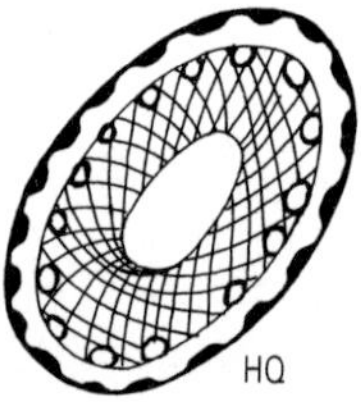

Merkmale: Locker horstig wachsendes, Ausläufer treibendes, ausdauerndes, graugrünes Gras, bis 40 cm hoch. Halme aufrecht-knickig aufsteigend, seitlich abgeflacht, mit ovalem Stengelquerschnitt. Blattscheiden flachgedrückt, auf Bauch und Rücken deutlich gekielt, daher zweischneidig. Blatthäutchen bis 3 mm, gestutzt. Blattspreiten schmal linealisch, oberseits rauh, allmählich in die Spitze verschmälert. Rispen 3–6 cm lang, armblütig, ± einseitswendig, Rispenäste steif, rauh. Ährchen schmal elliptisch, zusammengedrückt. Alle Spelzen gekielt, unbegrannt. Hüllspelzen zugespitzt, 3nervig. Deckspelzen stumpf, 5nervig, kahl, aber manchmal schwach behaart.

Blütezeit: Juni bis August.

Standort: Als Pionier auf Mauern, an Wegen, Bahndämmen, auf Schuttplätzen.

Verbreitung: Europa, W-Asien, N-Amerika.

Wiesen-Rispengras *Poa pratensis*

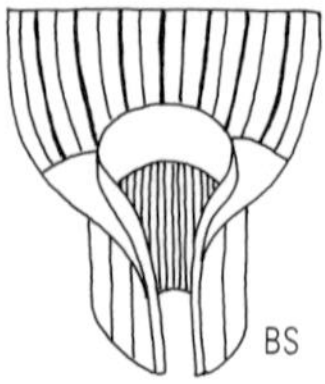

Merkmale: Ausdauerndes, mit zahlreichen, kriechenden Ausläufern in lockeren, ± dichten Rasen wachsendes, recht formenreiches und weitverbreitetes (Unter-) Gras. Halme rund bis sehr wenig abgeflacht, 10–50 cm hoch. Blattscheiden auf dem Rücken abgerundet, fast überhaupt nicht gekielt, kahl, seltener feinbehaart. Blatthäutchen kurz, gestutzt, ± 1 mm lang (im Gegensatz zum Gemeinen Rispengras, *P. trivialis*). Oberste Blattspreiten kürzer als ihre Blattscheiden, insgesamt bis 30 cm lang, 2–4 mm breit, gefaltet, ± plötzlich zu einer bootsbugförmigen Spitze zusammengezogen. Rispen pyramidal, reichblütig. Ährchen elliptisch, zusammengedrückt, bis 6 mm lang. Alle Spelzen gekielt, unbegrannt. Hüllspelzen zugespitzt, die untere 1- bis 3-, die obere 3nervig. Deckspelzen meist stumpf, auf dem Kiel und den randlichen Nerven schwach behaart.

Blütezeit: Mai bis Juni.

Standort: Sehr häufig auf frischen, nährstoffreichen Lehmböden, in Frischwiesen und -weiden, an Wegrändern, Gräben und Böschungen.

Verbreitung: Europa, das gemäßigte Asien, N-Afrika, Australien.

Allgemeines: Das anpassungsfähige, robuste und nicht sonderlich empfindliche Wiesen-Rispengras, das auch kurz Wiesenrispe genannt wird oder als Kentucky Blue Grass bekannt ist, stellt wohl eines der wichtigsten Gräser in der heimischen Grünlandwirtschaft dar. Frühaustreibend bringt es einen guten, ertragreichen und gleichzeitig halmarmen Aufwuchs. Vom Vieh sowohl auf der Weide als auch im Heu gerne gefressen, stellt es auf den meisten Standorten, sofern sie nicht zu naß, zu nährstoffarm oder zu sauer sind, als weidefeste Art ein hochwertiges Futtergras dar.

Im Handel befindet sich eine Fülle unterschiedlicher Formen und Rassen, bei denen ein großer Teil auch in Ansaaten von Grünanlagen und Sportplätzen Verwendung findet.

Gemeines Rispengras *Poa trivialis*

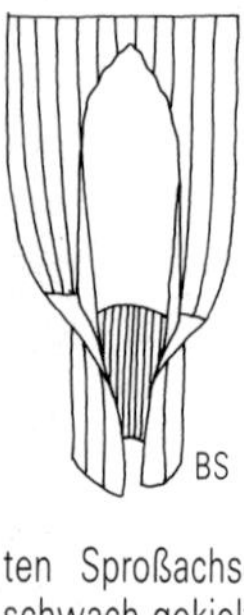

Merkmale: Formenreiches, ausdauerndes, wintergrünes Wiesengras. Mit niederliegenden, sich bewurzelnden und verzweigenden Trieben, ± dichte Rasen bildend. 50–90 cm hoch. Halme ± aufrecht bis knickig aufsteigend, drehrund, dünn, glatt, nur unterhalb der Rispen rauh. Mit durchgehend gleichmäßig beblätterten Sproßachsen. Blattscheiden meist rauh, schwach gekielt. Blatthäutchen über 5 mm lang und spitz. Blattspreiten anfangs gefaltet, später flach, bis 20 cm lang, bis 6 mm breit, meist schlaff, unterseits glänzend, plötzlich zugespitzt, ohne bootsbugförmige Spitze wie bei dem ähnlichen Wiesen-Rispengras *(P. pratensis)*. Rispen bis 20 cm lang, schmal dreieckig, locker, offen oder zusammengezogen, dicht. Ährchen elliptisch, zusammengedrückt, hellgrün bis violett überlaufen. Alle Spelzen gekielt. 3- bis 4blütig. Untere Hüllspelzen 1-, obere 3nervig. Die Deckspelzen sind bespitzt und 5nervig, an den Spelzenbasen haben sie lange Haare, auf den Kielen sind sie kurz behaart.

Blütezeit: Mai bis Juli.

Standort: Auf feuchten bis nassen, nährstoffreichen Lehmböden, in Wiesen, auf Äckern, an Wegrändern, Nässezeiger.

Verbreitung: Nord- und Mitteleuropa.

Allgemeines: Das Gemeine Rispengras ist – wenngleich im Grünland, auf Wegen und in vergrasten Stellen weitverbreitet – als Futtergras in den Wiesen und Weiden nicht sonderlich erwünscht. Erfolgen die erste Mahd und die erste Beweidung sehr früh, liefert es zwar ein vom Vieh gerne gefressenes Futter, bringt aber bei späterer Nutzung eine Reihe von Problemen mit sich. So ist etwa der Nachwuchs, also das Pflanzenmaterial, das nach einem Schnitt vom Gras neugebildet wird, ausgesprochen dürftig. Dies gilt vor allem in heißen Jahren, in denen es bei anhaltender Trockenheit völlig ausfallen kann. Hinzu kommt eine erhöhte Empfindlichkeit gegen starke Winterkälte.

Schmalblättriges Rispengras
Poa angustifolia

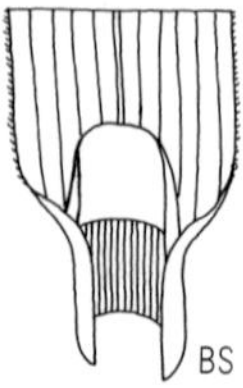

Merkmale: Ausdauernd, dichter und stärker horstförmig wachsend als das sehr nahe verwandte Wiesen-Rispengras *(P. pratensis)*. Halme bis 60 cm hoch, aufrecht. Grundblätter borstlich gefaltet, sehr lang, bis 30 cm, 1–2 mm breit, Stengelblätter mit 2–4 mm meistens breiter, flach oder ebenfalls gefaltet, allmählich zur Blattspitze ausgezogen. Blatthäutchen kurz, bis 1 mm, gestutzt. Rispen schmal, fast doppelt so lang wie breit. Ährchen schmal eiförmig, bis 5 mm lang. Hüllspelzen mit kurzer, schmaler Spitze, auf dem Rücken gekielt, auf dem Kiel rauh. Deckspelzen ebenfalls auf dem Rücken gekielt.

Blütezeit: April bis Juni.

Standort: Auf sommertrockenen, warmen Wuchsplätzen, häufiger in Halbtrockenrasen.

Verbreitung: Europa, SW-Asien.

Hain-Rispengras *Poa nemoralis*

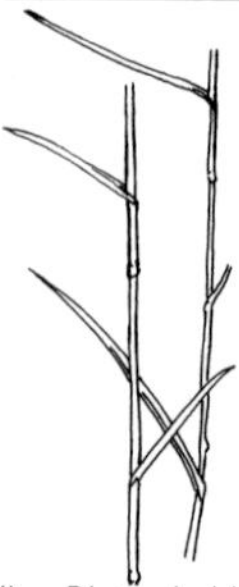

Merkmale: Geselliges, locker horstig wachsendes Waldgras, ohne Ausläufer, bis 50 cm hoch. Halme aufrecht, glatt. Blattscheiden auf dem Rücken nicht gekielt, glatt. Blatthäutchen unauffällig kurz, meist fehlend. Blattspreiten bis 2 mm breit, blaugrün, in kurze, nicht bootsbugförmige Spitze auslaufend. Obere Blattspreiten so lang wie ihre Blattscheiden, leicht nach oben, aber ± waagerecht abstehend (im Volksmund auch Wegweisergras). Lockere, wenigblütige Rispen, zur Blütezeit ± ausgebreitet. Rispenäste sehr fein. Ährchen bis 6 mm, 1- bis 5blütig. Hüllspelzen lanzettlich, fein zugespitzt. Deckspelzen lanzettlich, gekielt, am Kiel und an der Spelzenbasis behaart.

Blütezeit: Mai bis Juli.

Standort: Auf basen- und nährstoffreichen, ausreichend gründigen, frischen Waldböden.

Verbreitung: Europa, gemäßigtes Asien, N-Amerika.

Berg-Rispengras *Poa chaixii*

Merkmale: Stattliches, in kräftigen Horsten wachsendes, ausdauerndes, zuweilen mit Ausläufern kriechendes Gras. Halme bis 120 cm hoch. Blätter dunkelgrün. Blattscheiden rauh, auf der Bauch- und Rükkenseite scharf gekielt, zusammengedrückt, Triebe daher flachgedrückt erscheinend. Blattspreiten bis 45 cm lang, bis 10 mm breit, deutlich V-förmig gefaltet, mit deutlich bootsbugförmig (kapuzenförmig) zusammengezogener Spitze. Rispen bis 25 cm lang. Ährchen schmal eiförmig. Alle Spelzen unbegrannt, nur zugespitzt. Insgesamt ähnlich dem Lockerblütigen Rispengras *(P. remota)*, aber: Blatthäutchen kürzer, nur 0,5–1,5 mm lang, gestutzt und am Rande bewimpert, oberste Spreite nur 1–10 cm, kürzer als ihre Blattscheide.

Blütezeit: Juni bis Juli.

Standort: Laubwälder, magere Gebirgswiesen.

Verbreitung: W-, N-Europa, W-Asien.

Sumpf-Rispengras *Poa palustris*

Merkmale: Kleine, lockere Horste bildendes, ausdauerndes Mittelgras, mit nicht blühenden, sterilen Blättertrieben, bis 120 cm hoch. Halme meist oberwärts glatt. Blattscheiden abgerundet, die unteren auf dem Rücken schwach gekielt. Blatthäutchen der oberen Blätter bis 3 mm lang, länglich spitz. Blattspreiten bis 20 cm lang, bis 3 mm breit, flach, schlaff, rauh, unterseits matt. Rispen locker. Rispenäste sehr rauh. Ährchen 3- bis 4blütig. 2–4 mm lang, eiförmig, ein wenig zusammengedrückt. Hüllspelzen dünn zugespitzt, gekielt. Deckspelzen stumpf, gekielt, 5nervig, auf dem Rücken und am Rand behaart, an der Spitze mit kleinem gelben Fleck.

Blütezeit: Juni bis Juli.

Standort: An Ufern, in feuchten Wiesen, an Gräben.

Verbreitung: Europa, gemäßigtes Asien, N-Amerika.

Knäuelgras *Dactylis glomerata*

Merkmale: Mehrjähriges, 50–120 cm hohes, graugrünes, in oft dichten und vitalen Horsten wachsendes Obergras mit kräftigen, aufrechten Halmen, ohne Ausläufer. Erneuerungstriebe bleiben während des Winters grün, geschützt durch die verbliebenen Blattscheiden der vorjährigen Blätter, deshalb früh austreibend, aber spätfrostempfindlich. Blätter graugrün. Blattscheiden zunächst geschlossen, rauh oder glatt, flach zusammengedrückt, auf Bauch- und Rückennaht deutlich gekielt, daher scharf zweischneidig. Blattspreiten in der Knospenlage gefaltet, später ± flach, aber auf der Unterseite gekielt, bis 45 cm lang, 2–14 mm breit, zugespitzt. Ohne Öhrchen. An der Blattspreitenbasis ein 3–5 mm langes gezähneltes und meist zerschlitztes Blatthäutchen. Blütenstand eine einseitswendige, ± große, aufrechte, ± dreieckige Ährenrispe mit dichtstehenden, geknäuelten Ährchen (Name!). Untere Rispenäste ± waagerecht, abstehend, meist rauh. Ährchen 5–9 mm lang, zusammengedrückt, 3- bis 5blütig, Hüllspelzen, 1- bis 3nervig, schmal eiförmig, zugespitzt, mit kurzer, bis 1,5 mm langer Granne, auf dem Rücken behaart.

Blütezeit: Juni bis September.

Standort: Mäßig trockene bis feuchte, nährstoffreiche Böden, in Grünland, an Wegrändern, auf Schuttplätzen. Knäuelgras ist empfindlich gegen Trockenheit, es ist auch ein Stickstoffzeiger.

Verbreitung: Von der Ebene bis ins Gebirge, in den Alpen bis auf 1950 m ü. NN aufsteigend. Europa, sowie verschleppt und eingebürgert in nahezu allen Gebieten mit gemäßigtem Klima.

Allgemeines: Das Knäuelgras zählt zu unseren am weitesten verbreiteten Gräsern. Es ist ein früh austreibendes, ertragreiches und gut nachwachsendes Gras, das aber nur bei ausreichend frühem Schnitt (vor dem Schossen) hochwertiges Viehfutter liefert, später jedoch – hart und spröde – vom Vieh gemieden wird.

Wald-Knäuelgras *Dactylis polygama*

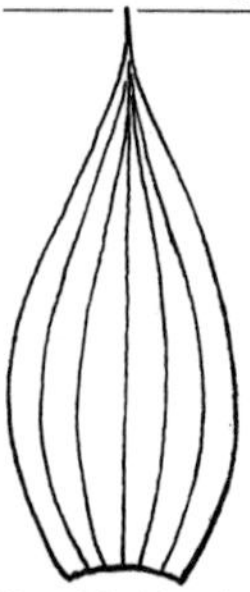

Merkmale: Ausdauerndes, hellgrünes Waldgras mit kurzen Ausläufern, 50–120 cm hoch. Insgesamt dem Knäuelgras *(D. glomerata)* sehr ähnlich, jedoch locker horstförmig wachsend, Rispen schütterer, schmal, weniger geknäuelt, da weniger Ährchen pro Rispenastbüschel. Deckspelzen auf dem Rücken abgerundet, in der Regel kahl, seltener auf den Nerven kurzhaarig (zahlreiche Übergänge zum Knäuelgras, *D. glomerata*). Grannen in der Regel kürzer.

Blütezeit: Mai bis Juli.

Standort: Auf frischen bis feuchten, basenreichen, locker humosen Lehmböden, in halbschattigen Wäldern. Kennzeichnende Art wärmeliebender Eichen-Hainbuchenwälder. In Massenbeständen auf Kahlschlägen die Naturverjüngung behindernd.

Verbreitung: Besonders im Hügel- und Bergland Mitteleuropas.

Hartgras *Sclerochloa dura*

Merkmale: Unbeständiges, einjähriges, graugrünes, niederliegendes, oft rosettenartig eng an den Boden gedrückt wachsendes, auffallend hartes Gras (Name!). Halme 2-15 cm, kahl, vom Grund an verzweigt. Blattscheiden am Grunde geschlossen, auf dem Rücken deutlich gekielt. Spreiten in Knospenlage gefaltet, später flach, bis 4 mm breit. Blütenstand 20–30 mm lang, eine dichte, reichblütige, rundliche bis schmal eiförmige Ährenrispe, ± einseitswendig. Ährchen 7–10 mm lang, 3- bis 6blütig, zusammengedrückt. Hüllspelzen und Deckspelzen gekielt.

Blütezeit: Mai bis Juli.

Standort: Trockene bis wechseltrockene Böden, in Trittrasen der wärmeren Lagen. Mit seinem niederliegenden, widerstandsfähigen Pflanzenkörper gut an die mechanische Belastung in Trittgesellschaften angepaßt.

Verbreitung: Europa, gemäßigtes W-Asien.

Gemeines Kammgras *Cynosurus cristatus*

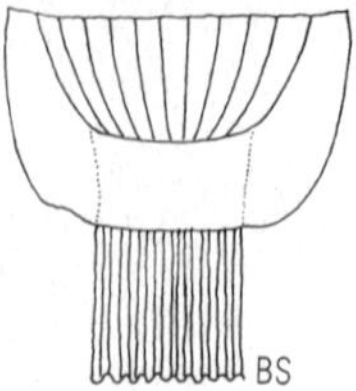
BS

Merkmale: Mehrjähriges, aber frostempfindliches Untergras, ausdauernd, horstförmig, selten auch mit sehr kurzen Ausläufern wachsend. Halme dünn, glatt, fest und steif, unverzweigt, 20–60 cm hoch. Blätter in Knospenlage gefaltet, später gerollt. Blattscheiden auf dem Rücken gerundet, unbehaart. Blatthäutchen kurz, ca. 1 mm lang, stumpf. Blattspreiten bis 15 cm lang, 2–3 mm breit, flach bis wenig rinnig, oberseits fein gerieft und zur Spitze hin rauh, unterseits glatt. Rispen ährenförmig, einseitswendig, 5–10 cm lang, 0,5–1 cm breit, Achse rauh bis feinhaarig. Ährchen sehr dicht stehend, an einem Seitenast der Ährenrispe stets ein fruchtbares (fertiles) und ein unfruchtbares (steriles) Ährchen miteinander verbunden. Fertile Ährchen 3- bis 5blütig, ihre Deckspelzen kurz begrannt. Sterile Ährchen die fertilen überdeckend, flach zusammengedrückt, bis 10, bisweilen auch mehr schmale, deutlich gekielte, stachelige bespitzte, leere Spelzen, haarkammartig zusammenstehend (Name!).

Blütezeit: Juni bis Juli.

Standort: Verbreitet auf ± frischen, lehmigen Böden, in trockenen Weiden und Triften, auf Wiesen, an Wegrändern.

Verbreitung: Europa und das gemäßigte W-Asien.

Allgemeines: Das Kammgras bildet nur in den Gebieten mit ausreichender Luftfeuchte und auf nicht zu trockenen Böden einen dichten Rasen. Es ist daher vor allem im Gebirge als Futtergras von höherem Wert. Früher Austrieb, reichhaltiger Nachwuchs und Selbstaussaat sind von besonderer Bedeutung. Wegen seiner Biologie eignet sich das Kammgras besonders als Weidepflanze. Seine Stengel sind besonders widerstandsfähig und werden vom Vieh im Gegensatz zu den Blättern in der Regel verschmäht, so daß die Früchte reifen können und die Selbstaussaat gewährleistet ist. Da die Halme recht bruchfest sind, wurden sie für Flechtarbeiten verwendet.

Stacheliges Kammgras
Cynosurus echinatus

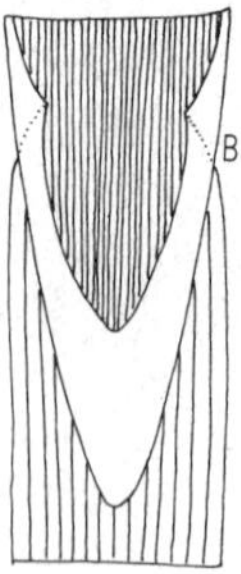
BS

Merkmale: Einjähriges, locker horstig wachsendes, am Grunde büschelig verzweigtes Gras. Halme 20–70 cm hoch, glatt, oberwärts recht dünn. Blätter kahl. Blattscheiden glatt, auf dem Rücken abgerundet, die oberen ± aufgeblasen. Blatthäutchen 3–7 mm lang, zugespitzt. Blattspreiten 5–20 cm lang, bis 7 mm breit, flach. Ährenrispen viel kürzer als beim Gemeinen Kammgras *(Cynosurus cristatus)*, 2–4 cm lang, 1–2 cm breit kugelig bis eiförmig, allseitswendig. Fertile Ährchen 1- bis 5blütig, ihre Deckspelzen mit bis 15 mm langer Granne. Sterile Ährchen aus 10, gelegentlich auch mehr, deutlich rauh begrannten, leeren Spelzen.

Blütezeit: Mai bis Juni.

Standort: Auf Schutt- oder Industrieflächen (adventiv), auf trockenen Böden.

Verbreitung: W-Europa, Mittelmeerraum.

Goldgras *Lamarckia aurea*

BS

Merkmale: Einjähriges, in lockeren Horsten wachsendes Gras mit aufsteigenden oder aufrechten Halmen, 10–25 cm hoch. Blatthäutchen 5–10 mm lang, ganzrandig, länglich. Blattscheiden auf der Rückseite rund, nur auf den Rippen leicht rauh. Blattspreiten 2–6 mm breit und bis 20 cm lang, spitz. Rispen ziemlich dicht, ährenartig, leicht einseitswendig, erinnern etwas an eine Flaschenbürste. Ährchen in Gruppen zu 3–5 an den Enden kurzer Rispenäste. Ährchenstiele stark behaart. Mehrere sterile Ährchen verdecken das endständige fertile. Deckspelzen lang begrannt (nur im einblütigen fertilen Ährchen).

Blütezeit: Mai bis Juli.

Standort: Verbreitet in offenen Grasfluren an Wegen, auf Brachland oder an Gebüsch.

Verbreitung: Gesamtes Mittelmeergebiet. In Mitteleuropa gelegentlich als Ziergras.

Zittergras *Briza media*

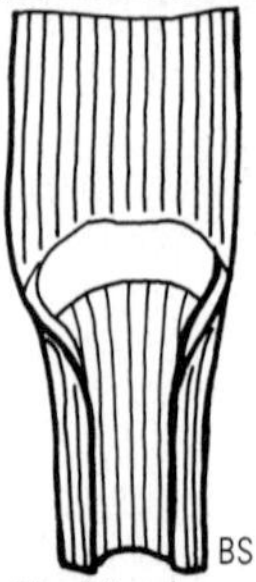

BS

Merkmale: Ausdauernd, durch kurze, unterirdische Ausläufer lockere Rasen bildend, mit zahlreichen vegetativen Trieben. Halme aufrecht, dünn, glatt, bis 40 cm hoch (Untergras). Blattscheiden geschlossen, glatt. Blattspreiten mit einer dünnen, kurzen Spitze, bis 15 cm lang, 2–4 mm breit, unbehaart, glatt, an den Rändern wenig rauh. Blatthäutchen ca. 1 mm lang, stumpf, gestutzt. Keine Blattöhrchen. Rispen weit ausgebreitet, locker, schmal dreieckig bis breit pyramidal. Rispenäste oft geschlängelt, glatt, zunächst aufrecht, später waagerecht abstehend, ausgebreitet. Ährchen eiförmig und herzförmig, stark seitlich zusammengedrückt und deutlich flach, 3- bis 12blütig, 4–7 mm lang. Ährchenstiele oft geschlängelt, herabhängend, daher Ährchen leicht zitternd. Hüllspelzen ca. 3 mm lang, auf dem Rükken gekielt, ± waagerecht abstehend. 3nervig. Deckspelzen ca. 4 mm lang, ebenfalls abstehend, auf dem Rücken abgerundet oder nur schwach gekielt, die Basis der Deckspelzen herzförmig und die Ährchenachse umfassend, 5nervig. Vorspelzen doppelt gekielt.

Blütezeit: Mai bis Juni.

Standort: In mageren Wiesen und Weiden, an Böschungen, auf ± trockenen Böden.

Verbreitung: In ganz Europa und im gemäßigten Asien, sowohl in der Ebene als auch im Hochgebirge.

Allgemeines: Ertragsarmes, aber als Heu gerne vom Vieh gefressenes Gras. Wegen seiner hübschen Gestalt vor allem als Schmuck- und Ziergras beliebt. Dies spiegelt sich insbesondere in den überaus vielfältigen Volksnamen wieder, die sich auf verschiedene Eigenschaften des Grases beziehen: z. B. Zittermannel, Zitterherzl, Zitterkraut, Bäbergras, Bewigras oder Nimmerstill beschreiben das Zittern der Ährchen. Namen wie Flohgras, Wanzengras, Feldwanzen beschreiben die Form der Ährchen, während Fraunhaar, Muttergotteshaar, Christkindlhaar die Feinheit der Rispen aufgreifen.

Großes Zittergras *Briza maxima*

BLST

Merkmale: Locker horstförmig wachsendes, einjähriges Gras, mit bis zu 60 cm hohen, glatten, dünnen Halmen. Gesamte Pflanze kahl. Blätter gelbgrün. Blattscheiden auf dem Rücken abgerundet, nicht gekielt. Blatthäutchen bis 5 mm, stumpf. Blattspreiten bis 20 cm lang, bis 8 mm breit, lang und fein zugespitzt. Die wenig verzweigten Rispen locker, aufrecht oder wenig gebogen, mit wenigen oder bis zu 12 Ährchen. Diese groß, 15–25 mm lang, abgeflacht, bis 20blütig, auf bis zu 20 mm langen, herabgekrümmten, haarfeinen Stielchen. Hüllspelzen waagerecht von der Ährchenachse abspreizend, bis 7 mm lang, auf dem Rücken abgerundet. Deckspelzen 6–8 mm lang, 7- bis 9nervig. Vorspelzen auf ihren Kielen fein behaart.

Blütezeit: Mai bis Juli.

Standort: Auf ± trockenen Wuchsplätzen.

Verbreitung: Vor allem im Mittelmeerraum.

Kleines Zittergras *Briza minor*

BS

Merkmale: Einjähriges, locker horstförmig wachsendes Gras mit bis zu 60 cm hohen, glatten Halmen. Pflanze kahl. Blattscheiden auf dem Rücken abgerundet, glatt. Blatthäutchen bis 6 mm lang. Blattspreiten bis 15 cm lang, bis 10 mm breit, ihre Ränder wenig rauh. Rispen ähnlich dem Zittergras *(B. media)*, aber reicher verzweigt als beim Großen Zittergras *(B. maxima)*, pyramidal, mit zahlreichen Ährchen. Diese bis 5 mm lang, eiförmig, auf haarfeinen, nach unten geneigten, bis 12 mm langen Stielchen, 4- bis 8blütig. Hüllspelzen waagerecht von der Ährchenachse abstehend, ausdauernd, 3- bis 5nervig. Deckspelzen sehr breit, mit herzförmiger Basis, 7- bis 9nervig. Vorspelzen auf den beiden Kielen schmal geflügelt.

Blütezeit: Juni bis September.

Standort: Auf ± trockenen Wuchsplätzen.

Verbreitung: Vor allem im Mittelmeerraum.

Wimper-Perlgras *Melica ciliata*

BLST

Merkmale: Ausdauernde, sommergrüne, dichte, reich beblätterte Horste bildende Art mit bis zu 10 cm langen Ausläufern. Halme 30–70 cm hoch, aufrecht, steif, oberwärts unterhalb der Blütenstände rauh. Blätter graugrün. Untere Blattscheiden im Gegensatz zum Siebenbürger Perlgras *(Melica transsilvanica)* kahl. Keine Blattöhrchen. Blatthäutchen 2–3 mm lang, stumpf, meist zerschlitzt. Blattspreiten starr, bis 25 cm lang, 3–4 mm breit, flach, bei Trockenheit aber borstlich eingerollt. Ährenrispe aufrecht, 4–8 cm lang, ± locker, undeutlich einseitswendig. Rispenäste kurz und der Achse angedrückt, die längsten von ihnen bis zu 10 Ährchen tragend. Ährchen 6–7 mm lang, 2blütig, von diesen meist 1 steril und verkümmert zu einem keulenartigen Körperchen. Hüllspelzen ± gleich lang, rauh, unbegrannt. Deckspelzen der sterilen Blüten kahl, der fertilen Blüten lang zottig bewimpert, Wimpern zur Blütezeit aus den Ährchen herausragend und deutlich sichtbar (Name!), 7- bis 9nervig.

Blütezeit: Juni bis Juli.

Standort: Recht selten auf basenreichen, meist dagegen an kalkreichen, sommerwarmen, trockenen Standorten, in trockenen Mauern, auf locker verbuschten Felshängen, auf Gesimsen und Felsbändern.

Verbreitung: Außer im Norden in ganz Europa, mit Verbreitungsschwerpunkten in den Wärmegebieten.

Allgemeines: Dieses ausgesprochen hübsche Gras, das nicht selten auch als Zierpflanze in den Gärten anzutreffen ist, findet sich als charakteristische Art vor allem in den Heiden und Steppen des südosteuropäischen Raumes und in den Trockenrasen des oberen Rhóne-Tales im schweizerischen Wallis. Dort besiedelt es offene, lückige und stets recht sonnige Wuchsplätze. In Mitteleuropa dringt das Wimpern-Perlgras vor allem im Rheintal etwas weiter nach Nordwesten vor.

Siebenbürger Perlgras *Melica transsilvanica*

BLST

Merkmale: Ausdauerndes, horstig wachsendes, 30–90 cm hohes, frischgrünes Gras. Sehr ähnlich dem Wimper-Perlgras *(Melica ciliata)*, aber: Blattscheiden unterseits gekielt, oberseits locker behaart, Blattspreiten zunächst flach, später gerollt, meist schlaff. Blatthäutchen spitz. Ährenrispe dicht, Ährchen allseitswendig, oft übergebogen. Hüllspelzen eiförmig zugespitzt, glatt, die untere 3–5 mm, die obere 6–7 mm lang. Deckspelzen seidig behaart.

Blütezeit: Juni.

Standort: Ziemlich selten auf sonnigen, trockenen, basenreichen aber meist kalkarmen, lockeren Böden. In Felsfluren, Trockenrasen, auf Felsköpfen.

Verbreitung: Verbreitungszentrum im südöstlichen Europa mit westlichen Vorposten im Bereich von West- und Mitteleuropa.

Buntes Perlgras *Melica picta*

Ä

Merkmale: Graugrünes, horstig wachsendes Gras, mit kurzen Ausläufern der Sproßachse dichte Rasen bildend. Blätter rauh. Blattscheiden kahl, aufwärts rauh, ± geflügelt. Blattspreiten steif, an den Rändern rauh. Blatthäutchen bis 2 mm lang, weiß. Rispen ± ausgebreitet, Ährchen bis 9 mm lang, nickend. Ährchenstiele oberwärts behaart. Hüllspelzen das gesamte Ährchen umschließend, grün mit dunkelvioletten Streifen. Deckspelzen dick, glänzend, undeutlich 5nervig, glatt. Pflanzen insgesamt dem Nickenden Perlgras *(Melica nutans)* sehr ähnlich.

Blütezeit: Mai bis Juni.

Standort: Auf warmen, ± frischen, nährstoff- und basenreichen Waldböden, in wärmeliebenden Eichenmischwäldern.

Verbreitung: SO-Europa bis östliches Mittel-Europa.

Nickendes Perlgras *Melica nutans*

BLST

Merkmale: Sommergrünes, ausdauerndes, mit unterirdisch weit kriechender, dünner Grundachse lockere Rasen bildendes Gras, auch mit sterilen, nichtblühenden Blättertrieben. Halme 30–60 cm hoch, dünn, aufrecht, schlaff, unterhalb des Blütenstandes wenig rauh. Blattscheiden rauh, röhrenförmig, die basalen manchmal purpurn überlaufen. Blatthäutchen bräunlich, kurz, kleiner als 1 mm, gestutzt. Keine Blattöhrchen. Blattspreiten in Knospenlage gerollt, später flach, bis 20 cm lang, bis 6 mm breit, oberseits locker behaart. Traube bis etwa 10 cm lang, einseitswendig, aufrecht, meist jedoch leicht bogig überhängend. Ährchen bräunlich oder rötlich bis purpurn, 6–7 mm lang, nickend (Name!), auf ± aufrechten Stielchen, mit 2–3 fertilen, zwittrigen Blüten und einem sterilen, keulenförmigen, am Ende abgerundeten Blütenrudiment. Beide Hüllspelzen ± gleich groß, 4–6 mm lang, auf dem Rücken abgerundet, 5nervig. Deckspelzen häutig, grünlich, rauh, 7- bis 9nervig, ohne Granne oder Spitze, die Hüllspelzen nur wenig überragend. Vorspelzen so lang wie Deckspelzen.

Blütezeit: Mai bis Juni.

Standort: Häufig in mitteleuropäischen, sommergrünen Laubmischwäldern auf nährstoff- und basenreichen, humosen Waldböden.

Verbreitung: Ganz Europa, außer in N-Skandinavien und Teilen von S-Europa.

Allgemeines: Der Name Perlgras bezieht sich auf die kugeligen bis eiförmigen, meist dunkel gefärbten und glänzenden Ährchen, die besonders markant sind und außerdem – vor allem beim Nickenden Perlgras – noch wie auf einer Perlschnur aufgereiht zu sein scheinen. Neben dem allgemeingültigen Namen existieren darüberhinaus wie bei vielen anderen Arten auch eine Reihe verschiedener Volksnamen, die alle die Form der Ährchen beschreiben, z. B.: Saulaus in Kärnten, Galläseckeli oder Geisszötteli in der Schweiz.

Einblütiges Perlgras *Melica uniflora*

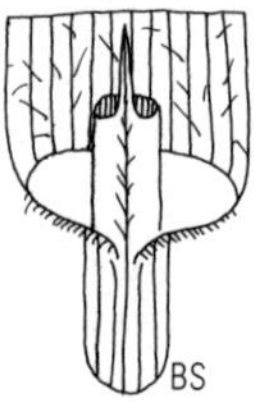
BS

Merkmale: Oft ausgedehnte Rasen bildendes, ausdauerndes, sommergrünes Gras mit weithin kriechender, verzweigter, unterirdischer Grundachse. Halme bis 60 cm, ± schlaff, aufrecht oder überhängend, meist glatt, nur wenige schlaffe Blätter tragend. Blattscheiden meist kahl, geschlossen röhrenförmig. Blatthäutchen kurz scheidenförmig den Halm umfassend, mit einer ca. 2 mm langen, aufgesetzten Spitze versehen, die nicht zwischen Blattspreitengrund und Halm, sondern gegenüber (auf der Bauchseite) sitzt. Keine Blattöhrchen. Blattspreiten hellgrün, oberseits ± locker behaart, unterseits und randlich rauh, flach, in der Knospenlage gerollt, spitz zulaufend, bis ca. 20 cm lang, bis 7 mm breit. Rispen locker, allseitswendig. Mit aufrecht abstehenden Rispenästen, die manchmal ein wenig überhängen, kahl, rauh, mit nur wenigen (1–3), voneinander entfernten, 1blütigen, zwittrigen Ährchen. Diese aufrecht, 5–6 mm lang, auf kahlen Stielen. Hüllspelzen ausdauernd, auf dem Rücken gerundet, ± spitz, glatt, bräunlich. Deckspelzen breit gerundet, stumpf, glatt, grün, 7nervig. Vorspelzen fein behaart.

Blütezeit: Mai bis Juni.

Standort: Verbreitet auf humusreichen, frischen, basenreichen, mehr oder weniger tiefgründigen Waldböden, gesellig in krautreichen, schattigen Laubmischwäldern, vor allem in Buchen- und Eichen-Hainbuchenwäldern.

Verbreitung: In ganz Europa häufig, fehlend jedoch in SW-Europa und im nördlichen Skandinavien.

Allgemeines: Das Einblütige Perlgras ist ein charakteristisches Gras der mitteleuropäischen, sommergrünen Laubmischwälder, vor allem der Buchenwälder, in denen es mit unterschiedlicher Artmächtigkeit recht regelmäßig auftritt. Bei zu dichten Perlgrasbeständen im Unterwuchs der Wälder soll es zur Beeinträchtigung der Naturverjüngung kommen.

Gemeine Quecke *Agropyron repens*

Ä

Merkmale: Ausdauerndes, mit weithin kriechender, bleicher Grundachse wachsendes Obergras, Ausläufer treibend, Gruppen oder große Herden bildend, mit zahlreichen hochwüchsigen, nicht blühenden Blättertrieben. Halme 20–150 cm hoch, aufrecht, an der Basis bisweilen gebogen, glatt. Blätter mattgrün, manchmal blaugrün bereift (abwischbar). Blattscheiden auf dem Rücken gerundet, glatt, kahl oder behaart (verschiedene Unterarten). Kurze, bewimperte, halmumfassende, spitze Blattöhrchen. Blatthäutchen als häutiger Streifen kürzer als 1 mm. Blattspreiten zugespitzt, bis 30 cm lang bis 10 mm breit, schlaff, oberseits kurz behaart und daher leicht rauh. Blattnerven im Gegenlicht als deutliche weiße Streifen erkennbar. Ähre ± 10 cm lang, aufrecht oder gebogen, seltener überhängend, locker bis dicht mit Ährchen besetzt. Diese 10–20 mm lang, 3- bis 8blütig, ± elliptisch, flach zusammengedrückt, die breite Seite der Ährenspindel zugewandt. Hüllspelzen lanzettlich, bis 12 mm lang, 3- bis 7nervig, gekielt, an diesen aufwärts rauh, in eine grannenartige Spitze auslaufend. Deckspelzen bis 13 mm lang, 5nervig, oft mit kurzer grannenartiger Spitze. Vorspelzen mit zwei rauhen Kielen.

Blütezeit: Juni bis August.

Standort: Sehr häufig an Feldrändern, Wegrändern, Straßenrändern, auf Ödland, in Gärten und auf Äckern sowie auf frischen bis trockenen Lehmböden.

Verbreitung: Europa, N-Amerika, gemäßigtes Asien.

Allgemeines: Die Gemeine Quecke ist ein ausgesprochen häufiges und lästiges, weil sehr vitales Unkraut unserer Gärten und Äcker. Bekannt sind vor allem die bleichen, unterirdischen Achsen, die aus nahezu jedem Teilstück erneut auszutreiben vermögen. Der Name der Gemeinen Quecke leitet sich aus dem Indogermanischen ab und bedeutet soviel wie (quick-)lebendig.

Hunds-Quecke *Agropyron caninum*

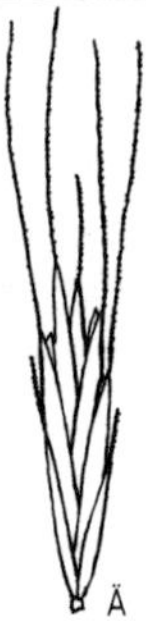

Ä

Merkmale: Horstbildend, ausdauernd, ohne Ausläufer. Halme bis 150 cm hoch, aufrecht, basal wenig knickig aufsteigend, kahl, glatt, oberwärts etwas rauh. Basale Blattscheiden behaart, obere kahl. Blatthäutchen 1 mm lang, gestutzt. Blattspreiten bis 30 cm lang, bis 1,5 cm breit, flach, mit kurzer Spitze, oberseits matt graugrün, unterseits glänzend dunkelgrün, beiderseits rauh. Ähre bis über 20 cm lang, bisweilen schwach gebogen. Ährchen bis 20 mm lang, 3- bis 6blütig, flachgedrückt, die breite Flanke der Ährenspindel zugewandt. Beide Hüllspelzen ± gleich lang, lanzettlich, auf dem Rücken gerundet, 3- bis 5nervig, manchmal begrannt. Deckspelzen bis 13 mm lang, 5nervig, mit rauher, bis 20 mm langer Granne.

Blütezeit: Juni bis Juli.

Standort: Nährstoffreiche, feuchte Lehmböden.

Verbreitung: Europa, N-Amerika, gemäß. Asien.

Binsen-Quecke *Agropyron junceum*

Ä

Merkmale: Kräftiges, ausdauerndes Gras mit weit kriechender Grundachse und langen Ausläufern. Halme steif aufrecht, 20–60 cm hoch. Blätter blaugrau. Blattscheiden derb, mit überlappenden Rändern. Blatthäutchen kurz, gestutzt. Blattspreiten bis 35 cm lang, bis 6 mm breit, zunächst flach, später eingerollt, auf der Oberseite mit dicken Blattnerven, entlang dieser dicht feinhaarig, unterseits glatt. Ähre bis 20 cm lang, zweizeilig, steif, bisweilen schwach gebogen, Spindel zerbrechlich. Ährchen bis 3 cm lang, 5- bis 8blütig, mit der breiten Ährchenflanke der Ährenspindel zugewandt. Hüll- und Deckspelzen unbegrannt.

Blütezeit: Juni bis August.

Standort: Salzhaltige Vordünen der Küsten.

Verbreitung: An den europäischen Atlantikküsten und an den Mittelmeerküsten.

Roggen *Secale cereale*

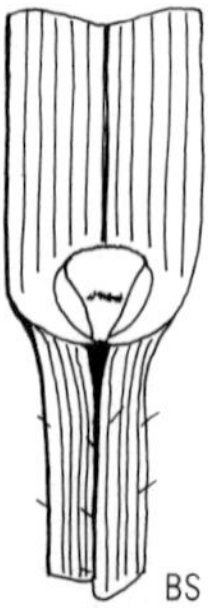
BS

Merkmale: Einjähriges oder einjährig überwinterndes Gras mit 60–200 cm hohen Halmen, unverzweigt oder am Grunde nur sehr wenig büschelig, aufrecht, ziemlich kräftig, im oberen Teil dicht behaart. Blatthäutchen gestutzt, sehr kurz, nur etwa 1,5 mm lang. Blattscheiden am oberen Ende mit sehr kurzen, unbewimperten Öhrchen. Blattspreiten flach, kahl, durch wachsigen Überzug bläulich bereift. Ähren 5–20 cm lang, vierkantig, ohne Gipfelährchen, zur Reifezeit leicht überhängend. Ährenachse ziemlich fest und kaum brüchig. Ährchen 2blütig oder nur selten 3blütig mit zwei zwittrigen und einer medianen männlichen Blüte. Hüllspelzen schmal-lanzettlich, 1nervig, kaum 10 mm lang, oben mit kurzer Grannenspitze, gekielt und auf dem Kiel angerauht. Deckspelzen bis 18 mm lang, deutlich 3nervig, bis zur Basis gekielt, oben in eine 2–8 cm lange, ziemlich kräftige Granne verschmälert. Korn 5–9 mm lang, auf der Rückenseite mit tiefer Furche, am oberen abgerundeten Ende mit feinem Haarschopf.

Blütezeit: Mai bis Juni.

Standort: Im Anbau verhältnismäßig anspruchslos und gerne auf mäßig frischen, meist basenarmen, neutralen oder nur mäßig sauren Sand- oder sandigen Lehmböden. Verträgt keine Staunässe. Typische Langtagpflanze und obligater Fremdbestäuber.

Verbreitung: Ursprünglich wohl nur in Westasien, heute in vielen Kulturformen weltweit verbreitet. Wird meist nur als Winterroggen angebaut und liefert noch brauchbare Erträge, wo Weizenanbau nicht mehr möglich ist.

Allgemeines: Roggen benötigt zur Entwicklung viel weniger Wärme als Weizen. Daher kann dieses Getreide in den Mittelgebirgen noch bis etwa 900 m Höhe, in den Alpen stellenweise sogar bis über 1600 m mit Erfolg angebaut werden. Üblicherweise wird Roggen als Wintergetreide eingesetzt: Die Aussaat erfolgt gegen Ende September. Schon nach kurzer Zeit zeigen sich die ersten 2–3 Blätter, die typischerweise leicht rötlich überlaufen sind. Während des Winters erhält die Pflanze durch die Kälteeinwirkung den nötigen Entwicklungsanreiz zur Blütenbildung. Ab Ende April schiebt sie dann ihre dünnen bis kräftigen und auf jeden Fall erstaunlich tragfähigen Halme. Zur Zeit der Roggenblüte ziehen dichte, gelbliche Pollenwolken über die Felder, die die nötige Fremdbestäubung sichern. Jede Roggenähre produziert mehrere Millionen Pollenkörner. Manche Menschen sind gerade gegen diese Pollen allergisch und reagieren auch noch in größerer Entfernung vom nächsten Roggenfeld enorm empfindlich – ein überzeugender Beweise für die beachtliche Reichweite der sehr kleinen, trockenen, vom Wind fortbewegten Pollenkörner.

So wie in heutigen Getreidefeldern der Flug-Hafer *(Avena fatua)* als Begleitart und Unkraut auftritt, mag der Wild-Roggen in früherer Zeit zunächst einmal ein Begleiter in Getreideäckern gewesen sein, vor allem in Weizenfeldern. Erst später wurde er seinerseits in Kultur genommen und zur leistungsfähigen, ertragreichen Pflanze entwickelt. Mehrere Arten und Formen von Wild-Roggen *(Secale montanum, Secale ancestrale)* kommen heute noch in Vorderasien vor.

Kulturgeschichtlich darf der Roggen daher als ausgesprochener Spätankömmling unter den heutigen Getreidearten gelten. In Deutschland stammen die ältesten sicher datierten Kornfunde aus der älteren Eisenzeit. Dieses Material weist allerdings schon die Merkmale des kultivierten Roggens auf und muß daher von angebautem Getreide stammen. Erstmals ist sogenannter Unkrautroggen mit relativ kleinen Körpern in jungsteinzeitlichen Siedlungen in Syrien und in der Türkei für das siebte vorchristliche Jahrtausend nachgewiesen worden. Echter kultivierter Roggen trat archäologisch erstmals in jungsteinzeitlichen Siedlungen in Polen (Zeitstellung etwa 4400 bis 4000 v. Chr.) in Erscheinung. Frühester dauerhafter Reinanbau von Kulturformen des Roggens ist für die Bronzezeit aus Ungarn, Polen und der Tschechoslowakei nachgewiesen. Während der Römerzeit setzte sich der Reinanbau wohl auch in den Gebieten nördlich der Alpen und westlich der Elbe durch. In diesen Räumen und auch in West- bzw. Nordeuropa begann die Zeit als Hauptbrotfrucht jedoch erst mit dem Mittelalter. Für rund 1000 Jahre blieb der Roggen in Deutschland bis vor etwa drei Jahrzehnten das wichtigste Brotgetreide. Heute steht Weizen an erster Stelle.

Einkorn *Triticum monococcum*

BLST

Merkmale: Einjähriges oder einjährig überwinterndes Gras mit steifen, aufrechten Halmen, meist etwa 60–140 cm hoch, glatt, nur im Bereich der Knoten rückwärts dicht behaart, innen mit Stengelmark ausgefüllt, nicht durchgehend hohl. Blattscheiden am oberen Ende mit kleinen, nicht sehr auffallenden und leicht bewimperten Öhrchen. Blattspreite spitz, gelbgrün. Ähren immer aufrecht, von der Seite her deutlich abgeflacht, 5–6 cm lang, ziemlich dicht, steif. Die Ährchen decken sich gegenseitig dachziegelartig und werden bis 10 mm lang. Jedes Ährchen ist von der Anlage her 2blütig, doch entwickelt sich davon gewöhnlich nur eine Blüte (einkörnige Ährchen = Einkorn). Ährenspindel zur Reifezeit brüchig, zerfällt mit einem jeweils anhängenden reifen Ährchen. Gipfelährchen der Ähre verkümmert. Hüllspelzen von der Spitze bis zur Basis scharf gekielt, an der Spitze deutlich 2zähnig. Deckspelzen auf der Rückseite gewölbt, stark zusammengedrückt, kahnförmig, 3eckiger Querschnitt, mit langer, bis etwa 10 cm langer rauher Granne.

Blütezeit: Juni bis Juli.

Standort: Angebaut auf mäßig trockenen, meist basenreichen, kalkhaltigen, steinigen oder reinen Lehm- oder Tonböden in sommerwarmen und winterkalten (kontinental getönten) Klimagebieten. Selten verwildert.

Verbreitung: Früher häufiger angebaut, heute nur noch gebietsweise im Mittelmeergebiet oder in Vorderasien.

Allgemeines: Das Einkorn erscheint im Vergleich mit allen anderen Getreidearten ausgesprochen zierlich: Die Halme sind trotz ihrer erwiesenen Standfestigkeit sehr dünn, die Ähren mit wenig mehr als 5 cm Länge recht kurz und zudem auch noch vergleichsweise dünn. Entsprechend seiner Ährenabmessungen ist das Einkorn auch ein ziemlich ertragarmes Getreide, dessen Anbau sich heute nicht mehr lohnt und das daher zu den aussterbenden Nutzgräsern gehört. Ebenso wie Gerste, Hafer oder Dinkel gehört es zu den sogenannten Spelzgetreidearten, deren Körner nach dem Dreschen von Spelzen umschlossen bleiben und zur Verwendung als Nahrungsmittel zuvor noch in besonderen Mühlen entspelzt werden müssen. Die enge Verbindung zwischen Spelzen und Korn kann man als Wildpflanzenmerkmal auffassen, ebenso wie die sehr brüchige, den Erntevorgang erschwerende Ährenspindel. Einkorn ist ein Verwandter des heute meist angebauten Weizens. Es ist eine normal diploide Art, enthält also nur zwei Chromosomensätze mit zusammen 2n = 14 Chromosomen (siehe Angaben auf S. 16). Stammpflanze ist das Wild-Einkorn *(Triticum boeoticum)*, das heute noch in zwei geographischen Rassen vom nördlichen Griechenland über die Türkei bis zum Iran vorkommt. Gehortete Funde von Wild-Einkorn, das zusammen mit Wildgersten gesammelt worden war, stammen aus Nordsyrien, und zwar aus einer Siedlungsschicht, die auf etwa 8400–7500 v. Chr. (vorkeramisches Neolithikum) datiert wird. Vermutlich entwickelte sich das Kultur-Einkorn nur wenig später und wurde erstmals am Oberlauf des Euphrat in der östlichen Türkei angebaut. In Mitteleuropa ist Kultur-Einkorn von vielen Fundstätten nachgewiesen, meist in Form verkohlter Körner oder Basisstücke der Ährchen, aber auch als Spreu, die vom Entspelzen stammt. Solche Einkornspreu ist mitunter sogar im gebrannten Lehm von Keramikscherben oder im Wandbewurf abgebrannter Häuser gefunden worden. Offenbar diente das Spelzenmaterial in solchen Fällen zum Magern des verarbeiteten Lehms oder Tons.

Die älteste Ackerbaukultur Mitteleuropas, die bis in das fünfte vorchristliche Jahrtausend zurückreichende Kultur der Bandkeramiker, verwendete in der Hauptsache nur zwei Getreidearten, nämlich Emmer (vgl. S. 78) und Einkorn. In einer Fundstelle dieses Zeithorizonts aus der Nähe von Mönchengladbach (Rheinland) war Einkorn mit nahezu 80 % am Getreide beteiligt. Schon in der Bronzezeit geht der Anbau von Einkorn deutlich zurück, ein Trend, der sich in römischer Zeit klar fortsetzt. Seit dem frühen Mittelalter ist Einkorn unter den Bodenfunden aus Deutschland nicht mehr vertreten. Nur vereinzelt ist noch ein Anbau zu verzeichnen, wie einige schriftliche Quellen berichten. In unserem Jahrhundert wurde Einkorn von einzelnen Winzern in Baden-Württemberg angebaut, die das feste, dünne Stroh als Bindegut für die Reben verwendeten.

Emmer *Triticum dicoccum*

BLST

Merkmale: Einjähriges oder einjährig überwinterndes Gras mit aufrechten, ziemlich kräftigen, steifen und festen Halmen, etwa 80–150 cm hoch. Blattscheiden am oberen Ende mit deutlich ausgebildeten, einander etwas übergreifenden Öhrchen. Blattspreiten grün, auf der Oberseite meist samtig behaart. Stengelknoten völlig kahl. Die Ähren sind ziemlich gedrungen und dicht, meist über 5 cm lang und knapp 1 cm breit, zur Blütezeit aufrecht, zur Reife leicht überhängend. Ährchen decken sich nicht dachziegelartig, sondern sind voneinander etwa 2 mm entfernt. Auf jedem Absatz der zur Reifezeit brüchigen Ährenspindel entwickeln sich 2blütige Ährchen, die je ein Korn bilden. Der Emmer wird daher auch Zweikorn genannt. An der Ansatzstelle der Ährchen ist die Ährenspindel dicht behaart. Die einzelnen Ährchen sind auf der Innenseite flach, auf der Außenflanke bauchig gewölbt. Sie fallen mit dem jeweils unter ihnen stehenden Spindelabschnitt ab. Hüllspelzen kahnförmig, scharf gekielt bis fast geflügelt, oben meist mit borstlichem, spitzem Zahn, nicht gestutzt. Deckspelzen zusammengedrückt, fast immer lang begrannt – jedes Ährchen ist deshalb 2grannig.

Blütezeit: Juni bis Juli.

Standort: Anbau gewöhnlich als Sommergetreide auf sommerwarmen, mäßig nährstoffhaltigen und etwas trockenen Kalkböden. Heute aus den landwirtschaftlichen Fluren fast völlig verschwunden.

Verbreitung: Mittelmeergebiet, Vorderasien. In Mitteleuropa nicht mehr im Anbau.

Allgemeines: Emmer oder Zweikorn (regional auch Sommerdinkel oder Emer genannt) gehört zusammen mit dem Einkorn und dem Dinkel oder Spelz zu den sogenannten Spelzweizen oder Spelzgetreiden, bei denen sich die reifen Körner während des Dreschvorgangs nicht aus den umhüllenden Spelzen lösen. Zum Entfernen der Spelzen war daher jeweils ein besonderer Arbeitsgang erforderlich, sofern nicht einfach die Vesen (gedroschenes, aber noch bespelztes Korn) als Tierfutter verwendet wurde. Neben Hafer gilt Emmer als besonders gutes Pferdefutter. Emmer, dessen Körner viel proteinreicher sind als die des modernen Saat-Weizens, war in allen steinzeitlichen Ackerbaukulturen des Vorderen Orients die bedeutendste Getreideart. In den ältesten jungsteinzeitlichen Kulturen, in der Türkei, in Jordanien oder in Israel, die sämtlich auf etwa 8000 bis 6000 v. Chr. datiert werden, fanden sich Emmerabdrücke im Lehmverputz von Häusern sowie verkohlte Körner und Ährchen. Auch in Deutschland war Emmer während der ältesten bäuerlichen Kulturen (Bandkeramiker) die sicherlich wichtigste Getreideart, da er an jeder der bisher bekanntgewordenen und auswertbaren Fundstellen dieser Zeit nachzuweisen war. Bis zum jüngsten Abschnitt der Jungsteinzeit änderte sich an der Bedeutung des Emmers wenig. Erst mit der Bronzezeit setzte allmählich die Verdrängung durch andere, ertragreichere Getreidearten ein, doch stellte er selbst zur Zeit der römischen Besatzung immerhin noch fast ein Zehntel des verwendeten Getreides. Sehr vereinzelt ist Emmer in einigen Teilgebieten Süddeutschlands noch bis in die Zeit des Zweiten Weltkrieges im Anbau gewesen. Seither zählt er eher zu den aussterbenden Kulturpflanzen. Dabei ist zu bedenken, daß Emmer auch in den antiken Hochkulturen Mesopotamiens und Ägyptens einmal das Getreide schlechthin war.

Der in mehreren Sorten angebaute Kultur-Emmer leitet sich wohl vom **Wild-Emmer** *(Triticum dicoccoides)* ab, der bis heute von der Südosttürkei bis zum Westiran vorkommt. Wild-Emmer ist ein Vertreter der tetraploiden Weizen; er besitzt insgesamt vier Chromosomensätze und somit 2 n = 28 Chromosomen. Man nimmt heute an, daß der Wild-Emmer aus der Spontankreuzung von **Wild-Einkorn** *(Triticum boeoticum)* und einem anderen Wildgras, möglichweise der Art *Triticum (Aegilops speltoides)*, hervorgegangen ist. Diese Kreuzung von Wildgräsern erfolgte sicherlich lange vor den ersten Anbauversuchen durch den Menschen, doch steht andererseits sicher fest, daß der Wild-Emmer kein beliebig altes Wildgras sein kann. Seine Umwandlung in den Kultur-Emmer *(Triticum dicoccum)* kann man durch Auslesezucht und eventuell auch durch Spontanmutationen erklären. Sie fällt etwa in den Beginn der Ackerbaukulturen überhaupt. Emmer ist wegen seines hohen Proteingehaltes sehr nahrhaft.

Hart-Weizen *Triticum durum*

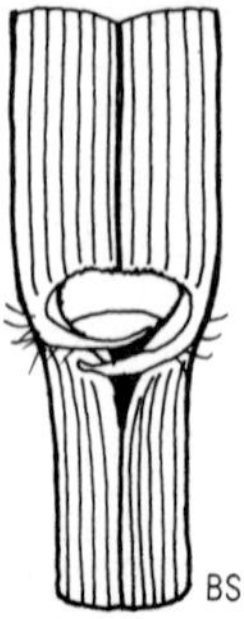

BS

Merkmale: Einjähriges, selten auch einjährig überwinterndes Getreide mit aufrechten, sehr festen, hohlen oder markerfüllten Halmen, etwa 70–160 cm hoch. Blatthäutchen kurz. Blattscheiden am oberen Ende mit bärtig bewimperten Öhrchen. Blattspreiten fast kahl oder nur spärlich zerstreut behaart. Ähren aufrecht, 4–8 cm lang, ziemlich dicht, vierkantig oder seitlich stärker zusammengedrückt. Ährenspindel meist nicht oder nur ausnahmsweise brüchig, am Rande bewimpert und unterhalb jedes Ährchens mit Haarbüschel. Ährchen länger als breit, meist 5- bis 7blütig, davon jedoch nur 2–4 fruchtbar. Hüllspelzen scharf gekielt, vorne mit Spitze, geflügelt. Deckspelzen bei den meisten Sorten lang begrannt. Das Korn ist im Unterschied zum Saat-Weizen bei der Fruchtreife zwischen den Spelzen nicht sichtbar. Korn länglich, etwas glasig, wenig zusammengedrückt, mit kantigem Rücken; Bauchfurche schmal und tief.

Blütezeit: Juni bis Juli.

Standort: Sommerwarme, zum Teil sehr trokkene und mäßig nährstoffreiche Böden. Selten auch mit anderen Saaten verschleppt und dann unbeständig in Schutt- oder anderen Ruderalgesellschaften. Kälteempfindlich.

Verbreitung: Heute vor allem in den heißen Ländern rund um das Mittelmeergebiet angebaut, ferner auch in klimatisch vergleichbaren Regionen Süd- und Mittelamerikas sowie in Australien. Ziemlich formenreich. Gedeiht hervorragend in Gebieten mit weniger als 500 mm Niederschlag und stellt heute etwa 10 % des Weltanbaus von Weizen.

Allgemeines: Hart-Weizen enthält einen deutlich höheren Anteil an Kleber-Proteinen als andere Weizen-Arten und wird daher vor allem in Italien bevorzugt zu Nudeln und vergleichbaren Teigwaren verarbeitet. Auf dem Weltmarkt wird er aus diesem Grunde auch häufig als Makkaroni-Weizen bezeichnet. Hart-Weizen ist ein tetraploider Weizen, besitzt also insgesamt 28 Chromosomen oder vier Chromosomensätze, die sich auf die Genome AABB verteilen. Genetisch steht er also den Emmer-Weizen sehr nahe und vereinigt wie diese in sich das Erbgut von Einkorn (Genom A) und einem Wildgras, über dessen Identität lange Zeit Unklarheit bestand. Heute wird angenommen, daß eine Gänsefußgras-Art *(Aegilops speltoides)* mit ihrem Genbestand beteiligt ist, wobei jedoch eine gewisse Veränderung des Erbmaterials (von S nach B) eingetreten ist. Jedenfalls ist gegenwärtig kein Wildgras oder kein Wildweizen mit den Genomen BB bekannt. Nach Einschätzung verschiedener Fachleute repräsentiert *Triticum durum* eine selbständige Art innerhalb der tetraploiden Weizen. Nach anderer Auffassung ist der Hart-Weizen lediglich eine besondere Varietät oder Unterart des Rauh-Weizens *(Triticum turgidum)*, der in weiteren Varietäten früher häufiger angebaut wurde und in manchen Gegenden Westasiens heute noch von gewisser Bedeutung ist. Trotz seiner engen genetischen Verwandtschaft zum Emmer (vgl. S. 78) gehört der Hart-Weizen zu den Nacktweizen: Die geerntete Ähre ist dreschfähig, denn die reifen Körner (Früchte) lösen sich relativ leicht aus den Spelzen.

Solcher Nacktweizen ist archäologisch an vielen Fundstellen der frühen Jungsteinzeit nur sehr spärlich nachweisbar, bildete aber erstaunlicherweise immer das Hauptgetreide an den zahlreichen Ufer- und Moorsiedlungen des nördlichen Alpenvorlandes. Am Bodensee oder an einigen schweizerischen Seen (Zürichsee, Bieler See) stellte er durchweg mehr als 60 % des Getreidefundgutes. Er wurde in diesen frühen Siedlungen auch nicht wie sonst nur in Form von losen Körnern oder Dreschabfällen gefunden, sondern häufig genug auch in Gestalt kompletter Ähren oder Ährenteile, eingebettet in Seekreideschichten oder Torf. Trotz dieser hervorragenden Erhaltung des Fundmaterials ist die genauere Zuordnung zu einem der heutigen Nacktweizen (Hart-Weizen oder Saat-Weizen) außerordentlich schwierig, da die von den Pfahlbauern kultivierte Sorte offenbar nicht mehr existiert. Anfangs wurde das Fundmaterial als Zwerg-Weizen bestimmt oder sogar als eigener Pfahlbau-Weizen. Neueste Untersuchungen rücken das Fundmaterial aus den Seeufer- und Moorsiedlungen der Jungsteinzeit wieder näher in die Verwandtschaft des Hart-Weizens. Es gab allerdings schon damals mehrere Formenkreise.

Dinkel, Spelz *Triticum spelta*

BLST

Merkmale: Einjähriges oder einjährig-überwinterndes Gras mit aufrechten, sehr hochwüchsigen Halmen, meist 60 bis 150 cm, knicken bei Unwetter relativ leicht um. Blatthäutchen kurz. Blattscheiden am oberen Ende geöhrt. Blattspreiten graugrün, kahl oder zerstreut behaart. Ähren schlank, länglich, im Querschnitt deutlich vierkantig, stehen bei der Reife horizontal ab und neigen sich. Ährchen etwa 5 mm voneinander entfernt, daher sehr locker und ohne gegenseitige Überdeckung, blaugrün, auf der Innenseite gewölbt, mehrblütig, bei der Reife weißlich, strohgelb oder (sortenabhängig) auch schwarzblau. Ährenachse zerbrechlich. Jedes Ährchen fällt mit dem über ihm stehenden Abschnitt der Ährenachse (= Ährenspindel) ab. Hüllspelzen breit rhombisch bis oval, am Vorderende geradlinig gestutzt, rückwärts deutlich gekielt, mit kurzem, geradem, stumpflichem Mittelzahn. Deckspelzen oval, 9nervig, kahl oder behaart, vorne stumpf, je nach Sorte unbegrannt oder kurz begrannt, sehr selten auch mit längeren Grannen. Körner (Früchte) von den Spelzen fest eingeschlossen, blaßrötlich – kräftig gelb, mit sehr schmaler Längsfurche, etwas scharfkantig.

Blütezeit: Juni.

Standort: Bevorzugt auf sommerwarmen und trockenen, meist kalkhaltigen, zum Teil auch schweren Ton- oder Lehmböden, weniger kälteempfindlich als andere Weizenarten, daher auch noch in höheren Lagen (bis etwa 900 m) anbaufähig.

Verbreitung: Heute nur noch selten angebautes Wintergetreide.

Allgemeines: Dinkel ist ebenso wie Emmer oder Einkorn ein Vertreter der Spelzweizen: Beim Dreschen zerfällt die Ähre in die bespelzt bleibenden Ährchen (= Vesen), während bei den Nacktweizen-Sorten die nackten Körner (= Früchte) aus den Spelzen herausfallen und die Ährenspindel nicht zerbricht. Beim Dinkel umfaßt jedes Ährchen gewöhnlich zwei Körner, und jedes Korn sitzt hinter drei fest umschließenden Spelzen. Das Entspelzen der Vesen muß in besonderen Mühlen erfolgen, die über einen sogenannten Gerbgang verfügen. Bei diesem Mahlgang erfolgt das Gerben (Entspelzen) dadurch, daß die Vesen aufgerissen und die Körner aus den Spelzen herausgedrückt werden. Dieser zusätzliche Arbeitsgang läuft zwischen zwei großen Mahlsteinen mit höckerig-löchriger Oberfläche ab, wobei sich der obere Stein (= Läufer) etwa 200 mal in der Minute über den unteren Bodenstein hinwegdreht.

Dinkel wird in der Bundesrepublik Deutschland heute fast nur noch im badischen Taubergebiet, auf der Schwäbischen Alb und in Oberschwaben angebaut. Weitere Anbauflächen finden sich in der Schweiz in Grenzlagen des Ackerbaus mit verhältnismäßig niederschlagsreichem und rauhem Klima. Außerdem wird Dinkel in Belgien, vorzugsweise in den Ardennen, angebaut. Außerhalb der europäischen Reliktgebiete gibt es Dinkelkultur noch in Westasien, etwa im iranischen Hochland sowie in Armenien.

Dinkel enthält etwa 15–17 % Protein, liefert somit also einen sehr bindigen Teig, der früher für die Zubereitung von Nudelgerichten (vor allem Spätzle) und Klößen unentbehrlich war. Heute wird Dinkel in erster Linie als Futtergetreide angebaut oder für die Grünkerngewinnung verwendet. Grünkern ist eine badisch-schwäbische Spezialität: Das Getreide wird etwa 2–3 Wochen vor der Vollreife geerntet und in besonderen Darranlagen getrocknet. Es wird entweder als ganzes Korn oder geschrotet zu verschiedenen Gerichten verarbeitet.

Aus der frühesten Kulturepoche der Jungsteinzeit, der Bandkeramik, ist Dinkel zwischen Elbe und Maas bisher nicht bekannt geworden. Die mutmaßlich ältesten Dinkelfunde stammen aus der jüngeren Jungsteinzeit, und zwar unter anderem aus dem Federseegebiet, aus der Nähe von Ulm und aus Mitteljütland. Erst seit der späten Bronzezeit ist Dinkel nahezu flächendeckend in Europa nachweisbar. Die ältesten Dinkelfunde überhaupt stammen aus Siedlungen am Südrand des Kaukasus, die in das sechste Jahrtausend v. Chr. datiert werden. Wahrscheinlich liegt hier auch das Ursprungsgebiet dieses Spelzweizens, zumal dort auch alle mutmaßlichen Eltern-Arten heimisch sind. Dinkel ist unter den heute noch angebauten Getreiden der nächste Verwandte des Saat-Weizens.

Saat-Weizen *Triticum aestivum*

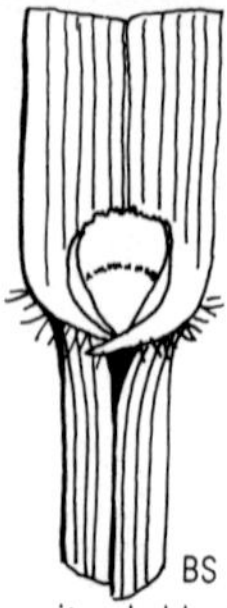

Merkmale: Einjähriges oder einjährig-überwinterndes Gras mit aufrechten, hohlen Halmen, meist zwischen 60–120 cm, früher vor Einführung der Kurzstrohrassen auch bis 150 cm hoch. Blatthäutchen kurz und gerade gestutzt. Blattscheiden anliegend, am oberen Ende mit deutlich bewimperten, lang übergreifenden Öhrchen. Blattspreiten kahl oder schwach behaart, dunkelgrün bis dunkel bläulichgrün. Stengelknoten mitunter behaart. Ähre bis 10 cm lang, ziemlich regelmäßig vierkantig, dicht. Ährenspindel zäh, zerbricht nicht. Ährchen 2- bis 5blütig, ungefähr so lang wie breit, gewöhnlich etwas zusammengedrückt. Hüllspelzen länglich-oval, mit kurzem Zahn, meist nur im oberen Teil deutlich gekielt. Deckspelzen je nach Sorte mit langer Granne oder unbegrannt. Deckspelzen und Vorspelzen bleiben bei der Reife an der Ährenspindel stehen, während sich die Körner leicht herauslösen lassen. Weizenkörner sortenabhängig rundlich bis oval-länglich, goldgelb oder hellgelb, mit seichter Längsfurche. Obligater Selbstbefruchter.

Blütezeit: Juni.

Standort: Als Winter- oder Sommergetreide angebaut auf sommerwarmen, nur mäßig trockenen, meist basen- und nährstoffreichen Lehm- und Lößböden. Intensivwurzler, Wurzelraum reicht bis in etwa 1 m Tiefe. Langtagpflanze.

Verbreitung: In fast allen Kulturländern der Erde verbreitet. Nur in den Südalpen auch in größerer Höhe kulturfähig. Ziemlich anspruchsvoll. Bleibt nach Norden hinter den Anbaugrenzen von Gerste und Roggen zurück.

Allgemeines: Reife, trockene Weizenkörner bestehen zu über 70 % aus Kohlenhydrat (Stärke) und zu etwa 10–12 % aus Protein. Das Mehl ist daher ziemlich kleberreich und eignet sich vorzüglich für Brot und feinere Backwaren. Daneben dient Weizen in manchen Gebieten auch zum Bierbrauen.

Saat-Weizen zählt zu den sogenannten Nacktgetreiden. Beim Dreschen oder im Mähdrescher während des Erntevorganges lösen sich die reifen Früchte (Weizenkörner) sehr leicht aus den Spelzen, während die Ährenspindel nicht zerbricht, sondern als Ganzes erhalten bleibt. Neben dem heute üblicherweise angebauten langährigen Weizen gibt es auch Formen mit wesentlich kürzeren oder nahezu kugeligen Ähren. Sie werden heute aus genetischer Sicht allesamt als Vertreter der gleichen biologischen Form *Triticum aestivum* aufgefaßt, in der Praxis jedoch noch weiterhin als Kugel-Weizen *(Triticum sphaerococcum)* oder Zwerg- bzw. Dinkel-Weizen *(Triticum compactum)* bezeichnet. Diese Weizen-Formen sind im Unterschied zu vielen anderen Kulturpflanzen nicht von einer einzelnen Wildart abzuleiten, sondern entstanden während der letzten 10000 Jahre durch mehrmaliges Kreuzen (Hybridisieren) verschiedener *Triticum*-Arten. Die heutigen Saat-Weizen sind hexaploid, besitzen also sechs Chromosomensätze (= 42 Chromosomen), die sich auf drei herkunftsverschiedene Genompaare (Formal AABBDD) verteilen. Genom A stammt nach heutiger Einschätzung wohl aus der Verwandtschaftslinie des Einkorns *(Triticum monococcum)*, während Genom D vom Gänsefußgras *(Aegilops squarrosa = Triticum tauschii)* beigesteuert wurde. Die Herkunft von Genom G ist noch nicht völlig gesichert. Vermutet wird die Beteiligung eines weiteren Wildgrases *(Aegilops speltoides)* dessen Genome SS durch genetischen Umbau zu BB wurden.

Archäologisch sind die ältesten Nacktweizen aus der südlichen Türkei (z. B. Çatal Hüyük), aus Israel, Syrien, Iran und Irak nachgewiesen – aus steinzeitlichen Siedlungsschichten, die durchweg in das siebte vorchristliche Jahrtausend datiert werden. In Mitteleuropa ist Nacktweizen aus der ältesten Ackerbaukultur, der Bandkeramik, nur sehr vereinzelt (beispielsweise aus der Nähe von Göttingen) durch entsprechende Bodenfunde gesichert. Der erste Reinanbau von Nacktweizen hat nach dem derzeitigen Fundbild wohl um 3600 v. Chr. in der Gegend um Magdeburg (Zeit der Rössener Kultur) stattgefunden. Bei diesen frühen Bodenfunden ist nicht immer sicher zu ermitteln, ob das Material zum Formenkreis des heutigen Saat-Weizens oder eher zum Hart-Weizen gehört.

Weizen ist heute das wichtigste Getreide der Welt und von den noch angebauten die zweitälteste Getreideart (nach der Gerste) in der Geschichte der Menschheit.

Kugeliges Gänsefußgras
Aegilops ovata (Aegilops neglecta)

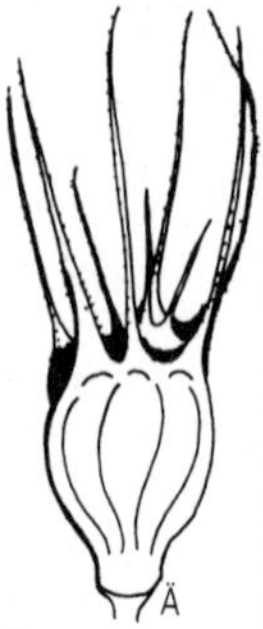

Merkmale: Einjähriges, am Grunde meist büschelig verzweigtes Gras mit aufrechten, ziemlich festen und steifen Halmen, 30–45 cm hoch, glatt, kahl. Blatthäutchen kurz, ganzrandig. Blattscheiden oben leicht aufgeblasen, kahl oder zumindest die unteren wenig flaumig behaart. Blattspreiten behaart. Ähren aufrecht, 1 bis 2 cm lang, oberhalb des zweiten Ährchen plötzlich verschmälert, die darüber stehenden 1–2 Ährchen gewöhnlich steril und sehr schlank, entfernt stehend. Untere Hüllspelze der fruchtbaren Ährchen mit 2–3 langen Grannen, diese deutlich länger als die Grannen der Deckspelzen. Ährenspindel zerfällt bei der Reife meist nicht.

Blütezeit: Mai bis Juli.

Standort: Kulturlandbrachen, Schuttstellen.

Verbreitung: In Südeuropa weit verbreitet, sonst gelegentlich eingeschleppt.

Geknietes Gänsefußgras
Aegilops geniculata

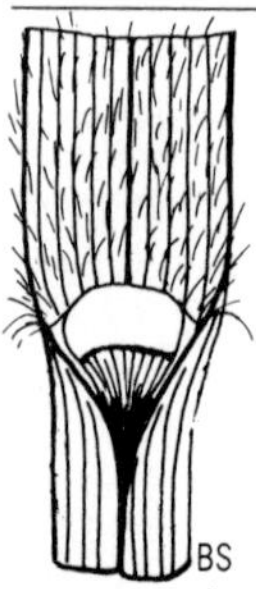

Merkmale: Einjähriges, in lockeren Horsten wachsendes, an der Basis verzweigtes Gras mit aufsteigenden oder aufrechten Halmen, 25–30 cm hoch. Blatthäutchen kurz, ganzrandig. Blattscheiden kahl und glatt, leicht aufgeblasen. Blattspreiten behaart oder kahl. Ähren 1–2 cm lang, etwa doppelt so lang wie breit, meist nur mit 2 fruchtbaren Ährchen, diese bauchig. Alle Hüllspelzen lang begrannt. Grannen der Deckspelzen etwa gleich lang. Oberstes Ährchen immer unfruchtbar.

Blütezeit: Mai bis Juni.

Standort: Offene, ruderal beeinflußte Böden, auf Brachland oder an Schuttstellen.

Verbreitung: Südeuropa, Mittelmeergebiet. *Aegilops*-Arten sind nahe Verwandte des Weizens und mit ihrem Erbgut am modernen Saat-Weizen beteiligt. In Europa insgesamt 10 Arten.

Schmalähriges Gänsefußgras
Aegilops triuncialis

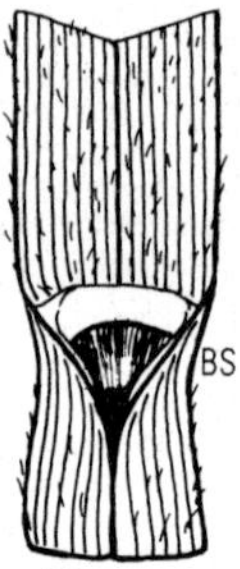

Merkmale: Einjähriges, am Grunde büschelig verzweigtes Gras von blaugrünem Aussehen mit aufrechten, glatten Halmen, 30 bis 45 cm hoch. Blatthäutchen kurz, ganzrandig, gestutzt. Blattscheiden leicht bauchig, obere kahl, untere oft behaart. Blattspreiten oberseits fein behaart oder kahl, flach oder gefaltet. Ähre 3–6 cm lang und immer unter 1 cm breit, nach oben deutlich verschmälert, an der Basis mit 1–2 verkümmerten Ährchen. Ährchen sitzen mit der Breitseite zur Spindel. Hüllspelzen rauh oder behaart, mit 2–3 sehr steifen, bis 5 cm langen Grannen. Granne des obersten Ährchens deutlich länger als die der Seitenährchen. Alle Ährchen fertil.

Blütezeit: April bis Juli.

Standort: Ödland, Wegränder, Schuttstellen.

Verbreitung: In ganz Südeuropa weit verbreitet. Gehört in die Verwandtschaft von Weizen.

Bauchiges Gänsefußgras
Aegilops ventricosa

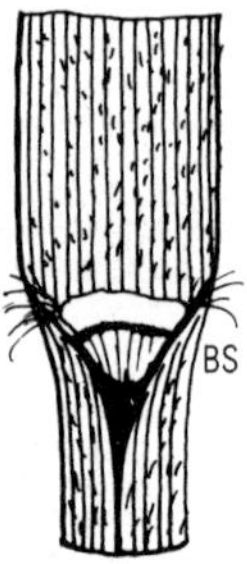

Merkmale: Einjähriges, am Grunde stärker verzweigtes Gras mit aufrechten oder bogig aufgerichteten Halmen, 25 bis 40 cm hoch. Blatthäutchen kurz. Blattscheiden anliegend, im oberen Teil wenig oder fast gar nicht aufgeblasen, obere fast kahl, die unteren anliegend behaart. Blattspreiten kahl oder kurzhaarig, meist flach, zugespitzt. Ähre aufrecht, bis 10 cm lang und um 5 mm breit. Ährenspindel bei der Reife sehr brüchig, mit 5–10 auffallend bauchigen Ährchen, diese an der Spindel perlschnurartig aufgereiht. Hüllspelzen des obersten Ährchens 3zähnig, die der übrigen meist nur 2zähnig. Deckspelzen mit Granne.

Blütezeit: Mai bis Juli.

Standort: Trockenrasen und Gebüschsäume, seltener auch an Wegrändern oder Abfallstellen.

Verbreitung: Im westlichen Mittelmeergebiet.

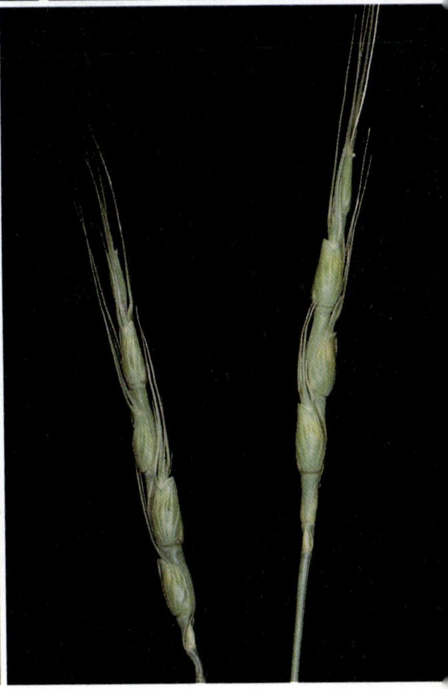

Gemeiner Windhalm *Apera spica-venti*

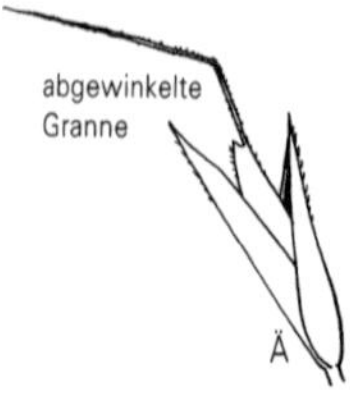

Merkmale: Einjähriges, am Grunde büschelig verzweigtes, einzeln wachsendes oder kleine Horste bildendes Gras mit aufrechten Halmen, 30 bis 100 cm hoch. Blatthäutchen bis 6 mm lang, sanft zugespitzt, gezähnelt. Blattscheiden glatt, grün oder purpurn. Blattspreiten kahl, flach, zugespitzt, bis 25 cm lang und 3-9 mm breit, deutlich aufrecht stehend, oberseits meist rauh, unterseits gewöhnlich glatt. Rispen sehr groß, bis 25 cm hoch und über 10 cm breit, vielästig, gewöhnlich locker ausgebreitet, grünlich oder (häufig) purpurn. Ährchen sehr zahlreich, um 3 mm lang, 1blütig, schmal länglich. Untere Hüllspelze 1nervig, obere 3nervig und länglich-lanzettlich. Deckspelzen auf dem Rücken abgerundet, spitz, im oberem Teil rauh, am Grunde bärtig, 5nervig. Granne bis 10 mm lang, im unteren Drittel abgewinkelt, gekniet, setzt nahe der Deckspelzenspitze an.

Blütezeit: Juni bis Juli.

Standort: Auf trockenen bis frischen, sandig-lehmigen Böden, in Getreidefeldern, vor allem im Roggen.

Verbreitung: Europa, Nordamerika (eingeschleppt). In Mitteleuropa wahrscheinlich nicht heimisch, sondern mit Getreidesaaten verbreitet.

Allgemeines: Der Windhalm ist ein besonders häufiges Gras. In Getreidefeldern kann es zur Problempflanze werden. Die langen Rispen überragen die Getreidepflanzen und bilden oberhalb der Ähren eine eigene Etage.

Eine nah verwandte Art ist der **Unterbrochene Windhalm** *(Apera interrupta)*. Die Rispen sind nur im oberen Teil dicht, im unteren dagegen unterbrochen und lückig, gewöhnlich auch stärker zusammengezogen. Die Pflanze kommt ziemlich selten in offenen Sandfluren mit häufig gestörten, nährstoffarmen Böden vor. Vor allem in West- und Südeuropa.

Strand-Katzenfußgras *Aeluropus littoralis*

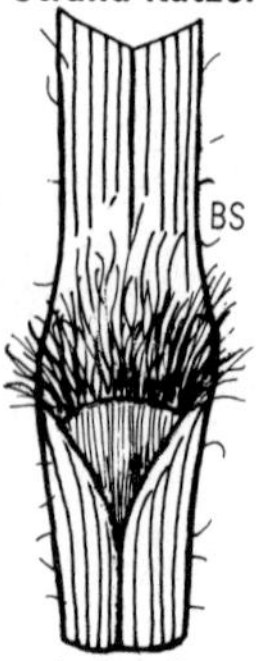

Merkmale: Ausdauerndes Gras mit weithin kriechender Grundachse und liegenden, nur wenig aufsteigenden Halmen, bis 25 cm lang (hoch), mit zahlreichen Knoten und sehr kurzen Internodien. Blatthäutchen durch einen Kranz langer Haare ersetzt. Blattscheiden dicht gerippt, meist kahl. Blattspreiten bis 5 cm lang, nur oberseits wenig behaart. Blütenstand in Gestalt einer Doppelähre, 1–5 cm lang und bis 1 cm breit, schmal-oval im Umriß. Jeder Seitenzweig mit dichten, 2zeilig angeordneten Ährchen, diese mit der Breitseite zur Achse. Hüll- und Deckspelzen sehr ähnlich, leicht behaart und am Rande durchscheinend.

Blütezeit: April bis Juni.

Standort: Salzbeeinflußte Sandfluren, Küstendünen. Etwas feuchteliebend. Salztolerant.

Verbreitung: Gesamtes Mittelmeergebiet und Westasien.

Strand-Gerste *Hordeum marinum*

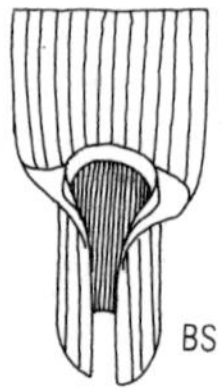

Merkmale: Einjährig, graugrün, locker horstig und büschelig verzweigt. Halme bis 40 cm hoch, knickig bis aufrecht aufsteigend. Blattscheiden auf dem Rücken nicht gekielt, die oberen aufgeblasen, alle kahl oder die unteren dicht behaart. Spreiten bis 8 cm lang, bis 4 mm breit. Blatthäutchen kürzer als 1 mm, nur als häutiger Saum. Ähre aufrecht, kurz, dicht, mit brüchiger Spindel. Ährchen einblütig, zu dritt vereint. Alle Spelzen lang begrannt. Hüllspelzen verschieden: die unteren der seitlichen Ährchen borstlich, die oberen mit deutlichen seitlichen Flügeln, die des zentralen Ährchens beide borstlich. Deckspelzen der seitlichen Ährchen klein, die des zentralen Ährchens mit Granne länger als 30 mm.

Blütezeit: Mai bis Juli.

Standort: Salzwiesen, feuchte Salzböden.

Verbreitung: W- und S-Europa.

Mäusegerste *Hordeum murinum*

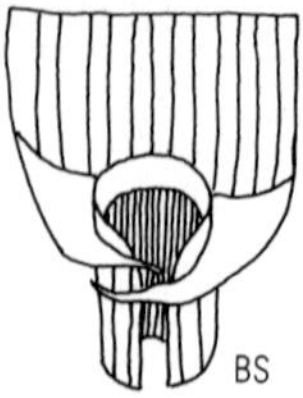
BS

Merkmale: Einjähriges, überwinterndes (überjähriges), lockere Horste bildendes, hellgrünes Gras, das durch sein geselliges Auftreten meist geschlossene Rasen vortäuscht. Halme dünn, ± knickig aufsteigend, 30–60 cm hoch. Blattscheiden auf dem Rücken abgerundet, meist kahl, die oberste oft aufgeblasen und den basalen Teil der Ähre umhüllend. Blatthäutchen als schmaler häutiger Saum kürzer als 1 mm, Halm umfassende, spitze Blattöhrchen. Blattspreiten bis 20 cm lang, bis 8 mm breit, fein zugespitzt, rauh, kahl oder locker behaart. Ähre bis 10 cm lang, dicht mit Ährchen besetzt. Diese bis 13 mm lang, 1blütig, jeweils zu dritt an einen Spindelabsatz vereinigt, das zentrale Ährchen zwittrig, die beiden seitlichen nur männlich oder steril. Spelzen der zentralen und der seitlichen Ährchen mit leichten Unterschieden, im wesentlichen jedoch: Die Hüllspelzen sind sehr schmal lanzettlich, lang und rauh begrannt. Die Deckspelzen sind auf dem Rücken abgerundet, 5nervig, sie haben bis zu 30 mm lange rauhe Grannen.

Blütezeit: Juni bis Oktober.

Standort: Weitverbreitetes Gras, das vor allem im Siedlungsbereich besonders charakteristisch ist. Es findet sich recht häufig und gesellig an Mauern, Wegrändern, auf Baumscheiben, Schuttplätzen in Städten und Dörfern, auch in ruderal beeinflußten, lückigen Grünlandgesellschaften, auf nährstoffreichen, sommertrockenen, sandigen, durchlässigen, durch Störungen immer wieder offen gehaltenen Böden.

Verbreitung: Mittel- und S-Europa, Mittelmeerraum, N-Amerika.

Allgemeines: Die Spindel ihrer Ähre ist zur Zeit der Fruchtreife sehr brüchig. Bei Berührung lösen sich einzelne Ährenfragmente ab und bleiben z. B. im Fell von durch den Pflanzenbestand laufenden Tieren hängen und werden verschleppt. Auf diese Weise wird dem Gras die Besiedlung neuer Wuchsplätze ermöglicht.

Mähnen-Gerste *Hordeum jubatum*

BLST

Merkmale: Einjähriges, bis 40 cm hohes Gras mit überhängenden und nickenden Ähren. Blätter auf Ober- und Unterseite behaart. Die einblütigen Ährchen zu dritt an einem Spindelabsatz, das mittlere Ährchen zwittrig, die beiden seitlichen steril. Hüllspelzen mit bis zu 8 cm langen Grannen. Deckspelzen ebenfalls lang, aber kürzer als die Hüllspelzen begrannt.

Blütezeit: Juni bis August.

Standort: Selten adventiv an Straßenrändern, auf Verladeplätzen, in Bahngeländen, auch als Zierpflanze in Gärten, auf frischen, nährstoffreichen, auch schwach salzhaltigen Böden.

Verbreitung: N-Amerika, O-Asien.

Allgemeines: Die bis zu 8 cm langen, seidigen Grannen der Hüllspelzen, die länger als die ebenfalls sehr langen, seidigen Grannen der Deckspelzen sind, verleihen dem Gras das namengebende, hübsche Aussehen.

Roggen-Gerste *Hordeum secalinum*

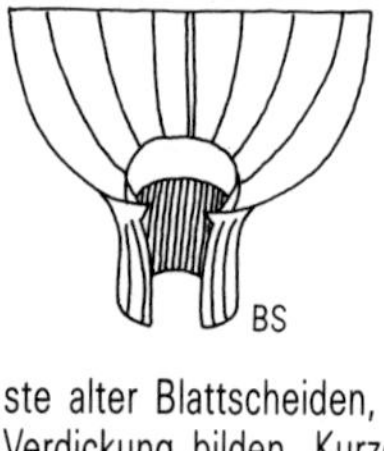
BS

Merkmale: Ausdauernd, locker horstig wachsend, 30–70 cm hoch. Halme dünn, knickig aufsteigend bis aufrecht. Untere Blattscheiden behaart, an den Stengelbasen Reste alter Blattscheiden, die eine zwiebelartige Verdickung bilden. Kurze, spitze Blattöhrchen. Blatthäutchen nur als häutiger Saum ausgebildet. Blattspreiten bis 15 cm lang, bis 5 mm breit, flach, meist aber eingerollt. Oberster Halmabschnitt weit aus der enganliegenden obersten Blattscheide herausragend, deshalb Ähre niemals von ihr umscheidet. Ährchen 1blütig, zu dritt vereint. Hüll- und Deckspelzen lang begrannt.

Blütezeit: Juni bis August.

Standort: Selten im Grünland auf schweren, nährstoffreichen und feuchten Böden, auf salzhaltigen Böden des Binnenlandes und der Küsten.

Verbreitung: S- und W-Europa, alle gemäßigten Gebiete.

BC PD 47

Zweizeilige Gerste *Hordeum distichon*

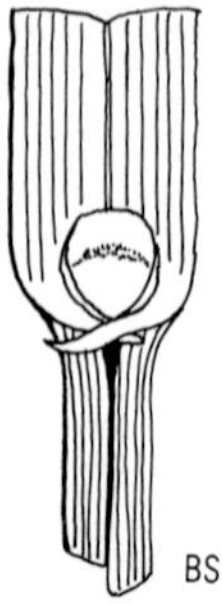

BS

Merkmale: Einjähriges oder einjährig überwinterndes Gras mit aufrechten, glatten, unverzweigten Halmen, etwa 60 bis 120 cm hoch. Blatthäutchen gestutzt, kurz, bis 2 mm lang. Blattscheiden am oberen Ende mit großen sichelförmigen, breiten, übereinandergreifenden Öhrchen, die im Unterschied zum Weizen unbehaart sind. Ähre 7–15 cm lang, zur Reifezeit nickend oder (je nach Länge) auch aufrecht. Ährenspindel nicht brüchig. Spindelglieder der Ähre jeweils mit 3 Ährchen, von denen allerdings die beiden seitlichen verkümmern. Einzelheiten vgl. Angaben zur Mehrzeiligen Gerste (S. 94). Hüllspelzen borstenartig schmal. Deckspelzen lang begrannt. Granne bis 15 cm lang. Wie bei der Mehrzeiligen Gerste gibt es auch bei dieser Form außer den begrannten Varietäten auch sogenannte Nacktgersten ohne Granne. Die Ähre erscheint wegen der zweizeiligen Anordnung der verhältnismäßig großen Körner nicht eckig, sondern deutlich abgeflacht. Sehr formenreich.

Blütezeit: Juni bis Juli.

Standort: Bevorzugt angebaut auf mäßig trockenen, basenreichen, neutralen Lehm- oder Lößböden. Ökologische Ansprüche ansonsten vergleichbar der Mehrzeiligen Gerste.

Verbreitung: Als Sommer- oder Wintergetreide in vielen Gebieten angebaut.

Allgemeines: Sommer- und Wintergersten unterscheiden sich in der benötigten Vegetationsdauer und in ihren Temperaturansprüchen. Die Sommergerste reift in etwa 95 Tagen, gerechnet von der Aussaat, heran und ist deshalb auch in Gebieten mit kurzen Sommern und vergleichsweise geringen Temperaturen anbaufähig, beispielsweise in Nordeuropa. Wintergerste verlangt dagegen mehr Wärme und braucht auch längere Zeit für die Reife. Sie wird bereits Ende September ausgesät. Zusammen mit der Sommergerste reift sie jedoch deutlich vor Weizen und Roggen heran. Sie wird daher meist auch als erstes Getreide geschnitten und eingefahren. Gerste ist übrigens ein Selbstbestäuber. Sie benötigt nicht den Pollenflug mit dem Sommerwind, sondern ihre Blüten bestäuben sich schon vor der eigentlichen Entfaltung der Ährchen selbst. Diese Bestäubung in der noch geschlossenen Blüte ist im Pflanzenreich nicht allzu häufig. Man bezeichnet dieses Verfahren als Kleistogamie.

Die Zweizeilige Gerste leitet sich mit großer Wahrscheinlichkeit von der Zweizeiligen Wildgerste *(Hordeum spontaneum)* ab. Die ältesten Funde von Wildgerste zusammen mit Körnern wilder Hafer-Arten und Wildlinsen stammen aus Höhlen des Peloponnes (Griechenland) und sind mehr als 10000 Jahre alt – es sind nach den Fundumständen eindeutig Nahrungsreste. In allen Wohn- und Abfallschichten seit etwa dem achten vorchristlichen Jahrtausend tritt die Wildgerste zugunsten der Zweizeiligen Kulturgerste immer mehr zurück. Offenbar ist in dieser Zeit der Übergang von der Wildpflanze (mit zerbrechlicher Ährenspindel) zur ertragreicheren Kulturpflanze erfolgt. Gerste gehört mithin zu den ältesten archäologisch nachweisbaren Kulturgräsern überhaupt.

Die ältesten Gerstenfunde aus Deutschland gehören der frühesten Jungsteinzeit (Bandkeramik) an. Sie stammen beispielsweise aus dem Harzvorland, aus Sachsen und Thüringen oder dem Neckargebiet. Bemerkenswerterweise gehört dieses Fundgut der mehrzeiligen (vor allem der lockerährigen vierzeiligen) Form an. Zweizeilige Kulturgersten sind für Deutschland wie auch für das übrige Mitteleuropa eine verhältnismäßig junge Errungenschaft – sie kamen hier erst in mittelalterlicher Zeit auf.

Die Zweizeilige Gerste wird bei uns überwiegend als Braugerste gezogen. Besonders erfüllt die Zweizeilige Sommergerste die Anforderungen der Brauer, nämlich einen mäßigen Proteingehalt zwischen 9 und 12 Prozent und einen sehr hohen Stärkegehalt möglichst nicht unter 65 Prozent. Zur Bierbereitung müssen die geernteten Gerstenkörner erst einmal in Malz überführt werden. Beim Mälzen werden die Körner zur Keimung gebracht, wobei der größte Teil der eingelagerten Stärke in löslichen Malzzucker (Maltose) umgewandelt wird. Anschließend wird die Keimung durch Trocknung in der Darre unterbrochen, wobei sich im Malz gleichzeitig auch Farbstoffe bilden.

Mehrzeilige Gerste *Hordeum vulgare*

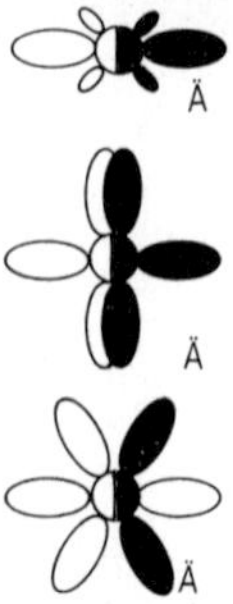

Merkmale: Einjähriges oder einjährig überwinterndes Gras mit aufrechten, festen, nicht allzu kräftigen Halmen, etwa 60–120 cm hoch, einzeln, nicht oder wenig am Grunde verzweigt. Blatthäutchen gestutzt, kurz, um 1,5 mm lang. Blattscheiden ziemlich eng anliegend, am Übergang zur Blattspreite mit großen, sichelförmigen, übereinandergreifenden und unbehaarten Öhrchen. Blattspreiten flach, bis 18 mm breit und etwa 40 cm lang, zugespitzt, schlaff herabhängend. Ähre aufrecht oder erst zur Fruchtreife leicht überhängend, 4–10 cm lang, von der Seite her nicht zusammengedrückt. Ährenachse zäh, zerbricht nicht und hält die reifen Ährchen fest. Hüllspelzen etwa so lang wie das Ährchen, schmal-linealisch. Deckspelze breiter und stumpf. Grannen bis 15 cm lang.

Der Mehrzeiligen und der Zweizeiligen Gerste *(Hordeum distichon)* (S. 92) liegt ein gemeinsamer Ährenbauplan zugrunde: Die Ährenspindel (Ährenachse) ist in verschiedene Etagen oder Absätze untergliedert. Auf jedem Absatz befinden sich drei 1blütige Ährchen, jedes mit 2 schmalen, grannig zugespitzten Hüllspelzen und einer lang begrannten Deckspelze. Bei der Zweizeiligen Gerste ist jeweils nur die Mittelblüte dieser Dreiergruppe fruchtbar, während die beiden Seitenblüten entweder rein männlich oder völlig verkümmert sind. Von oben betrachtet erscheinen an dieser Ähre daher nur 2 Längszeilen von Körnern. Bei der Mehrzeiligen Gerste sind dagegen auch die beiden Seitenährchen einer Dreiergruppe fruchtbar und entwickeln daher zur Reifezeit gleichgroße Körner. Die Ähre erscheint daher von oben oder von der Seite betrachtet mehrzeilig. Bei sehr dichten Ähren bilden die drei Einzelblüten bzw. Ährchen einer Gruppe untereinander einen Winkel von etwa 45 Grad. Folglich lassen sich an der reifen Ähre insgesamt 6 Längszeilen unterscheiden. Bei weniger dichten Ähren nehmen die Ährchen jeder Gruppe untereinander einen rechten Winkel ein, so daß nur 4 Längszeilen zustande kommen. Bei der Mehrzeiligen Gerste sind die Einzelkörner kleiner als bei der nahe verwandten Zweizeiligen Gerste.

Blütezeit: Juni.

Standort: Verhältnismäßig anspruchsloses Getreide, bevorzugt auf frischen, mäßig sauren, sandigen Lehmböden in sommerkühlem Klima.

Verbreitung: Von der Ebene bis ins Gebirge in vielen Gebieten angebaut, an der norwegischen Westküste sogar noch bis 70 Grad nördlicher Breite. In Gebieten mit kurzer Vegetationsdauer überwiegend als Sommerfrucht, sonst eher als Wintergetreide angebaut.

Allgemeines: Gerste gedeiht zwar am besten in gemäßigtem Klima auf tiefgründigen Böden mit guter Wasserversorgung, doch kann sie weitaus mehr als alle anderen Getreidearten auch unter bemerkenswerten Extremen angebaut werden. In Nordeuropa (Norwegen) bildet die Anbaugrenze von Gerste die Getreidegrenze überhaupt. Von allen Ackerpflanzen reicht gerade die Sommergerste auch am weitesten in die Gebirge hinauf. Die kontinental geprägten Räume Zentralasiens sind für den Gerstenanbau ebenso geeignet wie die sommerheißen Gebiete in den Ländern rings um das Mittelmeer. In der Weltproduktion steht Gerste heute an vierter Stelle nach Weizen, Mais und Reis.

In Europa und Asien gehört die Gerste zu den ältesten Getreidearten. Mit Beginn der jungsteinzeitlichen Ackerbaukulturen ist auch der Anbau von Gerste nachweisbar. Zunächst waren es Formen, die wohl weitgehend identisch waren mit der heute noch in Vorderasien vorkommenden Zweizeiligen Wildgerste *(Hordeum spontaneum)*. Im Vorderen Orient ist der Anbau zuerst der Zweizeiligen, dann auch der Mehrzeiligen Gerste durch alle Kulturhorizonte fast lückenlos nachweisbar. Aus der Fundlage ist zu schließen, daß sich die mehrzeiligen Gersten aus der gleichen Wildform entwickelt haben wie die zweizeilige Art. Alle heutigen Kulturgersten sind normal diploid (vgl. Anmerkungen zum Weizen, S. 16).

Mehrzeilige Gerste sieht man auf unseren Getreidefeldern am häufigsten in Gestalt der vierzeiligen Varietät (var. *tetrastichon* bzw. ssp. *vulgare*). Sechszeilige Gerste (var. *hexastichon*) wird dagegen kaum noch angebaut. Mehrzeilige Gerste dient in Mitteleuropa in erster Linie zur Herstellung von Tierfutter oder als Ausgangsprodukt für eine Reihe von Lebensmitteln wie Graupen, Grütze oder Malzkaffee, nie Brotgetreide.

Strandhafer *Ammophila arenaria*

BLST

Merkmale: Ausdauernd, mit aufrechter Grundachse, durch dicke, kräftige und reich verzweigte unterirdische Triebe dichte Rasen bildend. Halme kräftig, weißlich graugrün, 60 bis 100 cm hoch. Blätter eingerollt. Blattscheiden glatt, ihre Ränder sich überlappend. Blatthäutchen auffallend groß, bis 25–30 mm lang, von der Spitze bis fast zum Grunde tief gespalten. Im Gegensatz zum Strandroggen *(Elymus arenarius)* ohne Blattöhrchen. Blattspreiten steif, bis 60 cm lang, 4–6 mm breit, zugespitzt, glatt, kahl, auf der Oberseite entlang der Blattnerven fein behaart, unterseits kahl, glatt. Rispen groß, bis 15 cm lang, allseitswendig, stets zusammengezogen, walzlich, nach oben hin jedoch schmaler werdend. Ährchen dicht stehend, 1blütig, bis 16 mm lang. Hüllspelzen ausdauernd, lanzettlich, zugespitzt, die untere 1nervig, die obere 3- bis 5nervig. Deckspelzen lanzettlich, mit doppelter Spitze, an der Basis mit 3–5 mm langen Haaren. Vorspelzen fast so lang wie die Deckspelzen.

Blütezeit: Juni bis Juli.

Standort: Pionierpflanze auf leicht bewegten, basenreichen Sanddünen.

Verbreitung: An allen europäischen Küsten, jedoch nicht in der Arktis, auch in Nord-Amerika zu finden.

Allgemeines: Der Strandhafer ist an das Leben auf den ständig in Bewegung befindlichen Sanddünen der Küsten gut angepaßt. Von seinen reich verzweigten, sich bewurzelnden unterirdischen Ausläufern wachsen senkrecht Triebe rasch nach oben. Diese durchdringen den stets neu angewehten Sand und bilden die oberirdischen Pflanzenteile aus, die den Sand zusätzlich festhalten. Daher wird dieses Gras als Sandbefestiger auf den windzugewandten Flächen der Dünen oft angepflanzt. Die Bevorzugung von Sand drückt auch der wissenschaftliche Name des Strandhafers aus, der aus den griechischen Worten für Sand (ammos) und Freund (philos) zusammengesetzt ist.

Strandroggen, Blauer Helm *Elymus arenarius*

BS

Merkmale: Ausdauerndes, sehr robustes Gras, in dichten Horsten mit langen, weitreichenden Rhizomen. Halme 60 bis 200 cm hoch, aufrecht oder wenig ausgebreitet, ziemlich kräftig, kahl, unverzweigt. Blatthäutchen um 1 mm lang, etwas verdickt, fein behaart. Blattscheiden kahl, am oberen Ende mit schmalen, gebogenen Öhrchen. Blattspreiten wie die Blattscheiden bläulichgrau, scharf zugespitzt, sehr steif und fest, 20–60 cm lang, flach oder wenig eingerollt, 7–20 mm breit, oberseits mit deutlich vortretenden Blattnerven und fein angerauht, unterseits völlig glatt. Ähren aufrecht, bis über 30 cm lang und etwa 2–2,5 cm breit, dicht, starr. Ährchen nahezu ungestielt, paarweise im Wechsel auf gegenüberliegenden Seiten der Ährenspindel, 2 bis 3 cm lang, länglich, etwas abgeflacht, 3- bis 6blütig. Hüllspelzen deutlich gekielt, fast so lang wie das Ährchen, spitz, ziemlich steif. Die Deckspelzen innerhalb des Ährchens sind nach oben zu kleiner, zugespitzt, 7nervig, fein behaart.

Blütezeit: Juni bis August.

Standort: Der Strandroggen bewohnt lockere Dünensande, kommt als leicht stickstoffliebende Art jedoch besonders in der Nähe der Spülsäume mit ihrem lebhaften Umsatz toter, organischer Materie vor.

Verbreitung: Mittel- und Nordeuropa, vor allem im Bereich der Küstendünen, selten auch auf Dünenbildungen des Binnenlandes. Fehlt im Mittelmeergebiet.

Allgemeines: Strandroggen ist eine der Charakterarten der Strandhafer-Gesellschaft auf Weißdünen. Im Vergleich zum Strandhafer ist er jedoch weniger übersandungsfest und wird daher weniger häufig zur Dünenbefestigung angepflanzt. Dichtere Bestände des Strandroggens sind aber in jedem Fall sehr wirksame Sandfestleger und insofern für den Küstenschutz an Nord- und Ostsee unverzichtbar. Die derben Blätter ertragen Sandabrieb.

Wald-Haargerste *Hordelymus europaeus*

Ä

Merkmale: Ausdauernd, wintergrün, locker horstförmig wachsend, ohne Ausläufer. Halme aufrecht, bis 100 cm hoch, 3–4 Knoten, unterhalb des Blütenstandes rauh, im Bereich der Knoten kurz zottig behaart. Untere Blattscheiden lang zottig behaart, obere bisweilen etwas aufgeblasen. Blattspreiten grasgrün, bis 30 cm lang, bis 14 mm breit, flach, rauh, auf der Oberseite anliegend behaart, auf der Unterseite mit deutlich hervortretendem Mittelnerv, in eine schmale Spitze ausgezogen. Blattöhrchen spitz, sichelförmig gebogen, den Halm umfassend. Blatthäutchen als häutiger Saum, sehr kurz. Die Ähre ist hellgrün, dicht, aufrecht, schlank, bis 10 cm lang, Spindelachse brüchig, sie hat Teilfruchtstände für die klettenartige Verbreitung. Ährchen über 2 cm lang, meist 1-, seltener 2blütig, zu dritt an einem Spindelabsatz vereint, die seitlichen Ä. kurz gestielt. Hüllspelzen kahl, zu Borsten reduziert. Deckspelzen ± 10 mm lang, auf dem Rücken abgerundet, kahl, 5nervig, aufwärts rauh, mit über 25 mm langen Grannen. Vorspelzen so lang wie die Deckspelzen.

Blütezeit: Juni bis August.

Standort: Zerstreut, aber gesellig in anspruchsvollen, krautreichen Laubmischwäldern, auch auf Kahlschlägen, auf frischen, nährstoffreichen, meist kalkreichen, höchstens schwach sauren Mullböden.

Verbreitung: Mittel- und S-Europa, gemäßigte Klimate W-Asiens.

Allgemeines: Als charakteristisches, schattenverträgliches Waldgras finden sich von ihr wie bei ähnlichen Arten auch meist nur kleinere Gruppen zusammen. Werden im Plenter- oder Femelhieb (Einzelstammnutzung oder gruppenweise Entnahme hiebreifer Bäume) Flächen freigestellt, gelangen die Pflanzen in den vollen Lichtgenuß. Ihre Bestände können sich derart verdichten, daß die Naturverjüngung auf der betreffenden Fläche erschwert ist.

Blaugras *Sesleria varia*

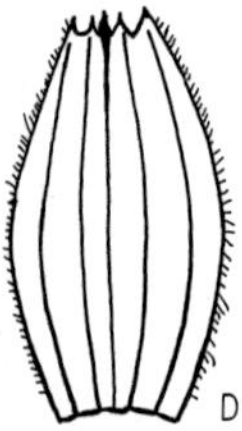
D

Merkmale: Horstförmig wachsend, 10 bis 40 cm groß, ausdauernd. Halme dünn, aufrecht, umscheidet. Blattscheiden oberwärts schwach gekielt. Blattspreiten mit nahezu bis zur Spitze parallel verlaufenden Rändern, an der Spitze bootsbugförmig zusammengezogen, rinnig gefaltet, graugrün. Blatthäutchen kurz. Ährenrispe länglich walzlich, zur Blütezeit bläulich überlaufen schimmernd. Ährchen 5 bis 7 mm lang, meist 2blütig, Hüllspelzen eiförmig, grannenartig bespitzt. Die Deckspelzen sind an der Spitze gestutzt und grannenlos.

Blütezeit: März bis Mai, je nach Höhenlage auch später.

Standort: Auf Felsen, auf Schutt, in Halbtrokkenrasen aber auch in warmen lichten Buchenwäldern und Kiefernforsten, auf kalkreichem, meist gut durchlässigen Substrat.

Verbreitung: Europa, von der Ebene bis ins Hochgebirge.

Allgemeines: Durch seine Wuchsart ist das Blaugras als eine typische Pionierpflanze in der Lage, auch nicht festliegendes, leicht abrutschendes Substrat etwa an Schutthängen zu besiedeln. Durch die Wurzeln wird der Boden oberflächlich wenigstens geringfügig festgehalten und kann nicht mehr hangabwärts gleiten. Auf der Hangseite der oberirdisch wachsenden Teile der Horste sammelt sich die im Substrat befindliche Feinerde an. Hierdurch erhalten die von Blaugras besiedelten Schuttflächen ihre eigentümliche, aber charakteristische treppenartig gestufte Oberfläche. Alsbald besiedeln weitere Pflanzenarten den durch das Blaugras »vorbereiteten« Hang und tragen ihrerseits zur weiteren Festlegung des rutschenden Materials bei. Blaugrasrasen und die in ihrer Begleitung auftretenden Pflanzenarten sind typische Pionierbestände. Sie besiedeln als erste eine vegetationslose Fläche und bereiten durch ihre Besiedlung den Standort auf die Aufnahme weiterer Pflanzenarten vor.

Wald-Reitgras *Calamagrostis arundinacea*

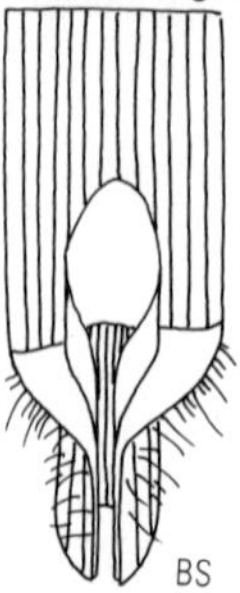

BS

Merkmale: Ausdauernd, horstig wachsend, durch kurze Ausläufer auch bultige Rasen bildend, 60–120 cm hoch, mit kräftigen, aufrechten Halmen. Blätter dunkelgrün. Blattspreiten 10 mm breit, oberseits kurz behaart, die kahle, stark glänzende Unterseite bei den schlaff überhängenden Spreiten nach oben gedreht. Blatthäutchen ca. 2 mm lang, oft zerschlitzt. An der Spreitenbasis deutliche Haarbüschel. Rispen schmal, nach der Blüte zusammengezogen. Ährchen 5–6 mm, 1blütig, von den etwa gleichlangen Hüllspelzen umschlossen. Deckspelzen nur wenig kürzer, an der Basis behaart. Die gekniete Granne oberhalb des Spelzengrundes auf deren Rücken entspringend, ca. 7 mm lang.
Blütezeit: Juni bis Juli.
Standort: Auf frischen bis feuchten, kalkarmen Lehmböden, in Laubmischwäldern.
Verbreitung: Europa und das gemäßigte Asien.

Sumpf-Reitgras *Calamagrostis canescens*

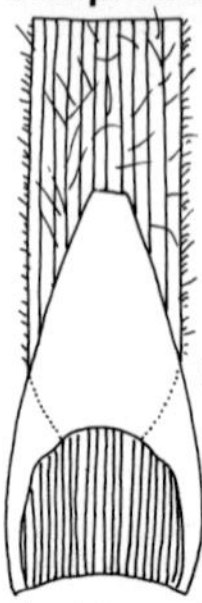

BS

Merkmale: Groß, 60–120 cm, ausdauernd, mit unterirdisch kriechender Sproßachse, lokkere Rasen bildend, Kriechsprosse sehr dünn. Die Halme steif aufrecht, an den Knoten meist verzweigt. Pflanze kahl und graugrün. Blatthäutchen ca. 3 mm lang, an der Spitze gestutzt. Blattspreiten unbehaart, schmal, lang zugespitzt, oft überhängend. Rispen bis 20 cm lang, Rispenäste kurz, während und nach der Blütezeit ausgebreitet. Ährchen kurz. Hüllspelzen bis 6 mm lang, das Ährchen umschließend, doppelt so lang wie die Deckspelzen. Diese zweispitzig, Granne in der Bucht dazwischen entspringend, aber kurz und daher nur wenig herausragend.
Blütezeit: Juli bis August.
Standort: Auf nassen, nährstoffarmen moorigen Böden, in Brüchen, in Großseggenrieden.
Verbreitung: Mittelgebirge von Mittel-, W- und N-Europa.

Land-Reitgras *Calamagrostis epigejos*

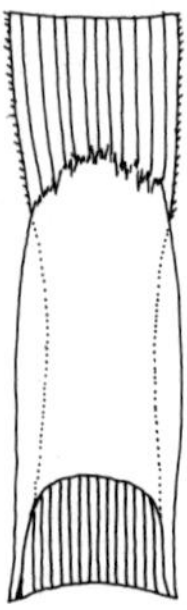

BS

Merkmale: Stattliches, 60–150 cm hohes Gras mit unterirdisch kriechenden, sehr langen Ausläufern, meist ausgedehnte, die Naturverjüngung in Forsten hemmende, unduldsame Reinbestände bildend. Kräftige Halme. Blätter kahl. Blattspreiten flach, an den Rändern sehr rauh, bis 70 cm lang, bis 2 cm breit. Blatthäutchen kräftig, bis 9 mm lang. Rispen schmal, aufrecht, dichtblütig. Rispenäste rauh, dick, ca. 10 cm lang. Ährchen 5–7 mm lang, 1blütig, gebüschelt. Hüllspelzen ca. 5 mm lang, grannenartig bespitzt. Deckspelzen an der Basis seidig behaart. Granne in der Bucht des zweispitzigen Spelzenendes entspringend.
Blütezeit: Juni bis August.
Standort: An Wegrändern, auf Kahlschlägen, in Brachen, auf lockerem, sandig-lehmigen Substrat.
Verbreitung: Europa, W-, N- und O-Asien.

Wolliges Reitgras *Calamagrostis villosa*

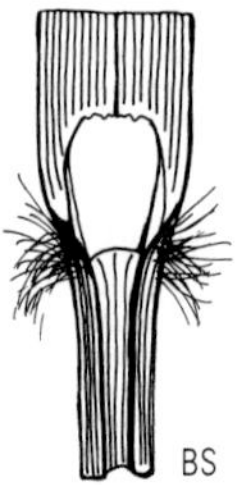

BS

Merkmale: Mehrjähriges, in Horsten oder Rasen wachsendes Gras mit kriechender Grundachse und langen Ausläufern. Halme knickig aufsteigend, unverzweigt, 60–150 cm hoch. Blatthäutchen 2–3 mm lang, stumpf. Blattscheiden am oberen Ende mit einem Haarbüschel, sonst kahl. Blattspreiten bis 40 cm lang und 3–5 mm breit, grasgrün, meist schlaff oder leicht eingerollt und dann steif aufrecht. Rispe bis 25 cm lang, schlaff überhängend, mit dünnen Rispenästen und sehr zahlreich mit Ährchen besetzt. Ährchen 4–5 mm lang. Hüllspelze im oberen Teil violett, ungekielt, ohne Kurzhaare. Deckspelze 5nervig, mit zarter Granne, die das Ährchen nicht überragt.
Blütezeit: Juli bis August.
Standort: Montane Art in Fichtenwäldern und Fichtenmooren. Fehlt im Tiefland.
Verbreitung: Alpen, Karpaten, Mittelgebirge.

Felsen-Straußgras *Agrostis rupestris*

Merkmale: Ausdauerndes Gras in dichten, festen Horsten, nur selten mit kurzen Ausläufern, mit aufrechten oder aufsteigenden Halmen, 5–20 cm hoch. Blattscheiden braungrau bis rötlichbraun, meist glänzend. Blatthäutchen meist über 1 mm lang, spitz, mitunter feinbehaart. Blattspreiten borstenförmig zusammengefaltet und kaum über 1 mm breit. Rispe bis 4 cm lang, nur während der Blüte ausgebreitet und von ovalem Umriß, sonst zusammengezogen. Ährchen 2 bis 3 mm lang. Hüllspelzen 1nervig. Deckspelzen deutlich 2spitzig, mit 3 mm langer, geknieter Granne. Beim sehr ähnlichen Alpen-Straußgras *(Agrostis alpina)* sind die Rispenäste deutlich rauh und die Stengelblätter flach.

Blütezeit: Juli bis August.

Standort: Bergweiden und felsige Abhänge.

Verbreitung: Alpen, Bayerischer Wald.

Hunds-Straußgras *Agrostis canina*

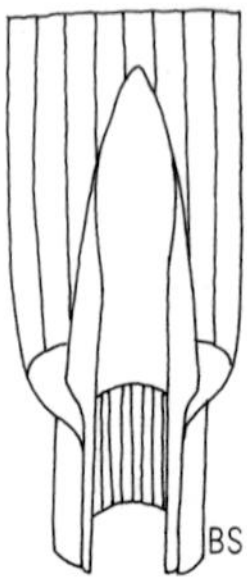

Merkmale: Durch dicht beblätterte, oberirdisch kriechende Grundachse lockere Rasen bildend, ± graugrün, ausdauernd, 20–60 cm hoch. Halme aufrecht oder knickig aufsteigend, bisweilen an den Knoten verzweigt. Blätter graugrün, kahl, schlaff. Blattspreiten bis 15 cm lang, bis 2 mm breit, schmal, lang zugespitzt. Blatthäutchen bis 4 mm lang, ± zugespitzt. Rispen während der Blüte ausgebreitet, danach zusammengezogen. Rispenäste in Büscheln, sehr fein. Ährchen bis 3 mm lang, 1blütig, von den Hüllspelzen umschlossen. Diese zugespitzt. Deckspelzen ± eiförmig, ± gestutzt. Granne über der Spelzenbasis entspringend, etwa auf halber Länge gekniet, auch unbegrannt.

Blütezeit: Juni bis August.

Standort: Auf nährstoffarmen, torfigen Böden, auf Wiesen, in Gräben, an sumpfigen Stellen.

Verbreitung: Europa.

Weißes Straußgras *Agrostis stolonifera*

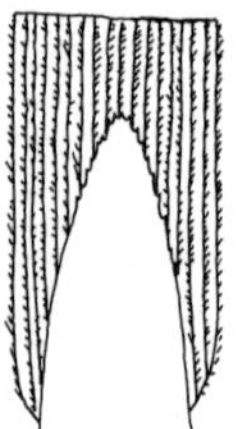

Merkmale: Ausdauernd, horstig, durch oberirdische, reich beblätterte Ausläufer bisweilen ausgedehnte Rasen bildend. Halme 20–80 cm, aufrecht oder bogig aufsteigend, an den Knoten wurzelnd, unbehaart. Blätter graugrün, kahl. Blattspreiten ± steif abstehend, allmählich spitz zulaufend, bis 10 cm lang, bis 6 mm breit. Blatthäutchen ca. 6 mm lang, spitz, bisweilen zerschlitzt. Rispen 10–12 cm lang, während der Blüte ausgebreitet, danach zusammengezogen, Rispenäste in Büscheln vereinigt. Ährchen klein, nur 1–2 mm lang, 1blütig, von den etwa ebenso langen Hüllspelzen umschlossen. Deckspelzen etwas kürzer als Hüllspelzen, meist unbegrannt, eiförmig, 5nervig.

Blütezeit: Juni bis August.

Standort: In Wiesen, an Wegen, in Gräben, auf ± feuchten, tonigen bis lehmigen Böden.

Verbreitung: Europa, Alpen bis 2300 m ü. NN.

Rotes Straußgras *Agrostis tenuis*

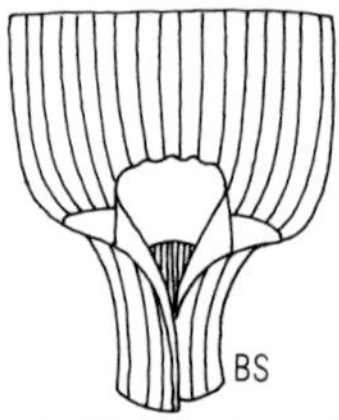

Merkmale: Ausdauernd, 20–80 cm hoch, horstig, kurze, unterirdische Ausläufer bildend. Halme aufrecht oder knickig aufsteigend, kahl, unterhalb des Blütenstandes oft rauh. Blätter grün, unbehaart. Blattspreiten allmählich zugespitzt, bis 15 cm lang, 1–5 mm breit, flach. Blatthäutchen kurz, nur 0,5–2 mm lang, gestutzt. Rispen bis 20 cm lang. Rispenäste auch nach der Blüte abstehend. Ährchen nicht büschelig angeordnet, 2–3 mm lang, 1blütig, meist rotviolett überlaufen. Von den etwa ebenso großen Hüllspelzen umschlossen. Deckspelzen meist unbegrannt, elliptisch, 3nervig. Vorspelzen ± halb so lang wie die Deckspelzen.

Blütezeit: Juni bis August.

Standort: Auf trockenen bis frischen Böden. Bodensäure und Nährstoffarmut anzeigend.

Verbreitung: Ebene bis Gebirge, in den Alpen bis 2000 m ü. NN aufsteigend.

Glatthafer *Arrhenatherum elatius*

Merkmale: Ausdauerndes, in lockeren Horsten wachsendes Gras, etwa 50–150 cm hoch, mit aufrechten oder wenig ausgebreiteten Halmen, ziemlich kräftig, mit 3–5 dicklichen Knoten, völlig glatt oder nur an den Knoten leicht behaart. Die Blattscheiden sind auf der Rückseite rund, ebenfalls glatt oder nur wenig rauh oder locker behaart. Blatthäutchen vorhanden, etwa 1–3 mm lang, gewöhnlich ganzrandig. Blattspreiten ebenso wie die Blattscheiden kräftig grün, 5–10 mm breit und bis 40 cm lang, schmal zugespitzt, flach, sehr locker behaart oder auch völlig kahl, fühlen sich am Rande und auf der Oberfläche leicht rauh an. Rispen im Umriß länglich-lanzettlich, aufrecht oder etwas überhängend, locker oder dichter zusammengezogen, glänzend grün oder leicht purpurn überlaufen, bis 30 cm lang, Rispenäste ungleich lang in Büscheln und rauh.
Ährchen länglich, um 10 mm lang, meist 2blütig, davon die untere Blüte rein männlich, die obere zweigeschlechtlich. Die Hüllspelzen sind häutig und zugespitzt, die untere ist 1nervig und deutlich kürzer als die obere 3nervige. Die Deckspelzen sind bis 10 mm lang, auf der Rückseite rundlich, schmal-oval und zugespitzt; unterste Deckspelze lang begrannt: Granne etwa 10–16 mm lang, mit der Deckspelze zu ungefähr einem Drittel verwachsen. Obere Deckspelze unbegrannt oder allenfalls mit einer kurzen Borste nahe der Spitze.

Blütezeit: Juni bis September.

Standort: Weit verbreitet bis häufig in Grasländern, an Hecken und Dämmen, an Böschungen und Wegrändern. Glatthafer bevorzugt mäßig trockenen bis frischen und nährstoffreichen Boden.

Verbreitung: In ganz Europa von der Ebene bis in mittlere Gebirgslagen (Alpen bis etwa 1400 m). Glatthafer ist ein wertvolles Futtergras (Wiesengras), zur Verweidung ist er allerdings weniger geeignet. Typart der Glatthafer-Wiesen.

Ährenhafer *Gaudinia fragilis*

Merkmale: Einjähriges, etwa 20–60 cm hohes, lockerwüchsiges Gras mit glattem, häufig knickig aufsteigendem Stengel, dieser mitunter auch verzweigt. Blattscheiden der unteren Blätter dicht langhaarig, an den oberen Blättern glatt und kahl. Blatthäutchen undeutlich oder wulstförmig. Blattspreite leicht gekielt, sonst flach, schmal zugespitzt. Ähre bis 20 cm lang. Ährchen einzeln in zwei gegenüberliegenden Zeilen, jeweils bis 25 mm lang und 7- bis 10blütig, nach oben armblütiger, begrannt. Granne um 7 mm lang, gekniet, aus dem oberen Drittel der Deckspelze abgehend.

Blütezeit: Mai bis Juni.

Standort: Selten an Wegrändern oder in Brachland.

Verbreitung: Beim Ährenhafer handels es sich um eine südeuropäische Art, nördlich der Alpen nur verschleppt und unbeständig.

Zweifelhafter Schmielenhafer *Ventenata dubia*

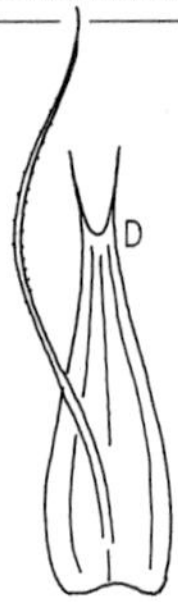

Merkmale: Ein- oder zweijähriges, kleine Rasen bildendes Gras mit aufsteigenden oder aufrechten Halmen, etwa 30–70 cm hoch, glatt, mäßig kräftig. Blatthäutchen bis 9 mm lang, ganzrandig. Blattscheiden anliegend, glatt oder nur schwach behaart oder nach rückwärts rauh. Blattscheiden bis 3 mm breit, oberseits rauh, rinnig, gerollt oder flach. Rispe sehr reichblütig, gleichmäßig aufgebaut, bis 20 cm lang. Rispenäste anfangs aufrecht, später abstehend oder etwas zurückgeschlagen, fadendünn, bis 7 cm lang, mit 2–5 Ährchen. Ährchen 2- bis 3blütig, um 10 mm lang, grünlich. Deckspelze der unteren Blüte kürzer begrannt als die obere. Granne gedreht und gekniet.

Blütezeit: Juni bis Juli.

Standort: Trockenrasen, lichte Wälder.

Verbreitung: Südeuropa, sonst nur verschleppt.

Goldhafer *Trisetum flavescens*

BS

Merkmale: Ausdauerndes, in lockeren Horsten wachsendes Gras, etwa 20–80 cm hoch, mit aufrechten oder ausgebreiteten, ziemlich dünnen Halmen, diese immer unverzweigt, mit 2–5 Knoten, völlig glatt oder im Knotenbereich wenig behaart. Blattscheiden auf dem Rücken kahl oder weich behaart. Blattspreiten grün, schmal zugespitzt, 2–4 mm und bis 12 cm lang. Blatthäutchen um 1 mm lang. Rispen aufrecht ober überhängend, 5–15 cm lang, oval, gelblich glänzend oder leicht purpurn. Ährchen 2- bis 4blütig. Deckspelzen begrannt, Granne bis 9 mm lang, ab der Mitte gebogen.

Blütezeit: Juni bis Juli.

Standort: Verbreitet in Fettwiesen und bestandsbildend vor allem in Gebirgswiesen auf sickerfrischen, nährstoffreichen Böden.

Verbreitung: In Europa und im gemäßigten Asien weit verbreitet, in Nordamerika eingeführt.

Zweizeiliger Grannenhafer *Trisetum distichophyllum*

Ä

Merkmale: Ausdauerndes, lokkerrasiges, blaugrünliches Gras mit langen Ausläufern, um 10 bis 20 cm hoch. Halme glatt, steigen knickig auf. Ausläufer schlank, häufig wurzelnd. Blätter besonders an den nichtblühenden Achsen streng zweizeilig angeordnet. Blattscheiden anliegend, glatt. Blattspreiten ziemlich steif, kurz, um 3 mm breit, flach, gewöhnlich abstehend oder wenig zurückgekrümmt. Rispe etwa 6 cm lang und mit 3–5 Ährchen. Unterster Rispenast trägt meist nur 2 Ährchen. Die Ährchen sind meist 3blütig. Granne im oberen Drittel der Deckspelze abgehend, um 5 mm lang. Die Ährchenachsen sind dicht behaart.

Blütezeit: Juli bis August.

Standort: Vor allem an felsigen Abhängen, auf Steinschutthalden und zwischen Geröll.

Verbreitung: Pyrenäen, Alpen, Karpaten.

Eiförmiger Grannenhafer *Trisetum ovatum*

BS

Merkmale: Einjähriges, rasenbildendes Gras mit niederliegenden oder aufsteigenden Halmen, 4–50 cm hoch, glatt oder rückwärts kurzhaarig. Blatthäutchen um 2 mm lang, ganzrandig oder fein wellig. Blattscheiden dicht anliegend, mitunter dicht kurzhaarig. Blattspreiten flach oder gefaltet, bis 4 mm breit und etwa 5 cm lang, behaart oder verkahlend. Rispe aufrecht, 0,5–3 cm lang und bis 2 cm breit, oval, sehr dicht. Ährchen um 3 mm lang. Hüllspelzen sehr zäh, ungleich groß. Deckspelze behaart. Granne 3 bis 6 mm lang, stark gekrümmt, nach vorne etwas verbreitert.

Blütezeit: April bis Juni.

Standort: Trocken- und Magerrasen auf humusarmen, lückigen, mitunter auch sehr steinigen Böden.

Verbreitung: Südwesteuropa, Zentralspanien und nördliches Portugal.

Steifhaariger Grannenhafer *Trisetum hispidum*

BS

Merkmale: Ausdauerndes, rasenbildendes Gras mit ausgebreiteten oder aufrechten, ziemlich kräftigen Halmen, 30 bis 80 cm hoch, dicht behaart, an der Basis purpurn, mit bleibenden Scheiden. Blatthäutchen 2–3 mm lang, meist ganzrandig. Blattscheiden anfangs dicht behaart, später verkahlend. Blattspreiten um 5 mm und bis 25 cm lang, filzig behaart, graugrün. Rispen aufrecht, 6–12 cm lang und bis 2,5 cm breit, zylindrisch, nach oben verschmälert. Ährchen 4–6 mm lang. Granne bis 4 mm.

Blütezeit: Mai bis Juni.

Standort: Felsige, feinerdearme Standorte.

Verbreitung: Gebirge in Spanien und Portugal. Der verwandte **Ähren-Grannenhafer** *(Trisetum spicatum)* hat eine fast kopfige, dicht ährenförmige Rispe von 4 cm Länge und bunt gescheckte Ährchen. Blätter am Grunde kurzhaarig.

Saat-Hafer *Avena sativa*

BS

Merkmale: Einjähriges, einzeln wachsendes, am Grunde büscheliges Gras mit aufrechten, kräftigen, glatten und kahlen Halmen, etwa 60–150 cm hoch. Blatthäutchen kurz, oval, mit zugespitzten Zähnen. Blattscheiden kahl, ohne Öhrchenbildung, etwas klaffend. Blattspreiten auf beiden Seiten besonders in Blattrandnähe ziemlich rauh, graugrün, bis 16 mm breit und etwa 30 cm lang, schmal zugespitzt. Rispe locker, allseitswendig ausgebreitet, 15–30 cm lang. Rispenäste ungleich lang, waagerecht abstehend oder andeutungsweise aufwärts gerichtet. Ährchenachsen leicht behaart. Ährchen hängend, überwiegend 2blütig (nur selten auch 3blütig). Hüllspelzen 7- bis 11nervig, länger als die einzelnen Blüten. Deckspelze gelblichweiß bis bräunlich, rot oder auch schwärzlich, mitunter völlig ungefärbt, grannenlos oder nur an der oberen Blüte begrannt, nur sehr kurz 2zähnig und an der Spitze deutlich häutig. Granne überragt die Deckspelze nur wenig.

Blütezeit: Juni bis August.

Standort: Soweit nicht angebaut als Begleitart in Brachen mit ehemaligem Getreideanbau, gerne auf frischen, oft basenarmen, mäßig sauren, leicht sandigen oder lehmigen Böden. Ziemlich anspruchslos. Frostempfindlich und daher in Mitteleuropa nur als Sommergetreide angebaut.

Verbreitung: Kulturpflanze mediterraner Herkunft. Anbaufähig von der Ebene bis etwa in 1400 m Höhe (Alpen). Heute in vielen Gebieten angebaut. Formen- und sortenreich.

Allgemeines: Der Hafer ist die einzige Getreideart, bei der die Körner nicht in Ähren wachsen, sondern in lockeren Rispen hängen. Nach dem Dreschen bleiben die Haferfrüchte bespelzt und müssen daher in besonderen Mühlen von den Spelzen befreit werden, bevor sie für die menschliche Ernährung (Haferflocken, Hafergrütze) genutzt werden können. Im Unterschied etwa zur Gerste sind die Spelzen mit dem Korn jedoch nicht verwachsen, sondern umschließen es nur besonders fest. Unser Kulturhafer wird wegen seines relativ geringen Kleberanteils nicht als Brotgetreide genutzt. In Westeuropa, wo Hafer wegen der Besonderheiten des Klimas lange Zeit Hauptgetreide war, wurde jedoch auch Haferbrot gebacken.

Unter den Getreiden der Bundesrepublik nimmt Hafer gegenwärtig nach Weizen und Gerste immer noch die dritte Stelle ein. In der Weltproduktion steht der Hafer an sechster Stelle. Anbauschwerpunkt sind in Europa vor allem die Britischen Inseln, Wales, Nordwestfrankreich (Bretagne) und Südskandinavien. Da Hafer zu einem großen Teil auch als Pferdefutter verwendet wurde, ging der Anbau mit Zunahme der Motorisierung zeitweise sehr zurück. Seit etwa drei Jahrzehnten hat er sich jedoch weitgehend stabilisieren können.

Der Saat-Hafer *(Avena sativa)* ist nicht die einzige Art unter den Getreiden. Bis etwa zur letzten Jahrhundertwende wurde auf ertragsarmen Böden (Schwarzwald, Ostfriesland) der ähnliche Sand- oder Rauh-Hafer *(Avena strigosa)* angebaut, dessen Deckspelzen zwei deutliche Grannezähne tragen. In den sommertrockenen und heißen Gebieten rund um das Mittelmeer findet sich eine weitere Hafer-Art im Anbau, der Byzantinische Hafer *(Avena byzantina)*. Auf diesen Hafer entfällt immerhin rund ein Fünftel der Weltproduktion. Der Saat-Hafer leitet sich möglicherweise vom Tauben Hafer *(Avena sterilis)*, eventuell auch vom Flug-Hafer *(Avena fatua)* ab. Seine Kulturgeschichte ist ähnlich derjenigen des Roggens: In seinem Entstehungsgebiet ist er zunächst lästige Begleitart in Getreidefeldern gewesen und dann erst durch Auslese in eigenen Anbau übergegangen.

Steinzeitliche Haferfunde sind in Mitteleuropa sehr spärlich. Aus einem weitaus größeren Gebiet sind aus bronzezeitlichen Fundplätzen jeweils wenige Haferkörner bekannt geworden, aus dem Rheinland bezeichnenderweise jeweils Saat- und Flug-Hafer nebeneinander. Erst in der vorrömischen Eisenzeit scheint Hafer sehr zügig verbreitet und häufiger angebaut worden zu sein, wobei sich die archäologisch gesicherten Fundstellen nur im Gebiet westlich der Elbe häufen. Der früheste Nachweis von Reinanbau des Saat-Hafers stammt von einem Fundort nahe Lüneburg, der in das erste vorchristliche Jahrhundert datiert wird. Große Ansammlungen verkohlten Getreides fanden sich dort in der Vorratsgrube.

Tauber Hafer *Avena sterilis*

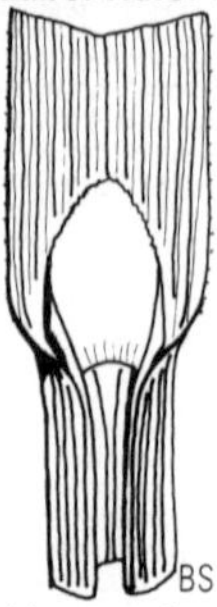

BS

Merkmale: Einjähriges, in lockeren Horsten oder einzeln wachsendes Gras mit aufrechten, kräftigen, glatten Halmen, 60–150 cm hoch, mit 2–4 Knoten. Untere Blattscheiden leicht behaart. Blattspreiten lang zugespitzt, bis 50 cm und etwa 6 bis 8 mm breit, unbehaart, fest, beidseits ziemlich rauh, grün. Blatthäutchen um 5 mm lang, leicht ausgefranst. Rispen andeutungsweise einseitswendig, sehr offen, 15–40 cm lang und bis über 20 cm breit, grün. Ährchen hängend, bis 30 mm lang, weniger zahlreich als beim Flug-Hafer, 2- bis 3blütig, mit 2 Grannen bis 5 cm Länge.

Blütezeit: Juli bis August.

Standort: Begleitart auf Ackerland, besonders auf schweren, humusarmen Tonböden, auch auf Brachen oder an Verladestellen.

Verbreitung: Ursprünglich nur Mittelmeergebiet, heute nahezu weltweit verschleppt.

Flug-Hafer *Avena fatua*

Ä

Merkmale: Einjähriges, in Horsten oder einzeln wachsendes Gras mit aufrechten oder an der Basis leicht gebogenen Halmen, etwa 30–120 cm hoch, ziemlich kräftig, mit 3–5 Knoten. Blatthäutchen stumpf, bis 6 mm lang, häutig. Blattscheiden auf der Rückseite rund, zumindest die unteren locker behaart, weiter oben kahl. Blätter kräftig grün, 10–45 cm lang und bis 15 mm breit, flach, lang zugespitzt, rauh. Rispen locker, allseitswendig, 10–40 cm lang, Rispenäste weit abgespreizt. Ährchen bis 25 mm lang, hängend, 2- bis 3blütig. Hüllspelzen so lang wie das Ährchen. Deckspelzen am Grunde lang behaart (Unterschied zum Saat-Hafer).

Blütezeit: Juni bis September.

Standort: Begleitart in Getreidefeldern auf nährstoffreichen, humusarmen Tonböden.

Verbreitung: Ursprünglich im Mittelmeergebiet, verschleppt seit der Bronzezeit.

Bart-Hafer *Avena barbata*

Ä

Merkmale: Einjähriges, ziemlich kräftiges Gras mit lockeren Horsten oder einzeln wachsenden, aufrechten oder nur leicht bogig aufsteigenden Halmen, etwa 40–120 cm, glatt. Blatthäutchen ganzrandig, stumpf, um 5 mm lang. Blattscheiden locker anliegend, zumindest im unteren Teil wenig behaart, sonst kahl, glatt, auf der Rückseite rund. Blattspreite bis 40 cm und etwa 8 mm breit, schmal zugespitzt. Rispe locker, leicht überhängend. Rispenäste abstehend oder leicht aufrecht. Ährchen hängend, 2blütig. Hüllspelze deutlich 5- bis 11nervig. Deckspelze zottig behaart und mit 2 grannenartigen Zähnen, zusätzlich mit kräftiger, rückenständiger Granne.

Blütezeit: Juli bis September.

Standort: Getreideäcker, Brachland, Verladestellen.

Verbreitung: Mittelmeergebiet und verschleppt.

Berandeter Hafer
Avenula marginata (Avenula sulcata)

BS

Merkmale: Ausdauerndes, rasenbildendes Gras mit aufrechten oder vom Grunde aufsteigenden, ziemlich festen Halmen, etwa 40–100 cm hoch, glatt. Blatthäutchen an den unteren Blättern 1–3 mm lang, an den oberen Blättern 4–10 mm. Blattscheiden der unteren Blätter leicht zusammengedrückt und nur am Grunde geschlossen. Blattspreiten 0,5–6 mm breit, vorne abgestumpft, 10–20 cm lang, an den Halmen meist nicht länger als 2 cm. Rispe aufrecht, 6–15 cm lang, grauviolett bis braun-grünlich. Rispenäste 2–5 cm lang mit jeweils 1–3 (selten 5) Ährchen. Ährchen bis 20 mm lang. Ährchenachsen mit bräunlichen Haaren. Deckspelze gefurcht.

Blütezeit: Mai bis Juli.

Standort: Sonnige, trockene Grasfluren und Gebüschsäume, meist auf Kalk.

Verbreitung: Südwesteuropa, Westfrankreich.

Langspelziger Hafer *Avena longiglumis*

BS

Merkmale: Einjähriges, am Grunde meist büschelig verzweigtes Gras mit aufrechten Halmen, 25–70 cm hoch, kahl, glatt. Blatthäutchen 2–5 mm lang, ganzrandig, gestutzt. Blattscheiden locker anliegend, am oberen Ende klaffend, ohne Öhrchen. Blattspreiten 2 bis 10 mm breit und bis 40 cm lang, flach oder nur selten wenig gefaltet, oberseits spärlich behaart, am Rande rauh. Rispen bis 30 cm lang mit langen, abstehenden Rispenästen. Ährchen 30–45 mm lang, 2- bis 3blütig. Hüllspelzen bedeutend länger als die Blüten, bis 45 mm lang, 9- bis 11nervig. Deckspelzen 20–25 mm lang, schmal lanzettlich, an der Spitze mit 2 Borsten von 10–15 mm Länge, auf dem Rücken mit 50–70 mm langer Granne.

Blütezeit: Juni bis Juli.

Standort: Sand oder Felsen in Küstennähe.

Verbreitung: Süden der Iberischen Halbinsel.

Steifähre *Wangenheimia lima*

BLST

Merkmale: Einjähriges, rasenartig wachsendes Gras mit sehr festen, steifen und fast immer aufrechten Halmen, bis etwa 30 cm hoch. Blattscheiden eng anliegend. Blattspreiten meist eng zusammengerollt und sehr schmal, graugrün, glatt oder wenig angerauht. Blütenstand ährenartig, etwa 1–4 cm lang und wenig über 1 cm breit, gedrungen. Ährchen nach der Blüte schräg aufwärts oder rechtwinklig abgespreizt, 3–8 mm lang, 4- bis 11blütig. Untere Hüllspelze 1nervig, linealisch. Obere Hüllspelze 2- bis 3nervig, lanzettlich, gekielt. Deckspelze spitz oder stumpf, zumindest am Grunde wenig behaart, 5nervig.

Blütezeit: April bis Juni.

Standort: Trockenwarme, flachgründige Ruderalstellen, Wegränder, aufgelassenes Kulturland, Trockensäume.

Verbreitung: Vor allem auf der mittleren Iberischen Halbinsel.

Kantabrischer Wildhafer
Helictotrichon cantabricum

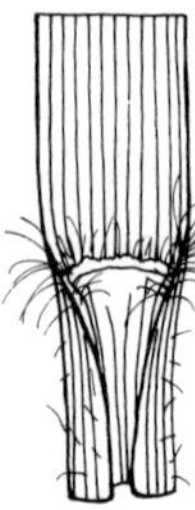

BS

Merkmale: Ausdauerndes, rasenbildendes Gras mit kurzen Ausläufern und aufrechten, ziemlich festen, 3–6 mm dikken und 60–125 cm langen Halmen. Blatthäutchen bis 0,5 mm lang, bewimpert. Blattscheiden ziemlich weich, etwas längsstreifig, zumindest bei den unteren Blättern bräunlich oder violett überlaufen. Blattspreiten 2–3 mm breit und 20–50 cm lang, sehr steif und fest, meist abstehend, spitzt unterseits kahl, oberseits grünlichgrau, bleiben nach dem Absterben an der Pflanze. Rispen 12–25 cm lang mit 20–60 Ährchen. Ährchen knapp 15 mm lang, 2- bis 3blütig. Deckspelzen 10–13 mm lang, an der Spitze 2zähnig. Ährchenachse behaart.

Blütezeit: Juni bis Juli.

Standort: Waldlichtungen, Gebüsche, Bergwiesen.

Verbreitung: Iberisches Bergland, Pyrenäen.

Schmalblättriger Wildhafer
Helictotrichon filifolium

BS

Merkmale: Ausdauerndes, rasenbildendes Gras mit aufrechten oder bogig aufsteigenden Halmen, 60–120 cm hoch, glatt, meist kahl. Blatthäutchen sehr kurz oder nahezu fehlend. Blattscheiden bleibend violettbräunlich, am Grunde verhärtet, am oberen Ende lang bewimpert. Blattspreiten höchstens 1,3 mm breit und 20–60 cm lang, zusammengerollt, stechend spitz, aufrecht ober abgespreizt, oberseits ziemlich rauh, unterseits kahl und glatt, bleiben nach dem Absterben an der Pflanze. Rispen 12–25 cm lang mit 15–40 Ährchen. Ährchen bis 20 mm lang, 2- bis 3blütig. Ährchenachsen mit 5–6 mm langen Haaren. Deckspelzen 2zähnig gespalten, etwas glänzend.

Blütezeit: Juni bis Juli.

Standort: Trocken- und Magerwiesen, felsige Grasfluren, vor allem in höheren Lagen.

Verbreitung: Südspanien.

Wiesenhafer, Trifthafer *Avenula pratense*

Ä

Merkmale: Ausdauerndes, meist horstbildendes Gras mit aufrechten, steifen, glatten Halmen, 30–100 cm hoch, mit 2–3 Knoten. Blatthäutchen länglich, bis 5 mm lang, ganzrandig. Blattscheiden im unteren Teil röhrenförmig und rückwärts rauh, oftmals auch purpurn überfärbt, weiter oben offen und glatt. Blattspreiten steif, oberseits rauh, graugrün – grün, bis 2 mm breit, anfang gefaltet, später flach, 5–30 cm lang, am Rande leicht knorpelig verdickt und etwas heller. Rispe sehr schmal, mitunter traubig zusammengezogen, 5–15 cm lang, aufrecht, grünlich oder purpurn, etwas glänzend. Rispenäste rauh, einzeln oder zu 2, mit jeweils 1–2 Ährchen. Ährchen bis 25 mm lang, 3- bis 5blütig. Hüllspelzen 3nervig, bis 18 mm lang, silbrigweiß. Deckspelzen kürzer, grünlich, hellrandig, ab der Mitte mit 2 cm langer, nach außen geknickter Granne.

Blütezeit: Mai bis August.

Standort: Auf basenreichen, sauer-humosen, steinigen oder reinen Tonböden, in Magerweiden und in Trockenrasen, an Wegsäumen und an Rainen. Der Wiesenhafer ist ein Magerkeitsanzeiger.

Verbreitung: Mittel- und Nordeuropa sowie gemäßigtes Asien.

Allgemeines: Der Wiesen- oder Trifthafer steht den echten Hafer-Arten (*Avena*-Arten) botanisch recht nahe. Zeitweise wurden die *Avenochloa*- bzw. *Helictotrichon*-Arten sogar in die große Gattung *Avena* eingeschlossen. Heute bilden sie eine eigenständige Gruppe, die im Unterschied zu *Avena* durch aufrechte Ährchen sowie durch 1- bis 5nervige Hüllspelzen ausgezeichnet ist. Eine nahe verwandte Art ist der **Bunthafer** oder **Bunter Alpenhafer** *(Avenochloa versicolor)*. Die Blätter sind oberseits glatt, flach und am Rande weißlich durchscheinend. Die Ährchen sind eigenartig braun, gelblich und violettpurpurn gescheckt. In alpinen Zwergstrauchbeständen. Säurezeiger.

Flaumhafer *Avenula pubescens*

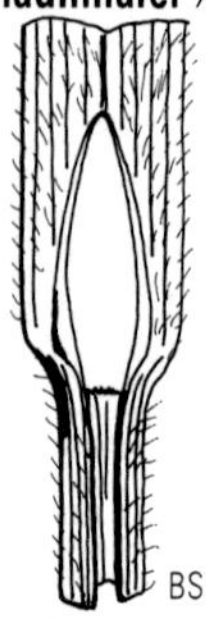
BS

Merkmale: Ausdauerndes, in lockeren Horsten wachsendes Gras mit kriechender Grundachse und aufrechten oder am Grunde gebogenen Halmen, mit 2–3 Knoten, glatt, dünn oder kräftig, 30–100 cm. Blatthäutchen länglich-3eckig, bis 8 mm lang. Blattscheiden locker bis zottig behaart. Blattspreiten flach, nahezu kahl oder zumindest anfang weichhaarig, grasgrün, 2–6 mm breit und bis 30 cm lang. Rispen aufrecht oder schwach überhängend, bis 20 cm lang, meist etwas zusammengezogen. Rispenäste fast glatt, bis 5 cm lang, zu je 3- bis 4büschelig und mit jeweils 3 (selten auch mehr) Ährchen. Ährchen 10–16 mm lang, meist 2- bis 3blütig. Ährchenachsen mit langen, seidigen Haaren. Hüllspelzen ziemlich dünn, 1- bis 3nervig, zugespitzt. Deckspelzen an der Spitze gezähnt, auf dem Rücken etwa ab der Mitte begrannt. Granne gebogen und gedreht, etwa 10–20 mm lang.

Blütezeit: Mai bis Juli.

Standort: Verbreitet in Fettwiesen oder Kalk-Magerrasen auf mäßig frischen oder trockeneren, nährstoff- und basenreichen, lockeren bis humosen Lehm- und Tonböden. Von der Ebene bis ins Gebirge (Alpen bis 2200 m).

Verbreitung: Flaumhafer kommt in ganz Europa und im gemäßigten Asien vor, auch nach Nordamerika eingeführt.

Flaumhafer und Wiesenhafer sind ökologisch vikariierende Arten, die selten gemeinsam am gleichen Standort auftreten. Der Flaumhafer ist eher an den feuchteren, nährstoffreicheren Stellen tieferer Lagen anzutreffen, der Wiesenhafer an den mageren, trockeneren Standorten höherer Gebiete.

Der **Immergrüne Staudenhafer** *(Helictotrichon parlatorei)* ist ein bis 80 cm hohes, dicht rasenbildendes Gras alpiner Blaugrashalden in Höhen von 1600–2400 m. Die Blattscheiden der unteren Blätter sind meist hellpurpurn bis violett überlaufen. Die Blatthäutchen sind sehr lang und gespalten.

Früher Schmielenhafer *Aira praecox*

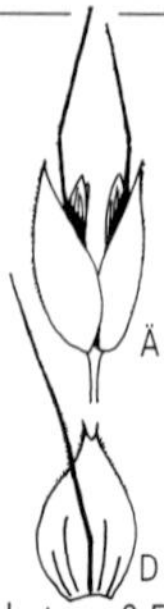

Merkmale: Einjähriges, sehr zierliches Gras mit kleinen Horsten, seltener auch einzeln, Halme ausgebreitet, aufsteigend oder aufrecht, sehr dünn, mit 2–3 Knoten, glatt oder wenig behaart. Blatthäutchen stumpf, 2–3 mm lang. Blattscheiden glatt und unbehaart. Blattspreiten sehr schmal, meist fadenförmig eingerollt, höchstens 0,5 mm breit und bis 5 cm lang, spitz, meist fein angerauht, seltener auch völlig glatt. Rispen schmal und ährenartig, bis 4 cm lang, fein silbrig oder hellpurpurn. Rispenäste sehr kurz, aufrecht. Ährchen länglich und gedrängt.
Blütezeit: April bis Mai.
Standort: Lückige Magerrasen und Magerweiden mit humusarmem Sand- oder Steingrusboden.
Verbreitung: Subatlantische Art, vor allem in Tieflagen West- und Südwesteuropas. In Mitteleuropa an der Ostgrenze.

Nelken-Schmielenhafer *Aira caryophyllea*

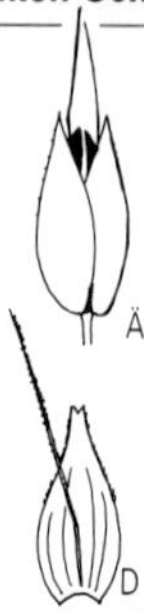

Merkmale: Einjähriges, in kleinen Horsten oder einzeln wachsendes Gras, am Grunde büschelig verzweigt, mit aufrechten oder ausgebreiteten Halmen, etwa 5–15 cm hoch, ziemlich dünn, mit 2–3 Knoten immer unterhalb der Halmmitte. Blatthäutchen deutlich gezähnt, um 3 mm lang. Blattscheiden fein angerauht, umfassen den Halm nur locker. Blattspreiten graugrün, eingerollt, nadelspitz, unter 0,5 mm breit und bis 5 cm lang. Rispen locker und offen, 3–10 cm hoch. Rispenäste mitunter gewellt. Ährchen silbrig oder purpurn. Deckspelzen lang begrannt, kurz 2zähnig, etwas kürzer als die Hüllspelzen.
Blütezeit: Mai bis Juli.
Standort: Kalkfreie, leicht saure Böden an Wegen, auf Heiden oder in Sandfluren.
Verbreitung: In Südeuropa weit verbreitet, in Mitteleuropa eher sehr zerstreut.

Glatte Zwergschmiele *Molineriella laevis*

Merkmale: Einjähriges, ziemlich zartes, rasenbildendes oder einzeln wachsendes Gras mit ausgebreiteten oder aufrechten Halmen, 5–35 cm hoch, dünn, glatt, leicht glänzend. Blattscheiden nicht allzu eng anliegend, nach oben leicht bauchig. Blattspreiten um 2 mm breit und bis 8 cm lang, am Rande rauh, flach oder gefaltet, oberseits glatt. Rispe aufrecht, sehr offen und locker, etwa 7 cm hoch und breit. Ährchen etwa 2 mm lang, grünlich-violett, glänzend. Hüllspelzen 1- bis 3nervig. Deckspelzen länglich, mit kurzer, gerader Granne, die etwa auf der Mitte des Deckspelzenrückens ansetzt.
Blütezeit: April bis Juni.
Standort: Offene, trockene Grasfluren.
Verbreitung: Spanien und Portugal.
Die kleinere, aber sonst sehr ähnliche *Molineriella minuta* kommt im gesamten Mittelmeerraum vor.

Zarte Scheinschmiele *Airopsis tenella*

Merkmale: Einjähriges, am Grunde büschelig verzweigtes oder einzeln wachsendes Gras mit sehr dünnen, glatten, liegenden oder aufrechten Halmen, etwa 3–20 cm hoch. Blatthäutchen bis 2 mm lang, stumpf, oft zerschlitzt. Blattscheiden leicht angerauht, die oberen etwas bauchig aufgetrieben. Blattspreiten um 1 mm breit und bis 6 cm lang, meist stark zusammengerollt, graugrün, fein rauh. Rispen aufrecht, bis 1,5 cm lang und um 1 cm breit, länglich-lanzettlich, mitunter ährenartig dicht. Ährchen bis 1,5 mm lang, jedoch deutlich breiter und bauchiger als beim nahe verwandten Nelkenhafer. Hüllspelzen glatt und glänzend. Deckspelzen undeutlich 3nervig, ohne Granne.
Blütezeit: April bis Juni.
Standort: Trockene Grasfluren auf Sandböden.
Verbreitung: Westliches Mittelmeergebiet von Sizilien bis Gibraltar.

Rasen-Schmiele *Deschampsia cespitosa*

BS

Merkmale: Ausdauernde, sehr dichthorstige Art von 20–200 cm Höhe mit zahlreichen, aufrechten, ziemlich steifen, dünnen oder kräftigeren Halmen, diese mit 1–3 Knoten und glatt. Blattscheiden auf der Rückseite leicht gekielt, glatt oder nach oben zu wenig rauh. Blatthäutchen sehr schmal, aber recht lang (bis 15 mm). Blattspreiten sehr spitz, flach, auf der Oberseite mit deutlich vortretenden, rauhen und scharf gekielten Längsrippen, die eine Art Wellblechstruktur ergeben, bis 5 mm breit und etwa 10–60 cm lang. Nur bei größerer Trockenheit rollt sich die Blattspreite leicht zusammen. Rispe sehr groß, schmal pyramidenförmig, 10–50 cm lang, aufrecht, offen, grünlich oder golden-silbrig mit leicht purpurnem Anflug. Rispenäste sehr dünn und rauh, die unteren wirtelig zu 2–4, die oberen einzeln. Ährchen schmal, bis 6 mm lang. Deckspelzen mit dünner, gerader, bis 4 mm langer Granne, die aus dem Ährchen kaum hervorragt.

Blütezeit: Juni bis September.

Standort: Verbreitet in nassen Wiesen und Wäldern, in Quellmulden oder an Gräben, auf sickerfeuchtem, nassem bis wechselnassem und mäßig saurem Boden. Tiefwurzelnder Quell- und Grundwasserzeiger.

Verbreitung: In Europa von der Ebene bis in die Gebirgsstufe (Alpen bis 2575 m), ferner in West- und Nordasien, Nordamerika und in Afrika.

Allgemeines: Die Rasen-Schmiele ist in Wuchshöhe, Farbe und Größe der Ährchen sowie in einigen anderen Merkmalen recht variabel und formenreich. Als Futtergras nur im jungen Zustand angenommen, sonst zu hart. Früher vor allem als Stalleinstreu verwendet. Wegen der tiefreichenden Wurzeln dient die Art als wirksamer Befestiger feuchter und rutschgefährdeter Hänge oder Böschungen. Die hübschen, ziemlich großen Blütenstände können nach dem Abblühen in Trockensträußen verwendet werden. Eventuell auch als Ziergras für sehr schattige Stellen in Parks und Gärten.

Draht-Schmiele *Deschampsia flexuosa*

BS

Merkmale: Ausdauerndes, in lockeren Horsten wachsendes Gras, etwa 30–70 cm hoch mit tiefreichenden Wurzeln. Halme aufrecht oder am Grunde gebogen, sehr fest und dünn, glatt, mit 1–3 Knoten. Blattscheiden auf der Rückseite rund, nach oben leicht rauh. Blatthäutchen stumpf, bis 3 mm lang, meist jedoch sehr kurz. Blattspreiten borstenförmig, zugespitzt, etwa 20 cm lang, grün, unbehaart, steif. Rispe sehr locker und offen, bis 15 cm lang und 10 cm breit. Rispenhauptachse geschlängelt, rauh, sehr dünn. Ährchen 2- bis 3blütig. Deckspelzen mit 4–7 mm langer, brauner Granne.

Blütezeit: Juni bis Juli.

Standort: Ziemlich häufig in lichten, trockenen Wäldern und Nadelforsten, auf Heideböden und Bergwiesen.

Verbreitung: In ganz Europa und Nordamerika verbreitet.

Schlamm-Schmiele, Wibels Schmiele RL
Deschampsia wibeliana

Ä

Merkmale: Ausdauerndes, lockerrasiges, nur mit sehr kurzen Ausläufern wachsendes Gras von 40–120 cm Höhe mit aufrechten Halmen. Blatthäutchen 4–6 mm lang, schmal. Blätter meist flach oder nur wenig eingerollt, etwas schlaff und nicht so rauh wie bei der Rasen-Schmiele. Blütenrispe sehr locker, 15–40 cm lang mit schlanken, rauhen Ästen. Ährchen dunkel, um 6 mm lang, mit sehr kurzer Granne.

Blütezeit: Mai bis August.

Standort: Auf nassen, salzhaltigen, sandig-schlammigen bis kiesigen Flußufern.

Verbreitung: Nordwestdeutscher Endemit im Gebiet der Gezeitenelbe und der Eider.

Die ähnliche **Strand-Schmiele** *(Deschampsia rhenana)* hat eine dichte, bis 15 cm lange Blütenrispe und kommt nur an offenen, sommerlich überfluteten Stellen des Bodenseeufers vor.

Silbergras *Corynephorus canescens*

D

Merkmale: Ausdauerndes, etwa 10–35 cm hohes, in dichten Horsten wachsendes Gras mit aufrechten oder etwas abgespreizten Halmen, diese unterhalb der Mitte mit 2–7 Knoten, auffallend dünn, unbehaart und leicht angerauht. Blattscheiden auffallend rötlich-purpurn, leicht rauh, aber unbehaart. Blattspreiten graugrün, ziemlich steif, borstenförmig zusammengerollt, ziemlich scharf zugespitzt, fühlen sich rauh an, um 0,5 mm breit und etwa 6 cm lang. Rispen schmal-länglich, etwa 2–8 cm lang, purpurn oder bunt, manchmal auch bleichgrün, nur während der Blütezeit locker ausgebreitet, sonst ziemlich dicht zusammengezogen, fein verzweigt. Ährchen 2blütig, sehr schmal und leicht zusammengedrückt, um 4 mm lang. Deckspelzen werden von den Hüllspelzen fast vollständig eingeschlossen, sehr undeutlich genervt, mit hellbräunlicher, schon am Grunde freier Granne, die zum Ende hin leicht keulenförmig verdickt ist und ungefähr in der Mitte einen borstlichen Haarkranz trägt – eine ungewöhnliche Konstruktion, die dem Gras auch seinen wissenschaftlichen Namen eingetragen hat (*Corynephorus* = Keulenträger).

Blütezeit: Juni bis August.

Standort: Meist sehr gesellig an lichten, offenen Standorten mit losem Flugsand, in Trockenwiesen, auf Dünen der Küstenregion und des Binnenlandes, in trockenen Heidegebieten mit Kiefern- und Birkenbeständen sowie vergleichbaren feinerdearmen Sandböden. Bevorzugt kalkfreie, mäßig saure Standorte.

Verbreitung: Vom südlichen Skandinavien über das nordwestliche Mitteleuropa bis in den Mittelmeerraum weit verbreitet. Im küstenferneren Binnenland dagegen sehr selten. Fehlt in den Alpen und in den höheren Mittelgebirgen ganz. Das Silbergras ist Kennart der Graudüne, in der keine allzu großen Lücken in der Pflanzendecke bestehen. Zu deren Aussehen trägt diese hübsche Grasart mit ihrer strahlungsabweisenden Schutzfärbung sehr bei.

Traubenhafer *Danthonia alpina*

D

Merkmale: Ausdauerndes, horstbildendes, etwa 30 bis 60 cm hohes Gras mit sehr schlanken, aufrechten oder aufsteigenden Halmen. Blatthäutchen in einen dichten Kranz kurzer Haare aufgelöst. Blattscheiden meist kahl und glatt. Blattspreiten bis etwa 2,5 mm breit, rauh, am Rande deutlich bewimpert, bei Trockenheit stark zusammengerollt. Blütenstand traubig, bis 5 cm lang und meist mit nur 5 Ährchen, diese meist dunkelviolett und etwa 12–15 mm lang. Deckspelze 2spitzig, mit gedrehter, etwa 10 mm langer Granne.

Blütezeit: Mai bis Juni.

Standort: In Trockenrasen auf sommerwarmen, basenreichen, durchlässigen Lehm-, Stein- und Kiesböden.

Verbreitung: Südosteuropäische (ostmediterran-kontinentale) Art, in Mitteleuropa nur vereinzelt im Gebiet der Donau.

Dreizahn *Danthonia (Sieglingia) decumbens*

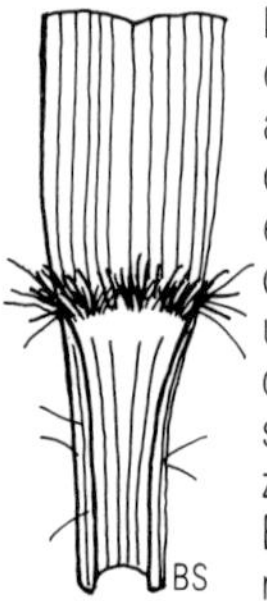
BS

Merkmale: Ausdauerndes, dicht horstförmiges Gras mit aufrechten, ausgebreiteten oder niederliegenden Halmen, etwa 10–60 cm hoch, ziemlich dünn, mit 1–3 Knoten, glatt und unbehaart, etwas steif. Ein deutliches Blatthäutchen fehlt, statt dessen ein Kranz kurzer, ziemlich dichtstehender Haare. Blattscheide auf der Rückseite rund und zerstreut behaart. Blattspreiten 2–4 mm breit und 5–20 cm lang, flach oder leicht eingerollt, etwas steif, spärlich behaart oder auch völlig verkahlt, aufwärts leicht rauh, stumpf zugespitzt. Rispen ziemlich schmal, aufrecht, um 6 cm lang, mit rauhen, aufrechten oder wenig ausgebreiteten Ästen, diese mit jeweils 1–3 Ährchen.

Blütezeit: Juni bis August.

Standort: Bevorzugt nährstoffarme Silikatmagerrasen.

Verbreitung: Ganz Europa.

Wolliges Honiggras *Holcus lanatus*

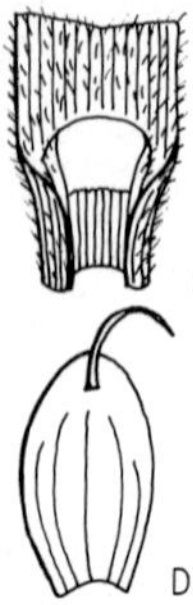

BS

D

Merkmale: Ausdauerndes, in dichten Horsten oder lockeren Rasen wachsendes Gras mit kriechenden Wurzelstöcken. Halme aufrecht oder aus liegendem Grund aufsteigend, etwa 20–100 cm hoch, dünn, aber kräftig, mit 2–5 Knoten, überall flaumig behaart. Blatthäutchen 1–4 mm lang, ungeteilt. Blattscheiden auf der Rückseite rund, mit zurückgeschlagenen Haaren. Blattspreiten flach, dicht behaart, daher graugrün oder weißlich grün, vorne in eine schmale Spitze verlängert, etwas schlaff, 3–10 mm breit und bis 20 cm lang. Rispen von länglich-ovalem Umriß, nur zur Blütezeit locker ausgebreitet, sonst dichter zusammengezogen, aufrecht oder nickend, weißlich, blaßgrün oder rosa bis purpurn überlaufen, 5–20 cm lang. Rispenäste mehrfach verzweigt und dicht behaart. Ährchen länglich-elliptisch, bis 6 mm lang, etwas zusammengedrückt, 2blütig: von den beiden Blüten ist die untere fast immer zweigeschlechtlich, die obere rein männlich. Hüllspelzen etwa so lang wie das gesamt Ährchen, an der Spitze mit einer sehr kurzen Granne. Deckspelzen bis 2,5 mm lang, glänzend, nur die obere auf dem Rücken mit etwa 2 mm langer Granne, die sich im trockenen Zustand wie ein Angelhaken krümmt, ragt jedoch gewöhnlich nicht aus dem Ährchen hervor.

Blütezeit: Juni bis August.

Standort: Verbreitetes bis ziemlich häufiges Gras in feuchteren Wiesen und Weiden, in Niedermooren oder im Saum lichter Gebüsche. Von der Ebene bis in die Gebirgsstufe (Alpen etwa 1800 m).

Verbreitung: Ganz Europa, im gemäßigten Asien und Nordafrika, eingeführt nach Nordamerika und in viele weitere Regionen mit gemäßigtem Klima. Im allgemeinen wird das Wollige Honiggras eher als Weideunkraut betrachtet, obwohl ihm gerade auf ärmeren Böden ein gewisser Beweidungs- und Ertragswert zukommt. Getrocknete Blütenstände eigenen sich für dekorative Zwecke.

Weiches Honiggras *Holcus mollis*

BS

D

Merkmale: Ausdauerndes, in dichten Horsten wachsendes Gras von 25–100 cm Höhe. Halme aufrecht oder aufsteigend, ziemlich dünn, mit 4–7 Knoten, glatt und nur an den Knoten mit einem dichten Haarkranz. Blattscheiden auf der Rückseite rundlich, kahl oder wenig behaart. Blatthäutchen ganzrandig, 1–5 mm lang, stumpf. Blattspreiten zugespitzt, 4–20 cm lang, bis 12 mm breit, flach, graugrün, sehr kurzhaarig oder völlig kahl, fühlen sich leicht rauh an. Rispe schmal-oval, bis 10 cm lang, weißlich oder purpurn, mit behaarten Ästen. Ährchen 2blütig. Deckspelzen 3 mm lang, von den Hüllspelzen völlig eingeschlossen, Granne bis 5 mm lang.

Blütezeit: Juni bis Juli.

Standort: In artenarmen Laubwäldern und Heiden oder auf Äckern und Wiesen, Säurezeiger.

Verbreitung: Zerstreut in ganz Europa.

Rauhgras *Achnatherum calamagrostis*

Ä

Merkmale: Ausdauerndes, in dichten Horsten wachsendes Gras mit reichverzweigter Grundachse. Halme aufrecht oder knickig aufsteigend, 60–120 cm hoch, am Grunde mit trockenborstlichen Niederblättern von etwa 6 mm Breite besetzt. Blatthäutchen undeutlich oder fehlend. Blattspreite flach oder bei Trockenheit stark zusammengerollt. Rispe sehr reichährig und locker ausgebreitet, bis 30 cm lang, aufrecht oder etwas überhängend. Rispenäste mitunter geschlängelt, oft mit mehr als 10 Ährchen. Ährchen manchmal violett. Deckspelzen um 5 mm lang, im oberen Teil weißlich behaart, mit 1 cm langer Granne.

Blütezeit: Juni bis September.

Standort: Sonnige Steinschuttböden und feinerdearme Felsböden der Alpen und Voralpen.

Verbreitung: Vereinzelt südlich der Donau, sonst Zentralalpen und Mittelmeergebiet.

späte Blühphase

frühe Blühphase

Süßgräser

Walliser Kammschmiele RL
Koeleria vallesiana

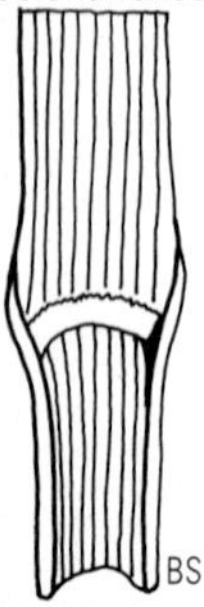
BS

Merkmale: Ausdauerndes, in dichten Horsten wachsendes Gras. Halme am Grunde verdickt, aufrecht, steif, etwa 10 bis 40 cm hoch, an der Basis mit einem Netzwerk faseriger Blattreste. Blatthäutchen sehr kurz. Blattscheiden glatt, auf der Rückseite rund. Blattspreiten graugrün, bis etwa 12 cm lang, ziemlich schmal und häufig eingerollt borstenförmig, offen bis 3 mm breit. Rispen ährenartig, bis 7 cm lang und etwas über 1 cm breit. Ährchen keilförmig, etwas abgeflacht.

Blütezeit: Juni bis August.

Standort: In sonnigen Grasfluren auf Kalkböden oder zwischen Geröll.

Verbreitung: Westmediterrane Art, vom Elsaß bis Nordafrika. In Mitteleuropa an der Waldgrenze der natürlichen Verbreitung und daher nur sehr selten in Inselvorkommen.

Großes Schillergras, Große Kammschmiele *Koeleria pyramidata (K. cristata)*

D

Merkmale: Ausdauerndes, rasenbildendes Gras mit kräftigen, aufrechten Halmen, bis 1 m hoch. Blatthäutchen um 1 mm. Blattscheiden grün, kahl oder bewimpert, umfassen die Halme locker. Blattspreite flach, grün, um 2 mm breit, weich, am Rande abstehend bewimpert. Ährenrispen sehr groß, aufrecht, im unteren Teil mitunter unterbrochen oder gelappt, silbergrün oder purpurn, glänzend. Ährchen 3blütig (selten 2blütig), bis 6,5 mm lang. Spelzen zugespitzt, ziemlich breit. Deckspelze unbegrannt, rauh.

Blütezeit: Juni bis Juli.

Standort: Verbreitet bis häufig in Kalkmagerrasen, an Wegrändern oder in lichten Kiefernbeständen, im Gebirge bis etwa 1800 m.

Verbreitung: Mitteleuropa bis zur norddeutschen Ebene, südlich bis Norditalien. Subatlantische Art.

Blaugrüne Kammschmiele RL
Koeleria glauca

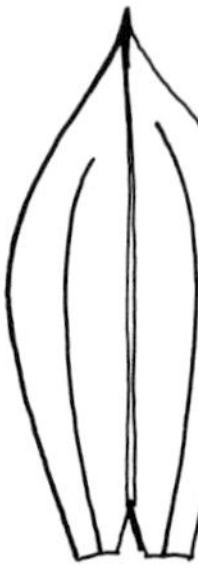
D

Merkmale: Ausdauerndes, sehr steifes Gras in dichten Horsten. Halme aufrecht, am Grunde durch aufgefaserte alte Blattscheiden deutlich verdickt, etwa 30–70 cm hoch, kurzhaarig. Blätter auffällig graugrün. Blattscheiden kurzhaarig oder nach oben kahl. Blattspreiten kahl, rauh, flach oder zusammengerollt. Rispen nicht zylindrisch, jedoch ziemlich dicht und etwas gelappt. Ährchen 2- bis 3blütig, um 5 mm lang. Hüll- und Deckspelzen auffallend stumpf, unbegrannt.

Blütezeit: Juni bis August.

Standort: Typische Sandsteppenpflanze auf sommerwarmen, trockenen, nährstoffarmen, oft auch etwas kalkhaltigen Sandböden.

Verbreitung: Kontinentale Art, im südlichen Rheintal an der Westgrenze der Verbreitung. Fehlt in den Alpen. Auf Küstendünen die **Sand-Kammschmiele** *(Koeleria albescens).*

Zierliches Schillergras, Zierliche Kammschmiele *Koeleria macrantha (K. gracilis)*

BS

Merkmale: Ausdauerndes, meist dicht rasenartig wachsendes Gras, Halme aufrecht oder aufsteigend, nur im unteren Teil beblättert, 20–50 cm hoch. Blatthäutchen um 1 mm lang. Zumindest die unteren Blattscheiden weichhaarig (zottig oder kurz). Blattspreiten sehr schmal, nur etwa 1 mm breit, meist zusammengerollt, behaart, am Rande nicht abstehend bewimpert. Rispe länglich-oval, etwas glänzend, ziemlich dicht und fast walzlich. Ährchen bis 5 mm lang, 2- bis 3blütig. Spelzen dicht, unbegrannt, kahl.

Blütezeit: Mai bis August.

Standort: Kalkmagerrasen, Felshänge, Wegraine, trockenwarme Gebüsche, auf feinerdearmen, flachgründigen Böden. Formenreich.

Verbreitung: Fast in ganz Europa, fehlt jedoch im größten Teil des Mittelmeergebietes. Auch in Asien und in Nordamerika.

Kamm-Rispenschmiele *Lophochloa cristata*

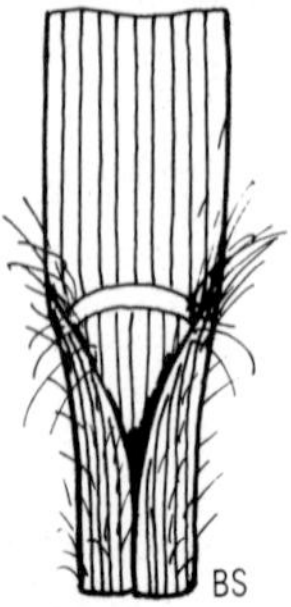
BS

Merkmale: Einjähriges, am Grunde büschelig verzweigtes, rasenbildendes Gras mit aufrechten oder knickig aufsteigenden Halmen, etwa 5–60 cm hoch. Blatthäutchen kurz. Blattscheiden flaumig bis zottig behaart. Blattspreiten zumindest an den Rändern lang bewimpert, sonst flaumhaarig, bis 8 mm breit und 18 cm lang. Rispe aufrecht, ziemlich dicht, zylindrisch, 1–12 cm lang und 0,5–1 cm breit, wenig belappt. Ährchen 3–8 mm lang, 2- bis 5blütig. Deckspelze deutlich 5nervig, vorne mit 2 kurzen Spitzen. Granne nur 2–3 mm lang, entspringt nahe der Spitze, meist gekrümmt.

Blütezeit: April bis Mai, manchmal auch noch von Juli bis September.

Standort: Sandige, trockene Grasfluren auf Brachen oder an Wegrändern.

Verbreitung: Mittelmeergebiet, Südwesteuropa, zuweilen verschleppt und unbeständig.

Zwerg-Rispenschmiele *Lophochloa pumila*

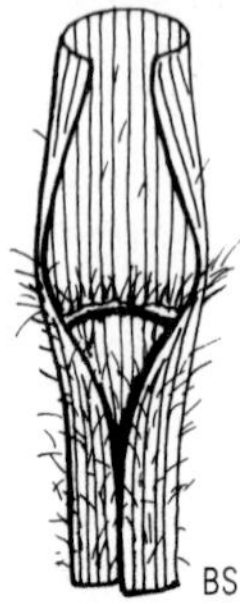
BS

Merkmale: Einjähriges, rasenbildendes, am Grunde büschelig verzweigtes Gras mit aufrechten oder wenig knickig aufsteigenden Halmen, 5–35 cm hoch, glatt, kahl. Blattscheiden flaumig behaart. Blattscheiden anfangs sehr dichthaarig, später zunehmend verkahlend, graugrün bis purpurn (besonders bei Trockenheit), glatt oder gefaltet, bis 10 mm breit und 15 cm lang. Rispe sehr dicht, ährenartig, zu den Enden verschmälert. 1–6 cm lang und um 0,5 cm breit. Ährchen wenig über 3 mm lang, 2- bis 5blütig. Hüllspelzen ungefähr gleich lang. Deckspelze 5nervig, schuppig, nur undeutlich zugespitzt. Granne um 2 mm lang, zweigt unterhalb der Spitze ab.

Blütezeit: Mai bis Juli.

Standort: Trockenwarme Grasfluren auf sandigen, offenen Böden.

Verbreitung: Zentrales und südliches Spanien.

Niederliegende Klippenschmiele
Triplachne nitens

BLST

Merkmale: Einjähriges, am Grunde mehrfach verzweigtes Gras mit schlanken, glatten, geknickt aufsteigenden oder aufrechten Halmen, etwa 5–20 cm hoch, vielknotig, jedoch an den Knoten nicht oder kaum wurzelnd. Blatthäutchen 2–3 mm lang, stumpf, etwas angerauht. Blattscheiden wenig aufgeblasen. Blattspreiten meist flach, 2–3 mm breit und 1–2 cm lang, an den Rändern rauh, lang zugespitzt. Rispen aufrecht, 1–5 cm lang und bis 1 cm breit, zylindrisch bis oval, nach oben verschmälert. Ährchen bis 4 mm lang, 1blütig, seitlich zusammengedrückt. Hüllspelzen 1nervig, spitz, glänzend, auf dem Kiel rauh. Deckspelze wenig über 1 mm lang, vorne gezähnt. Granne bis 4 mm lang, an der Basis dunkelbraun.

Blütezeit: Mai bis Juli.

Standort: Sandböden und küstennahe Felsen.

Verbreitung: Iberische Halbinsel.

Grünliche Grannenhirse
Piptatherum paradoxum

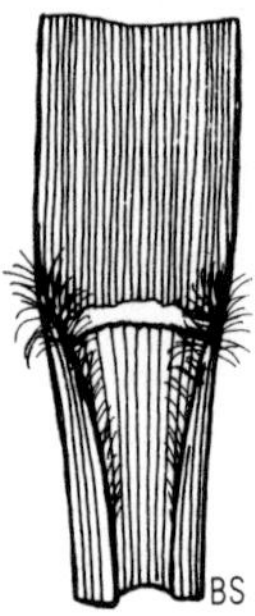
BS

Merkmale: Ausdauerndes, in dichten Rasen wachsendes Gras mit aufrechten, ziemlich kräftigen Halmen, etwa 80 bis 120 cm hoch, glatt. Blatthäutchen sehr kurz, allenfalls 0,5 mm lang, gestutzt. Blattscheiden kahl, Blattspreiten bis 8 mm breit und 15–25 cm lang, am Rande rauh, sonst beidseits glatt und unbehaart. Rispen aufrecht, bis 20 cm lang, offen, mit abstehenden oder aufgerichteten Rispenästen, Ährchen etwa 7–8 mm lang, so auch die Ährchenstiele. Deckspelzen behaart. Granne 10–12 mm lang.

Blütezeit: April bis Juni.

Standort: Trockengebüsche, lichte Wälder.

Verbreitung: Südwesteuropa.

Die sehr ähnliche *Piptatherum virescens* hat Ährchen von 3–4 mm Länge auf mehrfach so langen Ährchenstielen. An ähnlichen Stellen wie *P. paradoxum* in Südeuropa.

Haar-Pfriemengras *Stipa capillata* G

Merkmale: Ausdauerndes, horstbildendes Gras mit holziger Grundachse und aufrechten Halmen, bis etwa 80 cm hoch. Das Blatthäutchen ist mit etwa 1 cm ungewöhnlich lang und läuft plötzlich in eine verlängerte, borstliche Spitze aus. Blattscheiden der unteren Blätter bräunlich und glänzend. Blattspreiten sehr schmal, um 1 mm breit, graugrün, borstlich zusammengerollt. Rispe aufrecht, schlank, häufig von der Scheide des obersten Blattes teilweise eingehüllt. Rispenäste fadenförmig dünn mit nur wenigen (etwa 1–4) Ährchen. Hüllspelzen etwa gleichlang, deutlich 3nervig, am Rande häutig-weißlich, in der Mitte grün, oft auch etwas dunkler bis fast schwärzlich überlaufen, laufen in eine etwa 1 cm lange, ziemlich weiche Granne aus. Deckspelzen über 10 mm lang, an der Basis dicht behaart, weiter oben kahl, mit ungewöhnlich langer, etwa 10–20 cm messender rauher, aber nicht federig behaarter Granne. Grannen gewöhnlich strangförmig miteinander verschlungen und zusammengedreht.

Blütezeit: Juli bis August.

Standort: Ziemlich selten, aber gesellig in sommertrockenen Steppen- und Trockenrasengesellschaften, auf warmen, basenreichen, zumeist auch kalkhaltigen Sand- und Steinböden. Das Haar-Pfriemgras ist eine tiefwurzelnde und sehr lichtliebende Art.

Verbreitung: Das Haar-Pfriemengras erreicht etwa im südlichen und mittleren Rheingebiet die Westgrenze seiner natürlichen Verbreitung. Vorkommenschwerpunkt im östlichen Mittelmeergebiet, in inneralpinen Trockengebieten und in den Steppengebieten der südlichen UdSSR.

Allgemeines: In Mitteleuropa ist das Haar-Pfriemengras ein wichtiges klimageschichtliches Zeugnis: Seine Vorkommen gelten als Nachweis für die während der Nacheiszeit zeitweise sehr starke Erwärmung mit Vordringen des Steppengürtels. Alle *Stipa*-Arten sind besonders geschützt!

Feder-Pfriemengras, Federgras *Stipa pennata* G

Merkmale: Formenreiche Sammelart, die heute in fast ein Dutzend Kleinarten untergliedert wird. Gemeinsame Merkmale: Ausdauernde, horstbildende Gräser, etwa 40–100 cm hoch, mit aufrechten, meist bogig überhängenden Halmen. Blattspreiten binsenartig, borstlich zusammengefaltet oder gerollt, kahl, graugrün bis hellgrün. Rispe einfach, am Grunde oft von der Scheide des obersten Blattes eingeschlossen. Ährchen rund, auf sehr steifhaariger Ährchenachse. Hüllspelzen lanzettlich, in eine lange, feine Spitze ausgezogen. Deckspelzen bis 25 mm lang. Grannen frei, ungewöhnlich groß: bis etwa 30 cm lang, gekniet und überhängend, federig behaart. Federhaare liegen anfangs noch dicht an und stehen erst später zur Reifezeit ab. Früchte bilden eine Bohrklette.

Blütezeit: Mai bis Juli.

Standort: Sonnige, sommertrockene Flachgründe, oft auch kalkhaltige Sand- und Steinböden. Wichtige Leitform der Steppentrockenrasen. Alle *Stipa*-Arten sind geschützt!

Verbreitung: Etwa im Rheingebiet an der Westgrenze des natürlichen Areals, sonst in Süd- und Südosteuropa sowie in Westasien. Klimazeuge (vgl. Haar-Pfriemengras).

Wichtige Kleinarten sind:

Gelbscheidiges Federgras *(Stipa pulcherrima)*, Blattscheiden glänzend hellgelb, junge Blattspitzen unbehaart.

Grauscheidiges Federgras *(Stipa joannis)*, junge Blattspitzen behaart, abgestorbene Blattscheiden matt graubraun, Deckspelze nur im oberen Viertel unbehaart.

Weichhaariges Federgras *(Stipa dasyphylla)*, Blätter flaumig behaart, Blatthäutchen 3zipflig.

Roßschweif-Federgras *(Stipa stenophylla)*, Blätter ausgebreitet nur 1,5 mm breit, lang fadenförmig zugespitzt, Blatthäutchen sehr kurz, und als Endemit des Fränkischen Jura:

Bayerisches Federgras *(Stipa bavarica)*, obere Blätter nur am Grunde behaart.

Gedrehtes Federgras *Stipa capensis*

BS

Merkmale: Ein- oder zweijähriges, rasenbildendes oder einzeln wachsendes Gras mit kahlen, aufrechten, ziemlich kräftigen Halmen, 10–30 cm hoch, selten noch höher. Blatthäutchen sehr kurz, gestutzt, häufig fein bewimpert. Blattscheiden eng anliegend, kahl, nur am oberen Ende bärtig behaart. Blattspreiten flach oder zusammengerollt, ziemlich schmal, graugrün, glatt, kahl oder sehr zerstreut behaart. Rispen aufrecht, sehr dicht, 3–12 cm lang. Ährchen etwa 10 mm lang. Hüllspelzen gleichgestaltet. Deckspelzen 5–9 mm lang, auf der Rückseite mit 6–12 cm langer, sehr kurz behaarter (nicht federiger!) Granne.

Blütezeit: Mai bis Juli.

Standort: Trockenrasen und Trockenbüsche, meist auf kalkhaltigem Untergrund.

Verbreitung: Gesamtes Mittelmeergebiet, auch auf den großen Inseln.

Riesen-Pfriemengras *Stipa gigantea*

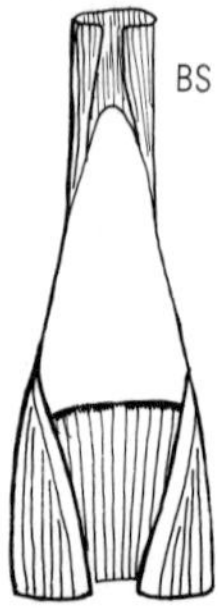

BS

Merkmale: Ausdauerndes, dicht horstförmig wachsendes Gras mit aufrechten, sehr kräftigen, bis 6 mm dicken Halmen, 100–250 cm hoch, meist glatt und kahl. Blatthäutchen sehr kurz, ohne Wimpern, ganzrandig. Blattscheiden anliegend, glatt und kahl, nur im Bereich der Öhrchen am oberen Ende bärtig bewimpert. Blattspreiten unterseits völlig glatt oder wenig rauh und deutlich gefurcht, auf der Oberseite sehr kurz, aber dicht behaart. Rispen aufrecht oder leicht einseitswendig überhängend, 30–50 cm lang, ziemlich offen und locker. Ährchen schmal, etwa 30 bis 35 mm lang. Die Deckspelzen sind bis 18 mm lang, häutig, 2spitzig. Die Granne ist 7–12 cm lang, rauh.

Blütezeit: Mai bis Juli.

Standort: Sonnige, trockene Gebüsche.

Verbreitung: Spanien und Portugal.

Kleinblütiges Pfriemengras *Stipa parviflora*

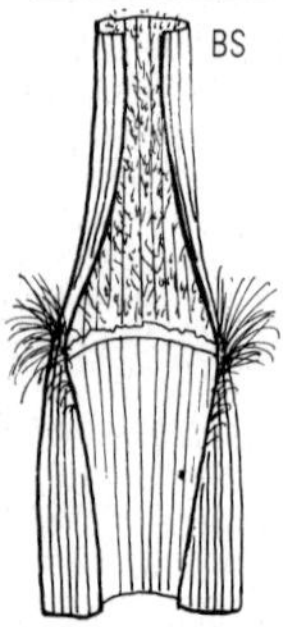

BS

Merkmale: Ausdauerndes, horstbildendes oder einzeln wachsendes Gras mit aufrechten oder aufsteigenden, ziemlich festen Halmen, etwa 50 bis 70 cm hoch, meist glatt und kahl. Blatthäutchen kurz, ganzrandig. Blattscheiden glatt, nur an den Rändern dicht bewimpert und am oberen Ende bärtig behaart. Blattspreiten flach oder gerollt, unterseits kahl und glatt, auf der Oberseite nur auf den Rippen fein behaart. Rispen reichblütig, offen und locker, bis 30 cm lang. Hüllspelzen ungleich: untere 12–15 mm lang, obere 7–10 mm. Deckspelzen deutlich kürzer, etwa 4–7 mm, an der Basis anliegend behaart. Die Granne ist 5–10 cm lang und fein anliegend behaart.

Blütezeit: Mai bis Juli.

Standort: Trockene, offene Grasfluren.

Verbreitung: Südfrankreich, Iberische Halbinsel.

Zähes Pfriemengras *Stipa tenacissima*

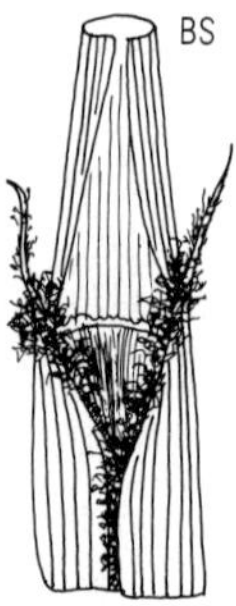

BS

Merkmale: Ausdauerndes, in lockeren Horsten oder rasenförmig wachsendes Gras mit aufrechten, sehr robusten Halmen, 60–150 cm hoch, selten auch bis 200 cm. Blatthäutchen kurz, ganzrandig. Blattscheiden eng anliegend. Blattspreiten kaum 1 mm breit, meist eng zusammengerollt, unterseits kahl und glatt, auf den Oberseiten sehr dicht und kurz flaumig behaart. Rispen aufrecht, dicht zusammengezogen, 25–35 cm lang, reichblütig. Ährchen ziemlich groß, 30–35 mm lang. Hüllspelzen 25–30 mm lang. Deckspelzen wesentlich kürzer, an der Spitze tief 2spitzig, häutig. Granne 4–6 cm lang, mit feinen, anliegenden Haaren besetzt.

Blütezeit: Mai bis Juli.

Standort: Vor allem an Trockensäumen und Gebüschrändern.

Verbreitung: Westliches Mittelmeergebiet, Spanien, Portugal, Balearen.

Wiesen-Lieschgras, Timotheusgras *Phleum pratense*

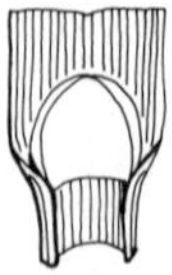
BS

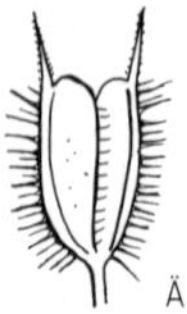
Ä

Merkmale: Ausdauerndes, lokker- oder dichthorstiges Gras mit aufrechten oder bogig aufsteigenden Halmen, 40 bis 150 cm hoch, ziemlich kräftig, mit 3–6 Knoten, glatt, unterste Internodien deutlich verdickt und ziemlich kurz. Blatthäutchen stumpf, bis 6 mm lang. Blattscheiden glatt, rund, später bräunlich, Blattspreiten flach, zugespitzt, rauh, bis 9 mm breit und 40 cm lang. Ährenrispen sehr dicht, zylindrisch, 6 bis 15 cm lang und bis 1 cm breit. Ährchen 1blütig. Hüllspelzen an den Seiten häutig, mit 1–2 mm langer Granne. Deckspelzen deutlich kürzer.

Blütezeit: Juni bis August.

Standort: Ziemlich häufig in Fettwiesen und -weiden auf frischen, nährstoffreichen Lehm- und Tonböden. Gutes Futtergras.

Verbreitung: Ganz Europa mit Schwerpunkt in Mittel-, West- und südlichem Nordeuropa.

Knotiges Lieschgras *Phleum nodosum (Ph. bertolonii)*

BS

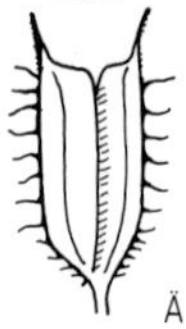
Ä

Merkmale: Ausdauerndes, horstbildendes Gras mit aufrechten, aufsteigenden oder teilweise niederliegenden, dünnen und steifen Halmen, etwa 10 bis 50 cm hoch, mit 2–6 Knoten, am Grunde deutlich angeschwollen und zwiebelartig verdickt. Blatthäutchen 1–4 mm lang, behaart. Blattscheiden glatt, rund, etwas blasig aufgetrieben. Blattspreiten graugrün bis grün, flach, bis 5 mm breit und etwa 10 cm lang, unbehaart, fast nur an den Rändern wenig rauh. Ährenrispe 1–6 cm lang und bis 5 mm breit, hellgrün oder leicht purpurn. Ährchen sehr dicht angebracht, kleiner als beim Timothensgras. Hüllspelze mit sehr kurzer Grannenspitze. Deckspelze ziemlich breit und häutig.

Blütezeit: Juni bis August.

Standort: An Weg- und Ackerrändern, gerne auf Kalk- oder Lößböden tieferer Lagen.

Verbreitung: Ganz Europa.

Sand-Lieschgras *Phleum arenarium*

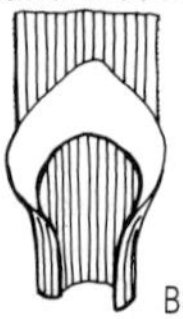
BS

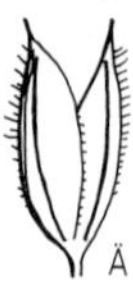
Ä

Merkmale: Einjähriges, vereinzelt oder in kleinen Horsten wachsendes Gras. Halme dünn, aufrecht oder vom Grunde an gebogen, etwa 2–15 cm hoch, mit 1–4 Knoten unterhalb der Halmmitte, glatt. Blatthäutchen ganzrandig, bis 4 mm lang. Blattscheiden glatt, auf der Rückseite rund, leicht aufgeblasen. Blattspreiten unbehaart, weißlich-grün, bis 3 mm breit und etwa 5 cm lang, flach, oberseits dichtnervig, an den Rändern fein angerauht. Ährenrispe beim Zurückbiegen lappig, schmallanzettlich, sehr dicht, bis 5 cm lang und 7 mm breit, bleichgrün, vorne etwas abgerundet. Ährchen 1blütig.

Blütezeit: Mai bis Juli.

Standort: Offene Flugsandgebiete mit humusarmen, sommerwarmen Sandböden.

Verbreitung: Vor allem in Küstendünen zu finden, von Schweden bis ins Mittelmeergebiet verbreitet.

Glanz-Lieschgras *Phleum phleoides*

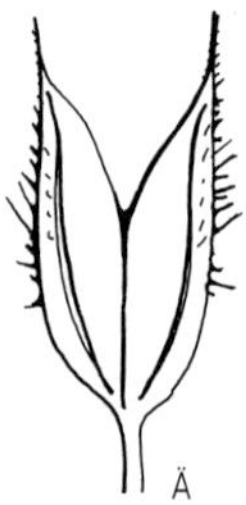
Ä

Merkmale: Ausdauerndes, meist in dichten Horsten wachsendes Gras mit aufrechten, ziemlich dünnen, aber festen Halmen, 20–70 cm hoch, mit 2–3 Knoten unterhalb der Halmmitte. Blatthäutchen ganzrandig, stumpf, bis 2 mm lang. Blattscheiden glatt, rundlich, leicht aufgeblasen. Blattspreiten unbehaart, graugrün, mit schlanker, stumpfer Spitze, flach oder wenig eingerollt, vor allem an den Rändern rauh, bis 3 mm breit, Grundblätter bis 10 cm lang, Stengelblätter viel kürzer. Ährenrispe beim Zurückbiegen lappig, schmalwalzenförmig, bis 10 cm und um 5 mm breit, sehr dicht, mit extrem kurzen Stielchen. Ährchen länglich, 1blütig, Hüllspelze gekielt.

Blütezeit: Juni bis August.

Standort: Bevorzugt auf sommerwarmen, trokkenen, kalkarmen Sand- und Steinböden.

Verbreitung: Vom südlichen Mitteleuropa bis Westasien.

Alpen-Lieschgras *Phleum alpinum*

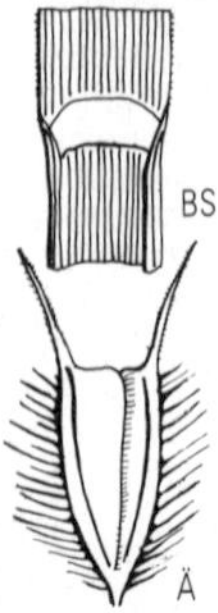

BS

Ä

Merkmale: Ausdauerndes, in lockeren Horsten wachsendes Gras mit aufrechten oder bogig aufsteigenden Halmen, 10 bis 50 cm hoch, glatt, ziemlich dünn, mit 2–4 Knoten. Blatthäutchen stumpf, bis 2 mm lang. Blattscheiden glatt, die oberen leicht aufgeblasen. Blattspreiten bis 6 mm breit, unbehaart, flach, zugespitzt. Ährenrispen beim Umbiegen nicht lappig, aufrecht, etwas borstig, 1–5 cm lang und bis 1 cm breit, purpurn bis trübviolett.

Blütezeit: Juli bis August.

Standort: Fettweiden und Fettwiesen der alpinen Stufe ab 1400 m auf frischen Böden.

Verbreitung: Im Bergland weltweit verbreitet. In der gleichen Höhenstufe kommt das **Rauhe Lieschgras** *(Phleum hirsutum)* mit weißgrüner, bis 7 cm langer Ährenrispe vor, die beim Umbiegen lappig ist (Unterschied zum Wiesen-Lieschgras!).

Waldhirse, Flattergras *Milium effusum*

BS

Merkmale: Ausdauerndes, in lockeren Horsten wachsendes Gras mit aufrechten oder nur am Grunde gebogenen Halmen, 40 bis 160 cm hoch, mit 2–5 Knoten unterhalb der Halmmitte, völlig glatt. Blatthäutchen 3–10 mm lang, ganzrandig. Blattscheiden auf der Rückseite rund. Blattspreiten stumpf dunkelgrün, flach, bis 15 mm breit und 10–30 cm lang, etwas schlaff, nur an den Rändern leicht angerauht. Rispen sehr locker, meist nickend, 10–30 cm lang und bis 15 cm breit. Rispenäste gekrümmt und weit abstehend, ziemlich dünn. Ährchen oval, 1blütig, bleichgrün. Deckspelzen wenig kürzer als die Hüllspelzen, unbegrannt.

Blütezeit: Mai bis Juli.

Standort: Weit verbreitet in krautreichen Laub- und Nadelmischwäldern auf mäßig frischem, nährstoffreichem Boden. Schattenpflanze.

Verbreitung: In den meisten Gebieten Europas.

Rohr-Glanzgras *Phalaris arundinacea*

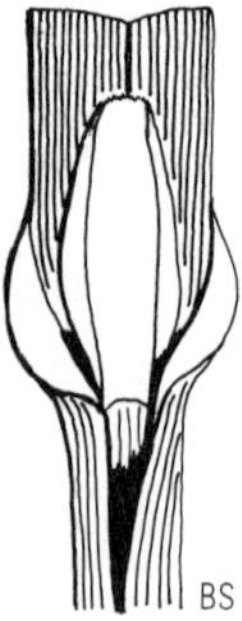

BS

Merkmale: Ausdauerndes, sehr kräftiges Gras mit weithin kriechendem Wurzelstock. Halme sehr ansehnlich, aufrecht oder höchstens am Grunde gebogen, bis 200 cm hoch, mit 4–6 Knoten, glatt. Blatthäutchen 2–16 mm lang, stumpf, später einreißend. Blattscheiden glatt, auf der Rückseite rund. Blattspreiten unbehaart, grün, bis 18 mm breit und 10–35 cm lang, lang zugespitzt, flach, fest, im vorderen Abschnitt ziemlich rauh. Rispen im Umriß lanzettlich, aufrecht, ziemlich dicht, 5–25 cm lang und bis 4 cm breit, zur Blütezeit etwas gelockert. Ährchen um 6 mm lang. Hüll- und Deckspelzen unbegrannt.

Blütezeit: Juni bis August.

Standort: Bestandsbildend in Uferröhrichten schnell fließender Gewässer, auch an Seen.

Verbreitung: In ganz Europa, im gemäßigten Asien und in Nordamerika. Auch als Ziergras.

Kanariengras *Phalaris canariensis*

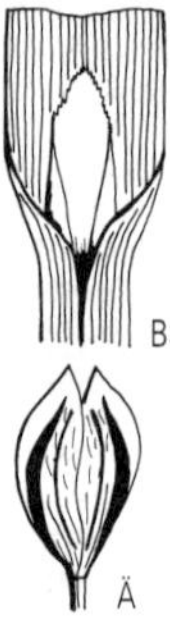

BS

Ä

Merkmale: Einjähriges, meist in kleinen Horsten wachsendes Gras mit aufrechten oder am Grunde gebogenen Halmen, steif, glatt, kräftig, 20–120 cm hoch. Blatthäutchen 3–8 mm lang, am Rande etwas ausgefranst. Blattscheiden glatt oder etwas rauh, nach oben etwas aufgeblasen. Blattspreiten flach, in eine sehr schlanke Spitze verschmälert, bis 25 cm lang und etwa 12 mm breit, rauh, kräftig grün. Rispen länglich-oval, ährenartig dicht, aufrecht, 2–5 cm lang und bis 2 cm breit, steif, grünlichweiß. Ährchen verkehrt eiförmig, bis 10 mm lang, 1blütig. Vogelfuttergras.

Blütezeit: Juni bis September.

Standort: In Mitteleuropa nur unbeständig in Schuttgesellschaften oder als Ziergras angepflanzt. Im Mittelmeerraum angebaut.

Verbreitung: Westmediterrane Art. In warm gemäßigten Regionen heute weltweit.

Wiesen-Fuchsschwanz *Alopecurus pratensis*

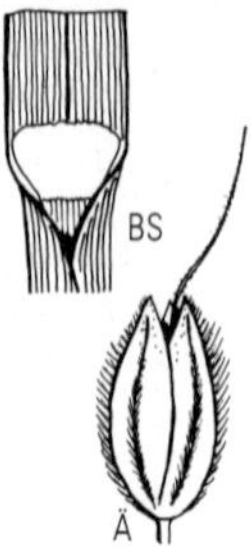

Merkmale: Ausdauerndes, in lockeren oder dichteren Horsten wachsendes Gras mit aufrechten oder vom Grund bogig aufsteigenden kräftigen oder dünnen Halmen mit auffallend wenigen Knoten, etwa 30 bis 120 cm hoch. Blatthäutchen etwas gestutzt, bis 2,5 mm lang, ganzrandig. Blattscheiden glatt, etwas aufgespalten und leicht aufgeblasen, völlig glatt. Blattspreiten unbehaart, kräftig grün, leicht rauh und gänzlich glatt, schmal zugespitzt, flach, 3 bis 10 mm breit und etwa 5–40 cm lang, nach oben am Halm kürzer. Ährenrispen sehr dicht, zylindrisch, vorne stumpf, sehr weich, 3–12 cm lang und bis 10 mm breit, trübgrün oder leicht purpurn überlaufen. Ährenstielchen sehr kurz, aufrecht. Ährchen um 5 mm lang, länglich-elliptisch, 1blütig, Ränder der Hüllspelze am Grunde miteinander verwachsen, 3nervig und auf dem Kiel deutlich behaart. Deckspelzen wenig länger als die Hüllspelzen, gekielt, 4nervig, auf dem Rücken nur im unteren Viertel mit der Granne verwachsen. Granne überragt die Hüllspelzen etwa um 4 mm. Vorspelzen sind nicht entwickelt. Staubbeutel gelblich oder purpurn.

Blütezeit: April bis Juli.

Standort: Von der Ebene bis ins Gebirge in feuchten Wiesen, in Baumgärten und in Uferstaudengesellschaften auf sickerfeuchten, kühlen, nährstoffreichen Böden. Nässe- und Nährstoffzeiger. Verträgt sehr gut Halbschatten und wird durch Aufdüngung des Standortes sowie durch Wasserzufuhr sehr begünstigt.

Verbreitung: Der Wiesen-Fuchsschwanz ist in ganz Europa weit verbreitet und wurde nach Nordamerika sowie in andere Gebiete eingeführt. Auch innerhalb seines europäischen Verbreitungsgebietes ist das Gras nicht überall ursprünglich, sondern wurde durch die Wiesenkultur stark gefördert. Sehr ertragreiches Obergras von hohem Futterwert. Farbvarietäten mit gelblich-weiß gestreiften Blättern gelegentlich als Ziergräser.

Acker-Fuchsschwanz *Alopecurus myosuroides*

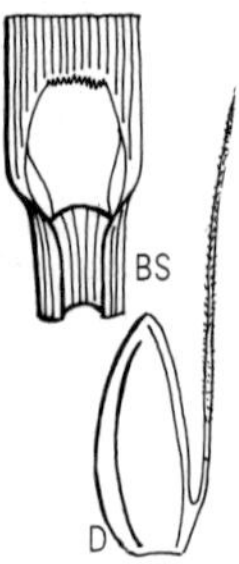

Merkmale: Einjähriges, vereinzelt oder in lockeren Horsten wachsendes Gras mit aufrechten oder an der Basis geknieten Halmen, etwa 20–80 cm hoch. Blatthäutchen stumpf, ganzrandig, 2–5 mm lang. Blattscheiden grün, manchmal auch leicht purpurn, glatt, nur wenig aufgeblasen. Blattspreiten bis 8 mm breit und 15 cm lang, flach, rauh, manchmal auf der Unterseite glatt. Rispe ährenartig, ziemlich dicht, schmal-zylindrisch, nach oben verjüngt, 3–12 cm lang und um 5 mm breit, gelblich-grün oder trüb-purpurn. Ährchen bis 7 mm lang. Granne überragt die Deckspelze um etwa 4–8 mm. Vorspelzen fehlen.

Blütezeit: Mai bis August.

Standort: Vor allem im Wintergetreide oder in Hackfruchtkulturen, auch an Wegsäumen und auf Schuttplätzen.

Verbreitung: Ganz Europa und Asien.

Knick-Fuchsschwanz *Alopecurus geniculatus*

Merkmale: Ein- oder mehrjähriges Gras mit niederliegenden, ausgebreiteten Halmen, die sich an den Knoten bewurzeln, mitunter im Wasser fluten und knieförmig mit mehreren Knicks aufsteigen, etwa 10 bis 45 cm hoch. Blatthäutchen bis 2,5 mm lang. Blattscheiden grünlich, im oberen Halmbereich leicht aufgeblasen, glatt. Blattspreiten unbehaart, zugespitzt, bis 12 cm lang und 3–7 mm breit, flach, leicht graugrün, nur auf den Nerven aufgerauht. Ährenrispen sehr dicht, zylindrisch, 2–7 cm lang und bis 7 mm breit, grünlich oder leicht purpurn. Ährchen 1blütig. Granne überragt die Deckspelze um etwa 3 mm.

Blütezeit: Juni bis August.

Standort: In Flutmulden, an Gräben oder auf nassen Wegen, auch in Teichen und Bächen.

Verbreitung: Ganz Europa, N-Asien, N-Amerika.

Aufgeblasener Fuchsschwanz RL
Alopecurus utriculatus

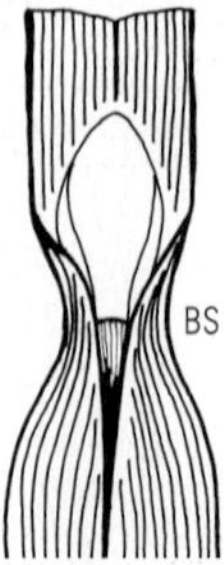

Merkmale: Einjähriges, am Grunde büschelig verzweigtes Gras mit knickig aufsteigenden und nur wenigen völlig geraden Halmen, etwa 10–15 cm hoch. Blatthäutchen bis 2 mm lang, ganzrandig. Blattscheiden der unteren Blätter anliegend, die der Stengelblätter auffallend blasig aufgetrieben, meist kahl. Blattspreiten flach, bis 6 mm breit, schmal zugespitzt, grün. Rispe ährenartig, länglich-oval, 1,5–2,5 cm lang und um 1 cm breit. Rispenäste tragen nur 1–2 ziemlich große Ährchen. Hüllspelzen bis zur Mitte miteinander verwachsen. Deckspelze mit 10–15 mm langer, geknieter Granne.

Blütezeit: April bis Juni.

Standort: Feuchte Weiden und Wiesen, Krautgesellschaften an Wegrändern, salzbeeinflußte Stellen (Straßenränder).

Verbreitung: SO-Europa, atlantische Gebiete.

Gelbroter Fuchsschwanz *Alopecurus aequalis*

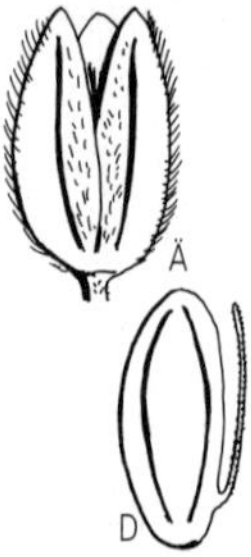

Merkmale: Ein- oder mehrjähriges Gras. Halme niederliegend und knickig aufsteigend, ähnlich wie beim nahestehenden Knick-Fuchsschwanz, etwa 10 bis 35 cm hoch, an den Knoten mitunter bewurzelt, glatt, zum Blütenstand hin weißlich. Blatthäutchen bis 5 mm lang, stumpf. Blattscheiden glatt, weißlich-grün, nur wenig aufgeblasen. Blattspreiten bis 6 mm breit und 15 cm lang, flach, nur auf den Nerven angerauht. Rispen ährenähnlich, sehr dicht, zylindrisch, bis 5 cm lang und 6 mm breit, bleich graugrün oder bläulich-purpurn. Staubblätter gelbrot.

Blütezeit: Juni bis September.

Standort: In Pioniergesellschaften an Ufern oder Gräben, auf nassen, nährstoffreichen Tonböden. Manchmal auch im Wasser flutend.

Verbreitung: Fast überall in Europa verbreitet, tritt jedoch immer nur vereinzelt an isolierten Standorten auf.

Rohr-Fuchsschwanz
Alopecurus arundinaceus

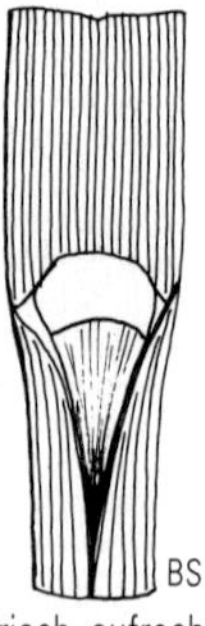

Merkmale: Ausdauerndes Gras mit langen, unterirdischen Ausläufern und aufrechten, graugrünen Halmen bis 150 cm Höhe. Blatthäutchen bis 5 mm lang, ganzrandig. Blattscheiden glatt, auf der Rückseite rund, kaum aufgeblasen. Blattspreiten graugrün, zugespitzt, flach, rauh, bis 40 cm lang und 10 mm breit. Rispen ährenartig, zylindrisch, aufrecht, bis 15 cm lang und 15 mm breit. Ährchen bis 7 mm lang, sehr dicht sitzend auf kurzen Stielchen, 1blütig. Vorspelzen fehlen. Im Aussehen ist dieses Gras dem Wiesen-Fuchsschwanz insgesamt recht ähnlich und wird wohl häufig auch damit verwechselt.

Blütezeit: Mai bis Oktober.

Standort: Ziemlich zerstreut in Salzwiesen auf durchnäßten Tonböden, im Küstenbereich oder auch (selten) im Binnenland.

Verbreitung: Fast ganz Europa, Ostseegebiet.

Knollen-Fuchsschwanz RL
Alopecurus bulbosus

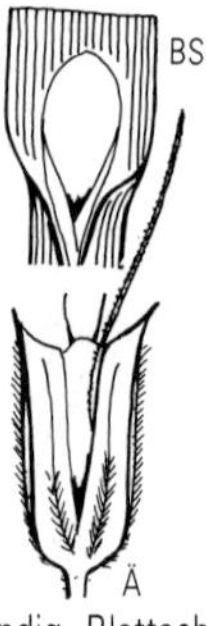

Merkmale: Ausdauerndes Gras mit vergleichsweise kleinen, ausgebreiteten Horsten. Halme aus gebogenem Grund aufsteigend, etwa 10–20 cm hoch, dünn, unverzweigt, glatt, mit wenigen Knoten. Die untersten beiden Stengelinternodien sind knollig verdickt und bis 8 mm im Durchmesser. Blatthäutchen bis 6 mm lang, ganzrandig. Blattscheiden glatt, nur wenig aufgeblasen. Blattspreiten graugrün bis grün, zugespitzt, flach oder leicht gerollt, bis 3,5 mm breit und um 10 cm lang, an den Rändern rauh. Rispe ährenartig, ziemlich dicht, 2–7 cm lang und bis 5 mm breit, grünlich oder purpurn überlaufen.

Blütezeit: Mai bis August.

Standort: Gezeitenbeeinflußte Salzmarschen und Salzwiesen.

Verbreitung: Von der Nordseeküste bis ins Mittelmeergebiet.

Gemeines Ruchgras
Anthoxanthum odoratum

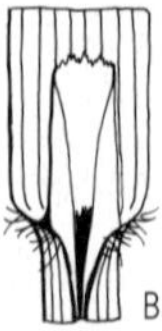
BS

H

Merkmale: Ausdauerndes, in Horsten wachsendes Gras mit aufrechten, dünnen oder etwas kräftigeren Halmen, 10–50 cm hoch, mit 1–3 Knoten, glatt, unverzweigt, steif. Blatthäutchen 1–5 mm lang, stumpf. Blattscheiden am Ende bärtig behaart, auf der Rückseite rund. Blattspreiten lang zugespitzt, grün, bis 5 mm breit und 15 cm lang, flach, zerstreut behaart oder fast kahl. Rispen ährenartig, ziemlich dicht zusammengezogen, länglich-oval, 1–10 cm lang und bis 15 mm breit, grün oder purpurn. Ährchen bis 10 mm lang. Deckspelze mit kräftiger, gebogener Granne. Nach Zerreiben intensiver Waldmeisterduft.
Blütezeit: April bis Juli.
Standort: Auf Magerwiesen, in lichten Laubwäldern auf mäßig sauren Böden.
Verbreitung: In fast ganz Europa häufig, in den Alpen bis etwa 2300 m.

Acker-Ruchgras, Grannen-Ruchgras
Anthoxanthum puelii

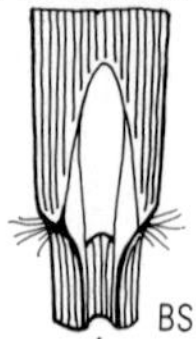
BS

H

Merkmale: Einjähriges, vereinzelt oder in sehr lockeren Horsten wachsendes Gras mit ausgebreiteten oder aufrechten, ziemlich dünnen und meist auch verzweigten Halmen, etwa 10–40 cm hoch, mit 4–5 Knoten, glatt. Blatthäutchen bis 2 mm lang, ganzrandig. Blattscheiden, am oberen Ende mit wenigen abstehenden Haaren. Blattspreiten grün, schmal zugespitzt, flach, dünn, spärlich behaart oder kahl, bis 5 mm breit und etwa 6 cm lang. Rispen ährenartig, lockerer als beim Gemeinen Ruchgras, bleichgrün, bis 4 cm lang. Deckspelze mit 7–10 mm langer Granne. Nach Zerreiben Waldmeisterduft.
Blütezeit: Juni bis August.
Standort: An Wegrändern, auf Brachen und in Getreidefeldern. Meist nur eingeschleppt.
Verbreitung: Mittelmeergebiet, Westfrankreich und Britische Inseln.

Dichtblütiges Ruchgras
Anthoxanthum ovatum

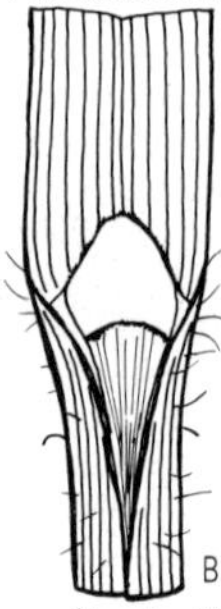
BS

Merkmale: Einjähriges, einzeln wachsendes oder lockerrasiges Gras mit einfachen, unverzweigten, aufrechten oder bogig aufsteigenden Halmen, 10 bis 45 cm hoch, glatt. Blatthäutchen oval, etwa 1,5–2 mm lang, ganzrandig. Blattscheiden liegen nicht eng an, auf der Rückseite rund, am oberen Ende spärlich behaart. Blattspreiten 5–10 mm breit und bis 5 cm lang, zugespitzt, grün, meist flach, meist unbehaart. Rispe ährenartig, sehr dicht, zylindrisch-oval, am Grunde gestutzt erscheinend, nicht lappig, sondern ziemlich geschlossen. Ährchen 7–8 mm lang, meist 3blütig. Die Pflanze duftet nach dem Trocknen leicht nach Waldmeister (Cumarin).
Blütezeit: Mai bis Juli.
Standort: Sandige Äcker, Wegränder oder trockenes Brachland.
Verbreitung: Gesamtes Mittelmeergebiet.

Duftendes Mariengras *Hierochloe odorata*

Ä

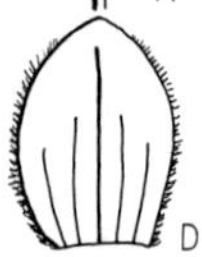
D

Merkmale: Ausdauerndes, in ziemlich dichten Horsten wachsendes Gras mit dünnen, kriechendem Wurzelstock und aufrechten, dünnen Halmen, etwa 20–50 cm hoch, glatt, nur unterhalb des Blütenstandes leicht rauh. Blatthäutchen stumpf, 2–4 mm lang. Blattscheiden fein angerauht, auf der Rückseite rund, anliegend. Blattspreiten bis 10 mm breit und 30 cm lang, schlank zugespitzt, flach, ganz wenig behaart oder völlig kahl, auf der Unterseite grün glänzend. Obere Stengelblätter auffallend kurz. Rispen im Umriß oval, sehr locker ausgebreitet, bis 10 cm lang. Ährchen um 4 mm lang, 3blütig, davon die beiden unteren rein männlich. Deckspelzen unbegrannt.
Blütezeit: April bis Juni.
Standort: In Niedermooren und auf nassen Sandböden. Duftet intensiv nach Waldmeister.
Verbreitung: Nord- und Nordwesteuropa.

Borstgras *Nardus stricta*

BLST

Merkmale: Ausdauerndes Gras mit dichten und festen Horsten. Grundachse dick, unterirdisch wenig kriechend, mit groben, schnurartigen Wurzeln. Alle Triebe in starren Scheiden. Halme aufrecht, dünn, nur mit einem Knoten, etwa 10–40 cm hoch, starr, am Grunde kahl, weiter oben rauh, überragt die Blätter deutlich. Blätter graugrün, fast nur grundständig. Blatthäutchen stumpf, 1–2 mm lang. Blattscheiden glatt, überdauernd, sehr dicht gedrängt, ziemlich zäh und etwas glänzend. Blattspreite borstenartig zusammengerollt, etwa 0,5 mm dick, scharf zugespitzt, hart, steif, bis 30 cm lang, fühlt sich rauh an. Ähre aufrecht, einseitswendig, 3–8 cm lang, ziemlich dünn, graugrün oder purpurn überlaufen, an der Spitze in eine Borste von ungefähr 10 mm Länge ausgezogen. Ährchen sehr schmal, bis 9 mm lang, sitzend, locker oder wenig überlappend, in zwei Reihen an einer Seite der Ährenachse, 1blütig. Hüllspelze sehr klein. Deckspelze sehr schmal, etwa so lang wie das Ährchen, an der Spitze mit 1–3 mm langer Granne, 2- bis 3kielig, rauh. Vorspelze 2nervig.

Blütezeit: Juni bis August.

Standort: Zähes und sehr drahtiges Gras in den Magerwiesen des Berglandes, auf wechselfrischen, mäßig nährstoffreichen und kalkarmen Böden, auch auf Torf- oder Lehmböden. Wurzelt bis 80 cm Tiefe. Wird durch Düngung zurückgedrängt. Bei normaler Beweidung auch gegen Trittbelastung sehr beständig. In Wäldern gilt das Borstgras als Anzeiger früherer Beweidung.

Verbreitung: In ganz Europa weit verbreitet. Von der Ebene bis ins Bergland, dort vor allem in Höhenlagen zwischen 800 und 1900 m bestandsbildend. Höhengrenze in den Alpen bei etwa 2600 m. An Hochgebirgsstandorten werden die Pflanzen gewöhnlich nur bis 5 cm hoch, variieren aber sonst im Aussehen nur sehr wenig. Borstgras kommt auch in Grönland, auf den Azoren und in Neufundland vor, ferner im gemäßigten Asien und in Nordamerika.

Zwerggras *Mibora minima* RL

BLST

Merkmale: Einjähriges, rasenförmig oder in dichten Horsten wachsendes Gras mit aufrechten oder bogig aufsteigenden Halmen, etwa 2–15 cm hoch, fadendünn, unverzweigt, glatt, mit hochreichenden Scheiden. Blatthäutchen sehr dünnhäutig, schmal, bis 1 mm lang, stumpf. Blattscheiden überlappend, rundlich, glatt und unbehaart. Blattspreiten sehr schmal und nur etwa 0,5 mm breit bei höchstens 2 cm Länge, flach oder von den Rändern her eingerollt, grün. Blütenstand ährig oder andeutungsweise traubig, aufrecht, sehr dünn, 5–20 mm lang, einseitswendig, rötlich oder purpurn.

Blütezeit: Februar bis Mai, September bis Dezember.

Standort: Unbeständig in Sandbrachen und Trockenfluren in wintermilden Gegenden.

Verbreitung: Südwesteuropa und Mittelmeergebiet. In Deutschland bis Rhein-Main-Gebiet.

Scheidenblütengras *Coleanthus subtilis* G

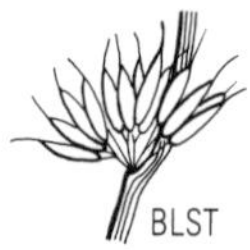

BLST

BS

Merkmale: Einjähriges, sehr zartes, niederliegendes Gras mit kleinen, lockeren Horsten oder Einzelpflanzen. Halme oft rosettig ausgebreitet und büschelig verzweigt, fadendünn, 2–5 cm hoch. Neben dem Zwerggras eines der kleinsten einheimischen Süßgräser. Blattscheiden der oberen Stengelblätter blasig aufgetrieben. Blattspreiten meist gefaltet und sichelförmig zurückgebogen, höchstens 2 cm lang. Rispen anfangs von der Blattscheide des obersten Blattes eingehüllt (Name!), Rispenachse geschlängelt. Ährchen abgeflacht, bis 1 mm lang, büschelig angeordnet, ohne Hüllspelzen. Deckspelze grannig zugespitzt.

Blütezeit: August bis Oktober.

Standort: Unbeständig auf den Schlammböden abgelassener Teiche und Weiher oder an Flußufern.

Verbreitung: Nördliches und westliches Europa.

Kleines Liebesgras *Eragrostis minor*

BS

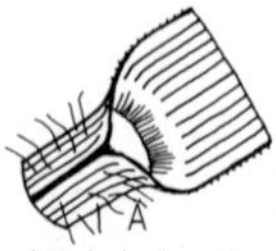

Ä

Merkmale: Einjähriges, in lockeren Horsten wachsendes Gras, am Grunde stark büschelig verzweigt. Halme aufrecht oder aus liegendem Grund bogig oder häufiger auch knickig aufsteigend, etwa 10–30 cm hoch. Blatthäutchen fehlt. Blattscheiden lang bewimpert, am oberen Ende bärtig. Blattspreiten etwa 4 mm breit, am Rande drüsig behaart, grün, flach. Rispe ziemlich locker, aufrecht, bis 15 cm lang. Untere Rispenäste nur 1–2, steif, fast waagerecht abstehend, dünn, etwas geschlängelt. Ährchen bis 8 mm lang, 8- bis 16blütig, meist dunkelviolett-grünlich.

Blütezeit: Juli bis November.

Standort: Meist in Trittgesellschaften auf Pflasterwegen, unbefestigten Plätzen, an Wegrändern oder auf Sandböden. Typische Bahnhofspflanze.

Verbreitung: Mittelmeergebiet, heute weltweit.

Espartogras *Lygeum spartum*

BS

Merkmale: Ausdauerndes, rasenbildendes, binsenartig aussehendes Gras mit kriechender Grundachse und aufsteigenden oder aufrechten, an der Basis reich beblätterten Halmen, 70 bis 80 cm hoch, sehr fest, beinahe drahtig, markig, glatt. Blatthäutchen zugespitzt, bis 7 mm lang. Blattscheiden kahl, eng anliegend. Blattspreiten bis 50 cm lang und etwa 1,5 mm breit, sehr fest und zäh, zusammengerollt. Rispen von einer 4–9 cm langen, zugespitzten Scheide umgeben. Ährchen 2blütig, ohne Hüllspelzen. Deckspelzen im unteren Teil miteinander verwachsen und lang seidig behaart.

Blütezeit: März bis Juli.

Standort: Offene Grasfluren auf sandigen oder tonigen Böden.

Verbreitung: Gesamtes Mittelmeergebiet. Liefert den zur Fasergewinnung und Papierherstellung verwendeten spanischen Esparto.

Klettgras *Tragus racemosus*

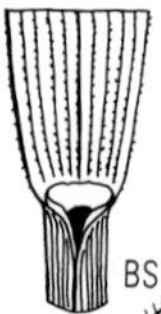

BS

Ä

Merkmale: Einjähriges, meist bodenanliegendes Gras, an der Basis büschelig verzweigt und an den Knoten bewurzelt. Halme gekniet aufsteigend, glatt, etwa 10–30 cm hoch. Blattscheiden ziemlich kurz, die oberen etwas länger und blasig aufgetrieben. Blattspreiten oft nur wenig entwickelt, am Rande dornig bewimpert. Blatthäutchen durch einen kurzen Haarkranz ersetzt. Rispe traubig, etwa 4–8 cm lang, zylindrisch. Rispenäste sehr kurz, mit starren, hakig zurückgebogenen Haaren besetzt. Ährchen mit weicheren Stacheln. Deckspelze ohne Granne.

Blütezeit: Juni bis Juli.

Standort: Bevorzugt auf sommertrockenen, nährstoffreichen, lockeren und humusarmen Sandböden.

Verbreitung: In den Subtropen findet man das Klettgras weltweit, sonst nur verschleppt und unbeständig.

Sumpfreis, Reisquecke *Leersia oryzoides*

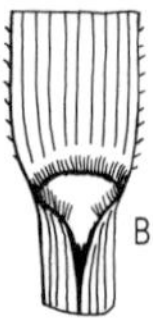

BS

Ä

Merkmale: Mehrjähriges, lockere Horste bildendes Gras mit dünnen Kriechsprossen und aufrechten, dünnen, mitunter verzweigten Halmen, die an ihren zahlreichen Knoten etwas behaart sind, etwa 30–120 cm hoch. Blatthäutchen sehr undeutlich, um 1 mm lang. Blattscheiden auf der Rückseite dünn gerippt, nach oben durch steife, zurückgeschlagene Haare leicht rauh. Blattspreiten gelblich grün, schlank zugespitzt, bis 30 cm lang und 10 mm breit, an den Rändern dornig rauh. Rispe anfangs zusammengezogen, später sehr locker, um 20 cm lang. Rispenäste geschlängelt. Ährchen bleichgrün, 1blütig, um 5 mm lang.

Blütezeit: August bis Oktober.

Standort: Im Uferbereich von Abwassergräben und Bächen, auf nährstoffreichem Schlamm.

Verbreitung: Vor allem in und an Fischteichen, ferner Stromtalpflanze in fast ganz Europa.

Grüne Borstenhirse *Setaria viridis*

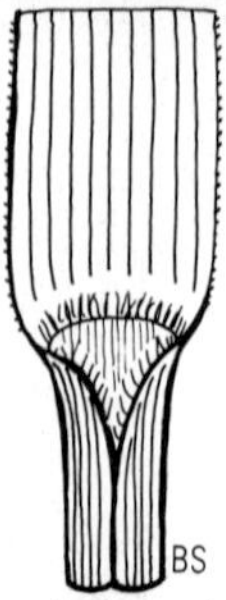

Merkmale: Einjähriges, in lockeren Horsten wachsendes Gras mit aufrechten oder aufsteigenden Halmen, etwa 10 bis 60 cm hoch, dünn, mit 3–5 Knoten, im unteren Teil manchmal auch verzweigt, glatt, nur unterhalb der Rispe rauh. Blatthäutchen von einem Kranz seidiger Haare ersetzt. Blattscheiden glatt, auf der Rückseite rund, nur an den Rändern behaart. Blattspreiten bis 30 cm und höchstens 10 mm breit. Ährenrispen aufrecht, ziemlich dicht, sehr borstig, nach oben verjüngt, bis 10 cm lang und etwa 5–9 mm breit, grünlich bis purpurn. Stammpflanze der Kolbenhirse.

Blütezeit: Juli bis Oktober.

Standort: Schuttstellen, Wege, Gartenland, Weinberge, Hackäcker.

Verbreitung: Fast in ganz Europa mit Ausnahme des nördlichen Teils, sonst vor allem in den Wärmegebieten. Stellenweise sehr häufig.

Gelbe Borstenhirse
Setaria glauca (Setaria pumila)

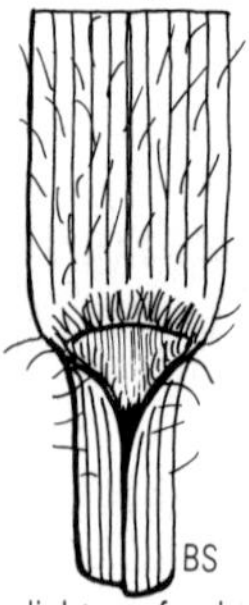

Merkmale: Einjähriges, lockerwüchsiges Gras mit aufrechten oder bogig aufsteigenden Halmen, etwa 6–70 cm hoch, glatt, nur unterhalb der Rispe rauh. Blatthäutchen fehlt, statt dessen Haarkranz. Blattscheiden gekielt, unbehaart. Blattspreiten zugespitzt, 4–9 mm breit und bis 30 cm lang, zur Basis hin behaart, flach. Rispen sehr dicht, aufrecht, zylindrisch, 1–12 cm lang, bis 8 mm breit, sehr borstig. Ährchen gelblich oder rötlich.

Blütezeit: Juli bis Oktober.

Standort: Krautgesellschaften auf Äckern und in Weinbergen, auch an Wegrändern und Schuttstellen, meist auf Lehm- oder Sandböden.

Verbreitung: Mittelmeergebiet, sonst weltweit. An ähnlichen Stellen kommt die **Quirl-Borstenhirse** *(Setaria verticillata)* vor, deren Rispe am Grund traubig aufgelockert ist, weniger borstig.

Kolbenhirse, Vogelhirse *Setaria italica*

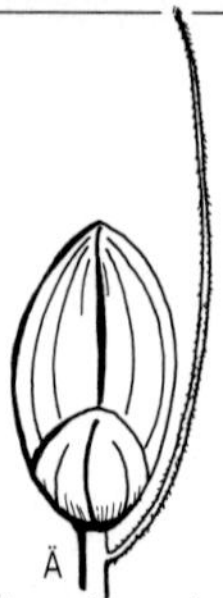

Merkmale: Einjährige, von der Grünen Borstenhirse abstammende Kulturpflanze mit steifen, aufrechten, bis 10 mm dikken und 50–100 cm hohen Stengeln. Blatthäutchen durch einen Kranz seidiger Haare ersetzt. Blattscheiden an den Rändern bewimpert. Blattspreiten bis 15 mm breit und etwa 5–40 cm lang, grün, unbehaart. Ährenrispe mit vielen Einzelähren, keulenförmig, bis 30 mm breit, am Grunde gelappt, zur Reifezeit überhängend. Ährchen 2,5 mm lang, anfangs grünlich, später zunehmend rötlich oder braun. Formenreich.

Blütezeit: Juli bis September.

Standort: Wege, Schuttplätze, Gärten mit Sand- oder Lehmböden in tieferen Lagen.

Verbreitung: Ursprünglich nur im Mittelmeergebiet, mit Vogelfutter verschleppt und stellenweise unbeständig. Sonst in den Wärmegebieten weltweit.

Hühnerhirse *Echinochloa crus-galli*

Merkmale: Einjähriges, kleinere Horste bildendes Gras mit kräftigen, aufrechten, wenig verzweigten, mitunter auch ausgebreiteten Halmen, etwa 30–100 cm hoch. Blatthäutchen fehlt. Blattscheiden glatt, auf der Rückseite deutlich gekielt. Blattspreiten schlank zugespitzt, unbehaart, flach, 8 bis 20 mm breit und etwa 10 bis 35 cm lang, weich, nur an den Rändern deutlich rauh. Rispen im Umriß oval, aufrecht oder überhängend, bis 20 cm lang, bestehen aus vielen ährenähnlichen Trauben, ziemlich dicht, grünlich oder purpurn. Achsen der Teilblütenstände rauh und borstig.

Blütezeit: August bis Oktober.

Standort: In Krautfluren von Hackfruchtäckern, an Teich- und Grabenrändern in Dorfnähe, in Gärten und Weinbergen.

Verbreitung: Mittelmeergebiet, heute weltweit verschleppt (besonders in Reisfeldern).

Echte Hirse, Rispen-Hirse *Panicum miliaceum*

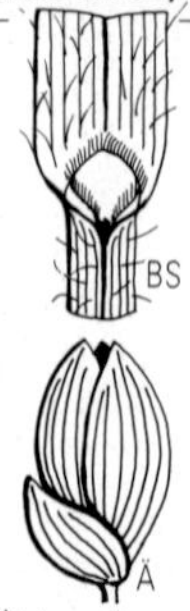

Merkmale: Einjähriges, sehr kräftiges Gras mit steifen, aufrechten oder vom Grunde knikkig aufsteigenden, wenig verzweigten Halmen, etwa 50 bis 80 cm hoch. Blatthäutchen sehr kurz, meist in einen Haarstreifen aufgelöst. Blattscheiden auf der Rückseite rund, stark behaart. Blattspreite rauhhaarig, 10–20 mm breit, zugespitzt, grün, schlaff, flach. Rispe sehr groß, bis etwa 20 cm lang, anfangs noch stärker zusammengezogen, später sehr locker ausgebreitet, meist einseitig überhängend. Rispenäste etwas schlaff, rauhhaarig, ziemlich lang. Ährchen deutlich gestielt, um 3 mm lang, meist hellgrün, gelegentlich auch schwarzviolett oder rötlich überlaufen. Hüllspelzen kahl, kurz zugespitzt, mit mehreren deutlichen Nerven. Deckspelzen glänzend und meist lebhaft ausgefärbt, ohne Grannen. Narben purpurrot.

Blütezeit: Juli bis September.

Standort: Soweit nicht angebaut nur in Schuttgesellschaften, an Wegen oder Abfallstellen, bevorzugt auf nährstoffreichen, leicht sandigen Lehmböden. Typische Kurztagspflanze – kommt daher erst nach dem Hochsommer bei abnehmender Tageslänge zur Blüte.

Verbreitung: Ursprünglich wahrscheinlich in Vorderasien. Heute in vielen Kulturformen weltweit verbreitet.

Allgemeines: Die Echte oder Rispen-Hirse ist eine der ältesten Halmfruchtpflanzen (Getreidearten), deren wilde Stammform bis heute noch nicht zweifelsfrei identifiziert werden konnte. Möglicherweise wurde sie schon vor mehreren Jahrtausenden von zentralasiatischen Arten abgeleitet. Heute sieht man in Mitteleuropa keine Hirsen mehr im Anbau. Mit der Einführung der Kartoffel wurde sie verdrängt. Außerdem haben sich auch die geschmacklichen Vorlieben mit der Zeit gewandelt, so daß Hirse als Grundnahrungsmittel während der zurückliegenden Jahrzehnte fast vollständig ihre ursprüngliche Bedeutung als Grundnahrungsmittel eingebüßt hat.

Noch im letzten Jahrhundert und in manchen Regionen noch bis in die Zeit nach dem Ersten Weltkrieg wurde Hirse vor allem als Futtermittel angebaut. Drei verschiedene Varietäten bestimmten im wesentlichen das Sortenbild: Die hier beschriebene und im Bild vorgestellte Form gehört zu den sogenannten **Flatterhirsen** *(var. effusum)* mit locker geöffneter Rispe, während die **Klumphirse** *(var. contractum)* und die **Dickhirse** *(var. compactum)* stärker zusammengezogene Blüten- bzw. Fruchtstände aufweisen und somit im Erscheinungsbild eher an die **Kolbenhirse** *(Setaria italica)* erinnern. Für die Sortenunterscheidung war auch die Farbe der Spelzen von Belang: Neben grauspelzigen Formen gab es auch solche mit bräunlichen oder gar mit schwärzlichen Spelzen, die sich zudem in der Reifungsdauer unterschieden und nicht für alle Klimagebiete gleichwertig geeignet waren. Nachdem der Anbau der Hirse in Mitteleuropa nahezu erloschen ist, gibt es Anbaugebiete nur noch in Zentral- und Südostasien, ferner in Afrika und in weiteren Regionen, wobei allerdings oftmals auch Hirsen aus anderen Gattungen *(Echinochloa, Pennisetum, Sorghum u. a.)* verwendet werden.

Archäologisch ist die Hirse verhältnismäßig gut nachweisbar. Die bisher ältesten und sicher nachgewiesenen Hirsenfunde stammen aus der Zeit der Bandkeramiker (frühester Abschnitt der Jungsteinzeit), und zwar von Fundstellen aus der Umgebung von Leipzig sowie aus dem nordöstlichen Harzvorland. In beiden Fällen kam die Hirse zusammen mit Emmerweizen und Gerste vor. Aus späteren Fundhorizonten der Jungsteinzeit (Neolithikum) liegen Nachweise beispielsweise aus den Ufersiedlungen am Bodensee und aus dem schweizerischen Voralpenland vor. Während der gesamten Jungsteinzeit war die Hirse in Mitteleuropa offenbar nur regional von größerer Bedeutung. Erst mit Beginn der Bronzezeit werden die Fundstellen von Rispen-Hirse etwas zahlreicher. Sie liegen nun auch nicht mehr nur im östlichen Mitteleuropa, sondern beispielsweise in Westfalen oder im Niederrheingebiet. Aus der gleichen Zeitstellung wurde Hirse sogar aus dem südlichen Skandinavien nachgewiesen. Insgesamt blieb der Anteil der Hirse gering.

Eine etwas größere Verbreitung fand sie offenbar erst in der vorrömischen Eisenzeit. Es ist heute nicht recht abzuschätzen, ob diese früher genutzte Hirse zu Breigerichten verwendet wurde oder auch zur Herstellung von Fladenbroten.

Kriechende Rispenhirse *Panicum repens*

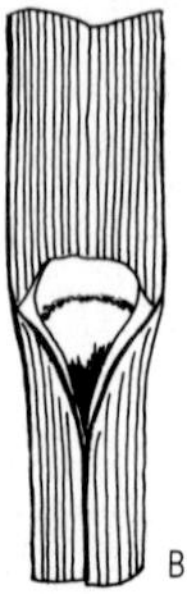

BS

Merkmale: Ausdauerndes, zahlreiche Ausläufer bildendes Gras mit aufrechten oder bogig aufsteigenden Halmen, glatt, kahl, 15–50 cm hoch. Blatthäutchen etwa 1–2 mm lang, ganzrandig, gestutzt. Blattscheiden unbehaart oder wenig angerauht. Blattspreiten 2 bis 8 mm breit und 5–25 cm lang, auffallend 2zeilig angeordnet. Rispen offen, 4–15 cm lang. Ährchen kahl, elliptisch, 2–3 mm lang. Untere Hüllspelze etwa ein Viertel so lang wie das gesamte Ährchen, becherförmig gewölbt.

Blütezeit: Mai bis Juli.

Standort: Wechselfeuchte, sandige Böden, gewöhnlich in Küstennähe.

Verbreitung: Mittelmeergebiete, ferner Portugal und Nordwestspanien.

Auf Sizilien kommt auch die ähnliche Art *Panicum maximum* auf küstennahen Kalkfelsen vor. Diese Pflanzen treiben keine Ausläufer.

Silberrispe *Imperata cylindrica*

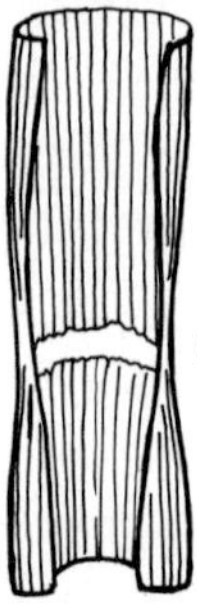

BS

Merkmale: Ausdauerndes, sehr ansehnliches Gras mit langen, unterirdischen Ausläufern und aufrechten, glatten, hohlen Halmen, 80–120 cm hoch. Blattscheiden ziemlich breit. Blattspreiten 3–6 mm breit und bis 60 cm lang, ziemlich steif und fest, aufrecht oder abgespreizt, flach oder zur Spitze hin gefaltet. Rispen dicht, zylindrisch, bis 20 cm lang, silbrigweiß. Ährchen in der Behaarung verborgen, 4–5 mm lang, 2blütig, davon die untere Blüte verkümmert, die obere zwittrig. Deckspelze unbegrannt, durchscheinend, lanzettlich. Nur mit 2 Staubbeuteln.

Blütezeit: Mai bis Juli.

Standort: Austrocknende Bach- und Flußläufe, Sandböden, auch in Küstennähe.

Verbreitung: Im gesamten Mittelmeerraum und auch im Binnenland verbreitet. Nördlich der Alpen gelegentlich als Ziergras verwendet.

Aleppogras, Wilde Mohrenhirse *Sorghum halepense*

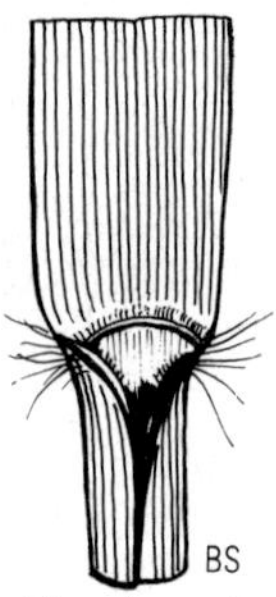

BS

Merkmale: Ausdauerndes, sehr ansehnliches Gras mit kurzen, aber kräftigen (etwa 1 cm dicken) weißlichen Ausläufern und aufrechten, glatten Halmen, 60–100 cm hoch. Blatthäutchen kurz, mit kurzen, etwa 1 mm langen Haaren besetzt. Blattscheiden glatt, am oberen Ende wenig klaffend und bärtig behaart. Blattspreiten grün, 10–15 mm breit und etwa 25 cm lang, glatt, zugespitzt, am Rand mit sehr scharfen Zähnchen besetzt. Rispen bis 30 cm lang, im Umriß lanzettlich, stark verzweigt. Rispenäste bis 15 cm lang, zu 3 oder mehreren in Quirlen und am Grunde bärtig behaart, gewöhnlich schräg aufwärts gerichtet oder wenig überhängend, letzte Verzweigung mit etwa 5 Ährchenpaaren. Die Ährchen sind bis 5 mm lang, elliptisch, 2blütig, davon nur die obere Blüte zwittrig, purpurn oder grünlich. Die untersten Hüllspelzen sind zugespitzt, dicht kurzhaarig, gelblichbraun. Die Deckspelzen haben eine 10–15 mm lange Granne oder sind auch unbegrannt.

Blütezeit: Juni bis Juli.

Standort: Sonnige, trockenheiße Abhänge, Weinbergsäume, Gebüschraine, Wegränder.

Verbreitung: Ursprünglich wohl nur im östlichen Mittelmeergebiet (nördliche Adria, Istrien), aber weithin verschleppt und heute im gesamten Mittelmeerraum eingebürgert. Gelegentlich auch nördlich der Alpen unbeständig in Schuttgesellschaften.

Allgemeines: Die Wilde Mohrenhirse wird trotz ihrer weiten Verbreitung nicht praktisch genutzt. Dagegen wird die aus Zentralafrika stammende **Echte Mohrenhirse** *(Sorghum bicolor)* in den Wärmegebieten rund um das Mittelmeer recht häufig angebaut. Die reifen Körner werden unter anderem als Geflügelfutter verwendet. Sie können aber ebenso wie die anderen Hirsen auch zu Fladenbrot verarbeitet werden. Die getrockneten Rispenäste sind ausgesprochen starr. Man stellt daraus Bürsten oder Reisbesen her.

Hundzahngras *Cynodon dactylon*

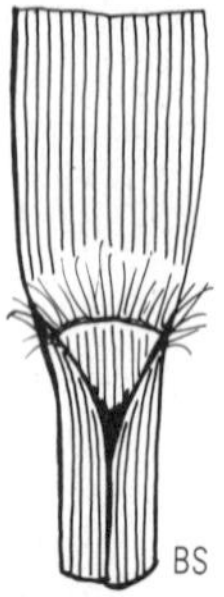

Merkmale: Ausdauerndes, rasenbildendes Gras mit zahlreichen, niederliegenden Ausläufern, die sich verzweigen und an den Knoten bewurzeln. Von dort entwickeln sich auch kurze Blattriebe und aufrechte Halme, etwa 5–30 cm hoch, sehr dünn, glatt, etwas graugrün. Blatthäutchen fehlt, statt dessen ein schmaler Haarkranz. Blattscheiden sehr kurz, unbehaart. Blattspreiten mit stumpfer Spitze, bis 4 mm breit und etwa 15 cm lang, flach, angerauht. Ähren in Büscheln zu 3–6 an der Halmspitze, gerade oder zurückgezogen, bis 5 cm lang. Ährchen in zwei Reihen.

Blütezeit: Mai bis Juli.

Standort: An Wegen und Schuttplätzen oder in lückigen Parkrasen auf nährstoffreichem lehmig-tonigem Sandboden. Pionierpflanze.

Verbreitung: Ursprünglich nur im Mittelmeergebiet, heute weltweit verschleppt.

Gemeines Bartgras *Bothriochloa ischaemum*

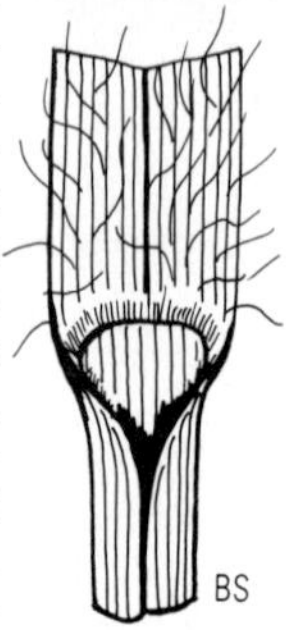

Merkmale: Ausdauerndes, recht ansehnliches Gras mit kriechender, rasenbildender Grundachse und aufsteigenden, kräftigen, etwa 80–100 cm hohen Halmen (selten noch höher). Blatthäutchen durch eine Haarreihe ersetzt. Blattscheiden graugrün, auf der Rückseite rund. Blattspreiten schmal, etwa 3 mm breit, obere viel kürzer als ihre Scheiden, zur Spreitenbasis hin bärtig behaart. Scheinähren zu 2–6 gebüschelt am Halmende, fingerartig gespreizt. Ährenspindel sehr dünn, mit langen, abstehenden, weißlichen Haaren. Ährchen 2blütig. Deckspelze der oberen Blüte besteht nur aus einer etwa 15 mm langen Granne.

Blütezeit: Juli bis Oktober.

Standort: Kalkhaltige Magerrasen, Wegränder.

Verbreitung: In den Subtropen weit verbreitet, in Mitteleuropa selten in Trockenrasen.

Blut-Fingergras, Bluthirse *Digitaria sanguinalis*

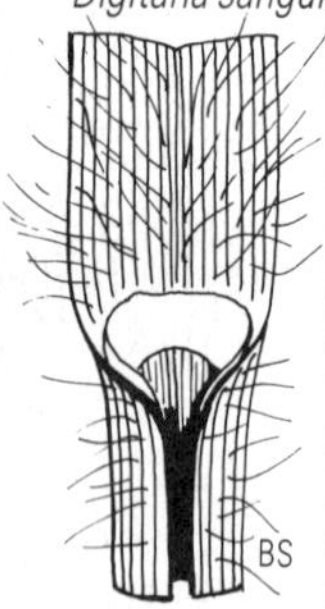

Merkmale: Einjähriges, sehr lockerwüchsiges Gras mit niederliegenden, verzweigten, wurzelnden und knickig aufsteigenden Halmen, etwa 10 bis 30 cm hoch, an den Knoten bärtig behaart oder kahl. Blatthäutchen gestutzt, bis 2 mm lang. Blattscheiden dichter oder spärlicher bewimpert. Blattspreiten schmal-lanzettlich, am Grunde gerundet, lang zugespitzt, bis 8 mm breit und etwa 3–10 cm lang, flach, an den Rändern rauh, bewimpert oder nahezu kahl, wie die übrigen Teile der Pflanze häufig purpurn überlaufen. Ähren traubig, zu 4–10 gebüschelt an den Halmenden, 5–15 cm lang, dünn, ausgebreitet.

Blütezeit: Juli bis Oktober.

Standort: Bevorzugt in Krautfluren von Gärten, Äckern, Weinbergen oder Pflasterfugen.

Verbreitung: Ursprünglich nur mediterran, heute weltweit verschleppt.

Faden-Fingergras, Fadenhirse *Digitaria ischaemum*

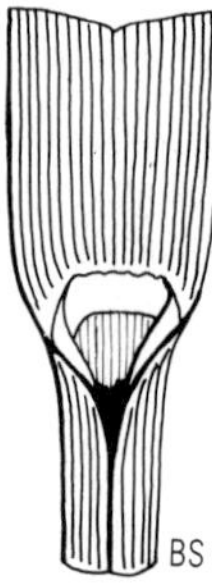

Merkmale: Einjähriges, in lockeren oder dichten Horsten wachsendes Gras mit liegenden, gewöhnlich mehrfach verzweigten und oft an den Enden aufsteigenden Halmen, etwa 5 bis 35 cm hoch. Blattscheiden unbehaart oder nur spärlich am oberen Rand bewimpert.
Blattspreiten am Grunde abgerundet, schmallanzettlich, zugespitzt, bis 7 mm breit und etwa 2–10 cm lang, flach, kahl, an den Rändern angerauht, grünlich, mitunter rötlich überlaufen. Ähren fast traubig organisiert, meist nur zu 3 in Büscheln nahe der Halmspitze. Ährchen rundlich-körnig.

Blütezeit: Juli bis Oktober.

Standort: Bevorzugt in Hackfruchtkulturen auf frischerem, nährstoffreichem Boden.

Verbreitung: Südeuropa und Asien, in den warm gemäßigten Zonen heute weltweit. In Mitteleuropa nur eingeschleppt und unbeständig.

Schilf, Schilfrohr *Phragmites australis*

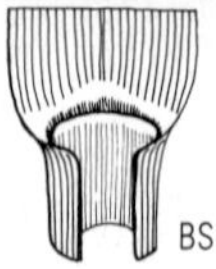

BS

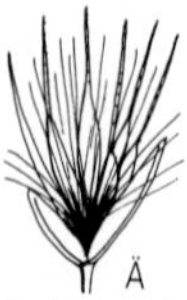

Ä

Merkmale: Ausdauerndes, sehr ansehnliches und kräftiges Gras mit weithin kriechender Grundachse und bis zu 10 m langen Ausläufern. Halme sehr kräftig, starr, aufrecht, etwa 150–300 cm hoch, selten noch höher, mit zahlreichen Knoten und folglich auch dicht mit Blattscheiden umhüllt, kahl, bis 25 mm dick. Blätter beidseits oder nur auf der Unterseite bläulichgrün. Blatthäutchen durch einen dichten Kranz kurzer Haare ersetzt. Blattscheiden auf der Rückseite rund, kahl, überlappen sich mit ihren Rändern, oben in kleine Öhrchen ausgezogen und nur dort leicht behaart. Blattspreiten in eine sehr lange, dünne, etwas gewellte Spitze verlängert, etwa 35 bis 50 cm lang und bis 30 mm breit, sehr zäh und fest, weil dichtnervig, flach ausgebreitet. Rispen aufrecht oder (später) auch überhängend, 15 bis 40 cm lang, andeutungsweise einseitswendig, nur während der eigentlichen Blüte locker geöffnet, sonst eher dicht zusammengezogen. Rispenäste etwas rauh, spiralig gestellt, am Grunde seidig behaart, tragen fast auf ihrer gesamten Länge überall Ährchen. Ährchen lanzettlich, 10–15 mm lang, 2- bis 6blütig, unterste Blüte immer männlich, alle übrigen zwittrig. Deckspelzen schmal und zugespitzt, von langen Seidenhaaren der Ährchenachse umstellt. Granne fehlt.

Blütezeit: August bis Oktober.

Standort: Bestandsbildend im Röhricht stehender oder sehr langsam fließender Gewässer bis etwa 1 m Wassertiefe, dazu auch in Quellmooren, auf Naßwiesen, in Weidenauen und Erlenbrüchern. In Wiesen Grundwasserzeiger. Siedelt auch in aufgelassenen Kiesgruben und auf steinigem, trockenem Boden.

Verbreitung: Von der Ebene bis in mittlere Gebirgslagen (blüht in höheren Lagen nicht mehr) überall verbreitet. Kosmopolit.

Allgemeines: Das Schilfrohr ist die größte mitteleuropäische Süßgrasart. Neben der am weitesten verbreiteten Normalform ist auch eine riesenwüchsige Varietät bekannt, deren Halme bis 10 m hoch werden und die Blätter von 75 cm Länge und 6 cm Breite entwickelt. Diese Riesenform ist fast ausschließlich auf die Tropen beschränkt und bisher nur sehr selten von mitteleuropäischen Fundorten bekannt geworden. Schilf ist die Charakterart der nach ihm benannten Röhrichtgesellschaften, der Röhrichte im engeren Sinne und der Großseggensümpfe. Das dichte Netzwerk der unterirdischen Ausläufer, die gegebenenfalls auch frei im Wasser fluten können, sind für den Uferschutz und die Verhinderung von Erosionen außerordentlich bedeutsam. Andererseits ist es erstaunlich, wie wenig widerstandsfähig die so robust erscheinende Schilfpflanze gegen bewegtes Wasser, vor allem auch gegen Wellenschlag ist. An allen natürlich bewegten Gewässern ist diese Pflanze daher ausgesprochen konkurrenzschwach und wird dort meist vom **Rohr-Glanzgras** *(Phalaris arundinacea)* ersetzt. An stehenden oder sehr langsam bewegten Gewässern gilt das Schilfrohr dagegen als sehr leistungsfähiger Verlandungspionier. Bis zu 1 m im Jahr kann die Uferlinie durch Anwachsen des Schilfgürtels vorverlegt werden, sofern die Uferkante sanft einfällt. Indirekt fördert das Halmgewirr eines Schilfröhrichts auch den Absatz von Geschwebe oder verschiedenen organischem Detritus (mancherorts Schwemmtorf genannt), der seinerseits ebenfalls in die Verlandungsvorgänge steuernd und erleichternd eingreift. Schilfröhrichte sind der Lebensraum einer sehr artenreichen und zunehmend bedrohten Tierwelt. Zahlreiche Vogelarten der Binnengewässer brüten im Sichtschutz der Schilfwälder, von den Singvögeln (beispielsweise Rohrsänger-Arten) bis hin zu den Rallen und Rohrdommeln. Andererseits werden die Schilfbestände der Binnengewässer auch schon seit Jahrhunderten praktisch genutzt. Die sehr verwitterungsbeständigen Halme werden regional bis heute als Bedachungsmaterial verwendet (Reetdächer). Stellenweise hat man die frühzeitig geschnittenen Pflanzen auch als Pferdefutter oder für die Stalleinstreu verwendet. Die einzelnen Schilfrohre finden unterschiedliche Verwendung: Mundstücke für Blasinstrumente, Federhalter oder Zeichengeräte (Rohrfeder). Außerdem dienten Halme als Flechtmaterial oder zur Fertigung von Weberspulen. Die unterirdischen Wurzelstöcke wurden sogar zeitweise zu Kaffee-Ersatz verarbeitet. Heute dienen einzelne Fruchtstände allenfalls noch dekorativen Zwecken.

Pfahlrohr *Arundo donax*

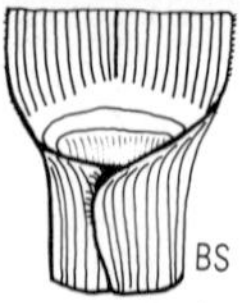

Merkmale: Ausdauerndes, sehr robustes Gras mit knollig verdickter, aber nicht sehr weit kriechender Grundachse und starren, aufrechten, bis 20 mm dicken Halmen. Neben dem Schilfrohr größter europäischer Vertreter der Süßgräser: Gewöhnlich bis etwa 4 m hoch, selten auch noch höher. Blatthäutchen sehr kurz, ganzrandig, bis 2 mm lang. Blattscheiden eng anliegend, überlappen sich am oberen Ende. Blattspreiten graugrün bis grasgrün, länglich-lanzettlich, am Grunde etwas abgerundet, bis 30 mm breit und etwa 50–70 cm lang, lang zugespitzt, flach ausgebreitet, Blatt, unbehaart, jedoch an den Rändern deutlich rauh. Rispen sehr groß, bis über 70 cm lang, sehr stark verzweigt, anfangs aufrecht, später überhängend, nur während der Hauptblüte voll entfaltet, sonst stärker zusammengezogen. Rispenäste und Ährchenachsen unbehaart. Ährchen 10–12 mm lang, seitlich zusammengedrückt. Hüllspelzen lanzettlich, glänzend. Deckspelzen 3spaltig mit zwei kurzen Seitenspitzen und einer grannenartig verlängerten Mitte, am Grunde mit langen, weißlichen Haaren. Die Haare dienen der reifen Grasfrucht (Karyopse) später als Flughilfe und sind somit als Verbreitungsmittel zu deuten. Alle Blüten des Ährchens sind zwittrig.

Blütezeit: September bis Dezember.

Standort: Staunässe, schlammige oder kiesige Böden an Teichufern, Weihern oder entlang von langsamen Fließgewässern, ferner in Staumulden und Gräben.

Verbreitung: Die Pflanze stammt wahrscheinlich aus Vorderasien, ist aber heute im gesamten Mittelmeergebiet verbreitet, ferner auch auf den Azoren und den Kanaren. Nördlich der Alpen nur sehr unbeständige Vorkommen durch Zufallsansiedlung.

Allgemeines: Das Pfahlrohr wird in Südeuropa ähnlich verwendet wie Schilf (s. Angaben auf S. 154) und dazu stellenweise auch eigens kultiviert.

Felsschilf *Ampelodesmos mauritanica*

Merkmale: Ausdauerndes, sehr robustes Gras mit großen, bis 1 m Durchmesser erreichenden Horsten. Halme aufrecht, kahl, glatt, nicht hohl, bis 8 mm dick und 350 cm hoch. Blatthäutchen 8–15 mm lang, ganzrandig, häutig, am Grunde etwas bewimpert. Blattscheiden locker anliegend, längsstreifig, kahl. Blattspreiten bis 7 mm breit und fast 100 cm lang, auf beiden Seiten deutlich gerippt, lederig, bei Trockenheit mit eingerolltem Rand. Rispen sehr reichblütig, unterbrochen, schwach einseitswendig, rötlichgrün, bis 50 cm lang, locker. Ährchen 10–15 mm lang, 2- bis 5blütig. Deckspelze kurz 2zähnig, mit 1–2 mm langer Granne, am Grunde und auf dem Kiel behaart.

Blütezeit: Mai bis Juni.

Standort: Küstennahe, sonnige und trockene Felsen.

Verbreitung: Westliches Mittelmeergebiet.

Bartschmiele *Schismus barbatus*

Merkmale: Einjähriges, am Grunde büschelig verzweigtes Gras mit liegenden oder knickig aufsteigenden Halmen, glatt, kahl, 5–15 cm hoch, mit zahlreichen Knoten. Blatthäutchen sehr kurz oder fehlend. Blattscheiden anliegend, auf dem Rücken rund, am oberen Ende bärtig behaart. Blattspreiten flach oder gerollt. Rispen sehr dicht, 1–4 cm lang, mit kurzen Rispenästen. Ährchen 5–7 mm lang. Deckspelze an der Spitze deutlich 2zähnig oder 2lappig. Vorspelze meist länger als Deckspelze.

Blütezeit: Mai bis Juni.

Standort: Trockenfluren, offene Ruderalstellen, Wegsäume und Brachen.

Verbreitung: Südfrankreich und Spanien, ferner Nordafrika und Westasien.

Die verwandte Art *Schismus arabicus* aus der Ägais hat längere Ährchen. Hüllspelze zur Hälfte deutlich gelappt.

Samtgras *Lagurus ovatus*

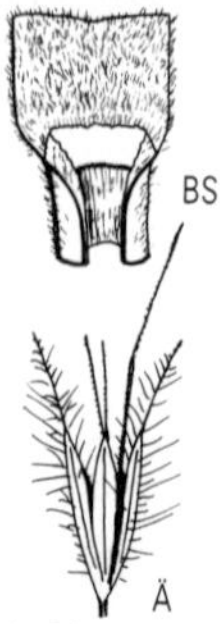

Merkmale: Einjähriges Gras, das nur einzelne, aufsteigende oder aufrechte Halme von 10 bis 30 cm Höhe treibt, seltener auch in offenen Horsten, mit nur wenigen Knoten und zottig behaart. Blatthäutchen stumpf, behaart, bis 3 mm lang. Blattscheiden locker oder leicht aufgeblasen, auf der Rückseite rund. Blattspreiten graugrün, ebenso wie die Scheiden zottig, 1–20 cm lang und bis 15 mm breit, flach, schmallanzettlich, fühlen sich samtweich an. Rispe ährenartig, sehr dicht, kugelig bis oval, 1–7 cm lang und bis 2 cm breit, weichhaarig, anfangs aufrecht, später auch nickend, bleichgrün, seltener auch purpurn überlaufen, zuletzt silbrig weiß. Ährchen sehr dicht, bis 10 mm lang, 1blütig. Hüllspelzen ausdauernd, gleichgestaltet, sehr schmal, in eine dünne Borste verlängert. Die Deckspelze ist elliptisch, etwa 5 mm lang, in eine gegabelte Spitze verlängert und auf der Rückseite im oberen Drittel begrannt. Die Granne ist unterhalb der Mitte gekniet, bis 18 mm lang und steifborstig.

Blütezeit: Mai bis August.

Standort: In Mitteleuropa nur sehr unbeständig, besonders an Abfallstellen, Wegrändern oder in Sandfluren, gelegentlich auch an Verladeplätzen oder auf Brachland, sonst in Silikatmagerrasen auf feinerdearmen, sommerwarmen, trockenen Böden.

Verbreitung: Ursprünglich wohl nur im Mittelmeergebiet und entlang der westeuropäischen Atlantikküsten verbreitet. Seit langem ist das Samtgras aber auch in viele weitere Gebiete mit ihm zusagendem Klima verschleppt. Heute durch Verschleppung oder Einfuhr in allen Kontinenten verbreitet.

Allgemeines: Das ausgesprochen dekorative Gras wird vielfach für Schmuckzwecke oder in Bindearbeiten (Trockensträuße) verwendet. Man kann die Samen im Herbst aussähen, in Töpfen überwintern und im Frühjahr dann ins Freie bringen.

Scheidige Knotenhirse
Paspalum vaginatum

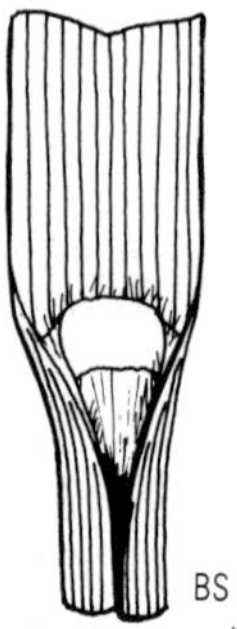

Merkmale: Ausdauerndes, in niedrigen, dichten Rasen wachsendes Gras mit meist liegenden, knotenreichen, nur an den Enden aufgerichteten oder aufrechten Halmen, etwa 5–50 cm hoch. Blattscheiden eng anliegend, im oberen Teil völlig kahl. Blatthäutchen auf der Rückseite bewimpert. Blattspreiten flach oder gerollt. Blütenstand mit fingerig gestellten Ähren oder Trauben. Ährchen 2blütig, davon die untere unfruchtbar, die obere zwittrig. Untere Hüllspelze fehlt meist, obere völlig kahl, mit undeutlichem Mittelnerv, dünnhäutig.

Blütezeit: Mai bis Juli.

Standort: Sandige, wechselfeuchte Stellen, oft in Reisfeldern.

Verbreitung: Ursprünglich nur in den Tropen beheimatet, heute in weiten Teilen des Mittelmeergebietes eingebürgert.

Kriechende Knotenhirse
Paspalum paspaloides

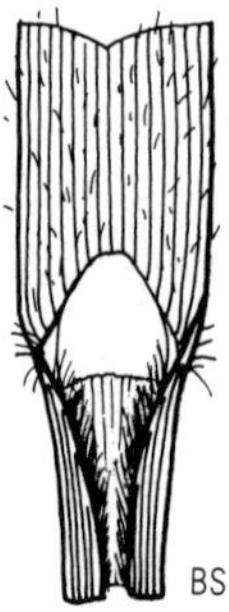

Merkmale: Ausdauerndes Gras mit weithin kriechender und an den Knoten bewurzelter Grundachse. Halme aufrecht oder aufsteigend, 5–60 cm hoch, meist kahl und glatt, mit zahlreichen Knoten. Blatthäutchen bis 5 mm lang, ganzrandig. Blattscheiden am Rande bewimpert. Blattspreiten flach oder gefaltet, kahl oder sehr spärlich behaart. Blütenstände fingerig zusammengestellten Ähren oder Trauben, meist 2–7 cm lang mit schmaler, abgeflachter Achse. Ährchen bis 3,5 mm lang, blaßgrün, abgeflacht, Spindel angedrückt. Obere Hüllspelze anliegend kurzhaarig, mit kräftiger Mittelrippe.

Blütezeit: Mai bis Juli.

Standort: Küstennahes Marschland.

Verbreitung: Ursprünglich nur im tropischen Amerika, im Mittelmeergebiet eingeschleppt und weit verbreitet.

Zuckerrohr *Saccharum officinarum*

Merkmale: Mehrjähriges, sehr großes Gras mit aufrechten, massiven Halmen, die bis 5 cm dick und etwa 6 m hoch werden können. Sie umfassen etwa 20 bis 40 Knoten. Über jedem Knoten befindet sich eine in mehreren Kreisen angeordnete Folge von Wurzelanlagen, die auch Wurzelring genannt wird. Aus ihnen erfolgt die Bewurzelung (Bestockung) der Pflanze, die bei vegetativer Vermehrung folglich nur aus sproßbürtigen Wurzeln besteht. Über dem Wurzelring liegt ein teilungsfähiges Gewebe (= Interkalarmeristem), das durch unterschiedlich starkes Wachstum ähnlich wie bei unseren einheimischen Gräsern umgelegte Halme wieder aufrichten kann. Blattscheiden liegen dem Halm eng an. Sie sind entweder grün, gelblich oder violett gefärbt, bei manchen Sorten auch farbig gestreift. Die Blätter erreichen 100–200 cm Länge und etwa 7 cm Breite, tragen eine kräftige, weiße Mittelrippe, sind am Rande fein gezähnt und durch Einlagerung von Kieselsäure sehr hart und scharf.

Der Blütenstand ist eine sehr reichverzeigte Rispe von etwa 70–90 cm Länge mit länglich-pyramidalem Umriß. Die bis zu 9 mm langen, etwas lanzettlichen Ährchen sind auf den Rispenästen jeweils paarweise angeordnet. Die Ährchenachse trägt unterhalb der Ährchen einen Kranz aus sehr langen, seidigen Haaren, die dem gesamten Blütenstand ein etwas flaumiges Aussehen verleihen. Die meisten Kultursorten des Zuckerrohrs blühen nur sehr spärlich und bringen auch kaum Fruchtansatz zustande.

Blütezeit: Auf der Nordhalbkugel August bis November.

Standort: Nährstoffreicher, lockerer Boden in warmen, niederschlagsreichen Klimagebieten.

Verbreitung: Kulturpflanze, heute in fast allen tropischen und subtropischen Regionen verbreitet.

Allgemeines: Die Wildform des Zuckerrohrs ist nicht genau bekannt. Es wird vermutet, daß die erst 1928 in Neuguinea entdeckte Art *Saccharum robustum* nicht unwesentlich mit ihrem Erbgut am heutigen Sortenbild der erfolgreichen Kulturpflanze beteiligt ist. Mit Sicherheit kann jedoch angenommen werden, daß der südostasiatische Raum die eigentliche Heimat des Zuckerrohrs ist. Alexander der Große traf diese Kulturpflanze bei seinem Indienfeldzug im Indus-Tal an. In den Aufzeichnungen Marco Polos ist nachzulesen, daß im 13. Jahrhundert die Zuckerrohrkultur auch schon in weiten Teilen Chinas bekannt war. Die Araber brachten diese Kulturpflanze zwischen dem 8. und 9. Jahrhundert n. Chr. in den Mittelmeerraum, und erst die Spanier und Portugiesen führten Zuckerrohr über die Kanarischen Inseln in die Karibik und in viele weitere Teile der Neuen Welt. Aus der Zeit der Araberherrschaft im Mittelmeergebiet haben sich die einzigen Zuckerrohrkulturen Europas bis in die Gegenwart erhalten: In Südwestspanien (Andalusien) in der Umgegend von Malaga finden sich recht ausgedehnte Zuckerrohrpflanzungen.

Zusammen mit Mais, den verschiedenen Hirse-Arten und einigen weiteren Nutzpflanzen vertritt das Zuckerrohr den Typ der sogenannten tropischen Hochleistungspflanzen. Mit Hilfe eines besonderen physiologischen Tricks können diese Gewächse in der Zeiteinheit erheblich mehr Kohlendioxid aus der Atmosphäre durch Photosynthese binden als die meisten übrigen grünen Pflanzen. Sie besitzen dazu ein Enzymsystem, das gleichsam wie eine Kohlendioxidpumpe arbeitet und bei vergleichsweise geringem Wasserverbrauch dennoch respektable Produktionsleistungen zuwege bringt. Allerdings ist dieser Zusatzmechanismus in den meisten Fällen an recht hohe Temperaturen gebunden, und deswegen finden sich Nutzpflanzen vom Stoffwechseltyp des Zuckerrohrs überwiegend auch nur in den Wärmegebieten der Erde. Das Wachstumsoptimum von Zuckerrohr liegt bei etwa 30° Celsius. Unterhalb von 20° Celsius wird die Entwicklung deutlich verlangsamt und bei etwa 15° Celsius schon völlig eingestellt.

Im Unterschied zu vielen einheimischen Gräsern sind die Halme des Zuckerrohrs von lockerem Markgewebe erfüllt. Dieses Stengelmark dient zur Einspeicherung von Zucker, der in den großen Blättern durch Photosynthese hergestellt wurde. Der Zuckergehalt kann bei einigen Sorten bis knapp 20 Prozent betragen. Geerntetes Zuckerrohr ist nicht lagerungsfähig, sondern muß sofort weiterverarbeitet werden.

Ravenna-Seidengras *Saccharum ravennae*

BS

Merkmale: Ausdauerndes, dichtrasig wachsendes, sehr ansehnliches Gras mit aufrechten, markgefüllten, vielknotigen Halmen, 150–300 cm hoch. Blatthäutchen durch einen Haarkranz ersetzt. Blattspreiten auf dem Rücken rund, kahl, glatt. Blattspreiten 10 bis 15 mm breit und bis 100 cm lang, oberseits gerieft, am Rand ziemlich rauh, fest. Rispen 25–60 cm lang, gelappt, im Umriß oval, zur Blütezeit sehr locker, später zusammengezogen, vielblütig. Ährchen bis 5 mm lang, auf der Rückenseite zusammengedrückt. Ährchenachse mit zahlreichen, langen Seidenhaaren, fast so lang wie die Ährchen. Hüllspelzen langspitzig. Deckspelzen behaart, mit 3–4 mm langer, endständiger Granne.

Blütezeit: August bis Oktober.

Standort: Fluß- und Bachufer, Sandfluren.

Verbreitung: Gesamtes Mittelmeergebiet.

Kopfiges Dorngras *Echinaria capitata*

BLST

Ä

Merkmale: Einjähriges, sehr charakteristisches Gras in kleinen, an der Basis büschelig verzweigten Horsten mit liegenden oder aufsteigenden, glatten Halmen, 1–25 cm hoch. Blatthäutchen sehr kurz, kurz bewimpert. Blattscheiden locker stengelumfassend. Blattspreiten bis 2 mm breit und 5 cm lang, flach beidseits ziemlich rauh und kurzhaarig. Blütenstand kopfig-kugelig, 5–15 mm Durchmesser mit zusammengedrückten, sehr kurz gestielten Ährchen. Hüllspelzen sehr derb, mit 2 oder 3 kurzen Dornen. Deckspelzen mit 5–6 sehr ungleichen und zurückgekrümmten Dornen. Das Blütenstandsköpfchen fühlt sich daher sehr stachelspitzig an.

Blütezeit: Mai bis Juli.

Standort: Ruderal beeinflußte, trockene und offene Stellen.

Verbreitung: Überall im Mittelmeergebiet.

Pfeifengras, Besenried *Molinia caerulea*

BS

Ä

Merkmale: Ausdauerndes, in dichten, rundlichen Horsten wachsendes Gras mit sehr zähen Wurzeln und kurzen Ausläufern. Halme aufrecht, dünn oder etwas kräftiger, glatt, besitzen nur einen Knoten unmittelbar über dem Grund, mit keulenförmigem, grundständigem Internodium von etwa 5 cm Länge (Speicherinternodium), unbeblättert. Blatthäutchen durch einen dichten Kranz sehr kurzer Haare ersetzt. Blattscheiden auf der Rückseite rund, Blatt, nur am oberen Ende etwas behaart. Blattsprieten bläulichgrün, etwas steif, flach, 3–10 mm breit und bis 40 cm lang, mit weißlichem Mittelstreif, bei trockenem Wetter halb eingerollt, oberseits manchmal etwas behaart und am Rande in der Vorderhälfte rauh, fallen im Spätherbst von den bleibenden Blattscheiden ab. Rispen aufrecht, bis 40 cm lang (meist wesentlich kürzer), schmal, gewöhnlich stärker zusammengezogen und nur bei Schattenformen etwas offener, dunkelpurpurn oder grünblau. Rispenäste sehr ungleich lang. Ährchen 4–9 mm lang, 1- bis 4blütig, lanzettlich. Hüllspelzen kürzer als die Deckspelzen. Unbegrannt. Staubbeutel purpurn, Narbenäste rötlich.

Blütezeit: Juli bis September.

Standort: Meist sehr gesellig und oft sogar bestandsbildend in Moor- und Streuwiesen, auf austrocknenden Mooren und in Heiden, sowie in lichten Wäldern auf nährstoffarmen, mäßig sauren, wechselfeuchten Böden. Pfeifengras gilt als Magerkeitsanzeiger und ist eines der formenreichsten Gräser.

Verbreitung: Fast ganz Europa mit Ausnahme von Südspanien, Süditalien und Griechenland. Eine besonders großwüchsige von mehr als 100 cm Höhe mit 20 cm langer Rispe wird mitunter als eigene Art **Rohr-Pfeifengras** *(Molinia arundinacea)* aufgefaßt. Sie kommt von der Ebene bis in mittlere Gebirgslagen in Streuwiesen und in lichten Waldbeständen vor. Die genaue Verbreitung ist noch unbekannt.

Reis *Oryza sativa*

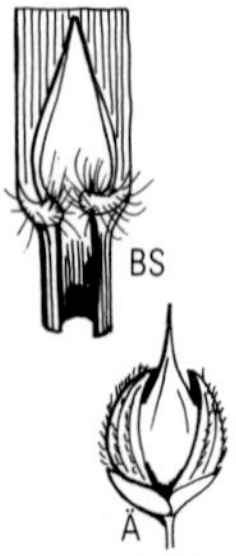

Merkmale: Einjähriges, am Grunde büschelig verzweigtes Gras mit kräftigen, aufrechten oder bogig aufsteigenden Halmen, die im Unterschied zu vielen anderen Nutzgräsern der Wärmegebiete hohl sind, etwa 150–180 cm hoch, bis zum Blütenstand beblättert. Blatthäutchen ungleich 2spaltig, bis über 20 mm lang, häutig, hellweiß. Grundständige Blätter bestehen fast ausschließlich aus langen Blattscheiden. Erst die oberen Halmblätter entwickeln auch eine abstehende Blattspreite von etwa 15 mm Breite und fast 60 cm Länge, die am Grunde borstig bewimpert ist. Rispen sehr groß, bis 50 cm lang, aufrecht, meist stärker zusammengezogen, zur Reifezeit überhängend. Rispenäste mit zahlreichen abgeflachten, bis 3 mm langen und deutlich gestielten Ährchen. Ihrer Anlage nach sind die Ährchen 3blütig, doch entwickelt sich davon nur die zwittrige Gipfelblüte, die im Unterschied zu fast allen anderen Gräsern 6 Staubblätter aufweist. Jedes Ährchen wird von zwei größeren unteren und zwei stark zurückgebildeten oberen Hüllspelzen eingeschlossen. Die Deckspelze ist meist begrannt und verwächst ebenso wie die Vorspelze mit der eigentlichen Frucht, so daß bespelzte Reiskörner geerntet werden. Bei manchen Sorten kann die Deckspelzengranne mehrere Zentimeter lang sein, bei anderen fehlt sie völlig.

Blütezeit: Juli bis September.

Standort: Humusreiche, schwere, lehmige, ziemlich feuchte Böden oder überstauter Schlamm.

Verbreitung: Kulturreis wird heute in den Tropen weltweit angebaut. In Europa beschränkte sich der Reisanbau immer auf wenige Gebiete in Norditalien, im ungarischen Tiefland sowie in Spanien und Portugal.

Allgemeines: Reis wird schon seit langer Zeit kultiviert, nach den ältesten verfügbaren Quellen mindestens seit dem dritten vorchristlichen Jahrtausend. Zu diesem Zeitpunkt stand jedoch bereits Kulturreis zur Verfügung, so daß die Auslese ertragreicher Sorten noch weiter zurückliegen muß. Mit einiger Sicherheit ist das tropische Südostasien die eigentliche Heimat des Kulturreis. Die dort vorkommendes Art *Oryza fatua* gilt als eine der mußmaßlichen Stammpflanzen. Weitere Wildreis-Arten, die am heutigen Sortenbild jedoch weniger ober überhaupt nicht beteiligt sind, kommen auch in Afrika und in Amerika vor. Für die lange Kulturgeschichte des Reis gibt es auch ein sprachliches Argument, denn immerhin läßt sich der lateinische (ursprünglich griechische) Gattungsname *Oryza* von einem Begriff aus dem Sanskrit. Unser Wort Reis ist ein Übernahme des italienischen riso, denn in Italien wurde etwa um 1500 erstmals in Europa mit dem Anbau dieser wichtigen Kulturpflanze begonnen. Reiskultur ist auf der Nordhalbkugel wegen der besonderen klimatischen Ansprüche der Pflanze etwa bis zum 45. Breitengrad möglich. In so hohen Breiten ist der Anbau auf der Südhalbkugel nicht mehr lohnend; hier geht der Anbaugürtel kaum über 40 Grad südlicher Breite hinaus.

Zwei Formen der Reiskultur sind zu unterscheiden: Der Trocken- oder Bergreis wird auf normalen Äckern wie übliches Getreide angebaut. In tropischen Gebieten kann er noch in Höhen bis um 2000 m gedeihen, sofern genügend Niederschläge zur Verfügung stehen. Die Erträge bleiben jedoch hinter der Naßkultur zurück. Der Wasser- oder Sumpfreis wird in besonderen Saatbeeten im Wasser vorkultiviert und anschließend auf Felder verpflanzt, die mit Dämmen für ein Fluten eingerichtet sind. Der Wasserstand muß bei der Naßkultur regulierbar sein und der Wuchshöhe der Pflanzen jeweils angepaßt werden. Erst kurz vor der Ernte wird die Wasserzufuhr unterbrochen. Die Reisernte erfolgt nicht zur Vollreife, weil dabei zu viele Körner aus den Rippen fielen, sondern bei der sogenannten Gelbreife.

Nach dem Ausdreschen liegen noch bespelzte Körner vor, die in dieser Form noch nicht unmittelbar zu verwenden sind. Sie werden in speziellen Reismühlen geschält. Als besonderen Fortschritt bewertete man im letzten Jahrhundert die Erfindung von Poliermaschinen, die nicht nur die Spelzen, sondern auch die proteinreiche Silberhaut des Kornes wegnahm. Bei Teilen der ostasiatischen Bevölkerung, die nahezu ausschließlich von Reis lebte, trat in der Folge eine Vitamin-B-Mangelkrankheit auf. Heute ist überwiegend unpolierter Reis auf dem Markt, der die vitaminreiche Frucht- und Samenschale aufweist.

Mais *Zea mays*

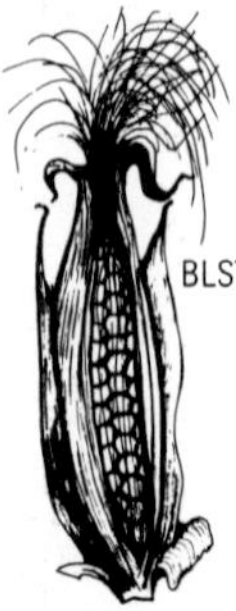

Merkmale: Einjähriges, sehr stattliches Gras mit einfachem und nur ganz selten wenig verzweigtem Stengel. Der Stengel oder Halm ist glatt, aufrecht, markhaltig, 150–250 cm hoch und am Grunde bis 5 cm dick. Knoten zahlreich, am Grunde in dichter Folge. An den bodennahen Knoten entwickeln sich zahlreiche sproßbürtige Wurzeln, die einerseits der Nährstoff- und Wasseraufnahme dienen, andererseits aber auch die Standfestigkeit der Pflanze erhöhen. Entlang des Halmes befinden sich bis zu 40 bandartige, 4–10 cm breite und bis über 100 cm lange, dunkelgrüne Blätter. Das Blatthäutchen ist verhältnismäßig kurz (bis 5 mm) und lang zerschlitzt oder bewimpert. Blattscheiden glatt. Blattspreiten flach, oberseits mitunter zerstreut behaart, am Rande wellig, leicht rauh. Rispe endständig, sehr groß, bis etwa 50 cm lang. Rispenäste mit paarweise angeordneten Ährchen zu jeweils 2 männlichen Blüten mit 2 krautarigen, spitzen, behaarten, hellvioletten und mehrnervigen Hüllspelzen. Weibliche Blütenstände zu 1–3 als seitliche Kurztriebe in Blattachseln am unteren oder mittleren Halm: Sie sind kurzgestielte Kolben, die von breiten, grünlichen Hüllblättern (= Lieschen) eingeschlossen sind und in 8–16 Längszeilen paarweise Ährchen tragen. Jedes Ährchen besteht aus 2 Blüten, von denen jedoch nur eine vollentwickelt ist. Fruchtknoten sehr klein und höchstens 3 mm lang, jedoch mit sehr langen, zur Blütezeit etwa 20 bis 40 cm messenden Griffeln mit endständiger Narbe ausgestattet. Die vertrocknenden Griffel ragen als bräunliches Bündel aus der Spitze des Kolbens zwischen den Lieschen vor. Die zarten Hüll-, Deck- und Vorspelzen der weiblichen Blüten entwickeln sich nicht weiter. Die Früchte können sich daher völlig unbespelzt vorwölben. Zur Reifezeit sind die Maiskörner (Karyopsen) weißlich, goldgelb, rot oder schwarzviolett – je nach Sorte.

Blütezeit: Juli bis September.

Standort: Bevorzugt auf sandigem Lehmboden in sommerwarmen, aber feuchtebringendem Klima (Weinbauklima).

Verbreitung: Als Kulturpflanze heute weltweit verbreitet.

Allgemeines: Die Wildform des Mais ist bislang noch nicht gefunden worden. Mit einiger Gewißheit ist anzunehmen, daß die heute in allen Erdteilen angebaute Pflanze ihre Heimat im Übergangsgebiet zwischen Mittel- und Südamerika hat. Eine Zeitlang wurde angenommen, der Kulturmais sei aus der Kreuzung zwischen einem maisähnlichen Wildgras, der rispigen Teosinte, und einer heute ausgestorbenen Wildmais-Art hervorgegangen. Heute wird eher die Ansicht vertreten, daß in der Teosinte Mais-Erbgut enthalten ist und daß der Kulturmais aus einem heute nicht mehr vorhandenen Wildmais ausgelesen worden sei. Reste eines sehr ursprünglichen Wildmais sind in Höhlen in Südmexiko gefunden worden. Sie werden in das vierte vorchristliche Jahrtausend datiert. Im Leben der Indianer spielte der Mais als Nutzpflanze offenbar über viele Jahrhunderte hinweg eine bedeutende Rolle. Bewohner der karibischen Inseln nannten diese Kulturpflanze mahiz. Die spanischen Eroberer übernahmen diese Bezeichnung und brachten die Pflanze schon kurz nach 1500 nach Europa. Aber erst seit dem 17. Jahrhundert wird Mais planmäßig angebaut, zunächst in Italien, dann aber auch auf dem Balkan. Erst seit zwei Jahrzehnten wird Futtermais in beachtlichem Umfang auch nördlich der Alpen angebaut.

Botanisch weicht Mais von allen übrigen Gräsern durch seine getrenntgeschlechtlichen Blüten ab. Bemerkenswert ist auch die eigenartige Positionierung der weiblichen Blütenstände. Sie wird jedoch verständlich, wenn man bedenkt, daß die Pollenkörner vom Mais ungewöhnlich groß sind und somit vom Wind nicht allzu weit transportiert werden können. Innerhalb eines Maisfeldes genügt es daher zur Bestäubung, wenn sie aus den hochragenden männlichen Blütenständen einfach herauskullern. Selbstbestäubung ist ausgeschlossen, da die männlichen Blüten immer vor den weiblichen Blüten der gleichen Pflanze aufblühen. Mais ist eine bemerkenswert produktive Grasart. Sie gehört ebenso wie die Hirsen und das Zuckerrohr zu den sogenannten tropischen Hochleistungspflanzen, die durch einen physiologischen Mechanismus mehr Kohlendioxid in Kohlenhydrate umwandeln können.

Strand-Bürstengras *Polypogon maritimum*

BLST

Merkmale: Ausdauerndes, an der Basis reicher verzweigtes Gras mit ausgebreiteten, aufsteigenden oder aufrechten Halmen, etwa 10–25 cm hoch, mit mehreren Knoten, glatt, unterhalb des Blütenstandes rauh. Blatthäutchen um 5 mm lang, ganzrandig. Blattscheiden umfassen den Halm locker. Blattspreiten grün, kürzer als ihre Scheiden, zugespitzt, flach oder wenig gerollt, abstehend oder schräg aufwärts. Rispe ährenartig dicht, bis 5 cm lang und 1 cm breit, grünlich, nicht gelappt. Deckspelzen rückenständig lang begrannt.

Blütezeit: Juni bis August.

Standort: Offene Sandfluren in Küstennähe.

Verbreitung: Mittelmeergebiet, atlantische Küsten bis Südengland.

Das **Grüne Bürstengras** *(Polypogon viridis)* kommt vor allem an mediterranen Feuchtbiotopen vor.

Gemeines Bürstengras *Polypogon monspeliensis*

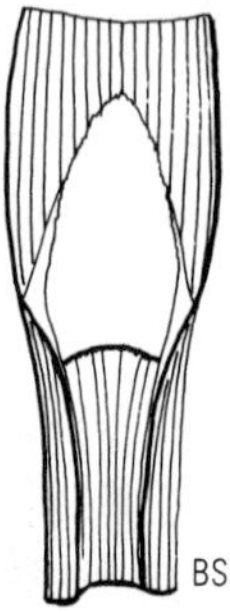
BS

Merkmale: Einjähriges, am Grunde büschelig verzweigtes Gras mit zahlreichen aufrechten oder bogig aufsteigenden Halmen, etwa 10–70 cm hoch, glatt, nur unterhalb des Blütenstandes deutlich rauh. Blatthäutchen auffallend groß, bis etwa 8 mm lang. Blattscheiden nur im Bereich ihrer Knoten eng anliegend, weiter oben lockerer und zum Teil leicht aufgeblasen. Blattspreiten rauh, flach, kürzer als die Blattscheiden, schlank zugespitzt. Rispe in Gestalt einer sehr dichten Scheinähre, aufrecht, bis 12 cm lang und 2 cm dick, erinnert im Aussehen an eine Flaschen- oder Lampenbürste, etwas gelappt, bleichgrün.

Blütezeit: April bis Juni und Oktober.

Standort: Meist auf trockenen, nährstoffarmen Sandböden, auch auf Kulturland.

Verbreitung: Mittelmeergebiet, vereinzelt auch nach Mitteleuropa verschleppt.

Schlickgras *Spartina × townsendii*

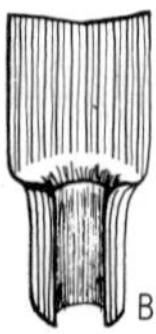
BS

Ä

Merkmale: Ausdauerndes, sehr tief wurzelndes Gras in dichten Horsten oder Flecken mit aufrechten, kräftigen Halmen und weithin kriechenden Wurzelstöcken, etwa 30 bis 120 cm hoch. Blatthäutchen durch einen dichten Kranz seidiger, bis 2 mm langer Haare ersetzt. Blattscheiden in sehr dichter Folge, überlappen sich vorne, auf dem Rücken rund, glatt, unbehaart. Blattspreiten graugrün, bis 12 mm lang und 5–30 cm lang, flach oder leicht rinnig, ziemlich zäh, glatt, dicht gerippt, aufrecht oder schräg abgespreizt, in eine sehr dünne, harte Spitze ausgezogen. Rispen aufrecht, zusammengezogen, bis über 20 cm lang, gelblichgrün, bestehen aus 2–9 ährenartig aufgebauten Rispenästen, die ihrerseits unverzweigt sind. Ähren sehr steif, dreikantig, glatt, am Ende mit verlängerter Borste. Ährchen einseitswendig und überlappend, angedrückt, bis 18 mm lang, 1blütig, fein behaart. Hüllspelzen gekielt. Deckspelzen unbegrannt.

Blütezeit: Juli bis Oktober.

Standort: Gezeitenbeeinflußte Schlickflächen im Wattenmeer.

Verbreitung: Schlickgras ist besondes an den Nordseeküsten weit verbreitet und sehr häufig.

Allgemeines: Das Schlickgras ist ein um 1870 im Ärmelkanal entstandener Bastard aus dem dort beheimateten **Meer-Schlickgras** *(Spartina maritima)*, das nur etwa 50 cm hoch wird und im Blütenstand lediglich 2–3 Rispenäste umfaßt, mit der aus Nordamerika eingeschleppten *(Spartina alterniflora)*. Aus dieser Kreuzung gingen sterile und fertile Bastarde hervor. Neuerdings werden die sterilen als *Spartina × townsendii*, die fertilen jedoch als **Englisches Schlickgras** *(Spartina anglica)* bezeichnet.

Allgemeines: Schlickgras wurde an vielen Stellen im Deichvorland zur Anschlickung angepflanzt. Die Art hat sich dazu jedoch nur sehr wenig bewährt.

Zierlicher Traubenschwingel *Ctenopsis delicatula*

Merkmale: Einjähriges, am Grunde stärker verzweigtes Gras mit dünnen, aufsteigenden oder mehrfach geknickten, fast liegenden Halmen, etwa 15–25 cm hoch. Blatthäutchen der Stengelblätter höchstens 0,5 mm lang, ganzrandig. Blattscheiden anliegend. Blattspreiten sehr schmal, meistens stärker zusammengerollt. Blütenstand traubig oder sehr spärlich verzweigt, 1–7 cm lang und bis 1 cm breit. Ährchen nach der Blüte abstehend, ohne Grannen 6–9 mm lang, 3- bis 7blütig. Untere Hüllspelze um 1 mm lang, 1nervig, fein zugespitzt. Obere Hüllspelze um 6 mm lang, stumpfer, 3nervig. Deckspelze etwa 5 mm lang, mit ungefähr gleichlanger Granne, ohne deutliche Nerven. **Blütezeit:** Mai bis Juli.

Standort: Trockene Sandfluren, Magerrasen, Wegränder, Brachland.

Verbreitung: Westliches und mittleres Spanien.

Strand-Hartrispe *Cutandia maritima*

Merkmale: Einjähriges, nur an der Basis stärker verzweigtes Gras in lockeren Horsten oder Rasen, mit kräftigen, aber meist liegenden und nur teilweise aufrechten Halmen bis 35 cm hoch. Blattscheide kurz und anliegend, Blattspreite flach oder bei Trockenheit zusammengerollt. Rispen sehr wenigästig, 2–12 cm lang, meist nur mit 1 oder 2 Ästen an jedem Knoten und diese mit nur 1 Ährchen. Ährchen 5- bis 9blütig, 8–16 mm lang, schmal oval. Hüllspelzen stumpf, glatt, mit kräftigen Nerven. Die Deckspelzen werden bis 7 mm lang, sie sind glatt, wenig spitz, sie umschließen bereits teilweise die folgende Blüte. Unbegrannt.

Blütezeit: April bis Juni.

Standort: Küstennahe Sandgebiete, Dünen, Ruderalstellen in Strandnähe.

Verbreitung: Überall im Mittelmeergebiet, besonders entlang der Iberischen Halbinsel.

Starres Dorngras *Crypsis aculeata*

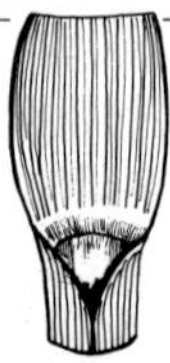

Ä

Merkmale: Einjähriges, am Grunde stärker büschlig verzweigtes Gras mit liegenden, ausgebreiteten und nur an den Enden bogig oder knickig aufsteigenden Halmen, 10–40 cm hoch. Nur wenige Halme wachsen von Grund an aufrecht. Die Blattscheiden liegen den Halmen sehr locker an und sind gewöhnlich bauchig aufgetrieben, auf der gesamten Länge jedoch glatt und kahl. Ein Blatthäutchen fehlt. Statt dessen findet sich am oberen Blattscheidenende ein dichter, kurzer Haarkranz. Die Blattspreite erscheint grünlich-blau, ist besonders am Grunde zerstreut behaart und in eine stachelspitzige Borste verlängert. Fast immer stehen die Spreiten leicht aufgerichtet oder waagerecht wie ein Wegweiser ab. Der flächige Spreitenteil ist deutlich länger als die zugehörige Blattscheide. Blütenstand in Form von köpfchenartigen Scheinähren, diese flach, bis 1 cm lang und 1,5 cm breit, zwischen zwei bauchigen Blattscheiden versteckt. Die Ährchen sind sehr schmal und bis etwa 4 mm lang. Hüllspelzen gekielt und dort auch feinborstig behaart.

Blütezeit: Juli bis September.

Standort: Das Starre Dorngras steht gerne an salzhaltigen Stellen des Binnenlandes oder an feuchten, sandigen Seeufern. Gelegentlich auch in Küstennähe.

Verbreitung: Mittelmeergebiet, südöstliches Österreich (Neusiedlersee-Gebiet) und Ungarn. In Westeuropa von der Bretagne aus südwärts verbreitet.

Allgemeines: Das **Fuchsschwanz-Dorngras** *(Crypsis alopecuroides)* trägt borstlich zusammengefaltete, oberseits kurz rauhhaarige Blätter und schlanke, walzen- bis keulenförmige Scheinähren bis 6 cm Länge ähnlich wie der Wiesen-Fuchsschwanz. Es kommt auf feuchten Äckern und an Flußufern, vereinzelt auch durch Verschleppung an Ruderalstandorten (Bahnhöfe, Häfen) vor. Beheimatet in Südwesteuropa und im Mittelmeergebiet, ferner im gesamten östlichen Donauraum.

Binsengewächse (Juncaceae)

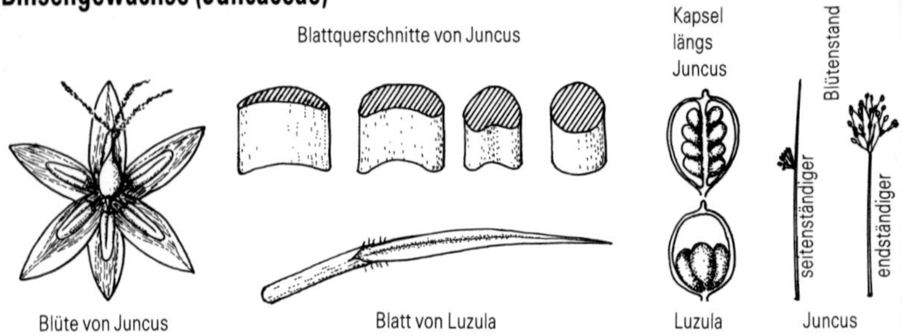

Die Binsengewächse sind eine Familie mit 8 Gattungen und etwa 300 Arten, von denen die überwiegende Anzahl auf die beiden kosmopolitischen Gattungen Binse (*Juncus*, ca. 200 Arten) und Hainsimse (*Luzula*, ca. 80 Arten) verteilt ist. In den Tropen werden die kühleren höheren Lagen bevorzugt. Im Grundaufbau ihrer Blüten erinnern die Binsengewächse noch stark an die Liliengewächse, so besonders in der regelmäßigen und meist noch vollständigen Ausbildung der Blütenorgane, nämlich 6 Kronblätter, 6 Staubblätter und 3 Fruchtblätter. Selten ist die Anzahl der Staubblätter auf drei reduziert.

Im Unterschied zu den Liliengewächsen sind die Blüten jedoch klein und ihre Blütenblätter zu spelzenartigen Schuppen umgewandelt. Dies steht in Zusammenhang mit der Windbestäubung, der sich fast alle Arten der Familie bedienen. Zusätzliche Unterschiede zu den Liliaceen bilden die in Viererpaketen zusammenhängenden Pollenkörner und das mehlige Nährgewebe ihrer Samen. Der Blütenstand ist eine abgewandelte Form der Rispe, die Spirre. Bei dieser meist reichverzweigten Form sind die randlichen bzw. unteren Blüten am längsten gestielt, während die zentralen oder oberen gestauchter stehen. Auf diese Weise entsteht ein räumliches, fast becherförmiges Gebilde. Zusätzlich können mehrere Blüten knäuelig zusammengefaßt sein.

Der Fruchtknoten ist immer oberständig und endet in drei relativ langen, papillösen, oft eingedrehten Narbenästen. Die Samen der Hainsimsen tragen am Ende verschieden lange, weißliche Anhängsel (Elaiosomen) während bei den Binsen nur ausnahmsweise häutige Fortsätze auftreten. Die Gattung *Juncus* ist noch durch die offenen, geschlitzten, oben oft geöhrten Blattscheiden und die häufig im Querschnitt runden, stengelähnlichen und kahlen Blätter gekennzeichnet. Diese können bisweilen in gerader Linie den Stengel fortsetzen und lassen dann den Blütenstand seitenständig erscheinen. Seltener sind die Blätter flacher, aber auch dann noch häufig dicklich und rinnig.

Stengel und Blätter können kompakt mit einem weißen Mark angefüllt sein oder aber hohl und nur etagenweise durch quer verlaufende Markschichten gegliedert sein. Dieses wichtige Bestimmungsmerkmal läßt sich schon bei leichtem Druck erfühlen und wird bei trockenen Pflanzenteilen besonders deutlich. Die Sproßbasis ist häufig von spreitenlosen Blattscheiden umhüllt.

Die Kapsel der Binsen ist mehrsamig und durch ihre inneren Rippen (die Plazenten) mehr oder weniger dreiteilig gegliedert. Binsen bevorzugen feuchte, ja sogar nasse Standorte und wachsen häufig aus einem kompakten, kriechenden Wurzelstock. Die Hainsimse hat immer geschlossene Blattscheiden und eine flache, grasartige oder höchstens rinnige Blattfläche. Meist finden sich wenigstens in Nähe der Scheidenmündung einige Haare. Die Kapsel von *Luzula* ist einfächrig und trägt im Inneren nur an der Basis drei Samen. Die Hainsimse bevorzugt trockenere, oft auch schattige Standorte wie Wälder und Gebüsche. Beide Gattungen sind ausdauernde Kräuter.

▷ *Oben links: Blütenstand der Knäuelbinse, oben rechts: Längsschnitt durch die Stengel der Flatterbinse, unten: Die stattliche Große Hainsimse (auch Waldhainsimse) liebt feuchte und halbschattige Standorte.*

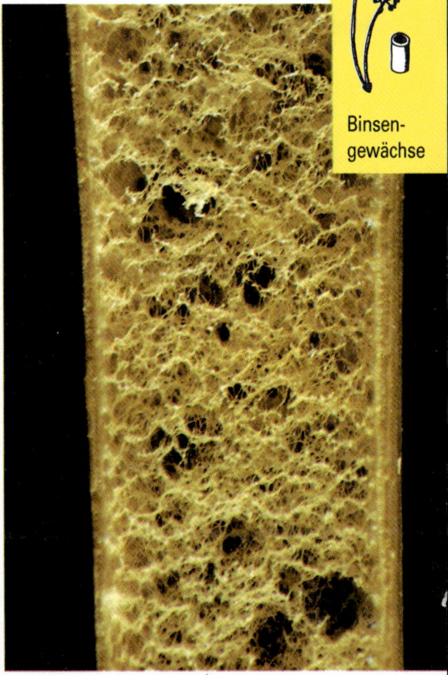

Blaugrüne Binse *Juncus inflexus*

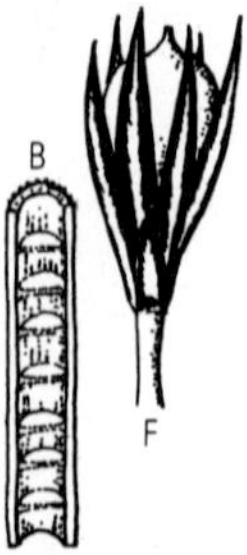

Merkmale: Ausdauernde, bis 80 cm hohe, bisweilen auch größere Pflanze, stumpf graugrün, in dichten Rasen wachsend. Stengel aufrecht, rund und deutlich rinnig gestreift, im Inneren mit fächrig unterbrochenem Mark, nur mit einem, den Blütenstand überragenden Blatt, basal mit rotbraunen Scheiden. Blütenstand scheinbar seitenständig, locker, bis 5 cm lang, spirrig und vielblütig. 6 fast gleichlange Blütenblätter, bräunlich mit breitem grünen Mittelstreifen, schlank und lang zugespitzt, ± länger als die Frucht. 6 Staubblätter. 3 lange, aufrechte, rötliche Narben. Kapsel dreikantig, zugespitzt und dunkel kastanienbraun. Samen klein, rotbraun.

Blütezeit: Juni bis August.

Standort: Die Blaugrüne Binse findet man in Mooren, auf feuchten Wiesen und auf Kalk.

Verbreitung: Europa, nördlich bis Schweden und Schottland.

Flatter-Binse *Juncus effusus*

Merkmale: Ausdauernde, bis 75 cm hohe, bisweilen auch größere Pflanze, leuchtend grün, in sehr dichten Rasen wachsend. Stengel aufrecht, rund, glatt, seltener leicht gestreift, von Mark gefüllt, nur mit einem, den Blütenstand überragenden Blatt, basal mit gelblichbraunen Scheiden. Blütenstand scheinbar seitenständig, ± locker büschelig, spirrig und vielblütig. 6 Blütenblätter, die äußeren etwas länger, grünlich, mit breitem Hautrand, eiförmig und zugespitzt, ± länger als die Frucht. Meist nur 3 Staubblätter. 3 aufrechte Narben. Kapsel dreikantig, oben verbreitert und etwas eingesenkt, Griffel in dieser Vertiefung sitzend, glänzend braun. Samen klein, hell rotbraun.

Blütezeit: Juni bis August.

Standort: Überall an feuchten Stellen.

Verbreitung: In ganz Europa außer den arktischen Gebieten, nördliche Halbkugel.

Knäuel-Binse *Juncus conglomeratus*

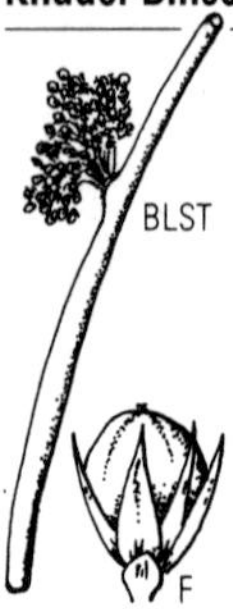

Merkmale: Ausdauernde, bis 75 cm hohe, bisweilen auch größere Pflanze, leicht graugrün, in dichten Rasen wachsend. Stengel aufrecht, rund, besonders unter dem Blütenstand gestreift, von Mark gefüllt, nur mit einem, den Blütenstand überragenden Blatt, basal mit gelblichbraunen, stumpfen Schneiden. Blütenstand scheinbar seitenständig, kompakt bis fast kugelig und vielblütig. 6 Blütenblätter, gleich groß, lang zugespitzt, unterschiedlich bräunlich und schmal hautrandig, ± länger als die Frucht. Meist nur 3 Staubblätter. 3 aufrechte rote Narben. Kapsel dreikantig, oben verbreitert und etwas eingesenkt, Griffel in dieser Vertiefung sitzend, glänzend braun. Samen klein, hell rotbraun.

Blütezeit: Mai bis Juni.

Standort: An feuchten Stellen, kalkmeidend.

Verbreitung: Die Knäuel-Binse ist in fast ganz Europa verbreitet.

Baltische Binse *Juncus balticus*

Merkmale: Ausdauernde, bis 70 cm hohe graugrüne, lockerrasige Pflanze meist ohne nichtblühende Stengel. Stengel aufrecht und starr, basal mit wie lackiert glänzenden, gelblich bräunlichen Scheiden. Blütenstand locker spirrig, reichblütig, deutlich seitenständig, von einem starren, spitzen Hüllblatt weit überragt. 6 Blütenblätter rotbraun mit grünem Mittelnerv, die äußeren spitz, die inneren eher stumpf und weiß hautrandig. 6 Staubblätter. 3 aufrechte, lange Narben. Kapsel eiförmig dreikantig, stachelspitzig braun, glänzend, so lange wie oder länger als die Blütenblätter.

Blütezeit: Juni bis August.

Standort: Strand und Salzwiesen, feuchte Dünentäler und Heiden.

Verbreitung: Westeuropa bis Nordrußland. An der Ostsee häufig zu finden, an der Nordsee dagegen selten.

Faden-Binse *Juncus filiformis*

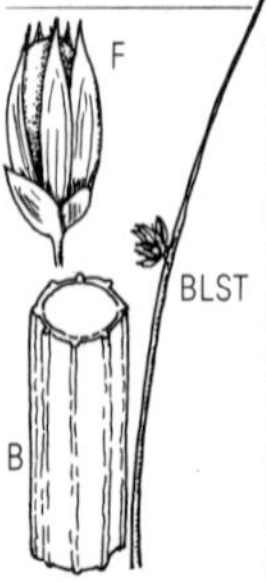

Merkmale: Ausdauernde, 10 bis 60 cm hohe Pflanze, gras- bis hellgrün, in Rasen wachsend. Nichtblühende Sprosse meist fehlend. Stengel aufrecht, rund bis schwach zusammengedrückt, glänzend, im Inneren mit netzartigem Mark, nur mit einem, den Blütenstand lang überragenden Blatt, basal mit strohfarbenen Scheiden. Blütenstand scheinbar seitenständig, kaum über 1 cm lang, wenigblütig (bis 10blütig). 6 fast gleichlange Blütenblätter, grünlich, schlank und lang zugespitzt, so lang wie die Frucht. 6 Staubblätter. 3 aufrechte, blaßrote Narben. Kapsel kugelig, stumpf mit kurzer Stachelspitze. Samen kugelig, hell rotbraun, ohne Anhängsel.

Blütezeit: Juni bis August.

Standort: Moore, feuchte Wiesen, kalkmeidend.

Verbreitung: Europa, im Süden seltener. Asien, Nordamerika.

Dreiblatt-Binse *Juncus trifidus*

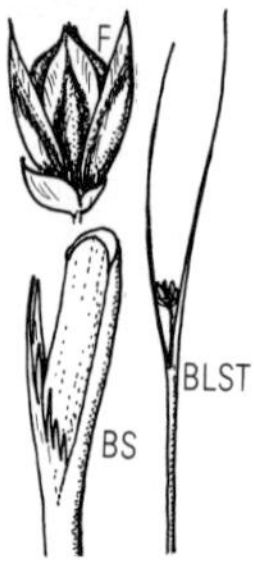

Merkmale: Ausdauernde, bis 30 cm hohe Pflanze, dichte Rasen bildend. Stengel aufrecht, fadenförmig, rund, basal mit glänzenden, gelbbraunen Scheiden. Blätter dünn, fädig, tief rinnig, an der Mündung der Blattscheide mit haarartigen Anhängseln. Blütenstand nur aus 2–4 gestielten Blüten, von 2–3 Hüllblättern überragt. 6 gleichlange Blütenblätter, kastanienbraun mit grünem Mittelnerv, schlank und lang zugespitzt, so lang wie die Frucht. 6 Staubblätter. 3 zurückgebogene, weiße Narben. Kapsel eiförmig mit langer Spitze. – Je nach Länge der oberen Stengelblätter in 2 Unterarten getrennt.

Blütezeit: Juli bis August.

Standort: An Felsen, auf trockenen Rasen der Gebirge, 1600–3000 m. Die typische Unterart kalkmeidend, die zweit kalkhold.

Verbreitung: Nordeuropa, im Süden nur in den Gebirgen.

Sparrige Binse *Juncus squarrosus*

Merkmale: Ausdauernde, 10 bis 30 cm hohe Pflanze, dichte Rasen bildend, ohne kriechenden Wurzelstock. Stengel starr aufrecht, viel länger als die basalen Blätter. Diese lederig-borstig, rinnig, vom Horst abstehend, oben oft aufwärts gebogen. Blütenstand endständig, in doldiger Spirre, mit einem längeren und mehreren kürzeren Hüllblättern. 6 kräftige Blütenblätter, olivbraun mit grünem Mittelstreifen und hautrandig, eiförmig, stumpf, so lang wie die Frucht. 6 Staubblätter. 3 aufrechte, rötliche Narben. Kapsel zylindrisch-eiförmig, stumpf mit Stachelspitze. Samen länglich, netzig-grubig.

Blütezeit: Juni bis August.

Standort: Die Sparrige Binse findet man auf feuchten, moorigen oder sandigen Böden, sie ist kalkmeidend.

Verbreitung: West-, Nordwest- und Mitteleuropa, besonders im Südosten fehlend.

Zarte Binse *Juncus tenuis*

Merkmale: Ausdauernde, 15 bis 70 cm hohe gelbgrüne, später braungelbe Pflanze; dichte Rasen bildend. Stengel aufrecht, meist nur mit Hüllblättern, die den Blütenstand weit überragen. Blätter schmal grasartig, aufrecht. Blütenstand endständig, in lockerer, doldiger Spirre. 6 geldbraune, 3nervige schmal lanzettliche, zugespitzte Blütenblätter, die inneren hautrandig. 6 Staubblätter. 3 aufrechte, lange Narben. Kapsel eiförmig-kugelig, mit kurzer Stachelspitze, deutlich kürzer als die Blütenhülle. Samen klein, bleich, im Wasser froschlaichartig aufquellend.

Blütezeit: Juni bis September.

Standort: Feuchte Wegränder, Schuttplätze, auf Heiden und in Kiefernwäldern.

Verbreitung: Die Zarte Binse stammt aus Nordamerika, seit etwa 1825 findet man sie auch in Europa. Heute in Nord-, West- und Zentraleuropa eingebürgert.

Salz-Binse *Juncus gerardii* RL

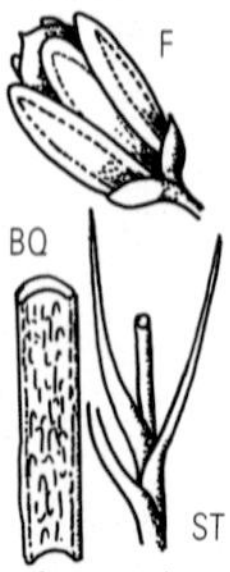

Merkmale: Ausdauernde, 10 bis 30 cm hohe, selten auch größere, leuchtend grüne bis olivgrüne Pflanze mit einem kurz kriechenden Wurzelstock. Stengel aufrecht und starr, fast stielrund und beblättert. Blätter zusammengedrückt, rinnig, durch Markverstrebungen beim Anfassen gekammert. Blütenstand locker spirrig, reichblütig, anfangs mit aufrecht stehenden Ästen. Das unterste Tragblatt ist kürzer als die Spirre. Blütenblätter zugespitzt, schwarzbraun mit hellerem Mittelnerv, ± so lang wie die Frucht. 6 kurze Staubblätter. Griffel mit 3 Narben, so lang wie der Fruchtknoten. Die Kapsel ist elliptisch und dunkelbraun.

Blütezeit: Juni bis August.

Standort: Die Salz-Binse findet man an salzhaltigen Stellen an den Küsten und im Binnenland, meist nur im Flachland.

Verbreitung: Die Salz-Binse ist fast überall in Europa, außerdem in Asien, Nordamerika und Nordafrika verbreitet.

Allgemeines: Im Gegensatz zu vielen anderen Binsen ist die Salz-Binse eine geschätzte Weidepflanze. Sie wird vom Vieh sowohl frisch wie trocken sehr gerne gefressen. Sie gedeiht am besten ohne Düngung auf zeitweise vom Brackwasser überfluteten Wiesen des Küstengebiets. Sie liefert unter diesen Umständen beachtliche Nährstofferträge, die auf der kompakten, leicht fleischigen Substanz der Stengel und Blätter beruhen. Die Salz-Binse tritt zusammen mit dem Roten Schwingel *(Festuca rubra)*, der gemeinen Grasnelke *(Armeria maritima)*, dem Englischen Löffelkraut *(Cochlearia anglica)* und dem Strand-Beifuß *(Artemisia maritima)* dann auf, wenn die Verlandung soweit fortgeschritten ist, daß nur extremes Hochwasser das Gelände überflutet. An Verlandungsseen in Küstennähe findet sie sich auch häufig mit einer Reihe von weiteren Salzpflanzen. Im Binnenland tritt die Art nur in der Nähe von Salinen und anderen Salzstandorten auf.

Knollen-Binse *Juncus compressus*

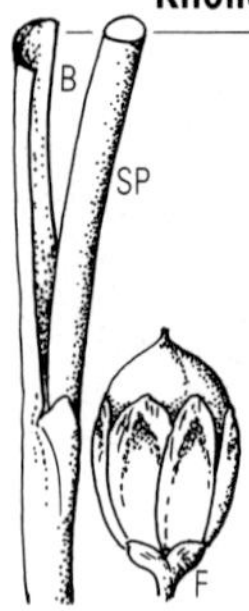

Merkmale: Ausdauernde, bis 40 cm hohe graugrüne, locker wachsende Pflanze. Stengel aufrecht bis aufsteigend, zusammengedrückt, mit 1–2 Laubblättern, basal mit schwärzlichen, nicht glänzenden Blattscheiden. Blätter schmal fädig, schwach rinnig, mit langen Scheiden und stumpfen Blattöhrchen. Blütenstand endständig, in lockerer rispiger Spirre, selten dichter, vom untersten Hüllblatt überragt. 6 rötliche bis braune, in der Mitte grünnervige, stumpfe, eiförmige Blütenblätter, alle hautrandig und kürzer als die Frucht. 6 Staubblätter. 3 aufrechte Narben. Kapsel eiförmig-kugelig, mit kurzer Stachelspitze. Samen rötlich braun.

Blütezeit: Juni bis September.

Standort: Feuchte Wegränder, Wiesen, Flachmoore, Ufer.

Verbreitung: Die Knollen-Binse findet man überall in Europa und auch in Asien.

Sumpf-Binse *Juncus tenageia* RL

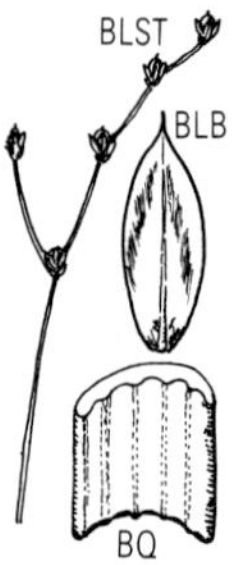

Merkmale: Einjährige, bis 40 cm hohe, büschelig verzweigte Pflanze ohne Wurzelstock. Stengel aufrecht, beblättert. Blätter schmal, flach, bis 1 mm breit, etwas stechend, Scheiden mit stumpfen Blattöhrchen. Blütenstand locker, stark verzweigt, sichelförmig. Die kleinen Blüten an den abstehenden Spirrenästen einzeln. 6 bräunliche, in der Mitte grün gestreifte, eiförmige, stachelspitzige, kaum über 2 mm lange Blütenblätter; alle hautrandig und etwa so lang wie die Frucht. 6 Staubblätter. 3 eingedrehte Narben. Kapsel kugelig, stumpf, grünlich bis bräunlich. Samen gelblich.

Blütezeit: Juni bis September.

Standort: Feuchte offene Standorte, Lehm und Sandböden, kalkmeidend.

Verbreitung: Süd-und Zentraleuropa, nördlich bis Norddeutschland und Holland, allerdings nur recht selten.

Kugelfrüchtige Binse RL
Juncus sphaerocarpus

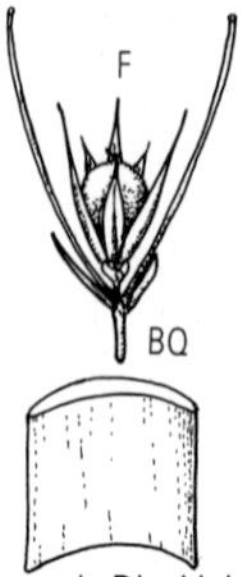

Merkmale: Einjährige, zarte, bis 30 cm hohe, büschelig verzweigte Pflanze ohne Wurzelstock. Stengel schlaff, häufig niederliegend, beblättert. Blätter schmal, flach, bis 1 mm breit, etwas stechend, Scheiden ohne Blattöhrchen. Blütenstand locker, stark verzweigt, sichelförmig, schon im unteren Bereich des Sprosses beginnend. Die kleinen Blüten an den abstehenden Spirrenästen einzeln. 6 bleich grüne, in der Mitte grün gestreifte, eiförmige, stachelspitzige, kaum über 4 mm lange Blütenblätter; alle hautrandig und zur Fruchtzeit abstehend. 6 Staubblätter. 3 gestreckte Narben. Kapsel kugelig, leicht kantig, stumpf, grünlich bis bräunlich.
Blütezeit: Juni bis September.
Standort: Feuchte Ufer und Waldwege
Verbreitung: Südwest- und Westeuropa, nur im Flachland, recht selten.

Kröten-Binse *Juncus bufonius*

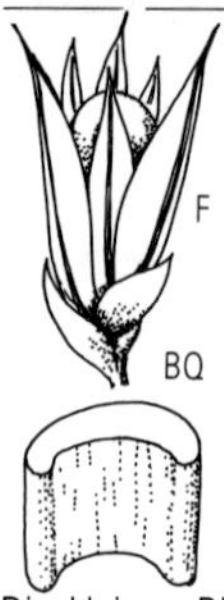

Merkmale: Einjährige, zarte, bis 30 cm hohe, büschelig verzweigte Pflanze ohne Wurzelstock. Stengel schlaff, rund, häufig niederliegend, beblättert. Blätter sehr schmal, flach, besonders oben fadenförmig. Scheiden ohne Blattöhrchen. Blütenstand locker, stark verzweigt, schon im unteren Bereich des Sprosses beginnend. Die kleinen Blüten an den aufrechten Spirrenästen einzeln, seltener in Gruppen. 6 grünliche, in der Mitte grün gestreifte, eiförmige stachelspitzige, 6 bis 8 mm lange Blütenblätter; alle hautrandig. 6 Staubblätter, in den Endblüten auch weniger. 3 gestreckte helle Narben. Kapsel länglich, leicht 3kantig, strohgelb bis grünlich, kürzer als die Blütenblätter.
Blütezeit: Juni bis September.
Standort: Feuchte, offene Standorte.
Verbreitung: In ganz Europa zu finden, kosmopolitisch.

Kopf-Binse *Juncus capitatus* RL

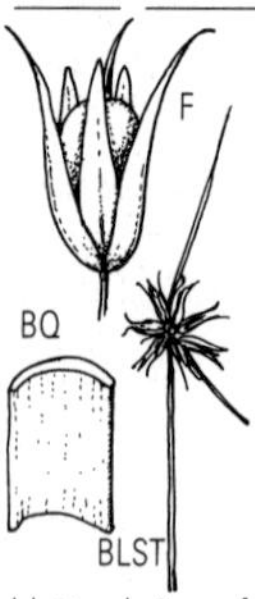

Merkmale: Einjährige, zarte, 5 bis 20 cm hohe, büschelig verzweigte Pflanze ohne Wurzelstock. Stengel dünn, aufrecht, rund oder schwach kantig, unbeblättert. Blätter sehr schmal, rinnig bis flach, borstig. Blütenstand aus meist 2 etwa 1 cm getrennten, endständigen, meist 5- bis 10blütigen, bis 1 cm breiten Köpfchen. Unterstes Hüllblatt schräg aufrecht, viel länger als das zugehörige Köpfchen. 6 weißliche bis bräunliche Blütenblätter. Die äußeren spitz und länger, die inneren stumpflich und kürzer. 3 Staubblätter. 3 Narben. Die Kapsel ist eiförmig, stumpf rotbraun, mit einer kurzer Spitze, kürzer als die inneren Blütenblätter.
Blütezeit: Juni bis September.
Standort: Feuchte, offene Standorte, trockengefallene Wiesen.
Verbreitung: Ganz Europa, im Norden allerdings nur selten.

Moor-Binse *Juncus stygius* RL

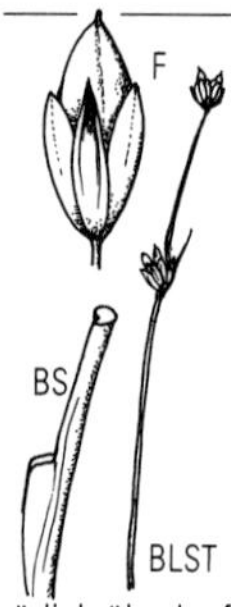

Merkmale: Ausdauernde, 8 bis 20 cm hohe, rötlich überlaufene, dichtrasige Pflanze, Stengel aufrecht mit 2 bis 3 basal rinnigen Laubblättern. Blütenstand endständig aus 1 oder zwei 2- bis 3blütigen, sitzenden Köpfchen. Blätter ± gefächert, mit zwei stumpfen Blattöhrchen an der Scheide. Blüten grünlich bis geblich, bisweilen rötlich überlaufen, sehr kurz gestielt. Blütenblätter gleich lang, schmal eiförmig, ± spitz, 3nervig. Griffel mit drei kurzen Narben. Frucht dreikantig-eiförmig, spitz, doppelt so lang wie die Blütenblätter, strohgelb und glänzend. Die Samen sind groß, sie haben an beiden Enden häutige Anhängsel.
Blütezeit: Juli bis September.
Standort: Hochmoore und Sümpfe.
Verbreitung: Subarktisches Nordeuropa, in Mitteleuropa als Eiszeitrelikt im deutschen und Schweizer Voralpenland.

Rasen-Binse *Juncus bulbosus*

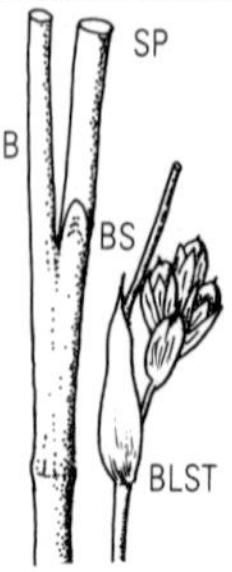

Merkmale: Ausdauernde, aber schon im 1. Jahr blühende, dicht rasige, 5–25 cm hohe, grüne bis rötliche Pflanze ohne Wurzelstock. Stengel dünn, aufrecht bis liegend, rund, beblättert, am Grund ± knotig angeschwollen. Blätter rundlich fadenförmig, sehr schmal, borstig. Blütenstand verzweigt, aus mehreren getrennten 2- bis 10blütigen Köpfchen. An Stelle der Blüten häufig z. T. Brutsprosse. 6 hellbraune Blütenblätter. Die äußeren spitz und länger, die inneren stumpflich und kürzer. Meist nur 3 Staubblätter. 3 lange hellrote Narben. Kapsel eiförmig, glänzend rotbraun, mit kurzer Spitze, etwas länger als die inneren Blütenblätter.

Blütezeit: Juli bis Oktober.

Standort: Feuchte, offene Standorte, überschwemmte Wiesen.

Verbreitung: In ganz Europa, allerdings nicht im Südosten.

Zwerg-Binse *Juncus pygmaeus*

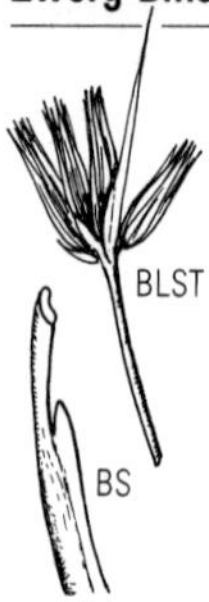

Merkmale: Einjährige, an der Basis büschelig verzweigte, 1–10 cm hohe, grüne bis rötliche Pflanze ohne Wurzelstock. Stengel dünn, rund, aufrecht bis aufsteigend, mit einem Blatt unterhalb der Mitte. Blätter rundlich fadenförmig, zusammengedrückt. Blütenstand aus 1–5 getrennt stehenden Köpfchen. Köpfchen 1 cm lang, mit 2–15 kurz gestielten Blüten. 6 grünliche, längliche Blütenblätter. Die äußeren stumpf und länger, die inneren kürzer und spitz. Je nach Herkunft 3 oder 6 ungleiche Staubblätter. 3 kurze Narben direkt auf dem Fruchtknoten. Kapsel strohgelb, kürzer als die Blütenblätter.

Blütezeit: Mai bis Oktober.

Standort: Auf feuchten Sandflächen und in Dünentäler.

Verbreitung: Westeuropa, in Deutschland findet man die Zwerg-Binse nur an den Dünen der Nordseeküste, Nordafrika.

Stumpfblütige Binse *Juncus subnodulosus*

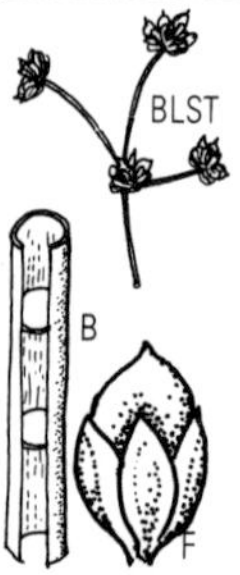

Merkmale: Ausdauernde, 40 bis 100 cm hohe, lockere Rasen bildende Pflanze mit kräftigem Wurzelstock. Sterile Stengel am Ende mit stengelähnlichem Blatt, blühende Stengel mit 2 Blättern. Blätter rund, quergekammert. Blütenstand reich verzweigte Spirre aus häufig 50 und mehr halbkugeligen Köpfchen mit winkelig ab- und zurückgebogenen Ästen, jung sehr hell. Köpfchen 5 mm lang, 5- bis 12blütig. 6 bleich grüne bis strohfarbene, elliptische, stumpfe, bis 3 mm lange Blütenblätter. 6 Staubblätter. Die Kapsel ist etwas länger als die Blütenblätter, dreikantig-eiförmig, seitlich zusammengedrückt und mit kurzer Spitze. Samen rotbraun und netzartig gemustert.

Blütezeit: Juni bis Juli.

Standort: Feuchte, kalkhaltige Flächen, salztolerant.

Verbreitung: Mittel-, West- und Südeuropa.

Schwarze Binse *Juncus atratus* RL

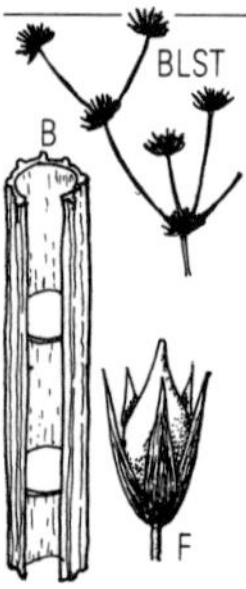

Merkmale: Ausdauernde, kräftige, 40–120 cm hohe, graugrüne, ausgedehnte Rasen bildende Pflanze mit kurzen Wurzelstock, basal mit dunklen, nicht glänzenden Blattscheiden. Blätter rundlich bis zusammengedrückt, gestreift kantig, im Inneren mit quergekammertem Mark. Blütenstand eine reich verzweigte bis 15 cm hohe Spirre mit zahlreichen, meist bis 50 schwarzbraunen Köpfchen. Köpfchen bis 5 mm breit, kugelig, meist 5- bis 10blütig. 6 schwarzbraune, lanzettliche und lang zugespitzte, bis über 3 mm lange, gleichgroße Blütenblätter. 6 Staubblätter. Die Kapsel kastanienbraun, dreikantig-eiförmig, mit flachen Seiten und langem Schnabel, so lang wie die Blütenblätter.

Blütezeit: Juli und August.

Standort: Besonders in Sumpfwiesen und Flachmooren.

Verbreitung: Mittel- und Osteuropa.

Wald-Binse *Juncus acutiflorus*

Merkmale: Ausdauernde, 30 bis 100 cm hohe, frisch grüne, ausgedehnte Rasen bildende Pflanze mit kurzem Wurzelstock. Blätter rundlich, zusammengedrückt, mit langer Scheide, im Inneren mit quergekammertem Mark. Blütenstand, eine reich verzweigte, bis 15 cm hohe Spirre mit zahlreichen, meist 50 und mehr Köpfchen. Köpfchen bis 7 mm breit, meist 5- bis 8blütig. 6 lederbraune, lanzettliche, lang zugespitzte, bis 3 mm lange Blütenblätter; die inneren länger als die äußeren. 6 Staubblätter. Die Kapsel kastanienbraun, etwas länger als die Blütenblätter, dreikantig-eiförmig, mit flachen bis konkaven Seiten und langem Schnabel. Samen durchsichtig rotbraun.

Blütezeit: Juni bis August.

Standort: In Wäldern, Waldsümpfen, an Gräben und auf feuchten Wiesen.

Verbreitung: Mittel-, West- und Südeuropa.

Glanz-Binse *Juncus articulatus*

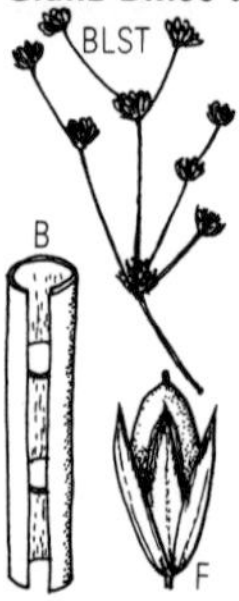

Merkmale: Ausdauernde, schlanke 10–60 cm hohe, frisch grüne, lockerrasige Pflanze mit kriechendem Wurzelstock. Blätter rundlich bis zusammengedrückt, spitz, im Innern mit quergekammertem Mark. Blütenstand eine aufrechte, bis 10 cm hohe Spirre mit schräg aufrechten Seitenästen und selten über 30 locker angeordneten Köpfchen. Köpfchen bis 5 mm breit, halbkugelig, meist 5- bis 15blütig. 6 rotbraune, gleichlange, lanzettliche, bis über 3 mm lange Blütenblätter; die inneren etwas hautrandig. 6 Staubblätter. Die Kapsel glänzend schwarzbraun, spitz-eiförmig, so lang wie oder länger als die Blütenblätter.

Blütezeit: Juli bis Oktober.

Standort: Verbreitet an feuchten Stellen, Gräben, in Sümpfen, bis 2000 m

Verbreitung: Ganz Europa, Asien, Nordamerika, Nordafrika.

Alpen-Binse *Juncus alpino-articulatus*

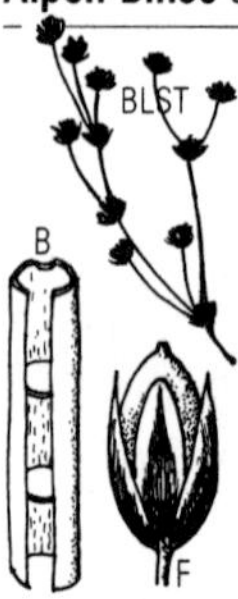

Merkmale: Ausdauernde, schlanke 9–50 cm hohe, frisch grüne, lockerrasige Pflanze mit kriechendem Wurzelstock. Blätter rundlich, basal gefurcht, im Inneren mit quergekammertem Mark. Blütenstand eine aufrechte, wenig verzweigte, recht variable Spirre mit starr aufrechten Seitenästen und kleinen dunkelbraunen Köpfchen. Köpfchen bis 4 mm breit, halbkugelig, meist 3- bis 6blütig. 6 dunkelbraune, gleichlange, stumpf eiförmige, bis über 3 mm lange Blütenblätter; die inneren etwas hautrandig, die äußeren mit kleiner Spitze. 6 Staubblätter. Die Kapsel glänzend schwarzbraun, dreikantig-eiförmig, länger als die Blütenblätter. – Variable, in mehrere Unterarten getrennte Art.

Blütezeit: Juni bis August.

Standort: An feuchten Stellen, bis in 2500 m Höhe zu finden.

Verbreitung: Ganz Europa, Asien, Nordamerika.

Zweischneidige Binse *Juncus anceps*

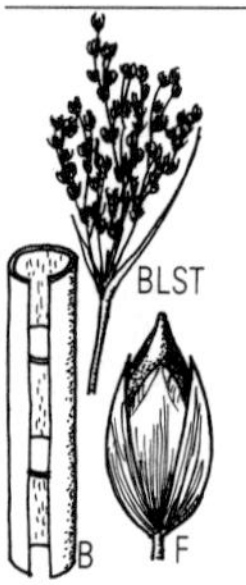

Merkmale: Ausdauernde, bis 50 cm hohe Pflanze, leuchtend grün, in lockeren Rasen wachsend, mit ziemlich langem und dickem Wurzelstock. Stengel aufrecht und glatt, rund bis meist stark zusammengedrückt, nichtblühende Sprosse reich beblättert. Blätter derb, glatt, mit Querwänden. Blütenstand deutlich endständig, spirrig, reich verzweigt mit aufrecht abstehenden Ästen. Blüten in zahlreichen, meist 3- bis 6blütigen, kleinen, gestielten Köpfchen. 6 Blütenblätter, rotbraun, hautrandig, alle gleich lang und stumpf, der Frucht angedrückt. 6 Staubblätter. Kapsel 3seitig elliptisch, spitz, dunkel, glänzend kastanienbraun.

Blütezeit: Juli bis August.

Standort: Feuchte Dünentäler.

Verbreitung: Küsten vom Mittelmeer bis nach Schweden; in Deutschland nur an der Nordsee.

Jacquins Binse *Juncus jacquinii*

Merkmale: Ausdauernde, bis 30 cm hohe Pflanze, dunkelgrün, in dichten Rasen wachsend. Stengel aufrecht und glatt bis schwach gerippt, rund. Blütenstengel basal scheidig, nur mit einem Hüllblatt im Bereich des schwarzbraunen Blütenstands. Grundblätter dünn, glatt, an einer Seite schwach rinnig, markig. Blütenstand deutlich seitenständig, kopfig-spirrig, 6- bis 15blütig. 6 Blütenblätter, glänzend schwarzbraun mit etwas hellerem Mittelnerv, lanzettlich zugespitzt, gleich lang. 6 Staubblätter. 3 lange grünliche bis rote, korkenzieherartig gedrehte Narben. Kapsel stumpf, dreikantig, hellbraun glänzend, kürzer als die Blütenblätter.

Blütezeit: Juli bis Oktober.

Standort: Bachufer, feuchte, kalkarme Wiesen, 1700–3200 m.

Verbreitung: In den Alpen und im nördlichen Apennin zu finden.

Spitze Binse *Juncus acutus*

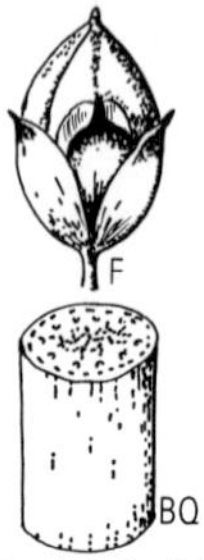

Merkmale: Ausdauernde, bis 1 m oder höher werdende, dicht stehende Horste bildende Pflanze mit kriechendem Wurzelstock. 2–5 grundständige Blätter, rundlich, basal mit breiter Scheide. Blütenstand eine dichte, vielblütige, zur Seite gedrängte Spirre, die von einem oder zwei, unten breiten, oben stechenden Hüllblättern überragt wird. 6 rötliche bis grüne, gleichgroße, bis 6 mm lange, eiförmige, breit hautrandige Blütenblätter, die inneren mit zwei trockenhäutigen Öhrchen. 6 Staubblätter so lang oder etwas kürzer als die Blütenhülle. Die Kapsel ist glänzend dunkelbraun, eiförmig, doppelt so lang wie die Blütenblätter, mit stumpfen Ende und aufgesetzter Spitze. Samen mit Anhängsel.

Blütezeit: Mai bis Juli.

Standort: Salzige, sandige, küstennahe Stellen.

Verbreitung: In Westeuropa und im Mittelmeergebiet.

Meerstrand-Binse *Juncus maritimus*

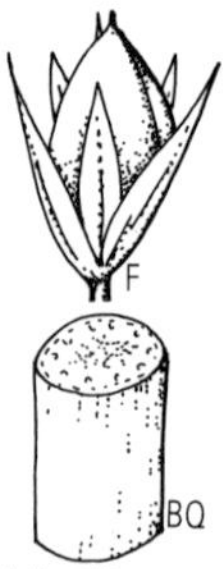

Merkmale: Ausdauernde, bis 120 cm hohe, dicht stehende Horste bildende Pflanze mit kriechendem Wurzelstock. Blätter alle grundständig, rundlich, basal mit breiter Scheide. Blütenstand eine dichte, vielblütige, zur Seite gedrängte bis 10 cm lange Spirre, die von einem unten breiten, oben stechenden Hüllblatt überragt wird. Blüten zu 2–3 in Köpfchen. 6 strohgelbe bisweilen rötliche, bis 4 mm lange, eiförmige, breit hautrandige Blütenblätter, die inneren kürzer und stumpf, die äußeren lanzettlich und spitz. 6 Staubblätter. Die drei Narben sind purpurn. Die Kapsel ist stroh- bis rostgelb, eiförmig-dreikantig und nur wenig länger als die Blütenblätter. Samen klein, kaum 1 mm lang,

Blütezeit: Juli und August.

Standort: Salzige Wiesen, küstennahe Stellen.

Verbreitung: Die Meerstrand-Binse ist fast weltweit verbreitet.

Arktische Binse *Juncus arcticus*

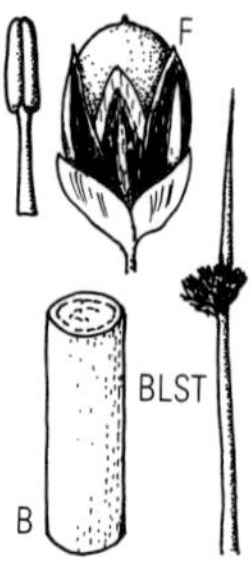

Merkmale: Ausdauernde, 10 bis 40 cm hohe, blaugrüne, dichtrasige Pflanze meist ohne nichtblühende Stengel. Stengel aufrecht und starr, basal mit ± glänzenden, bräunlichen Scheiden. Blütenstand dicht kopfig-spirrig, deutlich seitenständig, von einem starren, spitzen, bis 5 cm langen Hüllblatt überragt, 3- bis 8blütig. 6 Blütenblätter bis 5 mm lang, dunkelbraun mit grünlichem Mittelnerv, die äußeren spitz, die inneren eher stumpf. 6 Staubblätter. 3 aufrechte, rostfarbene Narben. Kapsel stumpf mit Spitze, dreikantig, braun, glänzend, länger als die Blütenblätter. Samen groß, ohne Anhängsel.

Blütezeit: Juli bis August.

Standort: Kiesige Bachufer, Gletschergeröll, in den Alpen von 1500–2500 m.

Verbreitung: Diese Binsenart findet man in den Alpen, Pyrenäen, im Zentralapennin und in Skandinavien – arktisch-alpin.

Haar-Hainsimse *Luzula pilosa*

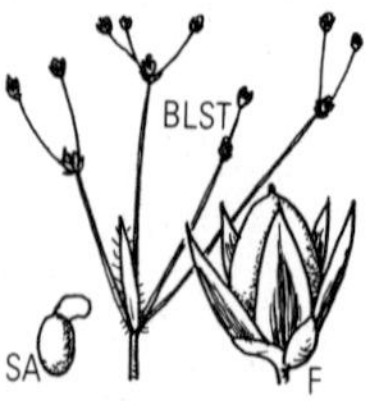

Merkmale: Ausdauernde, 15–40 cm hohe, grasgrüne, dicht- bis lockerrasige Pflanze. Stengel aufrecht bis aufsteigend und rund. Die grundständigen Blätter grasartig, bis 10 mm breit und ± dicht weiß bewimpert. Blütenstand spirrig, mit dünnen aufrechten, zur Fruchtzeit zurückgeschlagenen Ästen. Die Tragblätter deutlich kürzer als der Blütenstand. Die Blütenblätter sind etwa 3 mm lang, lanzettlich, spitz, etwa gleich groß, kastanienbraun und am Rand breit hautrandig. Griffel mit drei langen, aufrechten, grünlich weißen Narben. Frucht kegelförmig stumpf, mit aufgesetzter Spitze, gelbgrün glänzend, länger als die Blütenblätter. Samen relativ groß, mit einem sichelförmigen Anhängsel.

Blütezeit: März bis Mai.

Standort: In Laub- und Nadelwäldern.

Verbreitung: In fast ganz Europa.

Forsters Simse *Luzula forsteri* RL

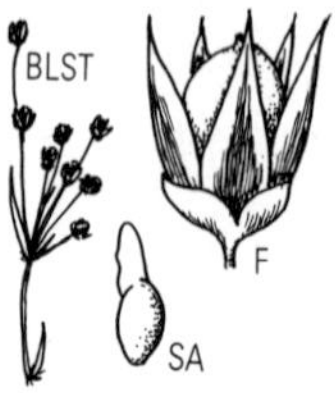

Merkmale: Ausdauernde, 15–40 cm hohe, grüne, dichtrasige Pflanze. Stengel aufrecht, zart und rund. Die grundständigen Blätter grasartig schmal, bis 3 mm breit und mit purpurroten, oben bewimperten Scheiden. Blütenstand wenigblütig, doldig-spirrig, aufrecht oder bisweilen nickend. Das einzige Tragblatt des Blütenstands ist deutlich kürzer als dieser. Die Blütenblätter sind etwa 4 mm lang, zugespitzt-eiförmig, etwa gleich groß, kastanienbraun und am Rand breit-hautrandig. Griffel mit drei langen, aufrechten Narben. Frucht eiförmig zugespitzt, strohgelb, etwa so lang wie die Blütenblätter. Samen relativ groß, im Wasser gallertig aufquellend, mit einem kegelförmigen Anhängsel.

Blütezeit: April bis Mai.

Standort: Bergwälder, kalkmeidend.

Verbreitung: Mittelmeergebiet, bis Südengland.

Busch-Hainsimse *Luzula luzuloides*

Merkmale: Ausdauernde, 30–60 cm hohe, lockerrasige Pflanze. Stengel dünn, aufrecht bis aufsteigend. Die grundständigen Blätter grasartig, bis 4 mm breit und am Rand ± dicht bewimpert. Blütenstand locker spirrig, mit aufrechten bis schrägen, zur Fruchtzeit überhängenden Ästen. Nur das oberste Blatt den Stengel ± überragend. Blüten zu 2–8 genähert. Die Blütenblätter sind etwa 4 mm lang, lanzettlich, spitz, etwa gleich groß, weißlich oder bräunlich, selten dunkler. Griffel mit 3 aufrechten Narben. Frucht dreikantig kegelförmig zugespitzt, glänzend kastanienbraun, so lang wie die Blütenblätter. Samen glänzend braun, mit Anhängsel.

Blütezeit: Juni.

Standort: In trockenen Laub- und Nadelwäldern, auf Wiesen, bis 2000 m.

Verbreitung: Von der Nord- und Ostsee südlich.

Große Hainsimse *Luzula sylvatica*

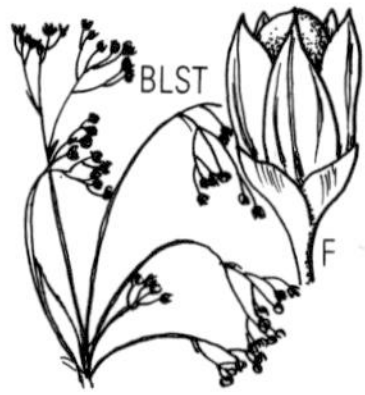

Merkmale: Ausdauernde, 30–90 cm hohe, grasgrüne, lockerrasige Pflanze. Stengel kräftig und aufrecht. Die grundständigen Blätter grasartig, glänzend, über 10 mm breit und am Rand ± dicht bewimpert. Blütenstand groß, locker spirrig, mit dünnen, aufrechten bis abstehenden Ästen. Obere Stengelblätter kürzer als der Blütenstand. Blüten zu 4–5 genähert. Die Blütenblätter sind etwa 4 mm lang, lanzettlich, fein zugespitzt, etwa gleich groß, bräunlich mit weißem Hautrand. Griffel mit drei langen aufrechten Narben. Frucht dreikantig kegelförmig lang zugespitzt, glänzend kastanienbraun, so lang wie die Blütenblätter. Samen mit Anhängsel.

Blütezeit: April und Mai.

Standort: In frischen Laub- und Nadelwäldern, auf feuchten Wiesen, bis über 2000 m.

Verbreitung: Besonders in West- und Südeuropa verbreitet.

Gemeine Hainsimse *Luzula campestris*

Merkmale: Ausdauernde, 10–30 cm hohe, lockerrasige Pflanze mit Ausläufern. Stengel starr-aufrecht. Die grundständigen Blätter grasartig, je nach Standort unterschiedlich breit, bewimpert, am Ende stumpf. Blütenstand kompakt, aufrecht, nur zur Fruchtreife mit teilweise überhängenden Ästen. Obere Stengelblätter etwa so lang wie der Blütenstand. Blüten zu 5–12 genähert. Die Blütenblätter sind bis 3 mm lang, lanzettlich, zugespitzt, etwa gleich groß, rötlich bis blaß braun mit weißem Hautrand. Griffel länger als der Fruchtknoten. Frucht stumpf-eiförmig mit kurzer Spitze, braun, etwa so lang wie die Blütenblätter. Samen mit großem Anhängsel.

Blütezeit: März und Mai.

Standort: Wegränder, Mager- und Trockenrasen. Eher auf leicht sauren Böden.

Verbreitung: Fast weltweit verbreitet.

Vielblütige Hainsimse *Luzula multiflora*

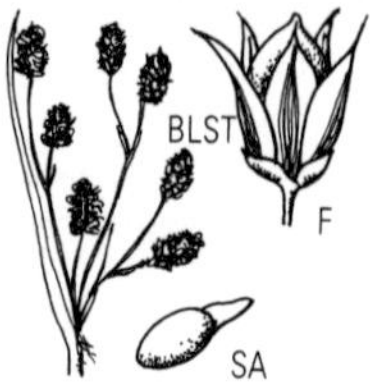

Merkmale: Ausdauernde, 30–55 cm hohe, dichtrasige Pflanze ohne Ausläufer. Stengel starr aufrecht. Die grundständigen Blätter grasartig, 3 bis 4 mm breit, locker bewimpert, am Ende stumpf. Blütenstand mit fast doldigen Ästen aufrecht, nur zur Fruchtreife teilweise überhängend. Obere Stengelblätter etwa so lang wie der Blütenstand. Blüten zu 5–10 genähert. Die Blütenblätter sind bis 3 mm lang, lanzettlich, zugespitzt, etwa gleich groß, rötlich bis blaß braun mit weißem Hautrand. Griffel so lang wie der Fruchtknoten. Frucht stumpf-eiförmig mit kurzer Spitze, braun, etwa so lang wie die Blütenblätter. Samen mit großem Anhängsel.

Blütezeit: März und Mai.

Standort: Saure Mager- und Trockenrasen, auf Torfböden.

Verbreitung: In ganz Europa, im Süden aber nur im Gebirge.

Schneeweise Hainsimse *Luzula nivea*

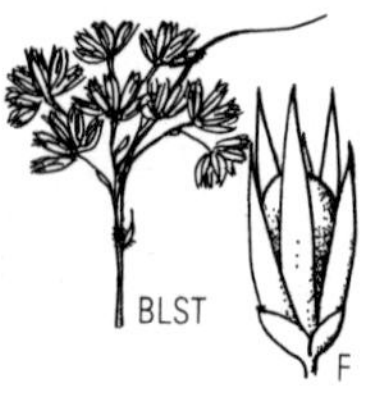

Merkmale: Ausdauernde, 30–90 cm hohe, locker rasige, grasgrüne Pflanze mit Ausläufern. Stengel aufsteigend bis aufrecht. Blätter bis 4 mm breit mit bis 30 cm langer, am Rand und der Scheidemündung bewimperter Fläche. Blütenstand endständig, eine fast doldige, gedrängte Spirre mit aufrechten Ästen. Der Blütenstand wird wenigstens von einem Tragblatt überragt. Blüten groß, zu 6–20 in Gruppen stehend. Blütenblätter weiß, 4–6 mm lang, lanzettlich spitz, die äußeren deutlich kürzer. Griffel viel länger als der Fruchtknoten. Die Frucht ist kugelig, mit kurzer Spitze, braun und viel kürzer als die Blütenblätter. Die Samen mit kleinem Anhängsel.

Blütezeit: Juni bis August.

Standort: Wälder und Gebüsche.

Verbreitung: Alpen besonders im Süden, Ostpyrenäen, Apennin, Ostfrankreich.

Gold-Hainsimse *Luzula lutea*

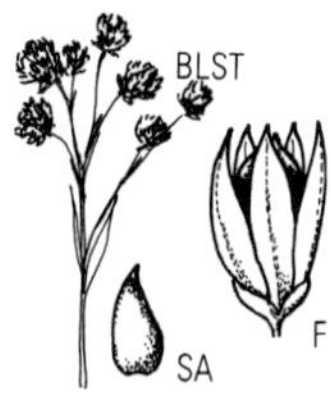

Merkmale: Ausdauernde, 10–20 cm hohe, locker rasige, blaugrüne Pflanze, meist ohne Ausläufer. Stengel aufsteigend bis aufrecht. Blätter bis 6 mm breit mit sehr kurzer, 4–8 cm langer, fast kahler Fläche. Blütenstand endständig, eine fast doldige Spirre mit ± waagrecht abstehenden Ästen. An ihrer Basis nur ein sehr kurzes, braunes bis rötliches Blatt. Blüten zu 6–10 in Gruppen stehend. Blütenblätter gelb, basal etwas rötlich, 3 mm lang, lanzettlich, gleichlang, die äußeren spitz, die inneren stumpf. Griffel länger als der Fruchtknoten. Frucht kugelig, mit kurzer Spitze, braun, so lang wie die Blütenblätter. Samen ohne Anhängsel.

Blütezeit: Juli und August.

Standort: Kalkfreie Bergwiesen, Felsspalten.

Verbreitung: Zentralalpen, Pyrenäen, Apennin. In den deutschen Alpen fehlt die Gold-Hainsimse ganz.

Riedgräser oder Sauergräser (Cyperaceae)

Blüten von:

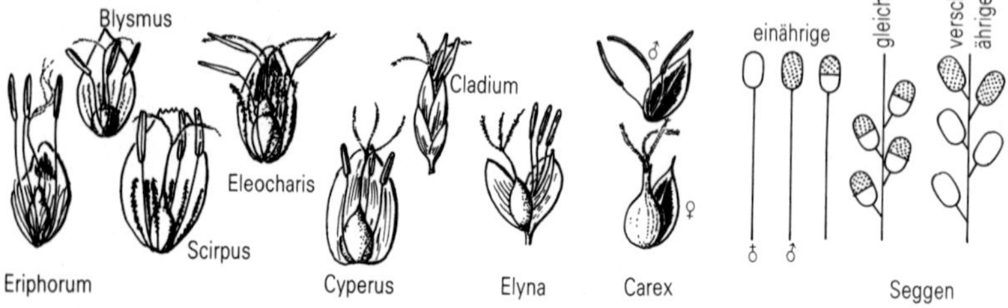

Diese sehr große Familie innerhalb der Einkeimblättrigen (Monokotyledonen) umfaßt rund 90 Gattungen mit etwa 4000 Arten und ist weltweit verbreitet. Es handelt sich um grasartige, hauptsächlich mehrjährige, zum Teil rasen- und horstbildende oder mit Rhizomen kriechende Arten. Sie wachsen an Feuchtstandorten wie z. B. in Hochmooren, Moorwiesen, Sümpfen, an Ufern, in der Verlandungszone von Gewässern oder in Torfstichen. Einige kommen auch in trockenen und feuchten Wäldern, auf Grasplätzen, in Erlenbrüchen, auf Dünen wie auch in alpinen Geröllfeldern oder in Felsspalten vor. Neben unterschiedlichsten Feuchtigkeitsansprüchen zeigen sie unterschiedliche Neigungen, an kalkreichen oder kalkarmen bzw. kalkfreien Standorten zu wachsen. Arten auf kalkarmen (sauren) Böden überwiegen jedoch deutlich (Name). Den unterschiedlichen Ansprüchen entsprechen unterschiedliche Gestaltungen der Pflanzen, besonders ihrer Blattspreiten und Blütenstände. In der Familie finden sich einige, zumeist außereuropäische Nutzpflanzen. Der Stengel der **Papyrusstaude** *(Cyperus papyrus)* lieferte den im Altertum viel benutzten Papyrus. Andere *Cyperus*-Arten werden und wurden zur Mattenherstellung verwendet. Die **Binsen-Schneide** *(Cladium mariscus)* fand vielerorts als Baumaterial zum Dachdekken Verwendung. Arten der Gattung *Carex*, z. B. die **Rispen-Segge** *(C. paniculata)* oder die **Ufer-Segge** *(C. riparia)* wurden häufig anstelle von Stroh verwendet. Stengel und Blätter von *C. brizoides* fanden mancherorts als Polstermaterial Verwendung.

Die Familie der Sauergräser gilt innerhalb der Einkeimblättrigen als eine relativ abgeleitete, das heißt spezialisierte Familie. Typisch sind der zumeist 3kantige, nicht knotig gegliederte, meist mit Mark gefüllte und unterhalb des Blütenstandes nicht verzweigte Stengel und die 3zeilige Blattstellung. Die Blattscheiden sind im Gegensatz zu den offenen Blattscheiden der Süßgräser meist geschlossen. Am Übergang von der Blattscheide zur Blattspreite findet sich im Unterschied zu den Süßgräsern meist kein echtes Blatthäutchen (Ligula). Die Blattspreiten können linealisch, borstenförmig, flach oder rinnig gefaltet sein. Die Pflanzen sind bis auf wenige Ausnahmen windblütig mit traubigem, ährigem, kopfigem, rispigem oder spirrigem Blütenstand. Die unscheinbaren Einzelblüten, jeweils in der Achse einer Spelze (= Deckblatt), vereinigen sich zu Ähren bzw. Ährchen, die die blütenbiologische Einheit darstellen.

In Europa werden innerhalb der Cyperaceae drei Unterfamilien unterschieden: 1. die Scirpoideae (= Cyperoideae), mit den Gattungen *Cyperus, Eriophorum, Scirpus* und einigen anderen, 2. die Rhynchosporoideae, mit *Rhynchospora* und 3. die Caricoideae, u. a. mit der großen Gattung *Carex*.

Innerhalb der Scirpoideae sind die in den Achseln von Tragblättern stehenden, zwittrigen Blüten noch verhältnismäßig wenig reduziert und besitzen 6 Blütenhüll-Borsten (bei der Gattung *Eriophorum* sind diese stark vermehrt und verlängert), 2–3 Staubblätter und einen Fruchtknoten aus 2–3 Fruchtblättern, aus dem eine dreikantige oder linsenförmige einsamige Nuß gebildet wird.

Bei den Rhynchosporoideae bestehen die Ährchen aus nur 2–3 zumeist zwittrigen Blüten mit ebenfalls einem 2- bis 3narbigen, oberständigen, ungefächerten Fruchtknoten.

Die Arten der in Europa größten Unterfamilie Caricoideae zeigen eingeschlechtige Blüten, mit – je nach Geschlecht – nur drei Staubblättern oder nur einem 2- oder 3narbigen Fruchtknoten.

Staunasse Böden bilden auch in Hochlagen Lebensräume für zahlreiche Sauergräser

Eine Blütenhülle (Perianth) wird nicht gebildet. Die weiblichen Blüten der Gattung *Carex* sind von einem Fruchtschlauch (»Utriculus«), der von einem Tragblatt abgeleitet ist, eingeschlossen. In der hier nicht näher behandelten Nachbargattung *Kobresia* ist ein entsprechendes, noch offenes Tragblatt vorhanden.

In beiden genannten Gattungen stellen die weiblichen (Teil-)Blütenstände Ähren dar, die selbst aus einblütigen Ährchen zusammengesetzt sind. Der »Ährchen-Charakter« der Einzelblüten wird durch eine rudimentäre Blütenstands-Achse, wie sie bei manchen Arten noch erkennbar ist, offenbar.

Die *Carex*-Arten lassen sich entsprechend der Verteilung von männlichen und weiblichen Blüten in drei Gruppen einteilen:

Sogenannte »Einährige« Seggen, besitzen nur eine Ähre, die entweder nur aus männlichen oder nur aus weiblichen Blüten besteht oder oben aus männlichen und im unteren Bereich aus weiblichen Blüten gebildet wird (Zeichnung). Zu dieser Gruppe gehören die in diesem Band dargestellten Arten von der Torf-Segge *(C. davalliana)* bis einschließlich der Wenigblütigen Segge *(C. pauciflora)*. Bei den »Gleichährigen« Seggen – von Fadenwurzel-Segge *(C. chordorrhiza)* bis Zweifarbiger Segge *(C. bicolor)* –, sind alle Ähren gleichgestaltet, mit oben männlichen und unten weiblichen Blüten oder umgekehrt. Auch Arten mit mehr oder weniger gleichgestalteten männlichen und weiblichen bzw. gemischtgeschlechtlichen Ähren werden den »Gleichährigen« Seggen zugerechnet (Zeichnung), so z. B. die Sand-Segge *(C. arenaria)*.

Die »Verschiedenährigen« Seggen – von Steifer Segge *(C. elata)* bis Später Gelb-Segge *(C. serotina)* – besitzen wie die »Gleichährigen« Seggen mehrere Ähren, jedoch jeweils mit entweder nur männlichen oder nur weiblichen Blüten. Oft wird nur eine männliche Ähre entwickelt, die sich zuoberst an der Pflanze befindet und im Aussehen von den weiblichen Ähren abweicht (Zeichnung).

Die in diesem Band gewählte traditionelle Einteilung der *Carex*-Arten spiegelt nach neuerem Kenntnisstand zwar nicht die natürlichen Verwandtschaftsverhältnisse wider, erweist sich jedoch nach wie vor als sehr praktisch für die Bestimmung.

Wald-Simse *Scirpus sylvaticus*

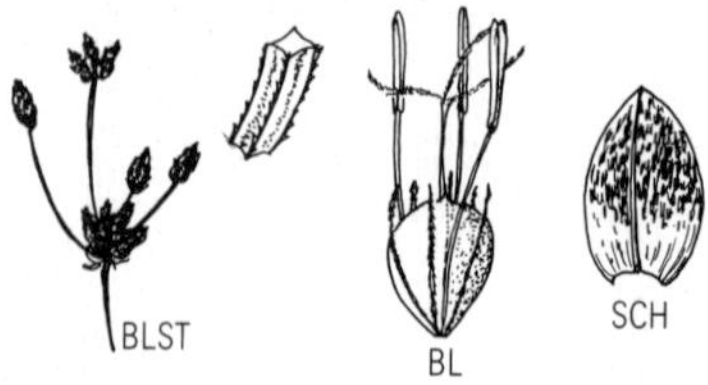

Merkmale: Pflanze ausdauernd, 30–120 cm hoch, mir kurzen Laubsprossen. Wurzelstock mit unterirdischen Ausläufern. Stengel aufrecht bis überhängend, beblättert, im Querschnitt stumpf 3kantig, hohl, glatt oder nur unter dem Blütenstand etwas rauh. Blätter schraubig angeordnet. Blattscheiden der oberen Blätter grün, der unteren gelbgrün bis braun. Blattspreiten grasartig, in eine 3kantige Spitze auslaufend, (4–) 8–16 mm breit, flach. Blattrand und Mittelnerv rauh. An der Basis des endständigen Blütenstandes entspringen 1–3 laubblattartige Hüllblätter, die den Blütenstand nicht oder nur wenig überragen. Blütenstand spirrig, reichästig, je Spirrenast mit 2–9 köpfchenförmig angeordneten Ährchen. Ährchen schwärzlich-grün, eiförmig, 3–4 mm lang, 10- bis 20blütig. Spelzen eiförmig, stumpf, mit kurzer Stachelspitze, gekielt, 2 mm lang, schwärzlich-grün. Blütenhülle so lang wie die Frucht, aus 6 am Rücken rauhen Borsten bestehend. Blüten mit 3 Staubblättern und einem Fruchtknoten mit 3narbigem Griffel. Frucht ca. 1 mm lang, elliptisch bis verkehrt eiförmig, mit kurzer Spitze, gelblichweiß.

Blütezeit: Mai bis August, vereinzelt bis Oktober.

Standort: Nasse, nährstoffreiche Sümpfe, Wiesen, Auwälder.

Verbreitung: In der Nordhemisphäre sehr weit verbreitet.

Allgemeines: Die häufige Pflanze wurde als Flechtmaterial verwendet. Ähnlich ist die **Wurzelnde Simse** *(S. radicans)*. Die seltene Art unterscheidet sich durch lang überhängende und an der Spitze wurzelnde Laubsprosse, durch einzeln stehende, langgestielte Ährchen, ungekielte Spelzen ohne Stachelspitze sowie durch deutlich längere Blütenhüll-Borten.

Gemeine Teichsimse *Schoenoplectus lacustris*

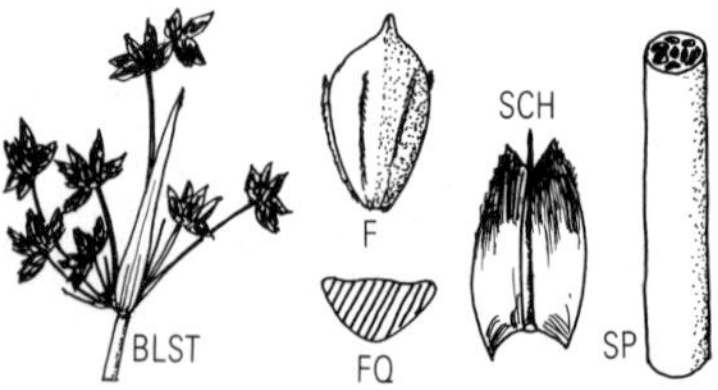

Merkmale: Pflanze ausdauernd, 50–400 cm hoch. Wurzelstock gelbbraun, rotbraun oder tiefrot, lang horizontal kriechend. Stengel aufrecht bis etwas übergebogen, fast stets blattlos, im Querschnitt rund, selten oben schwach 3kantig, glatt, dunkel grasgrün. Blattscheiden sehr lang. Blattspreiten meist nur an dem obersten oder wenigen oberen Blättern entwickelt, bis 20 (–45) cm lang (submerse Blätter bis 150 cm lang), bis 7 mm breit, rinnig, flach, glatt oder an den Rändern rauh. Hüllblatt des Blütenstandes den Stengel fortsetzend, so lang oder kürzer als der Blütenstand. Blütenstand spirrig, bis 12 cm breit, Spirrenäste kurz oder bis 10 cm lang, mit zahlreichen, zuweilen kopfig zusammengezogenen Ährchen. Ährchen eiförmig bis länglich, 6 bis 15 mm lang, 2–5 mm breit. Spelzen rundlich bis elliptisch, an der Spitze ausgerandet, mit kurzer Stachelspitze, 4 mm lang, 3 mm breit, (rot-) braun mit grünem Mittelnerv, ohne oder nur auf dem Mittelnerv mit roten Warzen. Blütenhülle so lang oder kürzer als die Frucht, aus 4–6 am Rücken rauhen Borsten bestehend. Blüten mit 3 Staubblättern und einem Fruchtknoten mit 3narbigem Griffel. Frucht ca. 2–3 mm lang, 1,5 bis 2 mm breit, elliptisch bis verkehrt eiförmig, mit aufgesetzter Spitze, gelb- oder graubraun.

Blütezeit: Mai bis August, vereinzelt bis Oktober.

Standort: Im Röhricht stehender oder langsam fließender, nährstoffreicher Gewässer.

Verbreitung: In der Nordhemisphäre sehr weit verbreitet.

Allgemeines: Die Halme der Gemeinen Teichsimse wurden früher als Flechtmaterial verwendet. Die Art tritt oft bestandsbildend auf und spielt eine Rolle bei der Verlandung von stehenden Binnengewässern.

Liegende Teichsimse RL

Schoenoplectus supinus

Merkmale: Pflanze einjährig, 5–20 cm hoch, dicht rasenförmig. Stengel niederliegend bis aufrecht, im Querschnitt rund. Untere Blattscheiden braun, obere grün. Blattspreiten nur an den oberen 1–2 Blättern entwickelt, rinnig, bis 4 cm lang, bis 0,5–1 mm breit. Hüllblatt länger als der Blütenstand, den Stengel fortsetzend. Blütenstand spirrig geknäult, aus 1–6 (–10) sitzenden Ährchen. Ährchen länglich, 5–10 mm lang. Spelzen eiförmig, 2–3 mm lang, (rot-)braun, grün gekielt, die unteren mit rauher Stachelspitze. Blütenhülle fehlend oder aus wenigen, kurzen Borsten. Staubblätter und Narben 3. Frucht 3kantig.

Blütezeit: Juni bis Oktober.

Standort: An feuchten Stellen, Ufern von Tümpeln und kleinen Seen; nur im Tiefland.

Verbreitung: In der Nordhemisphäre verbreitet, allerdings selten.

Salz-Teichsimse RL

Schoenoplectus tabernaemontani

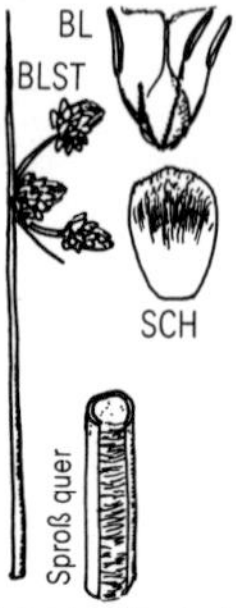

Merkmale: Pflanze ausdauernd, 50–150 cm hoch. Wurzelstock gelbbraun, kriechend. Stengel aufrecht bis übergebogen, meist blattlos, rund, blau- oder graugrün. Blattspreite meist nur an der obersten Blattscheide, rinnig, flach. Hüllblatt so lang oder kürzer als der spirrige Blütenstand, den Stengel fortsetzend. Ährchen zahlreich, kopfig gedrängt. Spelzen rundlich bis elliptisch, (rot-)braun, mit grünem Mittelnerv, ganzflächig mit roten Warzen. Blütenhülle aus 4–6 kurzen Borsten. Staubblätter 3, Narben 2. Frucht 2–2,5 mm lang, linsenförmig.

Blütezeit: Juni bis August.

Standort: Im Röhricht stehender bis langsam fließender Gewässer; oft auch auf salzigen Böden zu finden.

Verbreitung: Europa (ohne Nordskandinavien), Asien, Afrika; vereinzelt.

Gemeine Strandsimse *Bulboschoenus maritimus* RL

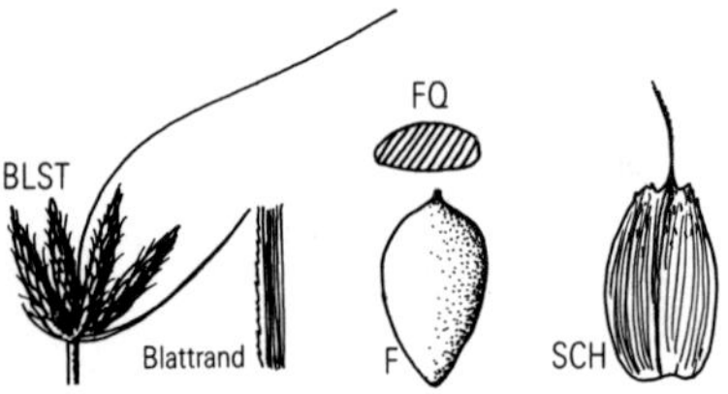

Merkmale: Pflanze ausdauernd, 30–120 (–150) cm hoch. Wurzelstock kriechend, mit Ausläufern, die an der Spitze knollig verdickt sind. Stengel starr aufrecht bis übergebogen, beblättert, scharf 3kantig, oberwärts ziemlich rauh. Blätter schraubig angeordnet. Blattscheiden der oberen Blätter grün, der unteren Blätter braun (schwarz). Blattspreiten grasartig, allmählich in eine lange 3kantige Spitze verschmälert, 2 bis 10 mm breit, flach. Blattrand und Mittelnerv an der Unterseite oberwärts rauh. An der Basis des endständigen Blütenstandes entspringen 2–3 laubblattartige Hüllblätter, die den Blütenstand oft weit überragen. Blütenstand spirrig oder wegen verkürzter Spirrenäste kopfig. Ährchen sitzend, rötlich bis schwärzlich, eiförmig bis länglich, spitz, groß, 9–20 mm lang, vielblütig, zu 1–10 je Spirrenast. Spelzen eiförmig, 2spitzig mit Granne in der Ausrandung, ca. 7 mm lang, braun. Blütenhülle länger als die Frucht, aus bis zu 6 am Rücken rauhen Borsten bestehend oder fehlend. Blüten mit 3 Staubblättern und einem oberständigen Fruchtknoten, der einen 3narbigen Griffel trägt. Frucht ca. 3 mm lang, verkehrt eiförmig, 3kantig, glänzend braun, mit kurzer Spitze.

Blütezeit: Juni bis August, teilweise bis in den Oktober.

Standort: Auf überfluteten, meist salzhaltigen Schlick- und Tonböden im Küstenbereich. Im Binnenland an Salinen, See- und Flußufern.

Verbreitung: Weltweit verbreitet an geeigneten Standorten, die Gemeine Strandsimse fehlt nur in der Arktis.

Allgemeines: Nur im Tiefland bis ca. 600 m vorkommend. Die Strandsimse tritt z. T. bestandsbildend in der Verlandungszone von Salzgewässern auf. Die Art wurde früher als Flechtmaterial verwendet.

Flaches Quellried *Blysmus compressus* RL

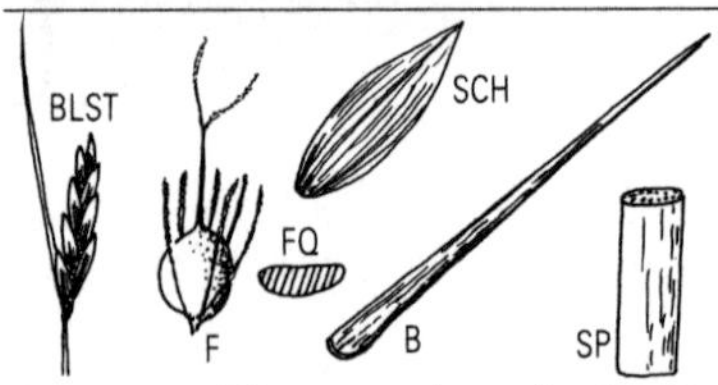

Merkmale: Pflanze ausdauernd, 10–40 cm hoch. Wurzelstock kriechend. Stengel aufrecht bis bogig aufsteigend, am Grunde oder bis zur Mitte beblättert, im Querschnitt rundlich-zusammengedrückt, oben stumpf 3kantig, glatt oder oben etwas rauh, grasgrün. Blattscheiden hellbraun bis dunkelbraun. Blattspreiten meist kürzer als der Stengel, grasartig, in eine 3kantige Spitze auslaufend, 2–4 mm breit, gekielt, im Querschnitt flach bis rinnig, grau- bis grasgrün, randlich rauh. An der Basis des endständigen Blütenstandes entspringt 1 laubblattartiges Hüllblatt, das den Blütenstand meist deutlich überragt. Dieser ist eine 1–4 cm lange, 8–12 mm breite, meist dichte Ähre aus 5–18, 2reihig angeordneten Ährchen. Ährchen lanzettförmig, 4–10 mm lang, 2–3 mm breit, 5- bis 12blütig, rotbraun, mit spelzenartigem Tragblatt. Spelzen länglich-lanzettlich, spitz, 5- bis 7nervig, ca. 4 mm lang, 2 mm breit, rotbraun, mit schmalem, grünem Kiel und hyalinem Rand. Blütenhülle länger als die Frucht, aus 3–6 am Rücken rauhen Borsten bestehend. Staubblätter 3, Narben 2. Frucht ca. 2 mm lang, zusammengedrückt, verkehrt eiförmig bis fast rund, glänzend, kastanienbraun, oben in den langen Griffelrest verschmälert.

Blütezeit: Mai bis September.

Standort: Sumpfige Wiesen, Seeufer, Quellmoore; auf nassen, nährstoffreichen Böden, auch Salzwiesen.

Verbreitung: Fast in ganz Europa (fehlt allerdings im Norden und zum Teil im Süden) und Asien; nicht häufig.

Allgemeines: Ähnlich ist das **Rotbraune Quellried** *(B. rufus)*. Diese Pflanze ist graugrün, die Stengel rund, die Blätter rinnig, aber ungekielt. Die Art hat kastanienbraune Spelzen und bis zu 3 weichhaarige Blütenhüll-Borsten.

Kopfsimse *Holoschoenus romanus*

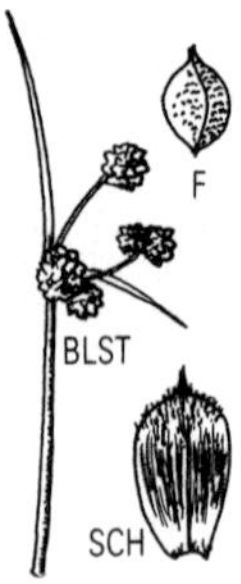

Merkmale: Pflanze ausdauernd, 30–100 (–250) cm hoch. Wurzelstock kriechend. Stengel aufrecht, rund, gestreift. Untere Blattscheiden spreitenlos. Blattspreiten fadenförmig, rinnig, oberseits mit hellem Mittelstreif, randlich rauh, 1–2 mm breit. Blütenstand mit 1–2 Hüllblättern, das untere den Stengel fortsetzend und den spirrigen Blütenstand überragend. Dieser aus 1–10 sitzenden bis gestielten, bis 12 mm breiten Köpfchen. Ährchen 2–4 mm lang. Spelzen eiförmig, stumpf, mit Stachelspitze, am grünen Kiel und randlich bewimpert. Blütenhülle fehlend. Staubblätter und Narben 3. Frucht 3kantig.

Blütezeit: Juni bis Juli.

Standort: An See- und Flußufern und in Sumpfwiesen.

Verbreitung: Europa (außer Nordeuropa), Asien, Nordafrika; zerstreut.

Schuppensimse *Isolepis setacea*

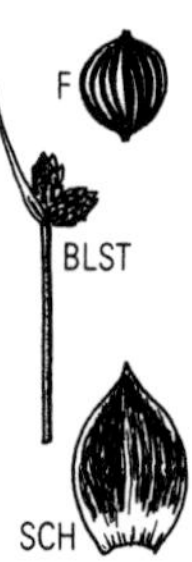

Merkmale: Pflanze ein- bis mehrjährig, 2–15 (–30) cm hoch, rasenbildend, z.T. mit Ausläufern. Stengel aufrecht, fadenförmig, gestreift, rund. Blattscheiden rot, die oberen mit flachen bis rinnigen, bis 0,5 mm breiten, glatten Spreiten. Hüllblatt den Blütenstand überragend, bis 3 cm lang, den Stengel fortsetzend. Blütenstand kopfig, aus 1–4 sitzenden, eiförmigen, 2–3 mm langen, 10–40 blütigen Ährchen. Die Spelzen sind länglich, spitz und (rot-)braun bis grün, mit grünem Kiel. Blütenhüll-Borsten fehlend. Staubblätter 2 (–3). Narben 3. Frucht 3kantig, 0,8 mm lang, braun.

Blütezeit: Juni bis Oktober.

Standort: Feuchte Waldwege, Weiden und Ufer; auf nassen Lehm- und Torfböden.

Verbreitung: Fast ganz Europa, Afrika, Nordamerika, Asien, Australien; nicht häufig.

Ei-Sumpfsimse *Eleocharis ovata* RL

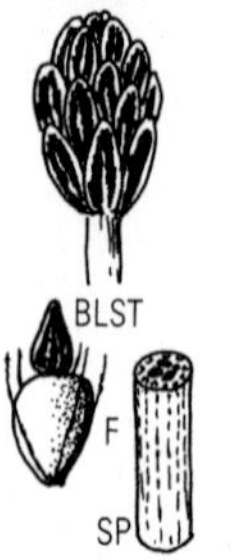

Merkmale: Pflanze einjährig, 5–40 cm hoch, ohne Ausläufer. Stengel dünn, weich, aufstrebend, trocken fein gestreift, im Querschnitt rund oder etwas zusammengedrückt. Untere Blattscheiden purpurn, spreitenlos. Blütenstand aus einem endständigen, eiförmigen, später verlängerten, 2–8 mm langen, bis etwa 30blütigen Ährchen. Spelzen eiförmig, stumpf, 1,5–2 mm lang, braun, mit weißem Hautrand und grünem Mittelnerv, bei der Fruchtreife abfallend. Blütenhüll-Borsten 5–7, länger als die Frucht, am Rücken rauh. Staubblätter 2–3. Narben 2 (–3). Frucht scharf 2kantig, 1 mm lang, glänzend braun.

Blütezeit: Juni bis August.

Standort: Ei-Sumpfsimsen bevorzugen Teich- und Seeufer.

Verbreitung: Europa (außer Nordeuropa), Asien, Nordamerika; die Ei-Sumpfsimse ist aber relativ selten.

Gemeine Sumpfsimse *Eleocharis palustris*

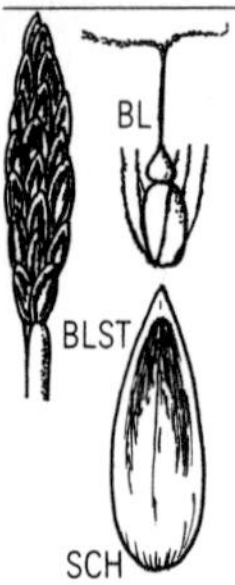

Merkmale: Pflanze ausdauernd, 10–60 (–100) cm hoch. Wurzelstock lang, unterirdisch kriechend. Stengel starr, aufrecht, kaum gefurcht, rund, glatt, blaugrün. Blattscheiden braun oder dunkelrot, glänzend. Blütenstand aus einem endständigen, länglichen, spitzen, 5–30 mm langen, 20- bis 70blütigen Ährchen. Spelzen länglich eiförmig, stumpf bis etwas zugespitzt, 3–5 mm lang, bleich oder braun mit weiß-gelblichem Hautrand und grünem Mittelnerv, nicht abfallend. Blütenhüll-Borsten fehlend oder zu 3–4, meist etwas kürzer als die Frucht, am Rücken rauh. Staubblätter 3. Narben 2 (–3). Frucht linsenförmig, bis 1,8 mm lang, gelb oder braun.

Blütezeit: Mai bis August, teilweise bis in den Oktober.

Standort: Röhrichte, Naßwiesen.

Verbreitung: Europa, Nordafrika, Asien; häufiges Vorkommen.

Vielstengelige Sumpfsimse *Eleocharis multicaulis*

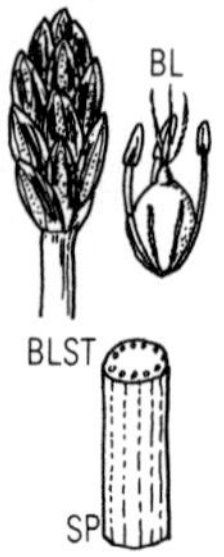

Merkmale: Pflanze ausdauernd, 5–50 cm hoch, dichtrasig. Stengel aufrecht bis niederliegend und an der Spitze wurzelnd, dünn, längsgestreift, rund, grasgrün. Blattscheiden braun bis rötlich. Blütenstand aus einem endständigen, länglichen, spitzen, 5–14 mm langen, 7- bis 30blütigen Ährchen. Spelzen eiförmig, stumpf, länger als die Frucht, 3–4 mm lang, rotbraun mit Hautrand und grünem Mittelnerv. Blütenhüll-Borsten 4–6, kürzer oder wenig länger als die Frucht, am Rücken rauh. Staubblätter 3. Narben 3. Frucht scharf 3kantig, 2 mm lang, (oliv-)braun.

Blütezeit: Mai bis August, teilweise bis in den Oktober.

Standort: Teichränder oder Zwischenmoorschlenken; auf Torf- oder Schlammböden.

Verbreitung: Westliches Europa und Nordafrika; selten.

Nadel-Sumpfsimse *Eleocharis acicularis*

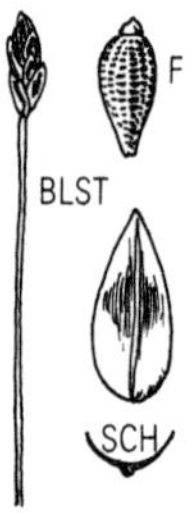

Merkmale: Pflanze ausdauernd, selten einjährig, 2–10 cm hoch (submers –50 cm lang), dichte Rasen bildend, mit dünnen Ausläufern. Stengel sehr dünn, fadenförmig, gefurcht, (3- bis) 4kantig, dunkelgrün. Blattscheiden am Grunde purpurn. Blütenstand aus einem endständigen eiförmigen bis länglichen, spitzen, 2–4 (–7) mm langen, 3- bis 8 (–15)blütigen Ährchen. Spelzen eiförmig lanzettlich, stumpf, etwa 2 mm lang, braun, mit weißem Hautrand und grünem Mittelnerv. Blütenhüll-Borsten 0–4, höchstens halb so lang wie die Frucht. Staubblätter und Narben 3. Frucht stumpf 3kantig, 1 mm lang, mit querverbundenen Längsrippen.

Blütezeit: Juni bis Oktober.

Standort: Seeufer, Tümpel, Altwässer.

Verbreitung: Fast in ganz Europa, Nordafrika, Asien und Nordamerika zu finden; allerdings nur zerstreut.

Scheidiges Wollgras *Eriophorum vaginatum*

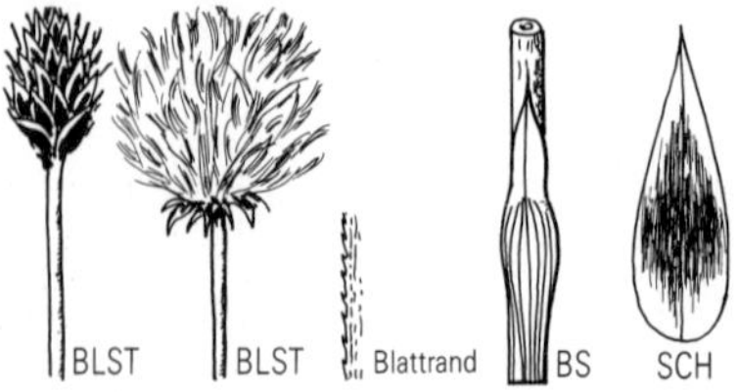

Merkmale: Pflanze ausdauernd, (10–) 30–70 cm hoch, dichte Rasen bildend. Wurzelstock ohne Ausläufer. Stengel aufrecht, beblättert, im Querschnitt rund, oben stumpf 3kantig, glatt, graugrün. Blattscheiden der Stengelblätter aufgeblasen (Name!). Blattspreiten borstenförmig, etwa 1 mm breit, im Querschnitt rinnig bis 3kantig, stumpf, an den Rändern rauh, graugrün. Spreiten der oberen Blätter z. T. reduziert. Hüllblätter des Blütenstandes spelzenähnlich, jedoch größer. Blütenstand aus einem einzigen, endständigen, aufrechten Ährchen bestehend. Ährchen verkehrt eiförmig oder länglich, zur Blütezeit 1–3 cm lang, bis 100blütig. Spelzen lanzettlich, lang zugespitzt, 1nervig, ca. 10 mm lang, mit Hautrand, silbergrau. Blütenhüll-Fäden zahlreich, bis 2,5 cm lang, einen weißen Wollschopf bildend, später mit den Früchten abfallend. Staubblätter und Narben 3. Die Frucht ist scharf 3kantig, mit kurzer Spitze, 2–3 mm lang, dunkel rotbraun bis fast schwarz.

Blütezeit: März bis Mai, selten auch 2. Blütezeit im Juli bis September.

Standort: Hoch-, Moos- oder Heidemoore, Kiefern- und Birkenmoore; auf nicht zu nährstoffarmen, sauren Torfböden.

Verbreitung: Das Scheidige Wollgras findet man in fast ganz Europa, Asien, Nordamerika; häufig bis zerstreut.

Allgemeines: Das Scheidige Wollgras ist eine Charakterpflanze der Hochmoore und trägt mit seinen faserig zersetzten Blattscheiden wesentlich zur Bildung des Hochmoortorfes bei. Die langen Blütenhüll-Fäden aller Wollgras-Arten bleiben an der Basis der reifen Frucht sitzen und bilden einen Flug- und Schwimmapparat zur besseren Verbreitung der Früchte in Luft und Wasser.

Scheuchzers Wollgras *Eriophorum scheuchzeri*

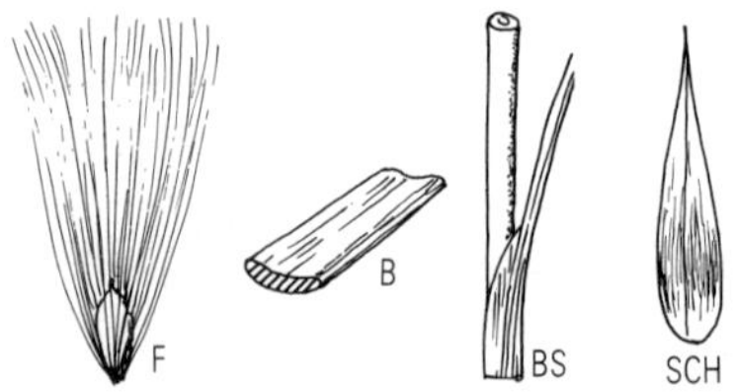

Merkmale: Pflanze ausdauernd, 10–35 cm hoch, Wurzelstock mit langen, rotbraunen Ausläufern. Stengel einzeln, aufrecht, nur im unteren Teil beblättert, rund, glatt. Scheiden der unteren Blätter braun bis dunkelbraun, Scheide des obersten Stengelblattes nicht deutlich aufgeblasen. Blattspreiten glatt, binsenförmig, im Querschnitt rinnig. Das oberste Stengelblatt nur mit kurzer aber deutlich entwickelter Spreite. Hüllblätter des Blütenstandes den Spelzen ähnlich, jedoch größer. Blütenstand aus einem einzigen, endständigen, aufrechten Ährchen bestehend. Ährchen breit verkehrt eiförmig bis fast kugelig, zur Blütezeit 0,5 cm lang, später bis 3 cm lang, vielblütig. Spelzen schmal lanzettlich, lang zugespitzt, mit Hautrand, graubraun. Blütenhüll-Fäden zahlreich, bis 3 cm lang, einen weißen Wollschopf bildend, später mit den Früchten abfallend. Staubblätter und Narben 3. Die Frucht ist schwach 3kantig und spitz, 2 mm lang, dunkelbraun.

Blütezeit: Juni bis September.

Standort: Alpine Flachmoore, Seeufer und Sumpfränder; auf nassen, mehr oder weniger nährstoffarmen Torfböden.

Verbreitung: Pyrenäen, Alpen, Karpaten, Apennin, nördliches und arktisches Eurasien, Grönland, Nordamerika; kommt aber nur zerstreut bis selten vor.

Allgemeines: Durch ihre weit ins Wasser vordringenden langen Ausläufern trägt Scheuchzers Wollgras wesentlich zur Verlandung alpiner Seen und Tümpel bei. Die Art findet man in den Alpen zwischen 1500 m und 2900 m. Ähnlich ist das Scheidige Wollgras, das ebenfalls nur ein einziges endständiges Ährchen besitzt, im Gegensatz zu den übrigen heimischen *Eriophorum*-Arten die bis zur 12 Ährchen haben.

Schmalblättriges Wollgras
Eriophorum angustifolium

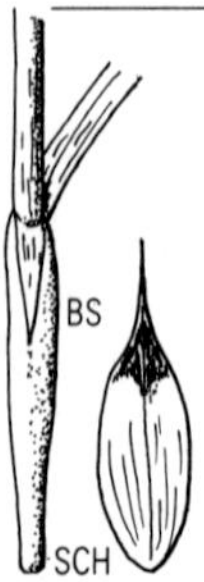

Merkmale: Pflanze ausdauernd, 20–50 (–90) cm hoch, lockerrasig, mit langen Ausläufern. Stengel aufrecht, rund oder oben stumpf 3kantig, glatt. Blattscheide des obersten Stengelblattes etwas aufgeblasen. Blattspreiten linealisch, rinnig, mit 3kantiger Spitze, randlich rauh. Blütenstand mit meist 2 laubblattartigen Hüllblättern, aus 3–5 (–8) sitzenden bis gestielten, zuletzt überhängenden Ährchen. Diese 10 bis 22 mm lang, bis ca. 50blütig, mit glattem Stiel. Spelzen spitz, braun, mit Hautrand. Blütenhüll-Fäden ca. 4 (–5) cm lang. Frucht fast geflügelt, 3kantig, 2–3 mm lang, braun.

Blütezeit: März bis Mai, selten bis September.

Standort: Flach- und Zwischenmoore, Ufer; auf nassen, nährstoffarmen Torfböden.

Verbreitung: Fast ganz Europa, arktisches und gemäßigtes Asien, Nordamerika; ziemlich häufig.

Breitblättriges Wollgras RL
Eriophorum latifolium

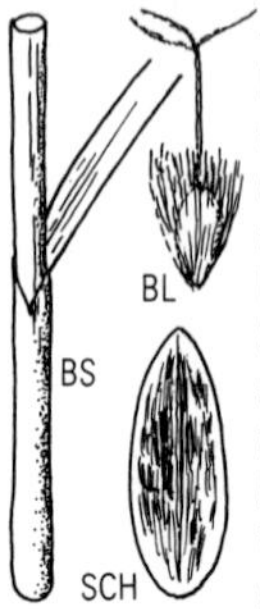

Merkmale: Pflanze ausdauernd, 20–80 cm hoch, dichtrasig, ohne Ausläufer. Stengel aufrecht, stumpf 3kantig, glatt. Blattscheide des obersten Stengelblattes nicht aufgeblasen. Blattspreiten schmal lanzettlich, flach oder schwach gekielt, mit 3kantiger Spitze. Blütenstand von den laubblattartigen Hüllblättern nicht überragt, aus (2–) 4–12 sitzenden bis gestielten, zuletzt überhängenden Ährchen. Diese 6–10 mm lang, ca. 15- bis 30blütig, mit am Rücken rauhhaarigem Stiel. Spelzen spitz, graubraun, mit Hautrand. Blütenhüll-Fäden bis ca. 2,5 cm lang. Frucht stumpf 3kantig, 3 mm lang, rotbraun.

Blütezeit: April bis Juni.

Standort: Flach- und Quellmoore; auf nassen, nährstoffarmen, oft kalkhaltigen Torfböden.

Verbreitung: Europa und Asien; nur zerstreute Vorkommen.

Zierliches Wollgras *Eriophorum gracile* RL

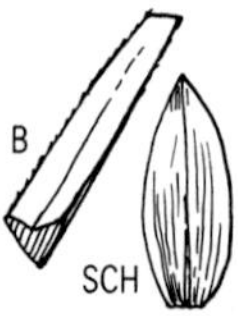

Merkmale: Pflanze ausdauernd, 10–50 cm hoch, lockerrasig, mit Ausläufern. Stengel aufrecht bis übergebogen, stumpf 3kantig, glatt. Blattscheiden nicht aufgeblasen. Blattspreiten linealisch, die unteren flach, die oberen fast vom Grunde an 3kantig. Blütenstand von den laubblattartigen Hüllblättern nicht überragt, aus 2–4 (–5) sitzenden bis gestielten, oft fast aufrechten Ährchen. Diese 5–10 mm lang, 12- bis 30blütig, mit rauhhaarigem Stiel. Spelzen stumpf, gelb- bis rotbraun, mit Hautrand. Blütenhüll-Fäden bis 2,5 cm lang. Frucht stumpf 3kantig, 2–3 mm lang.

Blütezeit: Mai bis Juni.

Standort: Flach-, Zwischen- und Hochmoore; auf nassen, mäßig sauren Torfböden.

Verbreitung: Nord-, Mittel-, Südeuropa (lokal), Sibirien, Nordamerika; allerdings nur zerstreut bis selten.

Alpen-Haarsimse *Trichophorum alpinum* RL

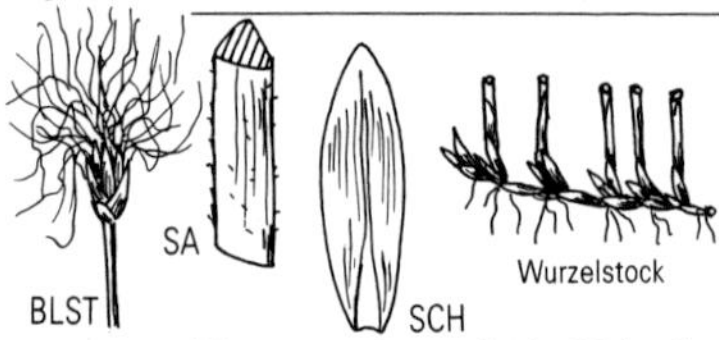

Merkmale: Pflanze ausdauernd, 10–30 (–40) cm hoch, dichtrasig, mit Ausläufern. Stengel starr aufrecht, scharf 3kantig, deutlich gestreift, graugrün, oberwärts an den Kanten rauh. Scheiden der obersten Stengelblätter grün, mit kurzer, randlich rauher Blattspreite. Hüllblätter des Blütenstandes kurz, spelzenähnlich. Dieser aus einem endständigen, elliptischen, 5–7 mm langen, 8- bis 12blütigen Ährchen. Spelzen eiförmig, stumpf, gelbbraun. Blütenhüll-Fäden 4–6, zur Fruchtzeit bis 2,5 cm lang, weiß, geschlängelt. Staubblätter 3. Narben 3. Frucht 3kantig, 1–1,5 mm lang, braun.

Blütezeit: April bis Mai.

Standort: Hoch- und Zwischenmoore; auf nassen, mäßig sauren Torfböden.

Verbreitung: Europa, Asien, N-Amerika.

Rasige Haarsimse *Trichophorum cespitosum*

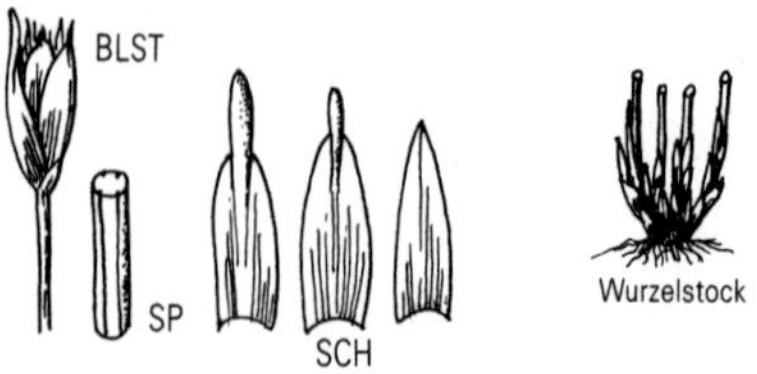

Merkmale: Pflanze ausdauernd, 5–40 (–60) cm hoch, sehr dichte Rasen bildend. Wurzelstock ohne Ausläufer. Stengel aufrecht oder schräg aufwärts gebogen, im Querschnitt rund, glatt oder wenig gefurcht. Scheiden der unteren Blätter meist ohne Blattspreite, Scheide des obersten Blattes mit kurzer, rinniger, stumpfer bis 1 mm breiter Spreite. Hüllblätter des Blütenstandes zu 1–2, den Spelzen ähnlich, etwa so lang wie der Blütenstand. Dieser aus einem einzigen, endständigen, aufrechten Ährchen bestehend. Ährchen verkehrt eiförmig oder länglich bis keulenförmig, 3–5 (–8) mm lang, 3- bis 20blütig. Spelzen länglich lanzettlich, spitz, 3–4 mm lang, gelb- bis rotbraun, mit grünem Kiel und Hautrand. Blütenhüll-Borsten 5–6, meist deutlich länger als die Frucht. Staubblätter und Narben 3. Frucht zusammengedrückt 3kantig, an der Spitze verschmälert, 1,5-2 mm lang, grau- bis gelbbraun, matt.

Blütezeit: Mai bis Juli, selten später.

Standort: Die Rasige Haarsimse findet man auf offenen Hoch-, Heide- und Quellmooren, Ufern von Alpenseen; auf nassen, mehr oder weniger nährstoff- und basenarmen, sauren Torfböden.

Verbreitung: Nord-, West-, Mitteleuropa, selten Südeuropa, Nordwestafrika, Asien, Neuguinea, Grönland, Nordamerika, Jamaika; nur zerstreute Vorkommen.

Allgemeines: Die Rasige Haarsimse tritt oft bestandsbildend auf. Ihr fehlen die für die Alpen-Haarsimse und die Wollgräser so charakteristischen langen, weißen Blütenhüll-Fäden. Die Art erinnert habituell an Sumpf-Simsen, besitzt jedoch im Gegensatz zu diesen eine deutliche, wenn auch kurze Blattspreite an der obersten Blattscheide.

Binsen-Schneide *Cladium mariscus* RL

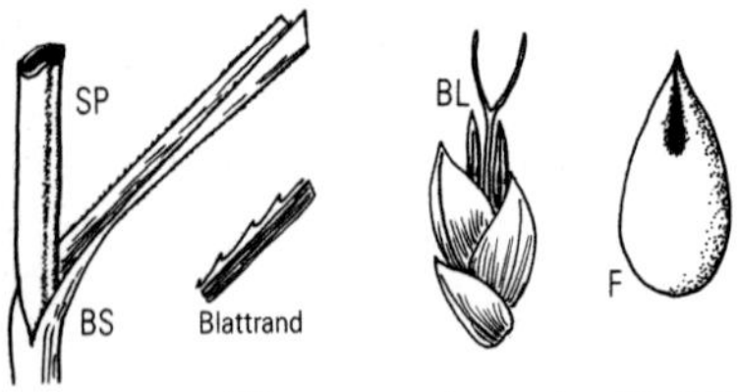

Merkmale: Pflanze ausdauernd, 50–200 (–250) cm hoch, kräftig, krautig. Wurzelstock unterirdisch kriechend, mit Ausläufern. Stengel graugrün, kräftig, beblättert, hohl, im Querschnitt rund bis stumpf 3kantig. Blätter schraubig angeordnet, bis 2 m lang. Blattscheiden braun bis schwärzlich, meist stark netzadrig. Blattspreiten grasartig, derb, bis zu 1,5 cm breit, im Querschnitt V-förmig, graugrün. Blattrand und Mittelnerv an der Unterseite durch nach vorne gerichtete, kleine, starre Borsten rauh und schneidend (Name!). Blattspitze in einen starren, im Querschnitt 3kantigen Endabschnitt auslaufend. Hüllblätter des Blütenstandes laubblattartig, die unteren lang, die oberen kurz und am Grunde braun. Blütenstand aus 4–7 Köpfchen zusammengesetzt, die aus je 3–15 eiförmigen Ährchen bestehen. Ein Ährchen umfaßt eine männliche und eine zwittrige Blüte sowie am Grunde 3–5 sterile Spelzen. Männliche Blüten mit 2 (–3) Staubblättern, zwittrige Blüten mit 2 (–3) Staubblättern und einem oberständigen Fruchtknoten, der einen 3narbigen Griffel trägt. Frucht ca. 3–3,5 mm lang, eiförmig, glänzend dunkelbraun, zerbrechlich.

Blütezeit: Juni bis Juli.

Standort: Auf basen- und meist kalkreichen Schlickböden in der Verlandungszone von Teichen und Seen, teilweise hinter dem Schilfgürtel, in Flachmoortümpeln und Wassergräben.

Verbreitung: Weltweit verbreitet an geeigneten Standorten; allerdings nur zerstreute bis seltene Vorkommen.

Allgemeines: Die Art ist durch Trockenlegung ihrer Lebensräume stark im Rückgang. Sie blüht generell nur im Tiefland und bildet auch dort keine Blüten mehr, wenn sich ihre Lebensbedingungen verschlechtern.

Braunes Zypergras *Cyperus fuscus* RL

Merkmale: Pflanze einjährig, 2–20 (–45) cm hoch, dichte Rasen bildend. Wurzeln schwarzrot. Stengel aufrecht, scharf 3kantig, mit 2–3 flachen, glatten oder oben etwas rauhen Stengelblättern. Hüllblätter abstehend, laubblattartig, länger als der Blütenstand. Dieser spirrig, Spirrenäste mit je einem oder mehreren kopfig zusammengezogenen Ährchen. Ährchen länglich, seitlich zusammengedrückt, bis 10 mm lang, 5- bis 20blütig. Spelzen eiförmig, stumpf, schwarzbraun, mit grünem Kiel. Staubblätter 2, Narben 3. Frucht scharf 3kantig, ca. 1 mm lang, hell gelbbraun.

Blütezeit: Juli bis Oktober.

Standort: Ufer von Altwässern und Seen, Sumpfrändern; auf Teichschlammböden.

Verbreitung: Europa, Nordafrika, Asien; in Nordamerika eingebürgert; aber nur zerstreute Vorkommen.

Gelbliches Zypergras RL
Cyperus flavescens

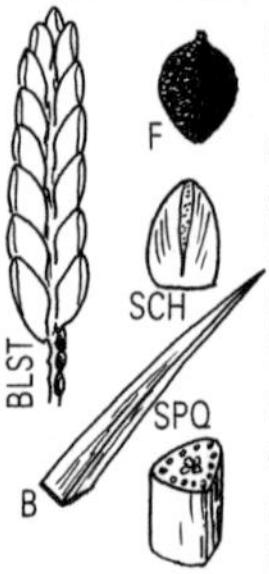

Merkmale: Pflanze einjährig, 1–30 cm hoch, dichte Rasen bildend. Wurzeln gelbbraun. Stengel aufrecht, stumpf 3kantig, mit 2–3 rinnigen, gekielten, glatten Stengelblättern. Hüllblätter des Blütenstandes abstehend, laubblattartig, länger als dieser. Blütenstand eine endständige, köpfchenartige Spirre, aus 2 bis vielen Ährchen. Diese länglich, bis 12 mm lang, seitlich zusammengedrückt, 5- bis 25blütig. Spelzen breit eiförmig, spitz, gelblich, mit grünem Kiel. Staubblätter 3. Narben 2. Frucht linsenförmig zusammengedrückt, 1–1,3 mm lang, dunkelbraun.

Blütezeit: Juli bis Oktober.

Standort: Ufer und Wege; auf nährstoffreichen Sand- und Tonböden.

Verbreitung: In allen tropischen und gemäßigten Zonen der Erde; allerdings nur zerstreut vorkommend.

Dünen-Zypergras *Cyperus capitatus*

Cyperus capitatus Cyperus esculentus

Merkmale: Pflanze ausdauernd, 10–50 cm hoch. Wurzelstock dick, schuppenbesetzt, lang, kriechend. Wurzeln behaart. Stengel einzeln, graugrün, gerillt, am Grunde beblättert, im Querschnitt rundlich bis stumpf 3kantig. Blätter 1–6 mm breit, rinnig, gekielt, randlich rauh und eingerollt, graugrün. Hüllblätter des Blütenstandes zu 3 (–6), laubblattartig, länger als der Blütenstand, rinnig, am Grunde verbreitert und oft rötlich, bis 15 cm lang, bogig nach unten gekrümmt. Blütenstand endständig, sitzend, dicht kopfig zusammengezogen, 15–30 mm breit, aus sehr dicht stehenden Ährchen. Ährchen länglich-lanzettlich, 8–20 mm lang, 4- bis 12blütig. Ährchenachse nicht geflügelt. Spelzen gekielt, breit lanzettlich, rotbraun, 5–8 mm lang, plötzlich in eine 1–3 mm lange, starre Spitze verschmälert, weißrandig. Blüten zwittrig, mit 3 Staubblättern und einem oberständigen Fruchtknoten, der einen 3narbigen, basal nicht verdickten Griffel trägt. Die Frucht ist oblong ellipsoidisch und 3kantig, dabei viel kürzer als die Spelzen, gelb- bis graubraun.

Blütezeit: April bis August.

Standort: An sandigen Meeresküsten und an Dünen.

Verbreitung: Kanarische Inseln, Mittelmeerländer, Portugal; verbreitet.

Allgemeines: Die Gattung *Cyperus* (Zypergras) umfaßt weltweit rund 600 Arten, die größtenteils in den Tropen und Subtropen vorkommen. Zypergräser sind typische Ufer-, Sumpf- oder Küstenpflanzen. Das Dünen-Zypergras, eine sandstrandtreue Mediterranpflanze, fällt innerhalb der Gattung durch ihren kopfig zusammengezogenen Blütenstand auf. Die Knöllchen der Erdmandel *(Cyperus esculentus)*, Bild r. u., dienen in Spanien als Grundlage eines Erfrischungsgetränkes.

Schwarzes Kopfried *Schoenus nigricans* RL

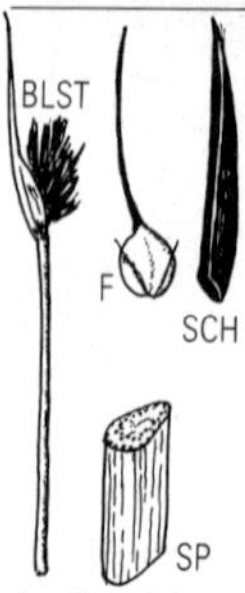

Merkmale: Pflanze ausdauernd, 10–60 cm hoch, dichte Rasen bildend. Stengel starr aufrecht, rundlich, am Grunde beblättert, blau- bis graugrün. Blattscheiden lang, schwarz- oder gelbbraun, glänzend. Blätter borstlich, bis 2/3 so lang wie der Stengel, sehr schmal, rauh. Das untere der beiden Hüllblätter überragt den Blütenstand deutlich. Dieser endständig, aus 5–10 (–20) kopfartig zusammengezogenen, kurz gestielten Ährchen. Ährchen lanzettlich, 8–10 (–12) mm lang, 2–3 (–7)blütig. Blüten zwittrig, die oberen z. T. männlich, mit 1–6 kurzen, behaarten, bräunlichen Blütenhüll-Borsten. Diese deutlich kürzer als die Frucht. Spelzen 2reihig angeordnet, lanzettlich, spitz, stark gekielt, am Kiel und Rücken rauh, schwarzbraun, 5–7 mm lang. Staubblätter und Narben 3. Griffel am Grunde verdickt. Frucht stumpf 3kantig, bis 1,5 mm lang, weiß.

Blütezeit: Mai bis Juli, vereinzelt bis Oktober.

Standort: Flachmoore, Ufer, Moorwiesen; auf nassen, mehr oder weniger lehmigen, kalkreichen Tuff- oder Torfböden.

Verbreitung: Mittel- und Südeuropa (nach Norden bis Schottland und Südskandinavien), Vorder- und Zentralasien, Nord- und Südafrika und Nordamerika (in verschiedenen Varietäten); zerstreut.

Allgemeines: Von den ca. 95 bekannten *Schoenus*-Arten sind zwei in Europa heimisch: Das Schwarze und das Rostrote Kopfried. Sie treten oft gemeinsam oder zusammen mit dem Breitblättrigen Wollgras in Flachmoorgesellschaften auf, in denen das Schwarze Kopfried zur Torfbildung beiträgt. Bastarde zwischen den beiden Kopfried-Arten sind in manchen Gebieten nicht selten.

Rostrotes Kopfried *Schoenus ferrugineus*

Merkmale: Pflanze ausdauernd, 10–35 cm hoch, dichte Rasen bildend. Stengel starr aufrecht, rundlich, glatt, am Grunde beblättert. Untere Blattscheiden dunkel rotbraun. Blätter borstlich, kürzer als der Stengel, sehr schmal. Hüllblatt so lang oder wenig länger als der Blütenstand. Dieser aus 2 (–3) kurz gestielten, kopfartig zusammengedrängten Ährchen. Diese lanzettlich, 8 bis 10 mm lang, 2- bis 3blütig. Spelzen lanzettlich, spitz, stark gekielt, Kiel glatt oder rauh, dunkel rotbraun, mit weißem Hautrand. Staubblätter und Narben 3. Frucht 3kantig, ca. 1 mm lang, weißlich glänzend.

Blütezeit: Mai bis Juli.

Standort: Basenreiche, oft kalkarme Quell- und Flachmoore; besonders auf nassen, humosen Torfböden.

Verbreitung: Europa (außer Südeuropa); ziemlich selten.

Braunes Schnabelried *Rhynchospora fusca* RL

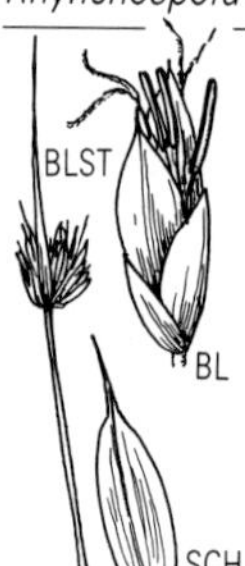

Merkmale: Pflanze ausdauernd, 8–30 (–45) cm hoch, lockere Rasen bildend, mit langen Ausläufern. Stengel aufrecht, 3kantig, beblättert. Blattscheiden hellbraun. Blattspreiten borstlich rinnig, bis 1,5 mm breit, an der Spitze rauh. Hüllblätter laubblattartig, den Blütenstand z. T. überragend. Dieser aus 2 (–3) langgestielten, kopfartig zusammengezogenen Spirren. Ährchen sitzend, 4–6 mm lang, 2- bis 3blütig. Spelzen eiförmig bis lanzettlich, braun, gelb bis rotbraun, hautrandig. Blütenhüll-Borsten 4–6, länger als die Frucht. Staubblätter 3. Narben 2. Frucht 1 bis 1,5 mm lang, rotbraun, durch die verbleibende Griffelbasis geschnäbelt.

Blütezeit: Mai bis August.

Standort: Kalkarme Übergangsmoore und Hochmoore.

Verbreitung: N- und W-Europa; selten.

Weißes Schnabelried *Rhynchospora alba* RL

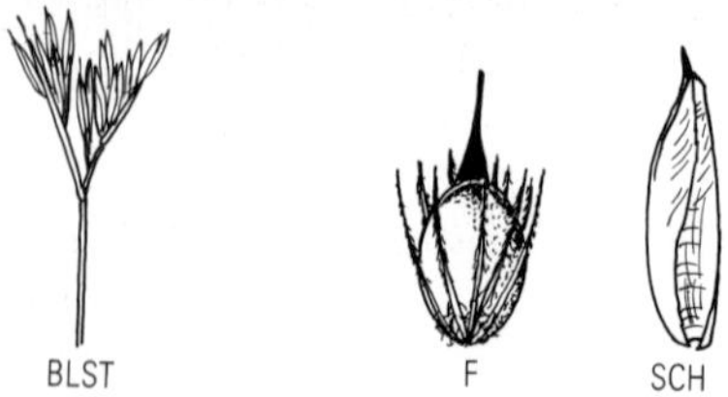

Merkmale: Pflanze ausdauernd, 10–40 (–65) cm hoch, lockere Rasen bildend, mit Winterzwiebelchen. Wurzelstock ohne oder mit kurzen Ausläufern. Stengel aufrecht, beblättert, im Querschnitt 3kantig, oberwärts rauh. Blattscheiden gelbbraun, die untersten ohne Spreiten. Blattspreiten linealisch, flach oder rinnig, bis 2 mm breit, am Rande und an der Spitze etwas rauh. Hüllblätter des Blütenstandes laubblattartig, so lang oder etwas länger als dieser. Blütenstand aus mehreren langgestielten, kopfartig zusammengezogenen Spirren. Einzelne Spirre mit 2–5 kurzgestielten Ährchen. Ährchen eiförmig bis länglich, spitz, rundlich, 4–5 mm lang. Ein Ährchen umfaßt 2–3 zwittrige Blüten sowie am Grunde 2–3 sterile Spelzen. Spelzen eiförmig lanzettlich, stachelspitzig, anfangs schneeweiß, später etwas rötlich. Blütenhüll-Borsten 9–13, kürzer als die Frucht, am Grunde mit langen Wimperhaaren, hellbraun. Staubblätter und Narben 2. Frucht linsenförmig zusammengedrückt, mit scharfen Rändern, 1,5–2 mm lang, hellbraun, durch die verbleibende Griffelbasis geschnäbelt.

Blütezeit: Juni bis August.

Standort: Kalkarme Hoch-, Zwischen- und Heidemoore; auf staunassen, oft nackten, basenarmen Torfböden.

Verbreitung: In fast ganz Europa (fehlt nur im äußersten Norden und Süden), in Asien und Nordamerika zu finden; nur zerstreute Vorkommen des Schnabelrieds.

Allgemeines: Der untere Teil des Griffels bildet an der Frucht des Schnabelriedes einen schnabelförmigen Fortsatz, worauf der Name Bezug nimmt. Das Weiße Schnabelried ist häufiger anzufinden als das Braune Schnabelried. Die beiden Arten sind nicht selten miteinander vergesellschaftet.

Nacktried *Elyna myosuroides*

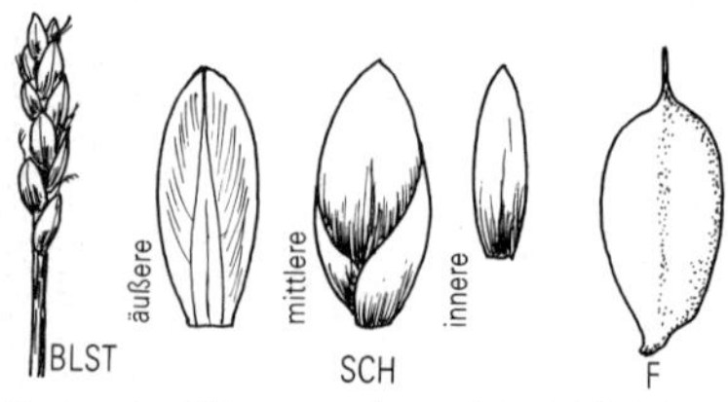

Merkmale: Pflanze ausdauernd, 5–20 (–30) cm hoch, dichte Rasen bildend, mit starrem Wurzelstock. Stengel starr aufrecht, im Querschnitt rund bis stumpf 3kantig, glatt, nur am Grunde beblättert. Blattscheiden braungelb, glänzend, faserig verwitternd, die unteren ohne Spreiten. Blattspreiten borstlich, hohlrinnig, steif aufrecht, bis ca. 1,5 mm breit, so lang oder etwas länger als der Stengel, an den Rändern rauh. Blütenstand aus einer einzigen, schmalen, endständigen, 1 bis 2,5 (–3) cm langen Ähre mit 10–20 Ährchen. Ährchen mit eiförmig bis lanzettlichen, bis 5 mm langen, braunen, weißrandigen Spelzen. Das endständige Ährchen umfaßt mehrere männliche Blüten. Die seitlichen Ährchen bestehen aus einer basalen weiblichen und einer apikalen männlichen Blüte. Tragblatt der weiblichen Blüte am Grunde verwachsend und die beiden Blüten eines Ährchens schlauchartig umschließend. Männliche Blüten mit 3 Staubblättern, weibliche Blüten mit einem oberständigen Fruchtknoten, der einen 3narbigen Griffel trägt. Die Frucht ist vom Tragblatt nicht ganz eingeschlossen, sie ist stachelspitzig, 3kantig, bis 2,5 (–3) mm lang und braun.

Blütezeit: Juni bis August, selten auch bis in den Oktober.

Standort: Hochalpine Matten an windexponierten Graten.

Verbreitung: Holarktisch in der alpinen Stufe; zerstreut.

Allgemeines: Ähnlich ist das **Schuppenried** *(Kobresia simpliciuscula)*. Es bevorzugt nasse Stellen in der alpinen Stufe und unterscheidet sich vom Nacktried durch kürzere Blätter, matte, stets Spreiten-tragende Blattscheiden und 4–10 endständige Ährchen, die aus mehreren 1blütigen Ährchen bestehen.

Torf-Segge *Carex davalliana* RL

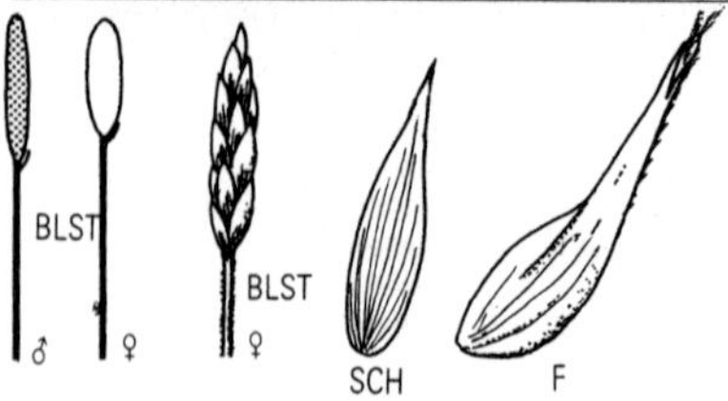

Merkmale: Pflanze ausdauernd, 10–40 (–50) cm hoch, in dichten Horsten wachsend, ohne Ausläufer. Stengel starr aufrecht, am Grunde mit faserigen Blattresten, oberwärts meist rauh, im Querschnitt rund bis undeutlich 3kantig. Blattscheiden dunkelbraun. Blattspreiten dunkelgrün, kürzer als der Stengel, ca. 0,5 mm breit, fadenförmig, an den Rändern rauh, im Querschnitt stumpf 3kantig. Pflanze zweihäusig. Blütenstand aus einer einzigen endständigen Ähre. Männliche Ähre bis 2 cm lang, ca. 2 mm breit. Spelzen der männlichen Blüten lanzettlich, spitz, gelbbraun, mit hyalinem Saum. Männliche Blüten mit 3 Staubblättern. Weibliche Ähre lockerblütig, bis 1,5 cm lang, ca. 4 mm breit. Spelzen der weiblichen Blüten eiförmig, spitz, dunkelbraun, mit hellbraunem Saum. Weibliche Blüten mit einem 2narbigen Fruchtknoten. Fruchtschläuche länger als die Spelzen, braun, 3–4 mm lang, lang geschnäbelt, zunächst aufrecht abstehend, später zurückgebogen, z. T. mit der Spitze schräg abwärts gerichtet. Frucht im Umriß eiförmig, linsenförmig zusammengedrückt.

Blütezeit: April bis Juni.

Standort: Flach- und Quellmoore, an Ufern kleiner Wasserläufe; auf stau- und sickernassen, basen- und meist kalkreichen Böden.

Verbreitung: Europa, Kleinasien (fehlt in Nordeuropa und auf den Britischen Inseln); selten.

Allgemeines: Ähnlich ist die **Zweihäusige Segge** *(C. dioica)*. Diese bildet im Gegensatz zur Torf-Segge Ausläufer. Die Stengel und Blätter der Zweihäusigen Segge sind zudem meist glatt und die Fruchtschläuche zunächst mehr oder weniger aufrecht, später horizontal abstehend (d. h. nicht abwärts gerichtet).

Felsen-Segge *Carex rupestris* RL

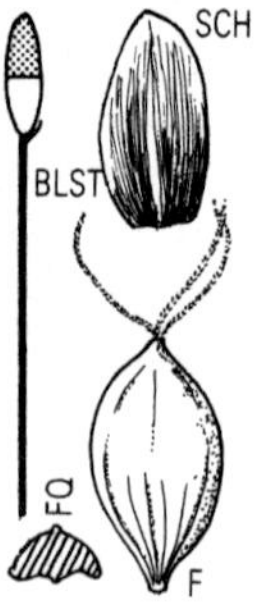

Merkmale: Pflanze ausdauernd, 5–15 cm hoch, rasenbildend, mit unterirdischen Ausläufern. Stengel aufrecht, stumpf 3kantig. Ältere Blattscheiden (rot-) braun. Blattspreiten 1–2 mm breit, flach bis gekielt, randlich rauh, starr, an der Spitze umgebogen. Pflanze einhäusig. Blütenstand aus einer endständigen, schlanken 10–15 mm langen Ähre. Ähre oben mit männlichen, darunter mit 3–6 weiblichen Blüten. Spelzen der weiblichen Blüten eiförmig, stumpf, 3,5 mm lang, (rot-)braun. Fruchtschläuche kürzer als die Spelzen, eiförmig, stumpf 3kantig, sehr kurz geschnäbelt, 2,5–4 mm lang, schwachnervig, grün bis braun. Fruchtknoten 3narbig. Frucht 3kantig.

Blütezeit: Juni bis Juli.

Standort: Auf alpinen Felsrasen und auf Steinböden.

Verbreitung: Holarktisch, alpine Stufe; selten.

Floh-Segge *Carex pulicaris* RL

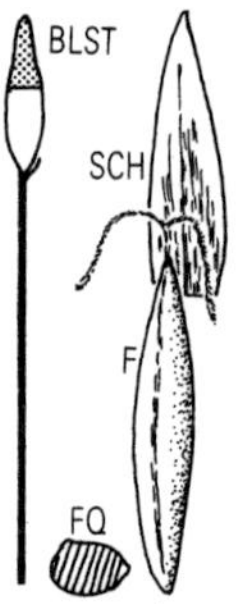

Merkmale: Pflanze ausdauernd, 5–35 cm hoch, (locker-) rasig. Stengel aufrecht bis aufsteigend, dünn, rund bis stumpf 3kantig, glatt, gestreift. Blattscheiden rost- bis hellbraun. Blattspreiten steif, borstlich, etwas rinnig, ca. 0,5 mm breit, grasgrün, glänzend. Blütenstand aus einer einzigen endständigen, 10–20 mm langen Ähre. Diese unten mit 5–10 weiblichen, oben mit männlichen Blüten. Spelzen rostbraun, grün gekielt, oben hautrandig. Fruchtschläuche länger als die Spelzen, 4–5 mm lang, abstehend bis zurückgeschlagen, braun, glatt, nervenlos. Fruchtknoten 2narbig. Frucht graubraun.

Blütezeit: Mai bis Juni.

Standort: Sumpfwiesen, Flach- und Quellmoore.

Verbreitung: Europa (außer im äußersten Süden und Norden); zerstreut.

Wenigblütige Segge *Carex pauciflora* RL

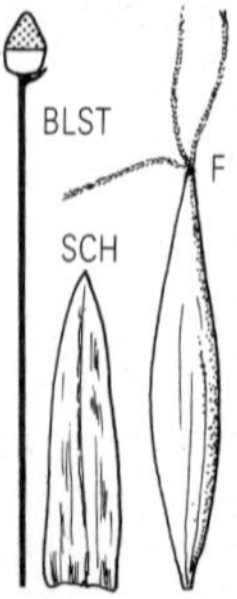

Merkmale: Pflanze ausdauernd, 5–20 cm hoch, mit oberirdischen Ausläufern. Stengel aufrecht, basal beblättert, glatt, stumpf 3kantig. Blattscheiden braun. Blattspreiten kürzer als der Stengel, bis 1 mm breit, linealisch, etwas rinnig. Pflanze einhäusig. Blütenstand aus einer einzigen endständigen Ähre. Diese 0,5–1 cm lang, oben mit 1-3 männlichen, unten mit 2–5 weiblichen Blüten. Spelzen eiförmig bis länglich, hellbraun, grün gekielt, weißrandig, rasch abfallend. Fruchtschläuche länger als die Spelzen, reif strohgelb, 6–7 mm lang, geschnäbelt, stark zugespitzt, glatt, zuletzt abwärts geneigt. Fruchtknoten 3narbig.

Blütezeit: Mai bis Juni.

Standort: Heide-, Zwischen- und Hochmoore; auf sauren, nährstoffarmen Torfböden.

Verbreitung: Eurasien, Nordamerika; nur zerstreute Vorkommen.

Fadenwurzel-Segge *Carex chordorrhiza* RL

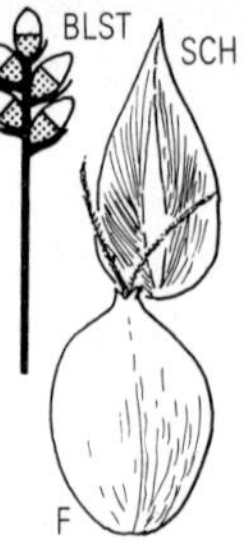

Merkmale: Pflanze ausdauernd, 5–15 (–30) cm hoch, mit langen, oberirdischen Ausläufern, an deren Spitze der blühende Sproß entspringt. Stengel aufrecht bis aufsteigend, rundlich bis schwach 3kantig, glatt. Blattscheiden braun. Blattspreiten steif, zugespitzt, flach oder rinnig, bis 1,5 mm breit. Blütenstand ohne Hüllblatt, 10 bis 15 mm lang, aus 3–5 kopfig gedrängt stehenden Ähren. Ähren gleichgestaltet, mit unten männlichen, oben weiblichen Blüten. Spelzen braun, weißrandig. Fruchtschläuche wenig länger als die Spelzen, breit eiförmig, braun, am Rande glatt, mit 2zähnigem Schnabel. Fruchtknoten 2narbig. Frucht braun.

Blütezeit: Mai, Juni, z. T. auch Juli bis Oktober.

Standort: In Zwischenmooren; in Schlenken und Schwingrasen; auch auf offenen Torfschlammböden.

Verbreitung: Holarktisch; selten.

Sand-Segge *Carex arenaria*

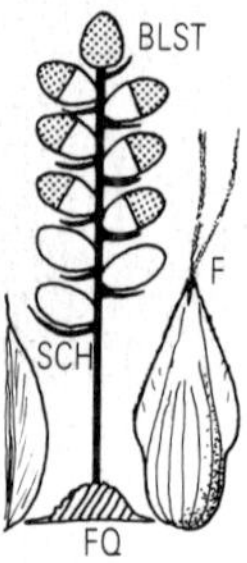

Merkmale: Pflanze ausdauernd, 15–60 (–75) cm hoch, mit meterweit kriechenden, z. T. verzweigten, mit braunen, faserig aufgelösten Niederblättern bedeckten Ausläufern. Stengel aufrecht, später überhängend, im Querschnitt scharf 3kantig, oberwärts rauh, so lang wie die Blätter. Blattscheiden braun. Blattspreiten starr, rinnig, 2–4 mm breit. Blütenstand ährig, meist überhängend, 3–6 cm lang, aus 4–16 eiförmigen, etwa 1 cm langen Ähren. Die unteren Ähren mit weiblichen Blüten, die mittleren mit am Grunde weiblichen, an der Spitze männlichen Blüten, und die oberen Ähren nur mit männlichen Blüten. Die Spelzen sind schmal, eiförmig lanzettlich, zugespitzt, gelblich. Männliche Blüten mit 3 Staubblättern. Die weiblichen Blüten haben einen 2narbigen Fruchtknoten. Die Fruchtschläuche sind etwas länger als die Spelzen, 4–5 mm lang, plankonvex, an den Rändern breit geflügelt, mit 2zähnigem Schnabel, gelbbraun. Die Frucht ist eiförmig, gelbbraun und glänzend.

Blütezeit: Mai bis Oktober.

Standort: Sandige Stellen, besonders auf offenen Dünen, aber auch in Kiefernwälder und auf Heiden; auf trockenen, lockeren und sauren Sandböden.

Verbreitung: Nord-, West- und Mitteleuropa, in Nordamerika eingeschleppt, besonders an den Küsten, bisweilen auch im Binnenland; zerstreut.

Allgemeines: Die Sand-Segge ist im Küstenbereich eine Pionierpflanze, die mit Hilfe ihrer meterlangen Ausläufer zur Verfestigung der Dünen beiträgt. An ähnlichen Küstenstandorten findet sich auch die **Strand-Segge** *(Carex extensa)*. Sie bildet keine Ausläufer und bevorzugt festere, feuchtere Böden.

Reichenbachs Segge *Carex reichenbachii*

Merkmale: Pflanze ausdauernd, 30–50 (–90) cm hoch, mit langen Ausläufern. Stengel aufrecht, später bogenförmig gekrümmt, scharf 3kantig, oberwärts rauh. Blattscheiden hellbraun. Blattspreiten flach, 2–3 mm breit. Blütenstand ährig, mit borstlichem Hüllblatt, 3–5 cm lang, aus 5–12 eiförmigen, z. T. gekrümmten Ähren. Ähren meist mit am Grunde männlichen, oben weiblichen Blüten. Spelzen lanzettlich, spitz, rostbraun bis strohfarben. Die Fruchtschläuche sind wenig länger als die Spelzen, ca. 5 mm lang, lanzettlich, grün, geflügelt, mit 2zähnigem Schnabel. Der Fruchtknoten ist 2narbig, die Frucht gelbbraun.

Blütezeit: April bis Juni.

Standort: Lichte, trockene Kiefernwälder.

Verbreitung: Niederlande, Belgien, Frankreich, Deutschland; die Reichenbachs Segge kommt aber nur selten vor.

Zweizeilige Segge *Carex disticha*

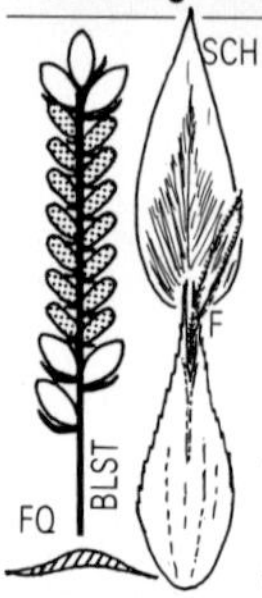

Merkmale: Pflanze ausdauernd, (15–) 30–60 (–100) cm hoch, mit langen, unterirdischen Ausläufern. Stengel aufrecht, bis zur Mitte hinauf beblättert, oberwärts scharf 3kantig, rauh. Blattscheiden braun. Blattspreiten randlich rauh, flach oder rinnig, 2–4 mm breit. Blütenstand ährig, 3–7 cm lang, aus mehr als 20 Ähren. Die unteren und oberen meist ausschließlich mit weiblichen, die mittleren mit männlichen Blüten. Spelzen spitz, gelbbraun. Fruchtschläuche wenig länger als die Spelzen, eiförmig, braun, kaum geflügelt, kaum gestielt, mit 2zähnigem Schnabel. Fruchtknoten 2narbig. Frucht olivgrün bis hellbraun.

Blütezeit: Mai bis Juni.

Standort: Auf Sumpfwiesen und an See- und Flußufern.

Verbreitung: Nord-, West- und Mitteleuropa, Asien; zerstreut.

Zittergras-Segge *Carex brizoides*

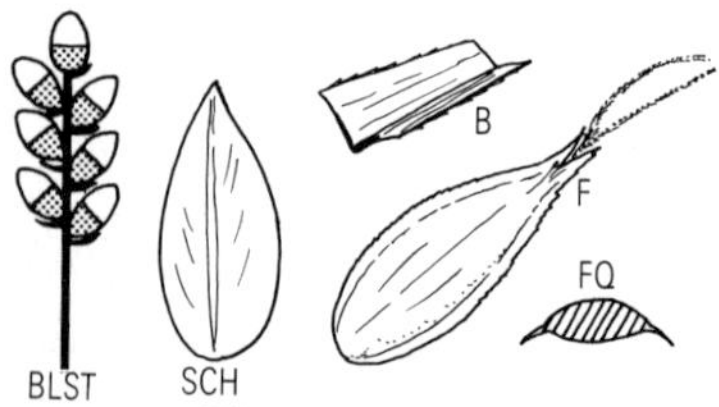

Merkmale: Pflanze ausdauernd, 25–60 (–100) cm hoch. Wurzelstock lang kriechend. Stengel anfangs aufrecht, später bogenförmig übergeneigt, schlaff, oberwärts rauh, im Querschnitt scharf 3kantig, zur Blütezeit meist kürzer als die Blätter, am Grunde von hellbraunen, blattlosen Scheiden umgeben. Blattspreiten grasgrün, spitz, schlaff, oft überhängend, 1,5–3 mm breit, flach oder rinnig, an den Rändern und am Mittelnerv rauh. Blütenstand ährenförmig, 2 bis 3 cm lang, aus 4–8 (-16) mehr oder weniger dicht gedrängt stehenden Ähren. Ähren alle gleichgestaltet, 8–9 mm lang, lanzettlich, meist ein wenig gekrümmt, mit am Grunde männlichen, oben weiblichen Blüten. Spelzen schmal länglich bis eiförmig, ziemlich stumpf, 1,5 mm breit, weißlich glänzend, mit grünem Kiel, zuletzt gelblich. Männliche Blüten mit 3 Staubblättern. Weibliche Blüten mit einem 2narbigen Fruchtknoten. Fruchtschläuche grün bis gelblich, schmal lanzettlich, abstehend, deutlich länger als die Spelzen, 3 (–4) mm lang, 1 mm breit, stark zusammengedrückt, geschnäbelt, bis zur Spitze schmal geflügelt, undeutlich nervig. Frucht im Umriß länglich bis eiförmig, flach, bis 2 mm lang, etwa 1 mm breit.

Blütezeit: Mai bis Juni.

Standort: Feuchte Laubwälder, Auenwälder, Waldsäume und Lichtungen; auf staunassen bis sickerfeuchten Böden.

Verbreitung: In Mittel- und Westeuropa anzufinden; zerstreutes bis häufiges Vorkommen.

Allgemeines: In Süddeutschland tritt die Zittergras-Segge bisweilen bestandsbildend auf. Sie wurde dort früher als »Seegras« an Stelle des echten Seegrases *(Zostera marina)* zum Polstern bzw. Füllen von Matratzen verwendet.

Gekrümmte Segge *Carex curvata* RL

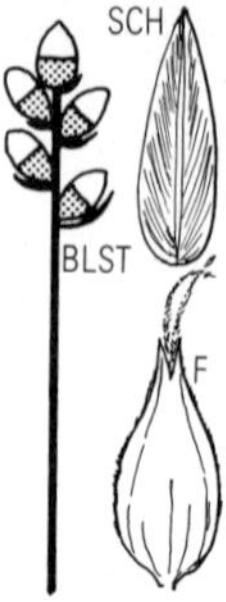

Merkmale: Pflanze ausdauernd, 30–60 cm hoch, mit Ausläufern. Stengel aufrecht bis gebogen, stumpf 3kantig. Blattscheiden hellbraun. Blattspreiten flach, schlaff, 1–2 mm breit, so lang wie der Stengel. Blütenstand ährig, 1,5–3 cm lang, aus 3–7 eiförmigen Ähren. Ähren mit am Grunde männlichen, oben weiblichen Blüten. Spelzen hellbraun, grün gekielt. Fruchtschläuche länger als die Spelzen, in der oberen Hälfte geflügelt, 2–3 mm lang, grün bis hellbraun, allmählich in den 2zähnigen Schnabel verschmälert. Der Fruchtknoten ist 2narbig, die Frucht braun.

Blütezeit: Mai bis Juni.

Standort: An lichten Laubwäldern, an Waldrändern und auf Halbtrockenrasen findet man die Gekrümmte Segge.

Verbreitung: Mitteleuropa, Slowakei, Siebenbürgen; selten.

Krumm-Segge *Carex curvula* RL

Merkmale: Pflanze ausdauernd, 5–30 cm hoch, dicht rasig, basal mit Mantel aus vorjährigen Blattresten. Stengel meist gekrümmt, nur basal beblättert, 3kantig, glatt. Untere Blattscheiden gelbbraun. Blattspreiten borstlich, an der meist abgestorbenen Spitze gekrümmt, 1,5–2,5 mm breit. Blütenstand kopfig, 1–2 cm lang, aus 5–6 Ähren. Ähren mit am Grunde weiblichen, oben männlichen Blüten. Spelzen stumpf, stachelspitzig, braun, grün gekielt. Fruchtschläuche 5–8 mm lang, gelblich grün bis braun, 2kielig, mit langem, 2zähnigen Schnabel. Ährchenachse z. T. aus dem Schlauch herausragend. Fruchtknoten 3narbig.

Blütezeit: Juli bis August.

Standort: Alpine, mäßig feuchte Wiesen und Schuttfluren; meist kalkmeidend.

Verbreitung: Gebirge Europas; die Krumm-Segge ist recht häufig.

Monte-Baldo-Segge *Carex baldensis* RL

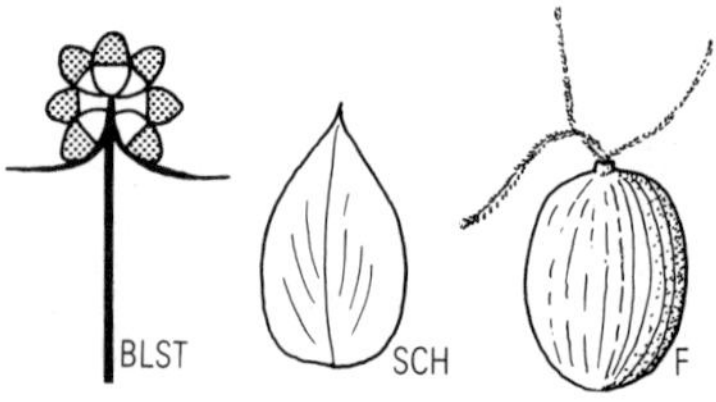

Merkmale: Pflanze ausdauernd, 10–40 cm hoch. Wurzelstock lockere bis dichte Rasen bildend. Stengel steif aufrecht, nur am Grunde beblättert, glatt, im Querschnitt undeutlich 3kantig. Blätter graugrün, gedrängt, kürzer und länger als der Stengel, 2–4 mm breit, flach oder zusammengefaltet, an den Rändern rauh, an der Spitze eingerollt. An der Basis des Blütenstandes entspringen 2–5 laubblattartige, bis 5 cm lange, waagrecht abstehende oder zurückgeschlagene Hüllblätter. Blütenstand köpfchenartig, bis zu 1,5 cm lang und bis zu 2,5 cm im Durchmesser, aus 3–9 dicht gedrängt stehenden Ähren. Ähren alle gleichgestaltet, weißlich, ca. 1 cm lang, 4 mm breit, eiförmig, vielblütig, mit am Grunde weiblichen, oben männlichen Blüten. Spelzen länglich dreieckig bis eiförmig, meist spitz, weißlich, mit grünem Kiel, 3nervig. Männliche Blüten mit 3 Staubblättern. Weibliche Blüten mit einem 3narbigen Fruchtknoten. Fruchtschläuche dunkelbraun, länglich, stumpf, 3kantig, 4–5 mm lang, ungeschnäbelt, viel kürzer als die Spelzen, vielnervig. Verlängerte Ährchenachse bisweilen aus dem Schlauch herausragend. Frucht im Umriß eiförmig, scharf 3kantig, mit konkaven Seitenflächen.

Blütezeit: (Mai) Juni bis August.

Standort: Sonnige Steinrasen, im Kalk- oder Dolomitgeröll steiniger, trockener Abhänge in der subalpinen Stufe.

Verbreitung: In den Südalpen ziemlich verbreitet. Die Monte-Baldo-Segge kommt auch, allerdings sehr selten, in den Zentralalpen und Nordalpen vor.

Allgemeines: Die Monte-Baldo-Segge wird als einzige Segge bisweilen von Käfern bestäubt. Die auffällige Art findet als Zierpflanze in Steingärten Verwendung.

Sauergräser

Falsche Fuchs-Segge *Carex otrubae*

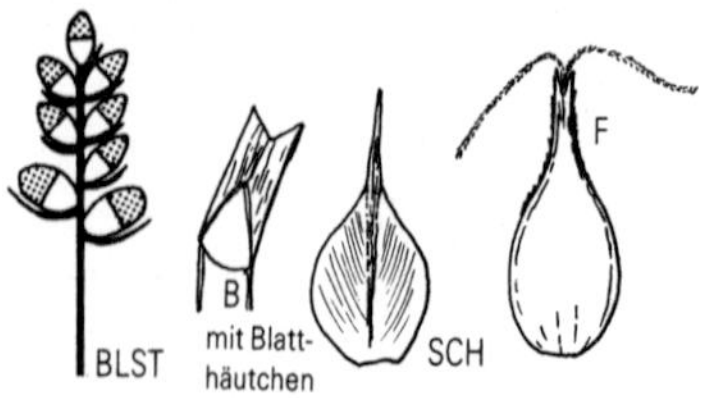

Merkmale: Pflanze ausdauernd, 30–60 cm hoch. Wurzelstock kräftig, dichte Rasen bildend. Stengel kräftig, steif aufrecht, am Grunde von hellbraunen, kaum zerfasernden Blattscheiden umgeben, im Querschnitt scharf 3kantig, oberwärts an den Kanten rauh. Blattspreiten meist hellgrün, trocken graugrün, flach, meist kürzer als der Stengel, bis 7 mm breit, an den Rändern rauh, allmählich in die 3kantige Spitze verschmälert. Blatthäutchen 10–15 mm lang, länger als breit. Blütenstand ährenartig, länglich bis pyramidenförmig, 2–6 cm lang, aus 5–10 Ähren, grün bis hellbraun. Hüllblätter der Ähren so lang oder deutlich länger als die der dazugehörigen Ähren. Ähren eiförmig, vielblütig, mit am Grunde weiblichen, oben männlichen Blüten. Spelzen länglich eiförmig, hellbraun, mit grünem Kiel, ca. 3 mm lang. Männliche Blüten mit 3 Staubblättern. Weibliche Blüten mit einem 2narbigen Fruchtknoten. Fruchtschläuche länger als die Spelzen, grün bis hellbraun, glänzend, 5–6 mm lang, ca. 2,5 mm breit, allmählich in den 2zähnigen Schnabel verschmälert, plankonvex, nervig. Frucht im Umriß eiförmig, ca. 2 mm lang, 1,5 mm breit, glänzend, hellbraun.

Blütezeit: Mai bis Juni.

Standort: In Sümpfen, Auenwäldern und Naßwiesen; außerdem auf sickernassen, nährstoffreichen Böden.

Verbreitung: Europa, Nordafrika, Makaronesien, Asien; zerstreut.

Allgemeines: Ähnlich ist die in Mitteleuropa seltenere **Fuchs-Segge** *(C. vulpina)*. Ihre Blatthäutchen sind jedoch ca. 7–15 mm lang und deutlich breiter als lang. Die Blätter der Fuchs-Segge sind auch trocken hellgrün, die unteren Blattscheiden schwärzlich und stark zerfasernd, ihre Stengel deutlich geflügelt.

Dichtährige Segge *Carex spicata*

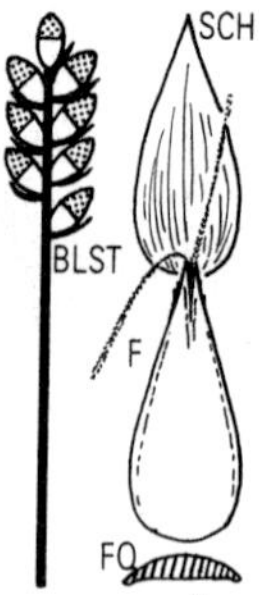

Merkmale: Pflanze ausdauernd, 20–60 (–100) cm hoch, rasenbildend. Stengel steif aufrecht, 3kantig, oben an den Kanten rauh. Blattscheiden purpurn bis schwarzbraun, faserig. Blattspreiten flach oder rinnig, 2–4 mm breit. Blatthäutchen 2- bis 4mal so lang wie breit, zerschlitzt. Blütenstand ährig, mit kurzem Hüllblatt, 2–3 (–5) cm lang, aus 5–10 dicht gedrängt stehenden Ähren. Ähren mit am Grunde weiblichen, oben männlichen Blüten. Spelzen braun. Fruchtschläuche am Grunde schwammig-korkig verdickt, bis 6 mm lang, mit 1,5 mm langem Schnabel, zuletzt spreizend. Fruchtknoten 2narbig. Frucht hellbraun.

Blütezeit: Mai bis Juni.

Standort: Waldsäume, Gebüsche, Wegränder.

Verbreitung: Fast ganz Europa, Nordafrika, Asien, Nordamerika (eingeschleppt); ziemlich häufig.

Unterbrochenährige Segge *Carex divulsa*

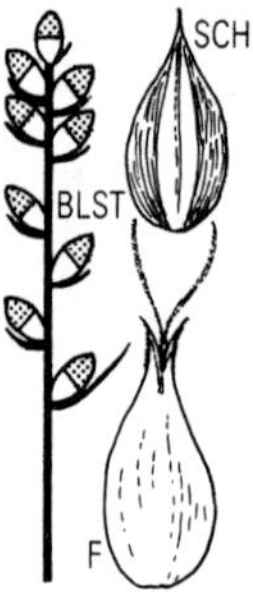

Merkmale: Pflanze ausdauernd, 20–100 cm hoch, dichte Rasen bildend. Stengel schlaff, meist scharf 3kantig, oberwärts an den Kanten rauh. Blattscheiden dunkelbraun, faserig. Blattspreiten flach, 2–3 mm breit. Blatthäutchen wenig länger als breit, nicht zerschlitzt. Blütenstand ährig, z. T. mit langem Hüllblatt, 5–8 (–10) cm lang, aus 6–8 locker stehenden Ähren. Diese basal mit weiblichen, oben mit männlichen Blüten. Spelzen weißlich bis hellbraun. Fruchtschlauch nicht schwammig-korkig verdickt, mit 1 mm langem Schnabel, schräg abstehend, nicht spreizend. Fruchtknoten 2narbig. Frucht 2–2,5 mm lang.

Blütezeit: Mai bis August.

Standort: Lichte Laubmischwälder, Gebüsche.

Verbreitung: Europa, Nordafrika, Vorderasien, Nordamerika (eingeschleppt); nur zerstreute Vorkommen.

Pairas Segge *Carex pairaei*

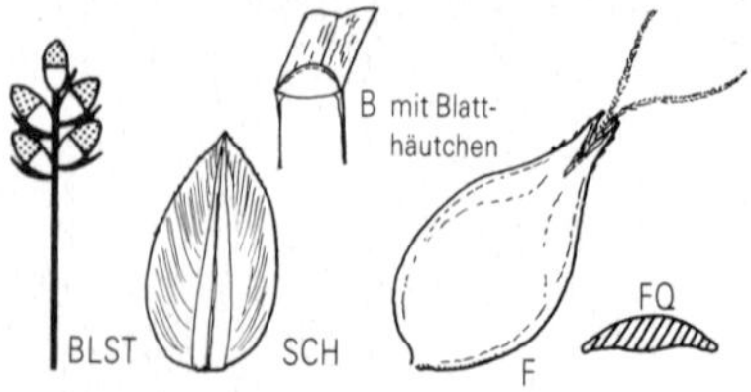

Merkmale: Pflanze ausdauernd, 20–60 (–90) cm hoch, rasenbildend, ohne Ausläufer. Stengel steif aufrecht oder aufsteigend, stumpf 3kantig, oberwärts an den Kanten rauh. Blattscheiden faserig, schwarzbraun. Blattspreiten flach oder etwas rinnig, 2 (–3) mm breit, grasgrün, an den Rändern und am Mittelnerv rauh. Blatthäutchen etwa so lang wie breit, weißrandig. Blütenstand ährig, länglich, 2–3 cm lang, aus 4–6 meist dicht gedrängt stehenden Ähren. Diese gleichgestaltet, wenigblütig, mit unten weiblichen, oben männlichen Blüten. Die unterste Ähre bisweilen mit bis zu 5 cm langem Hüllblatt. Spelzen meist rotbraun. Männliche Blüten mit 3 Staubblättern. Weibliche Blüten mit einem 2narbigen Fruchtknoten. Die Fruchtschläuche sind länger als die Spelzen, reif dunkel rotbraun, am Grunde nicht schwammig-korkig verdickt, mit 2zähnigem, ca. 0,7 mm langem, randlich rauhem Schnabel, reif spreizend. Die Frucht ist 4eckig und 1,7–2 mm lang.

Blütezeit: (Mai bis) Juni.

Standort: Waldschläge, Waldwege, Waldränder, Gräben; auf nährstoffreichen steinigen oder sandigen Lehmböden.

Verbreitung: Fast ganz Europa, Madeira, Nordafrika, teilweise auch in Asien; in Nordamerika eingeschleppt; aber nur zerstreute Vorkommen.

Allgemeines: *Carex pairaei* [= *C. muricata ssp. lamprocarpa*] wird wie die **Dichtährige Segge** *(C. spicata)* und die **Unterbrochenährige Segge** *(C. divulsa)* derzeit zur *Muricata*-Gruppe gezählt. Die drei behandelten Arten dieser Gruppe sind nur sehr schwierig zu unterscheiden. Als wichtige Merkmale zur Bestimmung der Sippen gelten die Form der Blatthäutchen und das Auftreten bzw. Fehlen von korkigen Verdickungen an der Basis der Fruchtschläuche.

Schwarzkopf-Segge *Carex appropinquata*

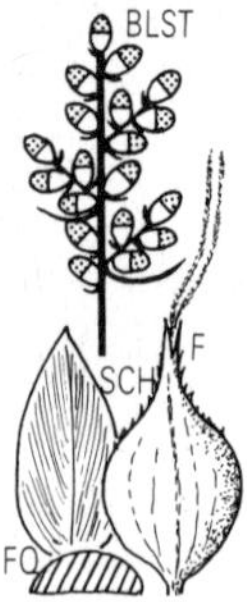

Merkmale: Pflanze ausdauernd, 40–80 (–100) cm hoch, dichte Rasen bildend. Stengel aufrecht, am Grunde beblättert, scharf 3kantig, rauh. Blattscheiden faserig, schwarzbraun. Blattspreiten rauh, flach oder rinnig, 2–3 mm breit, meist gelbgrün. Blütenstand rispig, 4 bis 8 cm lang, mit aufrechten Ästen, aus zahlreichen Ähren. Diese wenigblütig, mit unten weiblichen, oben männlichen Blüten. Die Spelzen sind spitz und rotbraun. Die Fruchtschläuche sind matt, mit deutlichen Nerven, dunkelbraun, schräg abstehend, mit 2zähnigem Schnabel. Der Fruchtknoten ist 2narbig, die Frucht gelbbraun.

Blütezeit: Mai bis Juni.

Standort: Flachmoore, Sumpfwiesen, Erlenbrüche, Gräben, Waldtümpel.

Verbreitung: Nord- und Mitteleuropa, Asien; zerstreut.

Rispen-Segge *Carex paniculata*

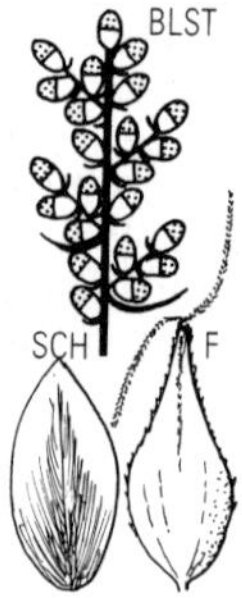

Merkmale: Pflanze ausdauernd, 40–100 cm hoch, dichte Rasen bildend. Stengel aufrecht, nur am Grunde beblättert, scharf 3kantig, rauh. Blattscheiden hell- bis schwarzbraun, nicht faserig. Blattspreiten randlich rauh, flach, 3 bis 6 mm breit, graugrün. Blütenstand locker rispig, 5–10 cm lang, mit abstehenden, verlängerten Ästen, aus zahlreichen Ähren. Ähren mit unten weiblichen, oben männlichen Blüten. Spelzen spitz, hellbraun, weißrandig. Fruchtschläuche glänzend, mit undeutlichen Nerven, 2,5 bis 3 mm lang, (hell-)braun, schräg abstehend, mit 2zähnigem Schnabel. Fruchtknoten 2narbig. Frucht gelbbraun.

Blütezeit: Mai bis Juni.

Standort: Quellmoore, Erlenbrüche.

Verbreitung: Europa (fehlt im Norden), Kanarische Inseln, Marokko, Kleinasien; sehr häufiges Vorkommen.

Hasenfuß-Segge *Carex ovalis*

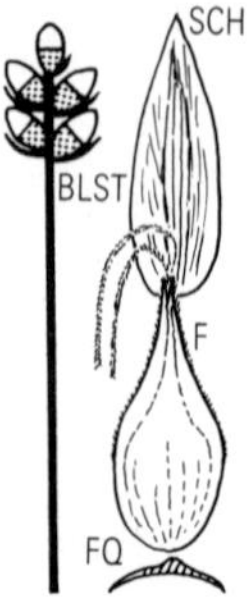

Merkmale: Pflanze ausdauernd, 20–70 cm hoch, dichte Rasen bildend. Stengel steif aufrecht, nur unten beblättert, oberwärts scharf 3kantig und etwas rauh. Blattscheiden hellbraun, faserig. Blattspreiten randlich rauh, flach bis rinnig, 2–3 mm breit. Blütenstand ährig, selten kopfig, 2–4 cm lang, aus 3–7 (–9) gedrängt stehenden, eiförmigen Ähren. Diese unten mit männlichen, oben mit weiblichen Blüten. Spelzen spitz, hellbraun, weißrandig, grün gekielt. Fruchtschläuche etwa so lang wie die Spelzen, eiförmig, gelbbraun, geflügelt, mit 2zähnigem Schnabel. Fruchtknoten 2narbig. Die Frucht ist braun und glänzend.

Blütezeit: Mai bis August.

Standort: Magerrasen, Feuchtweiden.

Verbreitung: Eurasien, Nordafrika; in Nordamerika und Neuseeland eingeschleppt; recht häufige Vorkommen.

Stern-Segge *Carex echinata*

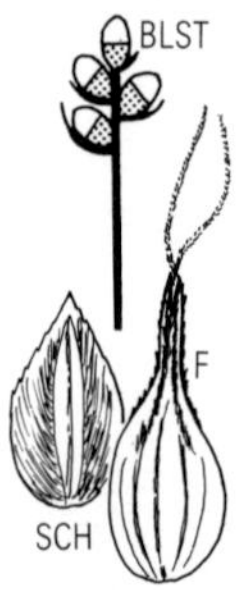

Merkmale: Pflanze ausdauernd, 5–30 (–90) cm hoch, locker rasig. Stengel aufrecht, nur unten beblättert, stumpf 3kantig. Blattscheiden graubraun. Blattspreiten starr, flach oder rinnig, 1–2 mm breit, kürzer als der Stengel. Blütenstand ährig, 1,5 bios 3 cm lang, aus 3–5 wenig entfernt stehenden Ähren. Diese fast kugelig, am Grunde mit männlichen, oben mit 5–7 weiblichen Blüten. Spelzen braun, grün gekielt, hautrandig. Die Fruchtschläuche sind länger als die Spelzen, grün bis (gelb-)braun, reif sternförmig spreizend, mit 2zähnigem randlich rauhem Schnabel. Der Fruchtknoten ist 2narbig und die Frucht ist braun.

Blütezeit: Mai bis Juni.

Standort: Auf Sumpfwiesen, an Quellen und in Flachmooren.

Verbreitung: Fast ganz Europa, Nordafrika, Nordamerika, Asien, Australasien; häufig.

Graue Segge *Carex curta*

Merkmale: Pflanze ausdauernd, 20–45 (–60) cm hoch, dichte Rasen bildend, z. T. mit Ausläufern. Stengel steif, aufrecht, nur unten beblättert, scharf 3kantig, oben scharf rauh. Blattscheiden graubraun. Blattspreiten oberwärts randlich rauh, flach, schlaff, 2–3 (–4) mm breit, graugrün. Blütenstand ährig, länglich, 3 bis 5 cm lang, aus 3–6 (–11) sitzenden, meist einander genäherten Ähren. Diese 5–8 mm lang, 7- bis 18blütig, mit unten männlichen, oben weiblichen Blüten. Spelzen mehr oder weniger spitz, breit eiförmig, grauweiß, grün gekielt. Männliche Blüten mit 3 Staubblättern. Weibliche Blüten mit einem 2narbigen Fruchtknoten. Fruchtschläuche länger als die Spelzen, 2–2,5 mm lang, aufrecht abstehend, breit eiförmig, gelbgrün, ungeflügelt, mit sehr kurzem, randlich etwas rauhem, nicht gespaltenem Schnabel, deutlich nervig. Frucht eiförmig, gelbbraun, 1,5 mm lang.

Blütezeit: Mai bis August.

Standort: Flach-, Quell- und Dünenmoore, Torfstiche, versumpfte Mulden, nasse Wiesen, Waldsümpfe, Ufer; auf nassen, sauren Sumpfhumus-Böden.

Verbreitung: Fast ganz Europa (fehlt z. T. im Süden), Nordasien, Amerika, Neuguinea, Australien; ziemlich häufig.

Allgemeines: Der Name der Grauen Segge nimmt auf die grauweiße Farbe ihrer Spelzen Bezug. Ähnlich ist die **Bräunliche Segge** *(Carex brunnescens)*, eine nicht allzu häufige Art der alpinen Flachmoore. Sie besitzt im Unterschied zur Grauen Segge bräunlich gefärbte Spelzen (Name!), Ähren von 3–5 mm Länge und kleine, braune Fruchtschläuche (1,5–2 mm lang) mit einem deutlich entwickelten, tief gespaltenen Schnabel.

Winkel-Segge *Carex remota*

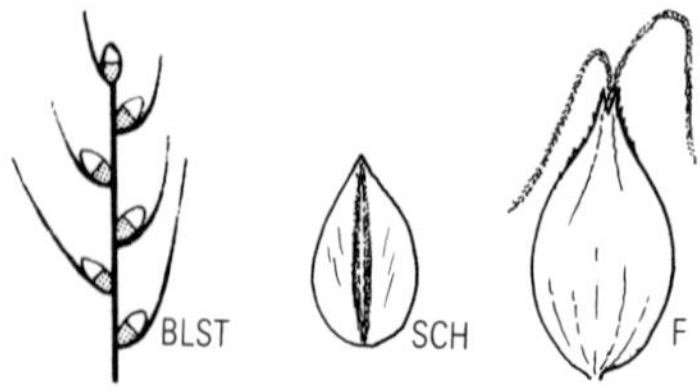

Merkmale: Pflanze ausdauernd, 30–70 (–100) cm hoch, dichte Rasen bildend. Stengel schlaff, bogig überhängend, durch die langen Tragblätter bis oben hin beblättert erscheinend, scharf 3kantig. Blattscheiden braun. Blattspreiten schlaff, flach oder etwas rinnig, bis 2 mm breit, hellgrün. Blütenstand ährig verlängert, 10–20 cm lang, aus 6–9 z. T. weit voneinander entfernt stehenden, sitzenden Ähren. Diese gleichgestaltet, 4–10 mm lang, mit unten männlichen, oben weiblichen Blüten, sowie sehr langen, laubblattartigen, schlaffen Tragblättern. Spelzen breit eiförmig, spitz, weiß bis bräunlich, grün gekielt. Männliche Blüten mit 3 Staubblättern. Weibliche Blüten mit einem 2narbigen Fruchtknoten. Fruchtschläuche länger als die Spelzen, 2,5–3,5 mm lang, aufrecht abstehend, lanzettlich, gelbgrün, flachgedrückt, mit kurzem, randlich rauhem, 2zähnigem Schnabel, deutlich nervig. Frucht eiförmig zusammengedrückt, 1,5 mm lang, gelbbraun.

Blütezeit: Mai bis Juli.

Standort: Auenwälder, Laubmischwälder, schattige Quellfluren, feuchte Waldwege, Gebüsche; auf sickernassen, nährstoffreichen Sumpfhumusböden.

Verbreitung: Fast ganz Europa (fehlt in der Arktis und z. T. im Süden), Nordafrika, z. T. Asien; zerstreut bis ziemlich häufig.

Allgemeines: Mit ihren einzelnen, in den Winkeln zwischen langem Tragblatt und Hauptachse sitzenden Ähren gehört die Winkel-Segge zu den bereits habituell gut kenntlichen Seggen-Arten. Die oft gesellig auftretende Sippe bevorzugt schattige, feuchte Standorte und ist als Unterwuchs recht häufig in Buchen-Hainbuchen-Mischwäldern, Eschen- oder Erlenwäldern zu finden.

Langährige Segge *Carex elongata*

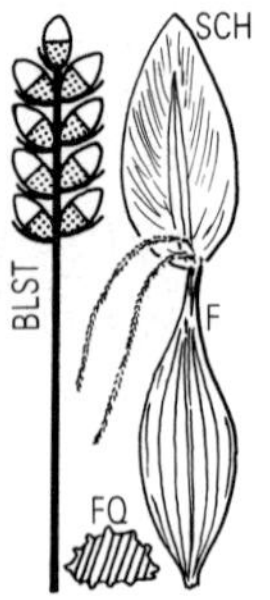

Merkmale: Pflanze ausdauernd, 15–60 (–100) cm hoch, dichte Rasen bildend. Stengel schlaff, aufrecht bis überhängend, nur unten beblättert, scharf 3kantig, rauh. Blattscheiden hellbraun. Blattspreiten schlaff, randlich rauh, flach, 2–6 mm breit, so lang wie der Stengel. Blütenstand ährig, 4–7 cm lang, aus (5–) 8–12 gedrängt stehenden Ähren. Diese vielblütig, mit unten männlichen, oben weiblichen Blüten. Spelzen hellbraun, hautrandig. Fruchtschläuche lanzettlich, abstehend, zusammengedrückt, länger als die Spelzen, braun, mit 2zähnigem Schnabel. Fruchtknoten 2narbig. Die Frucht ist gelbbraun.

Blütezeit: Mai bis Juni.

Standort: In Erlenbrüchen, auf nassen Wiesen und in Gräben.

Verbreitung: Nord-, West- und Mitteleuropa, Asien; zerstreut bis häufig.

Zweifarbige Segge *Carex bicolor*

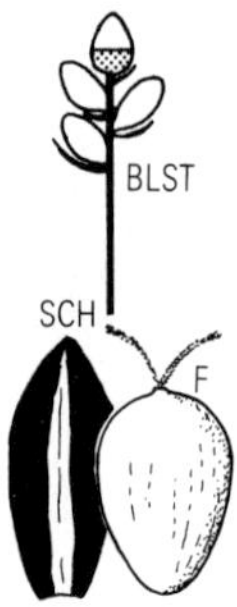

Merkmale: Pflanze ausdauernd, 5–20 cm hoch, locker rasig, mit kurzen Ausläufern. Stengel schlaff, z. T. überhängend, nur basal beblättert, oberwärts kantig. Blattspreiten schlaff, flach, 1–2 mm breit, hellgrün. Unterstes Hüllblatt lang, laubblattartig, scheidig. Blütenstand nickend, aus 2–5 sitzenden, 5–10 mm langen, fingerartig angeordneten Ähren. Endständige Ähre mit am Grunde männlichen, oben weiblichen, die übrigen nur mit weiblichen Blüten. Spelzen schwarzrot, grün gekielt. Fruchtschläuche so lang oder wenig kürzer als die Spelzen, 2–2,5 mm lang, hellgrün, ungeschnäbelt. Fruchtknoten 2narbig. Frucht gelblichbraun, punktiert.

Blütezeit: Juli.

Standort: Feuchte Grasböden, Schuttfluren.

Verbreitung: Circumpolar, alpin (in Deutschland jedoch fehlend); zerstreut.

Steife Segge *Carex elata*

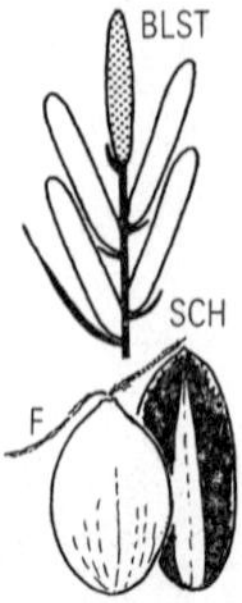

Merkmale: Pflanze ausdauernd, 20–120 cm hoch, dichte Rasen oder Bülten bildend; ohne Ausläufer. Stengel steif aufrecht, scharf 3kantig, oben an den Kanten rauh, nur am Grunde beblättert. Unterste Blattscheiden hell gelbbraun, netzig zerfasernd. Blattspreiten graugrün, flach, 3–5 mm breit, randlich stark rauh. Unterstes Hüllblatt des Blütenstandes laubblattartig, höchstens so lang wie dieser, ohne Scheide, am Grunde mit 2 schwarzen Öhrchen. Blütenstand aus 3–6 (–7) sitzenden bis kurz gestielten, aufrechten Ähren. Die oberen 1–2 (–3) schlank zylindrisch, mit männlichen Blüten, die unteren zylindrisch, mit sehr dicht stehenden weiblichen Blüten. Spelzen schwarzbraun, grün gekielt, 2,5–3,5 mm lang. Männliche Blüten mit 3 Staubblättern. Weibliche Blüten mit einem 2narbigen Fruchtknoten. Fruchtschläuche aufrecht, ellipsoidisch, stark zusammengedrückt, graugrün, 3,5–4 mm lang, ca. 2 mm breit, mit kurzem, nicht gespaltenem Schnabel, außen mit 5–7 deutlichen Nerven. Frucht linsenförmig, ca. 2 mm lang, 1,5 mm breit, gelbbraun.

Blütezeit: April bis Mai.

Standort: Sumpfwiesen, Flach-, Dünenmoore, Ufer von Seen und Bächen; auf staunassen, nährstoff- und basenreichen Ton- und Schlickböden.

Verbreitung: Fast ganz Europa (außer im Norden und z. T. im Mittelmeergebiet), Nordafrika, Kaukasus; häufig bis zerstreut.

Allgemeines: Die Steife Segge *(Carex elata)* kommt nicht selten bestandsbildend in der Verlandungszone stehender oder langsam fließender Gewässer vor. Sie fällt durch ihren horstigen Wuchs und ihre großen, stockwerkartig aufgebauten Bülten auf.

Dreinervige Segge *Carex trinervis*

Merkmale: Pflanze ausdauernd, 10–40 (–60) cm hoch, mit langen Ausläufern. Stengel aufrecht, nur am Grunde beblättert, stumpf 3kantig, meist glatt. Blattscheiden hellbraun. Blattspreiten starr, rauh, borstlich gefaltet, 2 (–3) mm breit, graugrün. Unterstes Hüllblatt laubblattartig. Blütenstand ziemlich dicht, aus 3–8 fast sitzenden, aufrechten Ähren. Die oberen 1–4 mit männlichen, die unteren 2–4 mit weiblichen Blüten. Spelzen rotbraun, mit 3nervigem, grünem Kiel, hautrandig. Fruchtschläuche 3,5–5 mm lang, kurz geschnäbelt, mattgrün, außen gewölbt, innen flach, auf den Flächen deutlich 3nervig. Fruchtknoten 2narbig. Frucht dunkelbraun.

Blütezeit: Juni bis Juli.

Standort: Sümpfe, Moore, Dünentäler.

Verbreitung: Atlantische Küsten Europas; nur selten vorkommend.

Wiesen-Segge *Carex nigra*

Merkmale: Pflanze ausdauernd, 10–50 (–90) cm hoch, lockere Rasen bildend. Stengel steif, nur am Grunde beblättert, scharf 3kantig, oberwärts rauh. Blattscheiden (rot-)braun. Blattspreiten starr, flach oder zusammengefaltet, 1–3 (–5) mm breit, randlich rauh, graugrün. Unterstes Hüllblatt laubblattartig, kürzer als der Blütenstand. Dieser aufrecht, aus 1 (–2) gestielten, männlichen, darunter 2–4 fast sitzenden, weiblichen Ähren. Spelzen schwarz, grün gekielt. Fruchtschläuche länger als die Spelzen, grün, oben braun, außen gewölbt, innen flach, schwach nervig. Der Fruchtknoten ist 2narbig, die Frucht ist braun.

Blütezeit: Mai bis August.

Standort: Flachmoore, Dünenmoore, Ufer.

Verbreitung: Fast ganz Europa, Marokko, Asien, Atlantisches Nordamerika; die Wiesen-Segge kommt häufig vor.

Spitz-Segge *Carex acuta*

Merkmale: Pflanze ausdauernd, 30–150 cm hoch, mit Ausläufern. Stengel steif aufrecht, 3kantig, beim Biegen knickend, rauh. Untere Blattscheiden hellbraun. Blattspreiten schlaff, überhängend, 5–10 mm breit, flach, gekielt. Unterstes Hüllblatt laubblattartig, länger als der bis über 20 cm lange Blütenstand. Dieser etwas überhängend, aus 2–4 männlichen, darunter (1–) 2–4 weiblichen, 3–15 cm langen, dünnen Ähren. Spelzen rot- bis schwarzbraun, grün gekielt. Fruchtschläuche gelbgrün bis braun, beiderseits gewölbt, nervig, mit kurzem, nicht gespaltenem Schnabel. Der Fruchtknoten ist 2narbig, die Frucht ist braun.

Blütezeit: Mai bis Juni.

Standort: An Ufern, in nassen Wiesenmulden und in Gräben.

Verbreitung: Fast ganz Europa, Nordafrika, West- und Nordasien; häufig.

Kleinblütige Segge *Carex parviflora*

Merkmale: Pflanze ausdauernd, 10–20 cm hoch, dichtrasig, mit kurzen Ausläufern. Stengel aufrecht, 3kantig, meist glatt. Blattscheiden gelb- bis purpurbraun. Blattspreiten starr, 2–3 (–4) mm breit, flach. Unterstes Hüllblatt laubblattartig, abstehend. Blütenstand aus (2–) 3–4 dicht gedrängt stehenden, eiförmigen bis kugeligen, sitzenden, 5–7 mm langen Ähren. Ähren mit weiblichen Blüten, nur die oberste mit am Grunde männliche Blüten. Spelzen schwarz. Fruchtschläuche schwarz, länger als die Spelzen, 3–3,5 mm lang, mit sehr kurzem, 2zähnigem Schnabel. Fruchtknoten (2- bis) 3narbig. Frucht 3kantig.

Blütezeit: Juli bis August.

Standort: Alpine Matten, Geröll.

Verbreitung: Pyrenäen, Alpen, Kaukasus, Kleinasien; allerdings nur zerstreute Vorkommen der Kleinblütigen Segge.

Trauer-Segge *Carex atrata*

Merkmale: Pflanze ausdauernd, 15–30 (–60) cm hoch, dicht rasig, mit sehr kurzen Ausläufern. Stengel aufrecht, nur basal beblättert, 3kantig. Untere Blattscheiden purpurn. Blattspreiten starr, gekielt, 3–4 (–9) mm breit, hellgrün. Unterstes Hüllblatt laubblattartig. Blütenstand nickend, aus 2–5 (–7), etwas genäherten, zylindrischen, gestielten, 1–2 (–3,5) cm langen Ähren. Ähren mit weiblichen Blüten, nur die oberste mit am Grunde männlichen Blüten. Spelzen schwarz. Fruchtschläuche gelbbraun, selten schwarz, wenig kürzer als die Spelzen, 3,5 bis 5 mm lang, kurz geschnäbelt. Fruchtknoten 3narbig.

Blütezeit: Juni bis August.

Standort: Hochalpine Steinrasen, Weiden, windexponierte Grate.

Verbreitung: In den Gebirgen Eurasiens; aber nur zerstreute Vorkommen.

Steppen-Segge *Carex supina* RL

Merkmale: Pflanze ausdauernd, 5–20 (–30) cm hoch, mit langen Ausläufern. Stengel steif aufrecht, dünn, stumpf 3kantig, oben rauh. Blattscheiden purpurn (-braun). Blattspreiten flach, aufrecht, 1–1,5 mm breit. Unterstes Hüllblatt laubblattartig. Blütenstand 10–20 (–30) mm lang, aus 2–4 sitzenden, aufrechten Ähren. Die oberste Ähre schmal zylindrisch, mit männlichen, die übrigen rundlich, mit 3–5 weiblichen Blüten. Spelzen rot- bis dunkelbraun, grün gekielt. Fruchtschläuche länger als die Spelzen, braun, glänzend, 3kantig, aufgeblasen, geschnäbelt, kahl. Fruchtknoten 3narbig. Frucht 3kantig, graubraun.

Blütezeit: April bis Mai.

Standort: Trockenrasen, sandige Kiefernwälder; auf Sand- und Steinböden.

Verbreitung: Circumpolar; allerdings nur sehr seltene Vorkommen.

Pillen-Segge *Carex pilulifera*

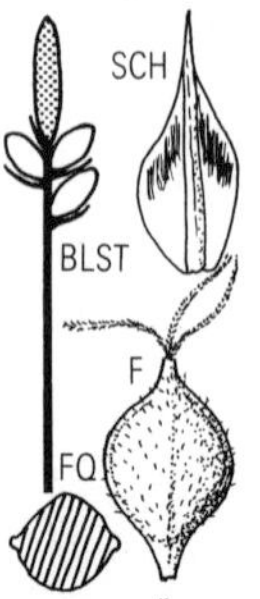

Merkmale: Pflanze ausdauernd, 10–40 (–80) cm hoch, dichte Rasen bildend. Stengel aufrecht oder überhängend, scharf 3kantig, nur am Grunde beblättert. Unterste Blattscheiden gelbbraun bis rot, netzfaserig. Blattspreiten flach oder rinnig, schlaff, 2–3 mm breit. Unterstes Hüllblatt kurz, laubblattartig. Blütenstand 15–20 mm lang, aus 3–5 sitzenden, aufrechten Ähren. Die oberste zylindrisch, mit männlichen, die übrigen kugelig, gedrängt stehend, mit weiblichen Blüten. Spelzen grau- bis dunkelbraun, weißrandig. Fruchtschläuche meist länger als die Spelzen, grauweiß bis grünlich, kurz geschnäbelt, kurzhaarig. Fruchtknoten 3narbig. Die Frucht ist 3kantig.

Blütezeit: April bis Mai.

Standort: Magerrasen, Heiden; kalkmeidend.

Verbreitung: Fast ganz Europa; die Pillen-Segge findet man häufig.

Filz-Segge *Carex tomentosa* RL

Merkmale: Pflanze ausdauernd, (10–) 20–50 cm hoch, mit Ausläufern. Stengel starr aufrecht, nur basal beblättert, stumpf 3kantig. Blattscheiden rotbraun. Blattspreiten flach, steif aufrecht, 1,5–2 (–2,5) mm breit. Unterstes Hüllblatt laubblattartig. Blütenstand 2–5 cm lang, aus 2–3 aufrechten Ähren. Die oberste länglich, kurz gestielt, mit männlichen Blüten, die übrigen rundlich, sitzend, mit weiblichen Blüten. Die unterste Ähre abgerückt. Spelzen rotbraun, grün gekielt. Die Fruchtschläuche sind länger als die Spelzen, hellgrün, kurz geschnäbelt, dicht filzig behaart. Der Fruchtknoten ist 3narbig, die Frucht ist 3kantig.

Blütezeit: April bis Juni.

Standort: Besonders auf Flachmoorwiesen und in Auenwäldern.

Verbreitung: Europa, Kaukasus, Sibirien, Zentralasien; häufig bis zerstreut.

Heide-Segge *Carex ericetorum*

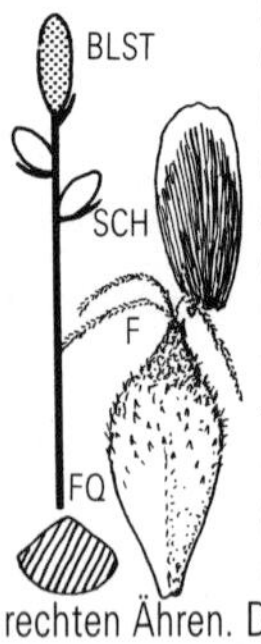

Merkmale: Pflanze ausdauernd, 5–20 (–40) cm hoch, lockere Rasen bildend. Stengel aufrecht, basal beblättert, stumpf 3kantig. Blattscheiden gelb, z. T. purpurn überlaufen. Blattspreiten steif, flach, 2–3 (–3,5) mm breit, graugrün. Unterstes Hüllblatt 1–2 mm lang, braunhäutig. Blütenstand 15 bis 30 mm lang, aus 2–4 gedrängt stehenden, fast sitzenden, aufrechten Ähren. Die oberste mit männlichen, die übrigen mit weiblichen Blüten. Spelzen stumpf, braun, hautrandig, vorne oft fransig gewimpert. Fruchtschläuche kugelig, graugrün, kurz geschnäbelt, kurzhaarig. Der Fruchtknoten ist 3narbig, die Frucht ist 3kantig.

Blütezeit: März bis Mai.

Standort: Heiden, trockene Kiefernwälder.

Verbreitung: Europa (nicht im äußersten Norden und am Mittelmeer), Asien; aber nur zerstreute Vorkommen.

Berg-Segge *Carex montana*

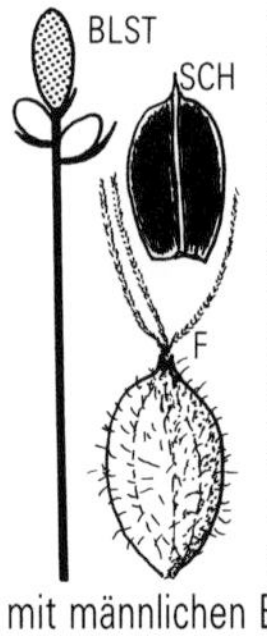

Merkmale: Pflanze ausdauernd, 6–30 cm hoch, dichtrasig. Stengel schlaff bis überhängend, stumpf 3kantig. Unterste Blattscheiden rot. Blattspreiten schlaff, oben rauh, flach, 1,5–2 mm breit, hellgrün. Unterstes Hüllblatt mit laubblattartiger Spitze, die übrigen spelzenartig. Blütenstand bis 4 cm lang, aus 2–4 sitzenden, aufrechten Ähren. Die oberste mit männlichen Blüten, die übrigen kugelig, mit weiblichen Blüten. Die unterste Ähre entfernt stehend. Spelzen schwarzbraun. Fruchtschläuche länger als die Spelzen, grün, oben oft braun, kurz geschnäbelt, dicht zottig. Fruchtknoten 3narbig. Frucht 3kantig.

Blütezeit: März bis Mai.

Standort: Lichte Laubwälder, trockene Bergwiesen.

Verbreitung: Europa (fehlt z. T. im Norden und am Mittelmeer), z. T. Asien; häufig.

Schatten-Segge *Carex umbrosa*

Merkmale: Pflanze ausdauernd, (15–) 30–45 cm hoch, dichtrasig. Stengel aufrecht bis übergebogen, basal beblättert, stumpf 3kantig, rauh. Unterste Blattscheiden schwarzbraun, faserig aufgelöst. Blattspreiten randlich scharf, rauh, flach 2 mm breit, zuletzt länger als der Stengel. Unterstes Hüllblatt z. T. laubblattartig, die übrigen stets spelzenartig. Blütenstand bis 3 cm lang, aus 2–4 sitzenden, aufrechten Ähren. Die oberste mit männlichen, die übrigen mit weiblichen Blüten. Spelzen (rot-)braun, grün gekielt. Fruchtschläuche länger als die Spelzen, grün, kurz geschnäbelt, behaart. Fruchtknoten 3narbig. Frucht 3kantig.

Blütezeit: April bis Juni.

Standort: Laubmischwälder, Gebirgsmagerrasen.

Verbreitung: Frankreich, Nordspanien, Mitteleuropa; zerstreut.

Frühlings-Segge *Carex caryophyllea*

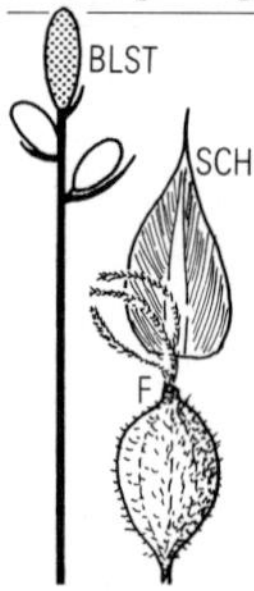

Merkmale: Pflanze ausdauernd, 5–30 (–50) cm hoch, mit kurzen Ausläufern. Stengel aufrecht, basal beblättert, stumpf 3kantig. Blattscheiden hell- bis graubraun, kaum zerfasernd. Blattspreiten flach, kürzer als der Stengel, 1,5–2 (–3) mm breit, zurückgekrümmt. Unterstes Hüllblatt spelzenartig, kurzscheidig. Blütenstand 2 bis 3 cm lang, aus 2–4 dicht stehenden, aufrechten Ähren. Die oberste meist nur mit männlichen, die übrigen meist nur mit weiblichen Blüten. Spelzen rot- bis hellbraun, grün gekielt. Fruchtschläuche 4–5 mm lang, hellbraun, kurz geschnäbelt, kurzhaarig. Fruchtknoten 3narbig. Frucht 3kantig.

Blütezeit: März bis Mai.

Standort: Halbtrocken- und Magerrasen.

Verbreitung: Fast ganz Eurasien, im atlantischen Nordamerika eingeschleppt; sehr häufige Vorkommen.

Erd-Segge *Carex humilis*

Merkmale: Pflanze ausdauernd, 2–15 cm hoch, oft ringförmige Horste bildend. Stengel am Grunde beblättert, schwach 3kantig, meist viel kürzer als die Blätter. Blattscheiden rotbraun, netzfaserig. Blattspreiten starr, randlich rauh, 1–2 mm breit, graugrün. Blütenstand locker, aus 3–5 kurz gestielten, aufrechten Ähren. Die oberste mit männlichen, die übrigen mit 2–5 weiblichen Blüten. Weibliche Ähren mit großem scheidenartigen Hüllblatt. Spelzen braun, grün gekielt, weißrandig. Fruchtschläuche 2,5–3 mm lang, gelbgrün bis rotbraun, undeutlich geschnäbelt, kurzhaarig. Fruchtknoten 3narbig. Frucht 3kantig.

Blütezeit: März bis Mai.

Standort: Trockenrasen, lichte Wälder.

Verbreitung: West-, Mittel- und Südeuropa, teilweise auch in Asien; stellenweise häufige Vorkommen.

Finger-Segge *Carex digitata*

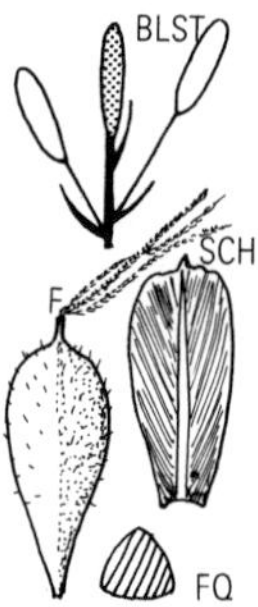

Merkmale: Pflanze ausdauernd, 10–40 cm hoch, rasenbildend. Stengel aufrecht, schlaff. Blattscheiden purpurn. Blattspreiten derb, randlich rauh, flach, 2–4 (–6) mm breit. Blütenstand locker, aus 3–5 fast sitzenden bis gestielten, aufrechten Ähren. Die oberste mit männlichen, die übrigen mit 5 bis 10 weiblichen Blüten. Hüllblätter den Stiel der weiblichen, fingerförmig angeordneten, 1,5–3 cm langen Ähren scheidenartig umschließend. Spelzen rotbraun, grün gekielt, weißrandig, gezähnelt. Fruchtschläuche 3kantig, hellgrün bis -braun, kurz geschnäbelt, kurzhaarig. Fruchtknoten 3narbig. Frucht scharf 3kantig.

Blütezeit: April bis Mai.

Standort: Laubwälder, Nadelmischwälder.

Verbreitung: Fast ganz Europa, teilweise auch in Asien; die Finger-Segge ist ziemlich häufig.

Vogelfuß-Segge *Carex ornithopoda* RL

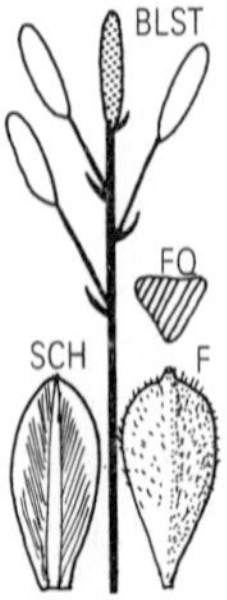

Merkmale: Pflanze ausdauernd, 5–25 cm hoch, rasenbildend. Stengel aufrecht bis gekrümmt. Blattscheiden hellbraun bis purpurn. Blattspreiten derb, flach, randlich rauh, 2–3 (–4) mm breit, starknervig, hellgrün. Unterstes Hüllblatt kurz, scheidenartig, borstlich. Blütenstand 10–20 mm lang, aus 3–5 fingerförmig genäherten Ähren. Die oberste sitzend, mit männlichen, die übrigen gestielt, lockerblütig, mit 2–6 weiblichen Blüten. Spelzen gelb- bis rotbraun, grün gekielt, weißrandig. Fruchtschläuche länger als die Spelzen, 3kantig, mit dünnem Schnabel, kurzhaarig. Fruchtknoten 3narbig. Frucht scharf 3kantig.

Blütezeit: April bis Mai.

Standort: Trockene Wälder, Halbtrockenrasen.

Verbreitung: Europa (fehlt im äußersten Norden, Westen und teilweise im Süden); zerstreute Vorkommen.

Faden-Segge *Carex lasiocarpa* RL

Merkmale: Pflanze ausdauernd, 30–60 (–100) cm hoch, mit Ausläufern. Stengel dünn, steif aufrecht, stumpf 3kantig bis rund. Unterste Blattscheiden spreitenlos, braun, netzfaserig. Blattspreiten steif, randlich rauh, rinnig bis eingerollt, 1–2 mm breit, graugrün. Unterstes Hüllblatt laubblattartig, länger als der Blütenstand. Dieser bis 15 cm lang, aus 2–6 voneinander abgesetzten, sitzenden, aufrechten Ähren. Die oberen 1–3 mit männlichen, die übrigen mit weiblichen Blüten. Spelzen dunkelbraun, stachelspitzig. Fruchtschläuche schräg abstehend, kurz geschnäbelt, kurzhaarig. Fruchtknoten 3narbig. Frucht 3kantig.

Blütezeit: Mai bis Juni.

Standort: Moore, Gräben, Schlenken.

Verbreitung: Fast ganz Europa, gemäßigtes Asien, Nordamerika; zerstreut.

Behaarte Segge *Carex hirta*

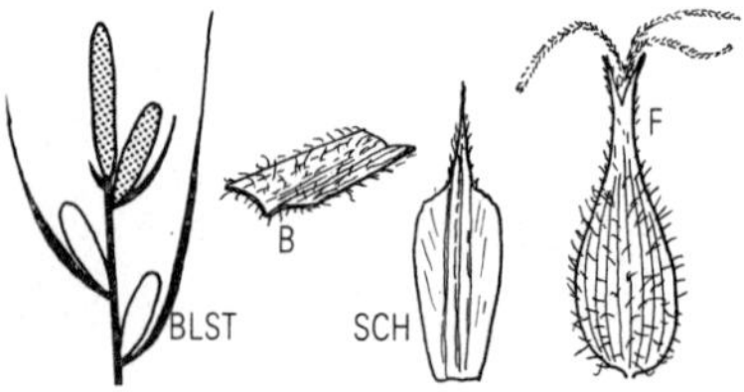

Merkmale: Pflanze ausdauernd, (5–) 20–60 (–100) cm hoch. Wurzelstock mit langen Ausläufern. Stengel aufrecht, stumpf 3kantig, beblättert. Unterste Blattscheiden spreitenlos, braun bis purpurrot, schwach netzfaserig, behaart. Blattspreiten grau- bis grasgrün, flach bis etwas rinnig, 3–6 mm breit, behaart, randlich rauh, allmählich in die Spitze verschmälert. Hüllblätter des Blütenstandes lang scheidig, laubblattartig, meist länger als dieser. Blütenstand locker, aus 3–9 sitzenden bis langgestielten, aufrechten Ähren. Die oberen 1–3 schlank zylindrisch, mit männlichen Blüten, die unteren eiförmig bis kurz zylindrisch, mit weiblichen Blüten, lockerfrüchtig. Spelzen braun, grün gekielt, 4–8 mm lang, mit Stachelspitze. Männliche Blüten mit 3 Staubblättern. Weibliche Blüten mit einem 3narbigen Fruchtknoten. Fruchtschläuche schräg abstehend, eiförmig, gelbgrün bis braun, 5–8 mm lang, ca. 2 mm breit, gleichmäßig behaart, allmählich in den langen, tief 2zähnigen Schnabel verschmälert, längsnervig. Die Frucht ist verkehrt eiförmig und 3kantig, ca. 2,3 mm lang, 1,5 mm breit, gelbbraun.

Blütezeit: April bis Juli.

Standort: Wege, Böschungen, Ufer, lückige Wiesen und Weiden, Gräben.

Verbreitung: Fast ganz Europa (fehlt im äußersten Norden), Nordafrika, Kleinasien, in Nordamerika eingeschleppt; die Behaarte Segge findet man häufig.

Allgemeines: *C. hirta* zählt zu den häufigsten Seggen-Arten. Die etwas wärmeliebende Art kommt auf nährstoffreichen, wenig humosen, stets sandigen Böden vor. Nicht selten treten an Blättern wie Stengeln kahle Pflanzen auf, bei denen alleine die Schläuche behaart sind (f. *hirtaeformis*).

Wimper-Segge *Carex pilosa*

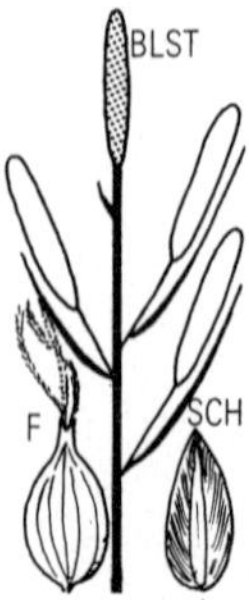

Merkmale: Pflanze ausdauernd, 20–50 cm hoch, mit langen Ausläufern. Stengel steif aufrecht, nur am Grunde beblättert, schwach 3kantig. Untere Blattscheiden spreitenlos, rot (–braun). Blattspreiten gebogen, flach, 4–10 mm breit, randlich lang gewimpert, dunkelgrün. Hüllblätter kurz laubblattartig, lang scheidig. Blütenstand 10–20 cm lang, aus lang gestielten, aufrechten Ähren. Die oberste mit männlichen, die unteren 2–4 mit mehr als 6 weiblichen Blüten. Spelzen braun, 4–5 mm lang, grün gekielt. Fruchtschläuche länger als die Spelzen, grün bis braun, kahl, mit kurzem 2zähnigen Schnabel, matt. Fruchtknoten 3narbig. Frucht gelbbraun.
Blütezeit: April bis Mai, z. T. bis in August.
Standort: Laubmischwälder.
Verbreitung: Europa (besonders in Osteuropa); selten.

Weiße Segge *Carex alba*

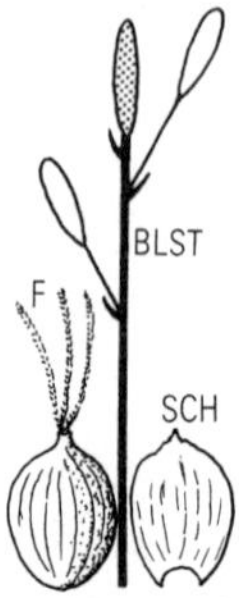

Merkmale: Pflanze ausdauernd, 10–30 (–40) cm hoch, mit langen Ausläufern. Stengel steif aufrecht, stumpf 3kantig. Unterste Blattscheiden gelbbraun. Blattspreiten weich, randlich rauh, flach bis borstlich gefaltet, 1–1,5 (–2) mm breit. Hüllblätter spreitenlos, wie die Spelzen weißhäutig, grün gekielt. Blütenstand aus 2–4 etwas voneinander abgerückten, gestielten, aufrechten Ähren. Die oberste mit männlichen, die übrigen mit 3–6 weiblichen Blüten, lockerfrüchtig. Fruchtschläuche länger als die Spelzen, aufgeblasen, dunkelbraun, glänzend, kahl, geschnäbelt. Fruchtknoten 3narbig. Frucht 3kantig.
Blütezeit: Mai bis Juni, selten bis Oktober.
Standort: Wärmeliebende Wälder; kalkhold.
Verbreitung: Mittel- und Osteuropa, teilweise auch in Asien; von der Weißen Segge gibt es nur zerstreute Vorkommen.

Hänge-Segge *Carex pendula*

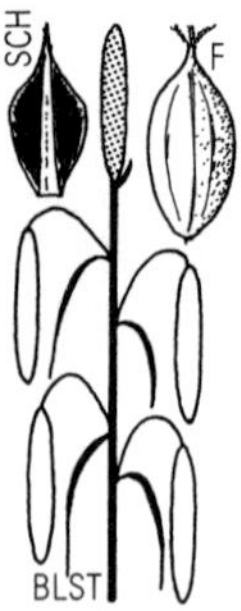

Merkmale: Pflanze ausdauernd, 50–150 cm hoch, dicht rasig. Stengel steif aufrecht, beblättert, scharf 3kantig. Unterste Blattscheiden rotbraun. Blattspreiten randlich rauh, flach, gekielt, 10–20 mm breit, dunkelgrün. Hüllblätter laubblattartig. Blütenstand bis 50 cm lang, aus 4–9 voneinander abgerückten, hängenden Ähren. Die oberen 1–2 mit männlichen, die übrigen z. T. lang gestielt, mit weiblichen Blüten. Spelzen rotbraun, grün gekielt. Die Fruchtschläuche sind etwas länger als die Spelzen, blaßgrün, 3kantig, glänzend, kurz geschnäbelt. Der Fruchtknoten ist 3narbig, die Frucht ist scharf 3kantig.
Blütezeit: Mai bis Juni.
Standort: Laubmischwälder, Quellfluren.
Verbreitung: Fast ganz Europa, Makaronesien, Nordafrika, Vorderasien; aber nur zerstreute Vorkommen.

Bleich-Segge *Carex pallescens*

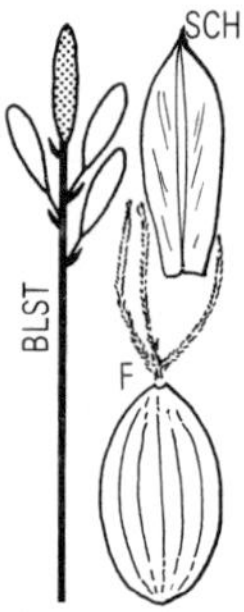

Merkmale: Pflanze ausdauernd, 20–45 (–70) cm hoch, dichtrasig, ohne Ausläufer. Stengel steif aufrecht, scharf 3kantig. Unterste Blattscheiden hell- bis rotbraun. Blattspreiten schlaff, flach, 2–3 mm breit, zerstreut behaart, gelbgrün. Hüllblätter laubblattartig, randlich rauh. Blütenstand 3 bis 5 cm lang, aus 3–4, kurz gestielten, aufrechten Ähren. Die oberste mit männlichen, die übrigen dichtblütig, mit weiblichen Blüten. Spelzen weißlich, grün gekielt, oben bewimpert. Fruchtschläuche 2,5–3 mm lang, gelbgrün, glänzend, ungeschnäbelt. Fruchtknoten 3narbig.
Blütezeit: April bis Juli.
Standort: Magerrasen, Waldschläge, Nadelholzforste; auf (sandigen) Lehm- und Tonböden.
Verbreitung: Fast ganz Europa, Nordafrika, gemäßigtes Asien, Nordamerika; die Bleich-Segge findet man häufig.

Grundstielige Segge *Carex hallerana*

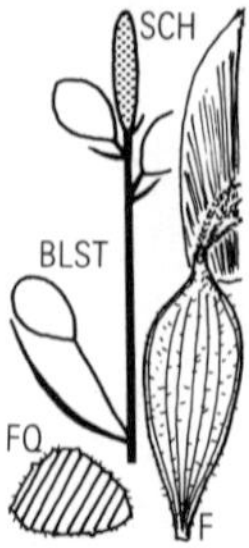

Merkmale: Pflanze ausdauernd, 10–40 cm hoch, dicht rasig. Stengel aufrecht, stumpf 3kantig. Unterste Blattscheiden braun. Blattspreiten derb, starr, aufrecht, oben rauh, Ränder zurückgerollt, 1,5–2,5 mm breit. Unterstes Hüllblatt laubblattartig. Blütenstand aus 2–4 einander genäherten sowie einer grundständigen Ähre. Die oberste Ähre mit männlichen, die unteren mit 2–6 weiblichen Blüten. Spelzen braun bis rotbraun, weißrandig. Fruchtschläuche länger als die Spelzen, braun, mit grüner Spitze, kurz geschnäbelt, oben kurzhaarig, deutlich nervig. Fruchtknoten 3narbig. Frucht scharf 3kantig.

Blütezeit: März bis Mai.

Standort: Bevorzugt auf Trockenrasen und in lichten Wäldern.

Verbreitung: Südliches Europa, Nordafrika, Vorderasien; die Grundstielige Segge findet man nur selten.

Haarstiel-Segge *Carex capillaris*

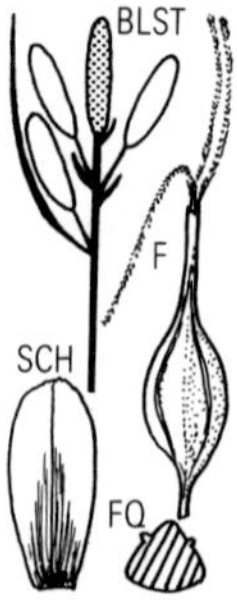

Merkmale: Pflanze ausdauernd, 5–40 (–60) cm hoch, rasenbildend. Stengel dünn, steif aufrecht, meist nur unten beblättert, glatt. Unterste Blattscheiden hell- bis rotbraun, zerfasernd. Blattspreiten rauh, flach bis etwas rinnig, kurz, 0,5–2,5 mm breit. Unterstes Hüllblatt laubblattartig, scheidig. Blütenstand aus 3–5 oft fingerförmig genäherten, dünn gestielten, z. T. überhängenden Ähren. Die oberste mit männlichen, die unteren mit 6 bis über 10 locker stehenden weiblichen Blüten. Spelzen braun, weißrandig. Die Fruchtschläuche sind länger als die Spelzen, braun, lang geschnäbelt und nervenlos. Der Fruchtknoten ist 3narbig.

Blütezeit: Mai bis Juli.

Standort: Alpine Flach- und Quellmoore, Bachufer, trockene oder sumpfige Matten.

Verbreitung: Circumpolar; zerstreut.

Blaugrüne Segge *Carex flacca*

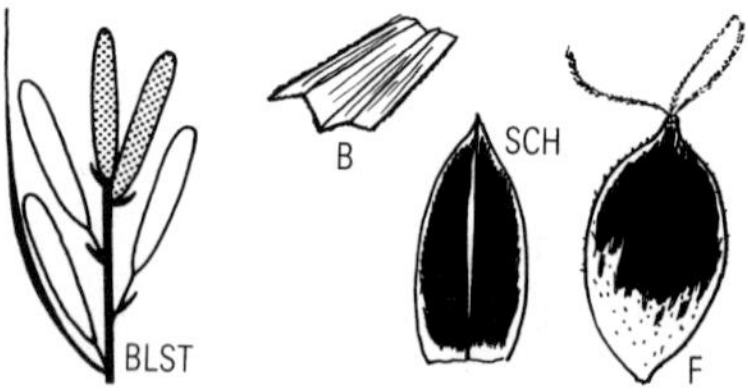

Merkmale: Pflanze ausdauernd, (10–) 20–50 cm hoch. Wurzelstock mit langen Ausläufern. Stengel aufrecht, stumpf 3kantig, nur basal beblättert. Grundständige Blattscheiden braun, z. T. purpurn überlaufen. Blattspreiten grau- bis blaugrün, steif, scharf gekielt, 2–6 mm breit, an den Rändern rauh. Unterstes Hüllblatt des Blütenstandes laubblattartig, so lang oder länger als dieser, höchstens kurzscheidig. Blütenstand 5–10 (–20) cm lang, aus 2–8 Ähren. Die oberen 1–4 dicht gedrängt, mit männlichen Blüten, die unteren 1–4 auf langen, dünnen Stielen, zuletzt überhängend, mit dicht stehenden, weiblichen Blüten. Spelzen länglich eiförmig, spitz, dunkel rotbraun, mit grünem oder hellbraunem Kiel, 2 bis 3 mm lang. Männliche Blüten mit 3 Staubblättern. Weibliche Blüten mit einem (2- bis) 3narbigen Fruchtknoten. Fruchtschläuche eiförmig, meist etwas länger als die Spelzen, braun bis schwarz, rauh punktiert, kurz borstlich behaart, sehr kurz geschnäbelt, mit 2 randlichen Nerven. Frucht verkehrt eiförmig, 3kantig, ca. 1,5 mm lang, 1 mm breit, braun.

Blütezeit: Mai bis Juni.

Standort: Feuchte Wiesen, Kalkflachmoore, Waldblößen, Bachufer, Auen; auf nassen, meist kalkreichen Stein-, Ton- und Lehmböden.

Verbreitung: Fast ganz Europa, Nordafrika, Vorderasien, eingeschleppt in Nordamerika, Westindien und Neuseeland; die Blaugrüne Segge findet man sehr häufig.

Allgemeines: Die Art ist eine der häufigsten Seggen Mitteleuropas. Sie erscheint besonders im Blütenstandsbereich sehr variabel. So gibt es von der »Normalform« abweichende Pflanzen mit sitzenden weiblichen Ähren, solche mit lockerstehenden weiblichen Blüten oder mit bleichen Spelzen.

Schlamm-Segge *Carex limosa* RL

Merkmale: Pflanze ausdauernd, 20–60 cm hoch, mit langen Ausläufern. Stengel aufrecht, nur am Grunde beblättert, scharf 3kantig. Unterste Blattscheiden rotbraun. Blattspreiten steif, rinnig bis gefaltet, 1–1,5 (–2) mm breit, graugrün. Unterstes Hüllblatt pfriemlich bis laubblattartig, kürzer als der Blütenstand. Dieser 3–6 cm lang, aus 2–3 gestielten Ähren. Die oberste aufrecht, mit männlichen, die unteren überhängend, mit zahlreichen weiblichen Blüten. Spelzen rot- bis schwarzbraun oder grün. Die Fruchtschläuche sind ca. 4 mm lang, kurz geschnäbelt, längsnervig, kahl, graugrün. Der Fruchtknoten ist 3narbig, die Frucht ist 3kantig.

Blütezeit: April bis Juni.

Standort: Hochmoore, Zwischenmoore.

Verbreitung: Fast ganz Europa, Nordasien, Nordamerika; zerstreut.

Gersten-Segge *Carex hordeistichos*

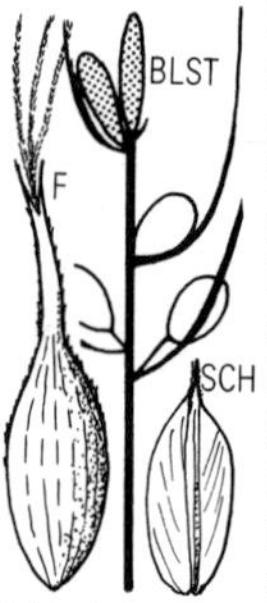

Merkmale: Pflanze ausdauernd, 10–50 cm hoch, dicht rasig. Stengel kürzer als die Blätter, stumpf 3kantig, glatt. Blattscheiden gelb- bis schwarzbraun, faserig. Blattspreiten starr, randlich scharf rauh, apikal flach, basal rinnig, 2–5 mm breit, graugrün. Unterstes Hüllblatt laubblattartig, scheidig. Blütenstand aus 4–7 entfernt stehenden, aufrechten Ähren. Die oberen 1–3 schlank, mit männlichen, die unteren 3–4 eiförmig, mit weiblichen Blüten. Spelzen hellbraun, weißrandig. Fruchtschläuche 4- bis 5zeilig angeordnet, 8–10 mm lang, gelb bis rotbraun, mit langem 2zähnigen Schnabel. Fruchtknoten 3narbig.

Blütezeit: Mai bis Juli.

Standort: Besonders auf feuchten Wiesen, an Wegen und in Gräben.

Verbreitung: Mittel-, Ost- und Südeuropa, Nordafrika, z. T. Asien; selten.

Hirse-Segge *Carex panicea*

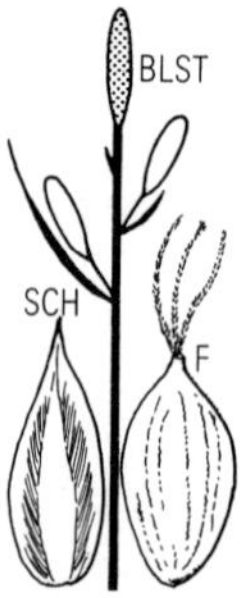

Merkmale: Pflanze ausdauernd, 15–40 (–90) cm hoch, mit Ausläufern. Stengel nur am Grunde beblättert, glatt. Unterste Blattscheiden hellbraun. Blattspreiten flach, 1–6 mm breit, grau- bis blaugrün. Unterstes Hüllblatt laubblattartig, scheidig. Blütenstand 5–10 (–20) cm lang, aus 2–3 (–4) aufrechten, gestielten Ähren. Die oberste mit männlichen, die unteren lockerblütig, mit weiblichen Blüten. Spelzen braun bis schwarzrot, grün gekielt. Fruchtschläuche länger als die Spelzen, aufgeblasen, meist grün, kurz geschnäbelt, an den Kanten mit Nerven, glatt. Der Fruchtknoten ist 3narbig, die Frucht ist 3kantig.

Blütezeit: April bis Juni, selten bis Oktober.

Standort: Feuchte Flachmoorwiesen.

Verbreitung: Fast ganz Europa, z. T. Asien, in Nordamerika, Neuseeland eingeschleppt; häufig.

Scheinzyper-Segge *Carex pseudocyperus* RL

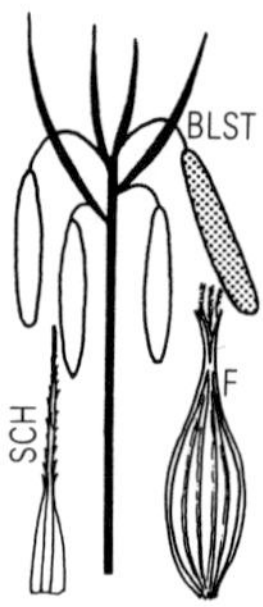

Merkmale: Pflanze ausdauernd, 30–100 cm hoch, locker rasig. Stengel scharf 3kantig, rauh. Blattscheiden hellbraun, nicht netzfaserig. Blattspreiten randlich rauh, gekielt, 5–15 mm breit, gelbgrün. Hüllblätter laubblattartig, sehr lang. Blütenstand bis 15 cm lang, aus 4–7 einander genäherten, lang gestielten, aufrechten bis überhängenden Ähren. Die oberste mit männlichen, die übrigen sehr dichtblütig, mit weiblichen Blüten. Spelzen hellgrün bis braun, vorne gesägt. Fruchtschläuche gerade abstehend bis schräg rückwärts gerichtet, gelbgrün, mit langem tief 2zähnigen Schnabel. Der Fruchtknoten ist 3narbig.

Blütezeit: Mai bis Juni.

Standort: Ufer, Sümpfe, Gräben, Erlenbrüche.

Verbreitung: Fast ganz Europa, Nordafrika, z. T. Asien, Nordamerika; zerstreut.

Schnabel-Segge *Carex rostrata*

Merkmale: Pflanze ausdauernd, 30–60 (–100) cm hoch, mit langen Ausläufern. Stengel aufrecht, kürzer als die Blätter, stumpf 3kantig. Unterste Blattscheiden dunkelbraun. Blattspreiten steif, rinnig, 2–5 (–10) mm breit, graugrün. Unterstes Hüllblatt laubblattartig. Blütenstand lang, aus 4–9 sitzenden bis kurz gestielten, aufrechten bis nickenden Ähren. Die oberen 1–4 dicht stehend, mit männlichen, die unteren 2–5 mit weiblichen Blüten. Spelzen rotbraun. Fruchtschläuche gerade abstehend, flaschenförmig, aufgeblasen, plötzlich in den dünnen, 1–2 mm langen, 2zähnigen Schnabel verschmälert, gelbgrün bis braun, glänzend. Fruchtknoten 3narbig. Frucht 3kantig.

Blütezeit: Juni bis Juli.

Standort: Seen, (Moor-)Gräben, Ufer.

Verbreitung: Circumpolar; die Schnabel-Segge findet man häufig.

Blasen-Segge *Carex vesicaria*

Merkmale: Pflanze ausdauernd, 30–120 cm hoch, mit Ausläufern. Stengel aufrecht, scharf 3kantig, an den Kanten rauh. Untere Blattscheiden graubraun bis purpurn, spreitenlos, netzfaserig. Blattspreiten steif, fein rauh, 3–8 mm breit, grasgrün. Hüllblätter laubblattartig. Blütenstand bis über 20 cm lang, aus 3–7 sitzenden bis kurz gestielten, aufrechten Ähren. Die oberen 2–4 mit männlichen, die übrigen 1–3 entfernt stehend, mit weiblichen Blüten. Spelzen braun. Die Fruchtschläuche sind schräg abstehend und aufgeblasen, allmählich in den 2zähnigen Schnabel verschmälert, grün bis hellbraun, kahl. Der Fruchtknoten ist 3narbig.

Blütezeit: Mai bis Juni.

Standort: Ufer, Sümpfe, Moore, Gräben.

Verbreitung: Fast ganz Europa, gemäßigtes Asien, Nordamerika; zerstreut.

Sumpf-Segge *Carex acutiformis*

Merkmale: Pflanze ausdauernd, 30–150 cm hoch, mit Ausläufern. Stengel steif aufrecht, scharf 3kantig, oben rauh. Unterste Blattscheiden spreitenlos, hellbraun bis purpurn, netzfaserig. Blattspreiten flach, rauh, schwach gekielt, 3–10 (–20) mm breit. Hüllblätter laubblattartig. Blütenstand bis über 30 cm lang, aus 3–9 sitzenden bis kurz gestielten, aufrechten Ähren. Die oberen 1–4 mit männlichen, die übrigen entfernt stehend, mit weiblichen Blüten. Spelzen dunkel (rot-)braun. Fruchtschläuche schräg abstehend, nicht aufgeblasen, 4–5,5 mm lang, grün, kurz geschnäbelt, matt. Der Fruchtknoten ist 3narbig.

Blütezeit: Mai bis Juni.

Standort: Flachmoore, nasse Wiesen.

Verbreitung: Fast ganz Europa, Nordafrika, teilweise auch in Asien, in Nordamerika eingeschleppt; häufig.

Ufer-Segge *Carex riparia*

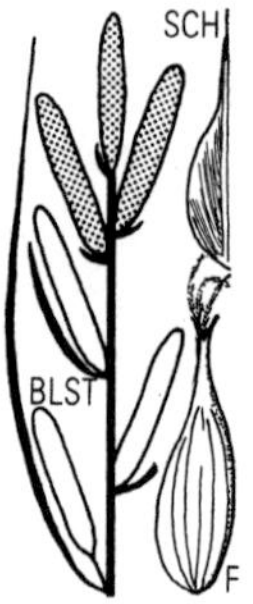

Merkmale: Pflanze ausdauernd, 60–200 cm hoch, mit langen Ausläufern. Stengel aufrecht, scharf 3kantig. Unterste Blattscheiden hellbraun bis purpurn, häutig zerreißend. Blattspreiten rauh, schwach gekielt, 10–20 (–30) mm breit, blaugrün. Hüllblätter laubblattartig. Blütenstand aus 3–11 sitzenden bis gestielten, aufrechten Ähren. Die oberen 1–6 genähert, mit männlichen, die unteren 2–5 entfernt stehend, mit weiblichen Blüten. Spelzen dunkel (rot-)braun. Fruchtschläuche kürzer als die Spelzen, aufgeblasen, 5–8 mm lang, graubraun, mit 2zähnigem Schnabel, glänzend. Fruchtknoten 3- bis 4narbig. Frucht 3kantig.

Blütezeit: (April) Mai bis Juni.

Standort: Gräben, nasse Wiesen, Ufer.

Verbreitung: Fast ganz Europa, Nordafrika, teilweise auch in Asien; von der Ufer-Segge gibt es nur zerstreute Vorkommen.

Wald-Segge *Carex sylvatica*

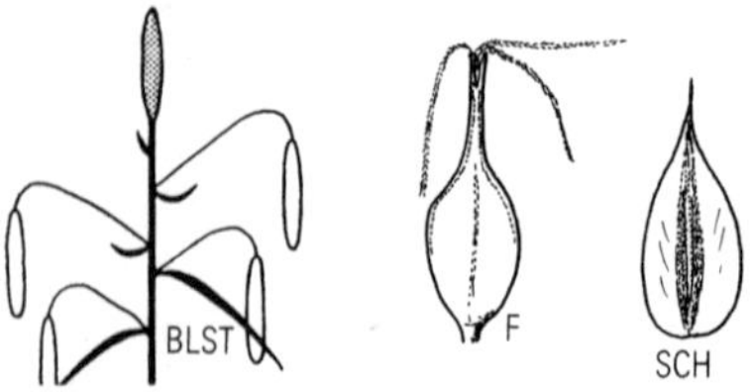

Merkmale: Pflanze ausdauernd, (10–) 20–70 (–190) cm hoch, rasenbildend. Stengel aufrecht, oben oft überhängend, 3kantig, glatt, bis zur Hälfte hinauf beblättert. Unterste Blattscheiden weißhäutig bis hellbraun, nicht zerfasernd. Blattspreiten grasgrün, schlaff, breit linealisch, gekielt, bis 3–8 mm breit, oberwärts an den Rändern und Nerven rauh. Blatthäutchen etwa 2 mm lang. Untere Hüllblätter des Blütenstandes lang scheidig, laubblattartig, meist kürzer als dieser. Blütenstand lang, schmal, aus 3–8, lang und dünn gestielten, meist nickenden, 3–5 cm langen Ähren. Die oberen 1(–2) schlank zylindrisch, mit männlichen Blüten, die unteren zylindrisch, mit locker stehenden, weiblichen Blüten. Spelzen mit Stachelspitze, weißlich bis hellbraun, mit breitem grünen Mittelstreifen, 3–5 mm lang. Weibliche Blüten mit einem 3narbigen Fruchtknoten. Fruchtschläuche etwas länger als die Spelzen, grün bis braun, 4–5 mm lang, 1,5 mm breit, kahl, plötzlich in den 2zähnigen Schnabel verschmälert, 3kantig. Frucht 3kantig, ca. 2,5 mm lang, braun.

Blütezeit: (April–) Mai bis Juni.

Standort: Bevorzugt in krautreichen Laub- und Nadelmischwäldern und an Waldwegen; gern auch auf nährstoff- und basenreichen feuchten Böden.

Verbreitung: Fast ganz Europa, Nordafrika, Westasien, in Nordamerika eingebürgert; sehr häufig anzufinden.

Allgemeines: *C. sylvatica* tritt oft gesellig auf und bevorzugt schattige Standorte. Sie gilt als Charakterart verschiedener Buchenwald-Gesellschaften. Habituell ähnlich ist die **Dünnährige Segge** *(C. strigosa)*. Die wesentlich seltenere Art besitzt 5–8 mm lange Blatthäutchen und sehr kurz geschnäbelte Fruchtschläuche.

Glatte Segge *Carex laevigata*

Merkmale: Pflanze ausdauernd, 50–100 cm hoch, locker rasig, mit Ausläufern. Stengel aufrecht bis etwas überhängend, in der unteren Hälfte beblättert, scharf 3kantig. Unterste Blattscheiden spreitenlos, gelb- bis hellbraun, glänzend. Blattspreiten rauh, flach, gekielt, 7–11 mm breit. Unterstes Hüllblatt laubblattartig, lang scheidig. Blütenstand bis 30 cm lang, aus 4–5 gestielten, aufrechten Ähren. Die oberste mit männlichen, die übrigen dichtblütig, mit weiblichen Blüten. Spelzen braun bis rotbraun. Fruchtschläuche länger als die Spelzen, grün bis braun, mit langem 2zähnigen Schnabel. Fruchtknoten 3narbig.

Blütezeit: April bis Juni.

Standort: Feuchte Waldwiesen, Erlenbrüche.

Verbreitung: Atlantisch-westmediterrane Gebiete Europas; die Glatte Segge findet man nur sehr selten.

Eis-Segge *Carex frigida*

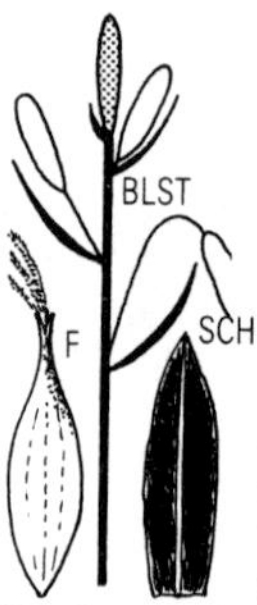

Merkmale: Pflanze ausdauernd, 10–50 (–75) cm hoch, lokker rasig, mit Ausläufern. Stengel aufrecht bis überhängend, schlaff, 3kantig, oben rauh. Untere Blattscheiden hellbraun. Blattspreiten flach, kurz, rauh, 2–4 mm breit. Unterstes Hüllblatt laubblattartig, lang scheidig. Blütenstand aus 4–5 entfernt stehenden, gestielten bis sitzenden, aufrechten Ähren. Die oberste mit männlichen, die übrigen dichtblütig, mit weiblichen Blüten. Spelzen dunkel rotbraun. Fruchtschläuche wenig länger als die Spelzen, rot- bis schwarzbraun, zusammengedrückt 3kantig, an den Kielen borstig gewimpert. Der Fruchtknoten ist 3narbig, die Frucht ist gelbbraun.

Blütezeit: Juni bis August.

Standort: Subalpine und alpine Rieselfluren.

Verbreitung: (Mittel-)Gebirge Europas; nur sehr selten.

Horst-Segge *Carex sempervirens*

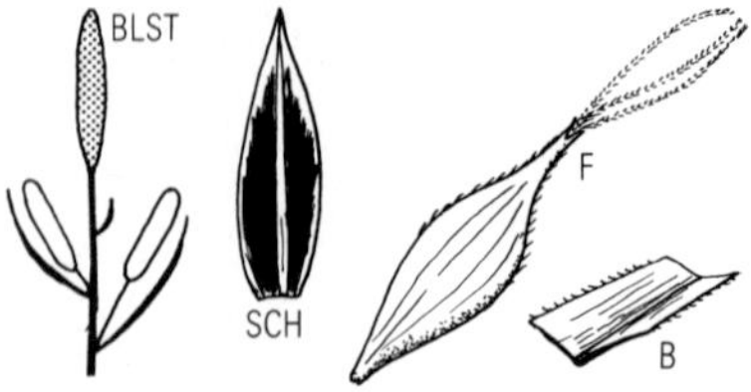

Merkmale: Pflanze ausdauernd, 10–40 (–60) cm hoch, rasen- bzw. horstbildend. Stengel aufrecht, rund bis undeutlich 3kantig, glatt, nur basal beblättert. Unterste Blattscheiden mit Spreiten, gelbbraun, einen dichten, dunkel rotbraunen Faserschopf bildend. Blattspreiten trocken graugrün, flach, schlaff, wenig kürzer als der Stengel, 1–3 mm breit, glänzend. Hüllblätter des Blütenstandes kürzer als dieser, lang scheidig, laubblattartig. Blütenstand 5–15 cm lang, aus 3–4 voneinander entfernt stehenden, (lang-)gestielten Ähren. Die oberste Ähre keulig bis zylindrisch, mit männlichen Blüten, die übrigen kurz zylindrisch, 1–1,5 cm lang, mit zahlreichen, basal locker stehenden, weiblichen Blüten. Spelzen eiförmig, stumpf bis spitz, braun, mit hellerem Mittelstreifen und weißhäutigen Rändern. Fruchtschläuche aufrecht abstehend, strohfarben bis grün, länger als die Spelzen, 4–5,5 mm lang, allmählich in den Schnabel verschmälert, scharf 3kantig, an den Kanten borstig bewimpert, schwach nervig. Fruchtknoten 3narbig. Frucht scharf 3kantig.

Blütezeit: Juni bis August.

Standort: (Sub-)alpine bis montane Stein- und Magerrasen; auf mäßig trockenen bis frischen, basenreichen bis mäßig sauren, humosen Stein- und Lehmböden.

Verbreitung: Pyrenäen, Jura, Alpen, nördliches Alpenvorland, Karpaten, nördliche Balkanhalbinsel, Apennin; ziemlich häufig.

Allgemeines: Die süd- und mitteleuropäische Gebirgspflanze bildet mächtige Polster auf Geröllhalden und an Steinhängen, wo sie meist zusammen mit *Sesleria caerulea* (siehe dort!) als Schuttstauer wirkt und in dieser Funktion die Besiedelung der Halden durch andere Pflanzen ermöglicht.

Polster-Segge *Carex firma*

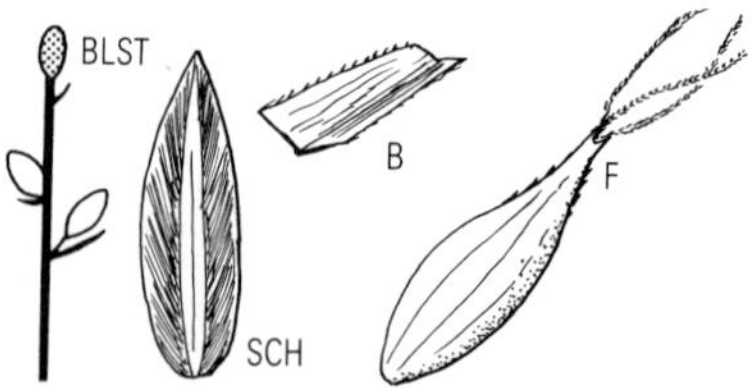

Merkmale: Pflanze ausdauernd, 5–20 (–30) cm hoch, dichte und feste halbkugelige Polster (bis zu 30 cm breit) bildend. Stengel aufrecht, apikal etwas übergebogen, stumpf 3kantig, glatt bis etwas rauh, nur basal beblättert. Untere Blattscheiden gelbbraun, stets mit Spreiten, ausdauernd, nicht zerfasernd. Blattspreiten gelb- bis dunkelgrün, flach, rosettig ausgebreitet, steif, viel kürzer als der Stengel, bis 5 cm lang, 2–3 (–4) mm breit, mit starrer Spitze. Unterstes Hüllblatt des Blütenstandes laubblattartig, die übrigen spelzenartig. Blütenstand 2–5 cm lang, aus 2–4 aufrechten oder übergebogenen, sitzenden bis gestielten, voneinander entfernt stehenden, eiförmigen Ähren. Die oberste Ähre mit männlichen Blüten, die übrigen mit 3–8 dicht stehenden, weiblichen Blüten. Spelzen eiförmig, spitz bis stumpf, braun, mit hellgrünem Mittelstreifen und weißhäutigem Rand. Fruchtschläuche aufrecht abstehend, grün bis braun, matt, etwas länger als die Spelzen, 3,5–4,5 mm lang, an den Kanten rauh, allmählich in den am Rande borstig bewimperten Schnabel verschmälert, 3kantig. Fruchtknoten 3narbig.

Blütezeit: Juni bis August.

Standort: Alpine Steinrasen, auf Graten, Felsen, in Felsspalten; auf mäßig trockenen, kalkreichen, flachgründigen Steinböden.

Verbreitung: Alpen, Karpaten, Kroatien, Apennin; meist häufig.

Allgemeines: Die Polster-Segge besiedelt als extrem wind- und kälteharte Pionierpflanze alpine Kalkfelsen und Schutthänge bis über 2000 m. Sie gilt als wichtiger Humusbildner. Ihre harten Halbkugelpolster aus starren Blättern wurzeln nur relativ oberflächlich und können deshalb durch Steinschlag oder Lawinen leicht abgerissen werden.

Kurzährige Segge *Carex brachystachys*

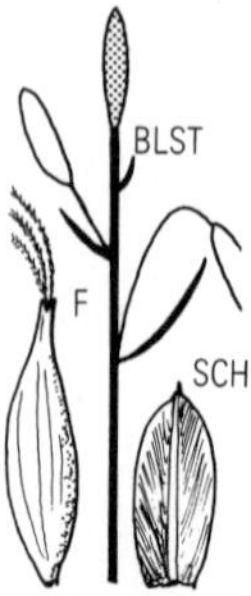

Merkmale: Pflanze ausdauernd, 15–30 cm hoch, dichte Rasen bildend. Stengel schlaff, nur am Grunde beblättert, glatt. Unterste Blattscheiden braun bis purpurn. Blattspreiten schlaff, borstlich gefaltet, bis 1 mm breit. Hüllblätter borstenförmig, das unterste laubblattartig, scheidig. Blütenstand aus 3–4 entfernt stehenden, lang gestielten, aufrechten bis hängenden Ähren. Die oberste mit männlichen, die übrigen lockerblütig, mit weiblichen Blüten. Spelzen rotbraun, grün gekielt. Fruchtschläuche länger als die Spelzen, grün, mit langem, glattem, 2zähnigem Schnabel, kahl, glänzend. Fruchtknoten 3narbig. Die Frucht ist 3kantig, sehr klein und dunkelbraun.

Blütezeit: Juni bis August.

Standort: Feuchte Kalkfelsspalten, Schluchten.

Verbreitung: (Mittel-)Gebirge Europas; eine sehr seltene Seggenart.

Verarmte Segge *Carex depauperata*

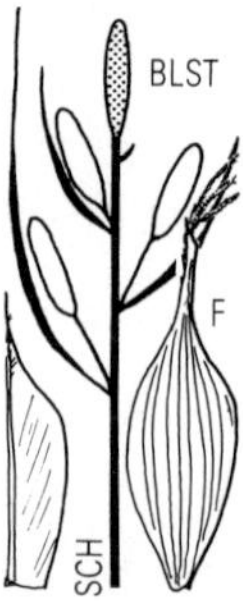

Merkmale: Pflanze ausdauernd, 30–70 (–100) cm hoch, lockere Rasen bildend. Stengel aufrecht, beblättert, stumpf 3kantig, glatt. Unterste Blattscheiden purpurrot bis rotbraun. Blattspreiten flach, stark rauh, 2–4 mm breit. Hüllblätter laubblattartig, lang scheidig. Blütenstand aus 3–5 entfernt stehenden, gestielten, starr aufrechten, lockerblütigen Ähren. Die oberste mit männlichen, die übrigen mit je 3–6 weiblichen Blüten. Spelzen grün, braunrandig. Fruchtschläuche länger als die Spelzen, mit langem 2zähnigen Schnabel, 7–10 mm lang, braun bis grau, glänzend. Fruchtknoten 3narbig. Frucht scharf 3kantig.

Blütezeit: April bis Mai.

Standort: Wärmeliebende Laubwälder.

Verbreitung: Süd- und Westeuropa, Kaukasus, Persien; die Verarmte Segge findet man nur sehr selten.

Saum-Segge *Carex hostiana* RL

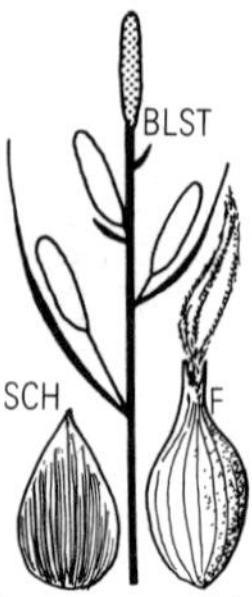

Merkmale: Pflanze ausdauernd, 25–50 (–60) cm hoch, locker rasig, mit kurzen Ausläufern. Stengel aufrecht, in der unteren Hälfte beblättert, stumpf 3kantig, glatt. Unterste Blattscheiden gelbbraun, zerfasernd. Blattspreiten flach, gekielt, steif, randlich rauh, 2–4 mm breit, blaugrün. Untere Hüllblätter laubblattartig. Blütenstand aus 2–6 entfernt stehenden, gestielten, aufrechten Ähren. Die oberste mit männlichen, die übrigen mit weiblichen Blüten. Spelzen rot- bis dunkelbraun, hautrandig. Die Fruchtschläuche sind länger als die Spelzen, gelbgrün und kurz geschnäbelt. Der Fruchtknoten ist 3narbig.

Blütezeit: Mai bis Juni.

Standort: Nasse Flachmoorwiesen.

Verbreitung: Fast ganz Europa (fehlt z. T. im äußersten Norden und Süden), Vorderasien; zerstreut.

Punktierte Segge *Carex punctata*

Merkmale: Pflanze ausdauernd, 15–50 cm hoch, dicht rasig. Stengel aufrecht oder aufsteigend, unten beblättert, stumpf 3kantig, glatt. Unterste Blattscheiden gelb- bis dunkelbraun. Blattspreiten derb, flach bis schwach rinnig, 2–6 mm breit, (gelb-)grün. Blatthäutchen spitz, braun. Hüllblätter laubblattartig, lang, scheidig. Blütenstand aus 3–5 entfernt stehenden, gestielten, aufrechten Ähren. Die oberste mit männlichen, die übrigen mit weiblichen Blüten. Spelzen braun, grün gekielt, stachelspitzig. Fruchtschläuche länger als die Spelzen, gelbgrün, rotbraun punktiert, etwas aufgeblasen, geschnäbelt. Schnabelzähne am Rande glatt. Fruchtknoten 3narbig.

Blütezeit: Mai bis Juli.

Standort: Wattwiesen, Dünentäler, Quellen.

Verbreitung: Nord-, West-, Mitteleuropa; selten.

Entferntährige Segge *Carex distans* RL

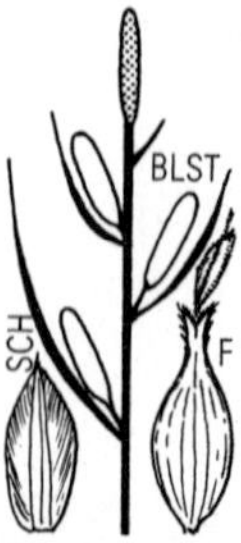

Merkmale: Pflanze ausdauernd, (15–) 30–60 cm hoch, dicht rasig. Stengel unten beblättert, stumpf 3kantig, glatt. Unterste Blattscheiden braun. Blattspreiten steif, flach, 3 bis 5 mm breit, graugrün. Blatthäutchen stumpf. Hüllblätter laubblattartig, obere z. T. fast spelzenartig. Blütenstand aus 3–5 gestielten, aufrechten Ähren. Die oberste mit männlichen, die übrigen mit dicht stehenden, weiblichen Blüten. Spelzen rostbraun, grün gekielt, stachelspitzig. Fruchtschläuche länger als die Spelzen, grün, oft dunkel überlaufen, starknervig, geschnäbelt, Schnabelzähne am Rande rauh. Fruchtknoten 3narbig.

Blütezeit: Mai bis Juni.

Standort: Bevorzugt Salzwiesen, Dünen, Kalkflachmoore.

Verbreitung: Fast ganz Europa, Mittelmeergebiet, Nordafrika, Vorderasien; allerdings nur zerstreute Vorkommen.

Zweinervige Segge *Carex binervis*

Merkmale: Pflanze ausdauernd, (15–) 30–120 cm hoch, mit Ausläufern. Stengel in der unteren Hälfte beblättert, stumpf 3kantig. Unterste Blattscheiden (rot-)braun. Blattspreiten steif, flach bis gefaltet, 2–6 mm breit, randlich rauh, graugrün. Blatthäutchen abgerundet. Hüllblätter laubblattartig, lang scheidig. Blütenstand aus 3–5 entfernt stehenden, gestielten Ähren. Die oberste mit männlichen, die übrigen mit weiblichen Blüten. Spelzen rotbraun, stachelspitzig. Fruchtschläuche länger als diese, schwarzbraun, mit 2 scharfen Kielen, geschnäbelt. Schnabelzähne am Rande rauh. Fruchtknoten 3narbig.

Blütezeit: Mai bis Juni.

Standort: Feuchtheiden, Waldlichtungen.

Verbreitung: Atlantische Küsten Europas, Marokko; die Zweinervige Segge ist nur noch sehr selten zu finden.

Strand-Segge *Carex extensa*

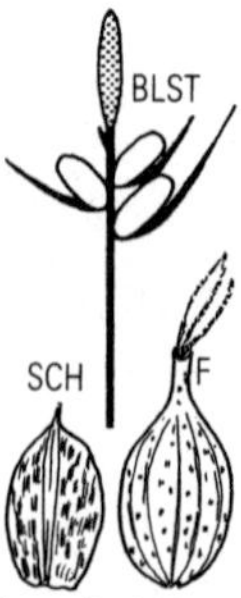

Merkmale: Pflanze ausdauernd, 10–40 (–50) cm hoch, dichte Rasen bildend. Stengel aufrecht, nur am Grunde beblättert, stumpf 3kantig, glatt. Untere Blattscheiden braun bis rostfarben, nicht zerfasernd. Blattspreiten steif, dick, rinnig, gekielt, randlich, oft eingerollt, 2–3 mm breit, graugrün. Blatthäutchen undeutlich, kurz dreieckig. Hüllblätter bis 10 cm lang, laubblattartig, scheidig, oft länger als der Blütenstand. Dieser kurz, ziemlich dicht, aus 3–5 sitzenden, meist einander genäherten, aufrechten Ähren. Die oberste zylindrisch, mit männlichen, die übrigen länglich-eiförmig, mit dicht stehenden weiblichen Blüten. Spelzen gelb- bis rotbraun, grün gekielt, stachelspitzig. Männliche Blüten mit 3 Staubblättern. Weibliche Blüten mit einem 3narbigen Fruchtknoten. Fruchtschläuche wenig länger als die Spelzen, 3–4 mm lang, deutlich 2- bis 3kantig, graugrün oder olivgrün, mit kurzem 2zähnigen, glatten Schnabel, matt. Frucht eiförmig, scharf 3kantig, braun.

Blütezeit: Juni bis August.

Standort: Meeresküsten, auf Salzwiesen, Wattweiden, in Dünentälern; selten auch an Salzstellen im Binnenland.

Verbreitung: Atlantische Küsten Nord- und Westeuropas, Küsten des Mittelmeeres und des Schwarzen Meeres; in Nord- und Südamerika eingebürgert; ziemlich selten.

Allgemeines: Die **Sand-Segge** *(Carex arenaria)* kommt an vergleichbaren Küstenstandorten vor wie die Strand-Segge, bevorzugt jedoch trockenere, lockere Böden. Im Gegensatz zur Strand-Segge erscheinen die Ähren der Sand-Segge mehr oder weniger gleichgestaltet und ihre Fruchtknoten besitzen nur 2 Narben.

Große Gelb-Segge *Carex flava*

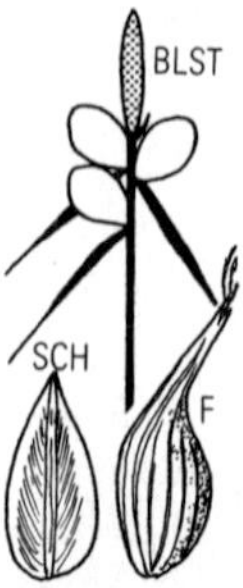

Merkmale: Pflanze ausdauernd, 25–70 cm hoch, dicht rasig. Stengel steif aufrecht, im unteren Teil beblättert, scharf 3kantig, glatt. Unterste Blattscheiden strohfarbig bis hellbraun. Blattspreiten schlaff, flach, 3–5 mm breit, gelbgrün. Unterstes Hüllblatt lang, laubblattartig, lang scheidig. Blütenstand aus 3–5 einander genäherten, sitzenden bis kurz gestielten, aufrechten Ähren. Die oberste länglich, mit männlichen, die übrigen eiförmig bis kugelig, mit weiblichen Blüten. Spelzen gelb- bis rostbraun, grün gekielt. Fruchtschläuche 5–7 mm lang, länger als die Spelzen, hellgelb, mit ca. 3 mm langem 2zähnigen, rauhen Schnabel. Fruchtknoten 3narbig.

Blütezeit: Juni bis Juli.

Standort: In Kalk- und Flachmooren, auf Feuchtwiesen.

Verbreitung: Fast ganz Europa; zerstreut.

Mittlere Gelb-Segge *Carex lepidocarpa*

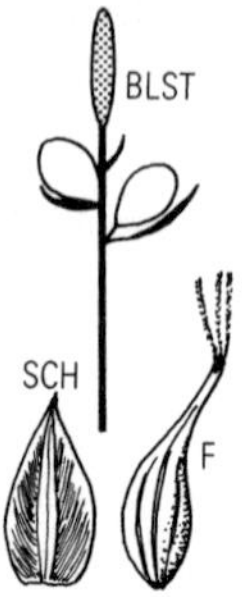

Merkmale: Pflanze ausdauernd, 20–50 cm hoch, locker rasig. Stengel schlaff, im unteren Teil beblättert, stumpf 3kantig, oben rauh. Untere Blattscheiden strohfarbig bis hellbraun. Blattspreiten starr, rinnig, 2 bis 3 mm breit, grasgrün. Unterstes Hüllblatt kurz laubblattartig; Scheide lang, der Spreite gegenüber verlängert. Blütenstand aus 2–4 voneinander entfernt stehenden, aufrechten Ähren. Die oberste lang gestielt, mit männlichen, die übrigen meist sitzend, mit weiblichen Blüten. Spelzen rotbraun, grün gekielt, hautrandig. Fruchtschläuche (3,5–) 4–5 mm lang, länger als die Spelzen, grünlich, mit 1,5–2 mm langem, 2zähnigem Schnabel. Fruchtknoten 3narbig.

Blütezeit: Mai bis Juni.

Standort: In Kalk- und Flachmooren, auf Feuchtwiesen.

Verbreitung: Fast ganz Europa; zerstreut.

Grünliche Gelb-Segge *Carex demissa*

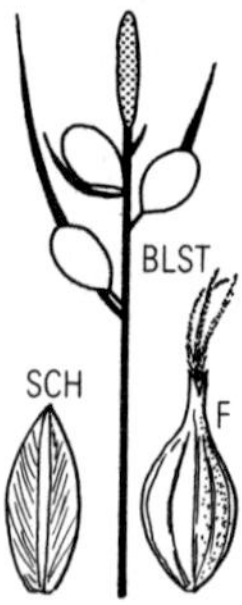

Merkmale: Pflanze ausdauernd, 5–40 cm hoch, dicht rasig. Stengel aufsteigend, nur im unteren Teil beblättert, stumpf 3kantig, glatt. Unterste Blattscheiden gelb- bis hellbraun. Blattspreiten flach bis schwach rinnig, 2–5 mm breit, gelbgrün. Unterstes Hüllblatt lang, laubblattartig; Scheide der Spreite gegenüber verlängert. Blütenstand aus 3–5 aufrechten Ähren. Die oberste linealisch, mit männlichen, die übrigen eiförmig, mit weiblichen Blüten. Spelzen gelb- bis rostbraun, grün gekielt. Die Fruchtschläuche sind 3–4 mm lang und hellgelb, mit 1–1,5 mm langem, 2zähnigem, glattem Schnabel. Fruchtknoten 3narbig.

Blütezeit: Juni bis Juli.

Standort: Flach- und Quellmoore, Sümpfe.

Verbreitung: Nord-, West-, Mitteleuropa, östliches Nordamerika; es finden sich aber nur zerstreute Vorkommen.

Späte Gelb-Segge *Carex serotina*

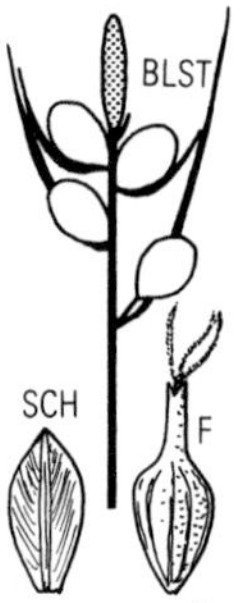

Merkmale: Pflanze ausdauernd, 5–30 cm hoch, dicht rasig. Stengel steif aufrecht, nur basal beblättert, stumpf 3kantig, glatt. Unterste Blattscheiden gelblich bis hellbraun. Blattspreiten steif, rinnig, 1–2 (–3) mm breit. Unterstes Hüllblatt lang, laubblattartig, mit kurzer, abgestutzter Scheide. Blütenstand aus 3–5 (–9) fast sitzenden bis kurz gestielten, aufrechten Ähren. Die oberste linealisch, mit männlichen, die übrigen kugelig-eiförmig, mit weiblichen Blüten. Spelzen gelb- bis rostbraun, grün gekielt. Fruchtschläuche 2–3 mm lang, hellgelb, mit 0,25 bis 1 mm langem, 2zähnigem Schnabel. Fruchtknoten 3narbig.

Blütezeit: (Mai) Juni bis Juli.

Standort: Flachmoore, nasse Wiesen und Ufer.

Verbreitung: Fast ganz Europa, Makaronesien, Marokko, teilweise auch in Asien; nur zerstreute Vorkommen.

Grasähnliche Pflanzen

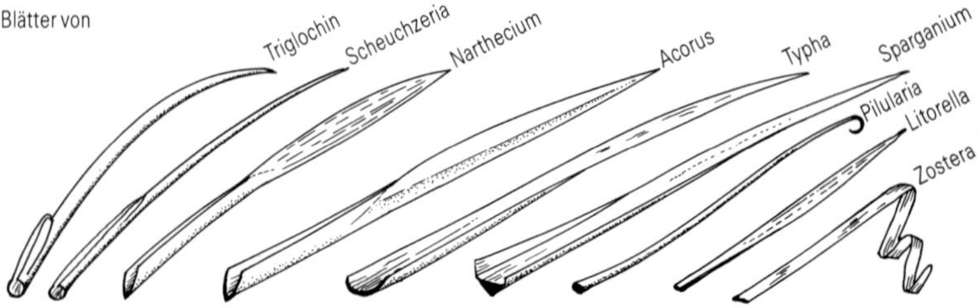

Unter dem Begriff Gras faßt man normalerweise Pflanzen zusammen, bei denen krautige Wuchsform vorwiegend mit schmalen, »grasartigen« Blättern und zusätzlich mit unscheinbaren Blüten verbunden ist. Das besonders Charakteristische der grasartigen Erscheinung führt dazu, daß auch manche Pflanzen bisweilen als Gräser angesprochen werden, die nicht zu deren Hauptfamilien zählen, aber in ihrer Blattform an diese erinnern. Das Grasblatt ist in seiner typischen Form eine Ausbildung der einkeimblättrigen Pflanzen. Es erhält durch die parallele Nervatur der Blätter, das Fehlen eines Blattstiels und die Ausbildung einer Blattscheide seine einprägsame Gestalt. Pflanzen also, die solche Blätter ausbilden, sind daher vorzugsweise unter den Einkeimblättrigen (Monokotylen) zu finden. Nur ausnahmsweise treten solche Blätter auch bei den Zweikeimblättrigen auf, die daher nur selten grasähnliche Pflanzen aufweisen. Die meist andersartigen, bisweilen auch auffälligeren Blüten zeigen in der Regel sehr rasch, daß solche, die echten Gräser imitierenden Pflanzen nicht zu diesen gerechnet werden dürfen. Die Vertreter der hier zusätzlich aufgeführten Familien sind ausnahmslos Pflanzen feuchter Standorte und ähneln daher eher den Binsengewächsen und Sauergräsern.

Die Rohrkolbengewächse *(Typha)* tragen kolbige, kompakte Blütenstände und werden vom Wind bestäubt. Die Igelkolbengewächse *(Sparganium)* besitzen kugelige Blütenstände, wobei die unteren größeren weiblich, die oberen kleineren männlich sind. Die Aronstabgewächse *(Acorus)* haben normalerweise einen kolbenförmigen Blütenstand, der von einem meist gefärbten Hochblatt oft krugförmig umgeben wird und auf eine hochspezialisierte Insektenbestäubung eingerichtet ist. Der windbestäubte Kalmus verzichtete auf diesen Schmuck und glich sich mehr den Gräsern an. Die Blasenbinsengewächse *(Scheuchzeria)* enthalten nur die einzige, hier besprochene Art, deren primitive, nicht verwachsenen, mehrsamigen Fruchtblätter ebenfalls vom Wind bestäubt werden. Die Dreizackgewächse *(Triglochin)* sind mit der letztgenannten Familie eng verwandt, besitzen aber einen mehr oder weniger verwachsenen Fruchtknoten, der sich erst sekundär in einsamige Teilfrüchte aufspaltet. Die Teichfadengewächse (Zannichellia) sind Wasserpflanzen, bei denen die Übertragung des Pollens durch das Wasser erfolgt. Bei den Wegerichgewächsen *(Plantago)*, den einzigen Zweikeimblättrigen dieser Auswahl, besitzen alle Arten als Besonderheit Blätter mit grasartiger Nervatur, ihre unscheinbaren Blüten werden vom Wind bestäubt. Die von Insekten bestäubten Liliengewächse *(Tofieldia, Narthecium)* unterscheiden sich in der Regel durch auffällige Blüten von den Gräsern. Wenn diese ausnahmsweise klein sind (wie bei *Tofieldia*) oder im abgeblühten Zustand angetroffen werden, können die Schwertblätter niedrigerer Arten an Gräser erinnern. Auch die Seegrasgewächse *(Zostera, Posidonia)* leben untergetaucht wie die Teichfadengewächse und sind an das Meerwasser angepaßt. Hier ist auch die Achse flach und grasblattartig. Die Kleefarngewächse *(Pilularia)* gehören nicht in den Bereich der Blütenpflanzen sondern zu den Farnen. Ihre binsenartigen »Wedel« bedingen eine Ähnlichkeit mit den Juncaceae, zeigen ihre Zugehörigkeit zu den Farnen jedoch durch ihre eingerollten Spitzen.

▷ *Blumenbinse* (Scheuchzeria palustris)

Kalmus *Acorus calamus*

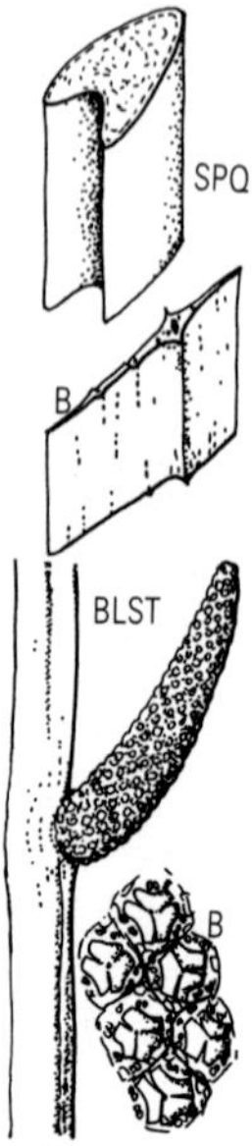

Merkmale: Ausdauernde, 60–50 cm hohe Wasser- oder Sumpfpflanze. Wurzelstock kriechend, stark verzweigt, bis 3 cm im Durchmesser, Sproß- und Blattansätze nur auf der Oberseite, beim Durchbrechen aromatisch riechend. Der Stengel ist zweizeilig beblättert, im Querschnitt stumpf V-förmig, mit einer vom Blütenstand ausgehenden Längsrille, im Inneren massiv schwammig. Oberhalb des Blütenstands wird der Stengel in gerader Linie durch ein schwertförmiges Blatt fortgesetzt, das durch eine scharfe Mittelrippe auf Vorder- und Rückseite in zwei ungleiche Hälften geteilt wird. Die Laubblätter sind ähnlich gebaut, bis 1,5 cm breit und basal rötlich gefärbt. Der Blütenstand ist ein massiver, bis 3 cm langer, seitlich angesetzter und schräg bogig nach oben gerichteter, grünlicher bis gelbgrüner, später bräunlicher Kolben, der von unten her aufblüht. Die dicht aneinandergepreßten kleinen Einzelblüten sind zwittrig. 6 verkehrt eiförmige, grüne, gewölbte Kronblätter liegen um die 6 kurzen Staubblätter und den rundlichen, 2- bis 3fächrigen Fruchtknoten.

Blütezeit: Juni und Juli.

Standort: An Teichrändern, Bachufern, auch an Flachmooren, bis 1000 m.

Verbreitung: Europa, Asien, Nordamerika, im Süden bis in die Tropen.

Allgemeines: Der Kalmus ist in Europa nicht heimisch und erst im Mittelalter eingeführt worden. Er hat sich dann rasch vegetativ ausgebreitet. In unseren Breiten gelangt er nur in günstigen Jahren zur Blüte und die roten Beeren, die als Früchte ausgebildet werden, reifen nicht. Die Wurzelstöcke enthalten ein ätherisches Öl und bittere Alkaloide und wurden schon im Altertum zu Heilzwecken gesammelt. So erklärt sich auch das Vorkommen in Europa.

Blumenbinse *Scheuchzeria palustris* G

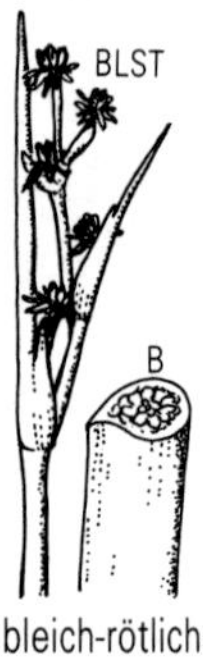

Merkmale: 10–30 cm hohe, ausdauernde, binsenartige Pflanze, mit meist in Gruppen stehenden Sprossen, die von einem dicklichen, im Querschnitt schief tropfenförmigen, an der Basis scheidigen Blatt überragt werden. An der Blattscheide stehen zwei Blattöhrchen. Die Stengelblätter werden nach oben immer kürzer, dabei nimmt der Anteil der bleich-rötlichen Blattscheide am Gesamtblatt zu. In den Achseln der oberen Blätter entspringen einzeln etwa 5 gestielte, bis 5 mm große Blüten. Die 6 Blütenblätter sind grünlich, schmal und so lang wie die 6 Staubblätter. Im Inneren der Blüte stehen 3–5 freie Fruchtblätter; diese sind bei Reife blasig angeschwollen.

Blütezeit: Mai bis Juni.

Standort: Hochmoore, besonders in Schlenken und auf Schwingrasen, in den Alpen bis knapp 2000 m ansteigend.

Verbreitung: Auf der gesamten nördlichen Halbkugel in den gemäßigten Gebieten. Nordasien, Osteuropa, Nordeuropa. Südlich bis in die Karpaten, Südalpen und Zentralpyrenäen. Besonders auch im Norddeutschen Tiefland.

Allgemeines: Die Blumenbinse ist der einzige Vertreter ihrer Familie. Pflanzen aus Nordamerika unterscheiden sich etwas in ihren Früchten und werden daher als eigene Varietät aufgefaßt. Die an Hochmoore gebundene Pflanze ist durch die im letzten Jahrhundert begonnene Trockenlegung ihrer Standorte stark zurückgegangen und vielfach verschwunden. Sie hat selbst Anteil an der Torfbildung und ist durch relativ schnelles Wachstum vor einem Überwachsen durch das Torfmoos geschützt. Luftkanäle in Blatt und Stengel sind eine Anpassung an feuchte Standorte. Die unscheinbaren Blüten werden wohl durch den Wind bestäubt. Die Pollenkörner werden dabei paarweise verbunden verbreitet.

Sumpf-Dreizack *Triglochin palustre* RL

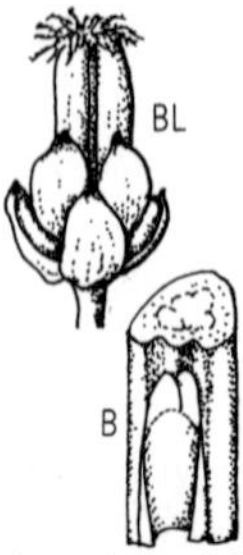

Merkmale: Ausdauernde, zierliche, bis 30 cm hohe Pflanze mit horizontalem Wurzelstock und zwiebeligen Überdauerungsorganen. Blätter dicklich, im Querschnitt auf einer Seite rinnig abgeflacht, bis 1 mm breit und am Ende der Blattscheide mit zwei überlappenden Öhrchen. Blütenstand eine lockere Traube. Blütenstiele 1–4 mm lang. 6 grünliche Blütenblätter hüllen 6 fast sitzende Staubblätter und den 3teiligen, rippigen Fruchtknoten ein. Die 3 Narben sind hell und zipfelig. Die Frucht ist schmal und bis 9 mm lang. Die Fruchtblätter lösen sich bei Reife von unten von ihrer Achse, spreizen seitlich dreizackig (Name!) ab und fallen einzeln ab.

Blütezeit: Juni bis September.

Standort: Auf Torf- und Tonböden in Mooren und Sümpfen, auch auf Salzböden.

Verbreitung: Auf der nördlichen Halbkugel und in Südamerika.

Strand-Dreizack *Triglochin maritima* RL

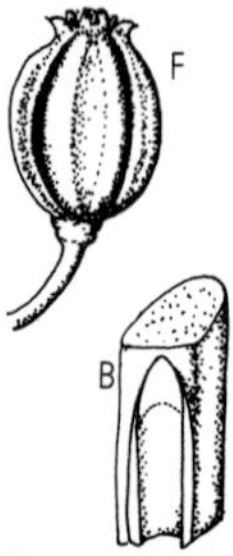

Merkmale: Ausdauernde, derbe bis 50 cm hohe Pflanze mit horizontalem Wurzelstock und faseriger Basis. Blätter dicklich, im Querschnitt auf einer Seite abgeflacht, bis 4 mm breit und am Ende der Blattscheide mit einem einfachen Öhrchen. Blütenstand eine reichblütige, bis 20 cm lange Traube. Blütenstiele 1–4 mm lang. 6 grünliche Blütenblätter hüllen 6 fast sitzende Staubblätter und den 6teiligen Fruchtknoten ein. Die 6 Narben sind rötlich und kurz gefiedert. Die Frucht ist ellipsoidisch und bis 6 mm lang. Die Fruchtblätter sind am Rücken gefurcht, lösen sich bei Reife voneinander und fallen einzeln ab.

Blütezeit: Mai bis August.

Standort: Salzwiesen, Flußufer im Brackwasserbereich.

Verbreitung: Auf der nördlichen Halbkugel und in Südamerika.

Teichfaden *Zannichellia palustris*

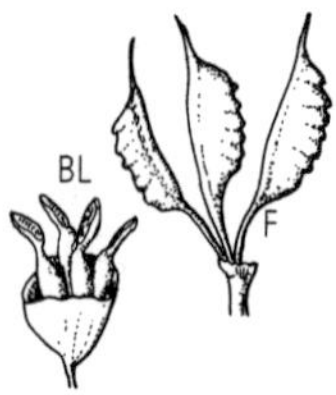

Merkmale: Ausdauernde, untergetauchte Wasserpflanze. Wurzelstock zart, kriechend und verzweigt. Sprosse, zart, locker beinahe gegenständig beblättert. Blätter linealisch, bandförmig, unten mit einer langen, stengelumfassenden Röhre. Blüten in den Achseln der Blätter, eingeschlechtig, klein und unscheinbar. Die männlichen Blüten 1 Staubblatt ohne Blütenhülle, seltener zwei Staubblätter mit dem Rücken verwachsen. Weibliche Blüte kurz gestielt mit becherförmiger, 2 mm hoher, dreizipfliger Hülle und 3 bis 4 nicht verwachsenen Fruchtblättern. Griffel mit jeweils trichteriger Narbe. Früchte sichelförmig, steinfruchtartig.

Blütezeit: Mai bis Oktober.

Standort: In stehenden oder langsam fließenden, auch verschmutzten Gewässern, bis 1200 m.

Verbreitung: Gemäßigte Zonen der Halbkugeln.

Strandling *Littorella uniflora* RL

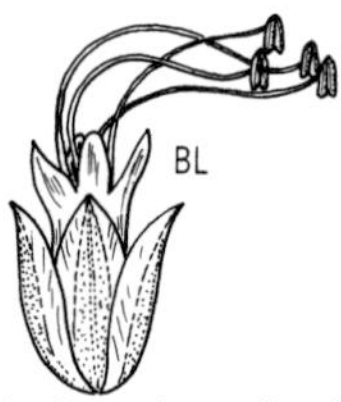

Merkmale: Ausdauernde, krautige, bis 15 cm hohe Pflanze, mit Ausläufern kriechend und neue Pflanzen bildend. Blätter grundständig in einer Rosette angeordnet, 4 bis 15 cm lang, linaelisch bis pfriemlich, am Grund scheidig verbreitert. Blüten eingeschlechtig. Blütenstand aus einer lang gestielten, aufrechten männlichen Blüte und meist 3, seltener mehr an der Basis in der Rosette sitzenden, weiblichen Blüten, die sich zur Fruchtzeit strecken. Männliche Blüte mit 4 herzförmigen Staubblättern und einer 4teiligen, weißlichen, glockigen Krone, darunter trockenhäutige Schuppen. Weibliche Blüten mit kurzer Kronröhre aus der ein langer, fädiger Griffel hervorschaut. Die Frucht ist eine einsamige Nuß.

Blütezeit: Mai bis August.

Standort: Sandige oder schlammige Ufer.

Verbreitung: Nord- und Westeuropa.

Kelch-Simsenlilie *Tofieldia calyculata*

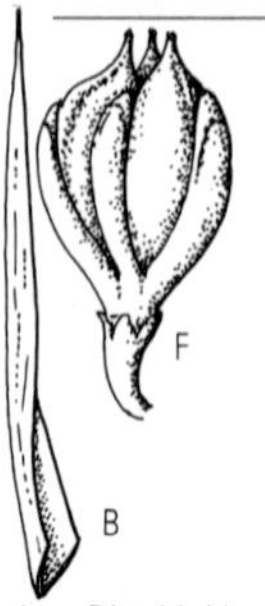

Merkmale: Ausdauernde, 10 bis 40 cm hohe, grasartige Pflanze. Stengel aufrecht oder etwas geschlängelt. Blätter schwertförmig, ungestielt, mit deutlichen Längsnerven, bis 4 mm breit, graugrün bis gelblich grün. Der untere Bereich ist schmal V-förmig mit aneinanderliegenden Blatthälften, der obere Bereich einfach flach aus dem Blattkiel hervorgehend. Der Blütenstand ist meist eine Traube. Der Blütenstiel in der Mitte mit dreizipfligem Hochblatt. 6 gelblich weiße, bis 4 mm lange Blütenblätter und 6 Staubblätter um den oberständigen, 3griffligen Fruchtknoten.
Blütezeit: Juni bis August.
Standort: Auf mageren, trockenen bis feuchten Wiesen, in Flachmooren; bis über 2000 m.
Verbreitung: Pyrenäen, Alpen, Karpaten.
Allgemeines: Eine ähnliche Art ist die **Zwerg-Simsenlilie** *(T. pusilla)* ohne Hochblatt in der Mitte des Blütenstiels.

Beinbrech *Narthecium ossifragum* G

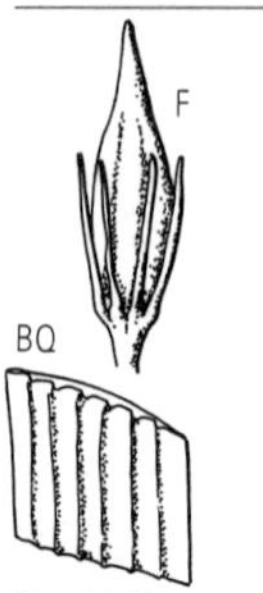

Merkmale: Ausdauernde, 10 bis 30 cm hohe, grasartige Pflanze. Stengel aufrecht mit zweizeiliger Beblätterung. Blätter schwertförmig, ungestielt, mit deutlichen Längsnerven, bis 4 mm breit, kräftig grün. Der untere Bereich ist schmal V-förmig mit aneinanderliegenden Blatthälften, der obere Bereich einfach flach aus dem Blattkiel hervorgehend. Der Blütenstand ist traubig. 6 außen grüne, innen goldgelbe, lanzettliche bis 4 mm lange Blütenblätter und 6 gelbe Staubblätter mit langbehaarten Stielen und ziegelroten Beuteln um den oberständigen, schlanken, 3griffligen Fruchtknoten.
Blütezeit: Juli und August.
Standort: In Mooren.
Verbreitung: Westeuropa, Skandinavien, Nord-Deutschland.
Allgemeines: Früher wurde der Pflanzen Einfluß auf Knochenbrüche beim Vieh zugeschrieben.

Echtes Seegras *Zostera marina*

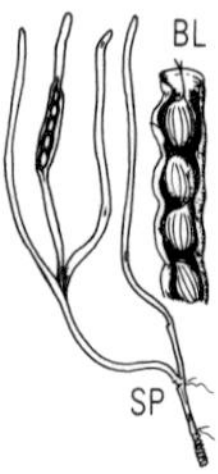

Merkmale: Ausdauernde, im Salzwasser lebende Pflanze mit bewurzelter, kriechender Grundachse, die reich verzweigt oft ausgedehnte, flutende, submarine Wiesen bildet. Der Laubsproß ist kurz, unverzweigt und abwechselnd 2zeilig beblättert. Die Blätter 20–200 cm lang, 3–12 m breit, linealisch, an der Spitze abgerundet, leuchtend grün, mit geschlossener Blattscheide. Blütensproß bis 1,5 m lang, verzweigt. Blüten bis zu 12 cm in einer flachen bis 5 cm langen, einseitig ausgerichteten Ähre, die in die Scheide des obersten Blattes eingeschlossen ist. Die Ähren legen sich mit der Oberseite nach oben flach auf die Wasseroberfläche. Die Blüten sind eingeschlechtig und ohne Blütenhülle. Die weiblichen Blüten bestehen nur aus einem Fruchtknoten, die männlichen aus einem später zweiteiligen Staubblatt. Frucht 3 bis 3,5 cm lang, ellipsoidisch.
Blütezeit: Juni bis Oktober, im Mittelmeer früher, ab April, vereinzelt ab Februar.
Standort: Häufig an den Meeresküsten auf sandigem oder schlammigen Boden, bis zu einer Tiefe von 11 m, oft auch im Brackwasserbereich, auch bei Ebbe überflutet.
Verbreitung: Europäische Küsten außer Korsika, Sardinien und Kreta. Außerdem in Nordamerika und Ostasien.
Allgemeines: Die abgerissenen Blätter werden nach Stürmen oft in großen Mengen an die Küsten geworfen und bilden hohe Wälle. Früher wurde das Seegras zum Ausstopfen von Matratzen gesammelt. Das **Zwerg-Seegras** *(Zostera noltii)* ist kleiner und glanzlos graugrün. Die Blätter werden nur 40 cm lang und bis 1,5 cm breit. Alle Blattscheiden sind offen und tragen oben zwei Öhrchen. Die Blütenstände entspringen dem Wurzelstock und besitzen weniger Ährchen. Das Zwergseegras bewohnt flachere Zonen und fällt bei Ebbe trocken.

Neptunsgras *Posidonia oceanica*

Merkmale: Untergetauchte Wasserpflanze mit einem kriechenden, zusammengedrückten, trocken schwarzen Wurzelstock. Seitliche Sprosse in Büscheln von wechselständigen, zweizeilig angeordneten Blättern endigend. Blattscheide stengelumfassend, nur am Grund überlappend, nicht mit den Blättern abfallend und älter in faserige, bleibende, rasierpinselähnliche Stränge aufgelöst. Blattfläche dunkelgrün, bis 50 cm lang, regelmäßig schmal und bandförmig, die Spitze stumpf oder ausgerandet. Blütenstand bis 4,5 cm lang, aus 1–4 Ährchen, diese mit jeweils 3–7 Blüten, die an den Kanten der flachen Achse stehen. Die unteren Blüten sind zwittrig, die oberen männlich. Blütenhülle fehlend. Die 3 Staubblätter öffnen sich nach außen. Die Verbindung (Konnektiv) zwischen den Staubbeuteln ist blütenhüllblattähnlich vergrößert und geschwänzt. Der Fruchtknoten besteht nur aus einem Fruchtblatt, das auf einem schwach entwickelten Griffel eine papillöse Narbe trägt.

Blütezeit: August bis November. Blüten jedoch sehr selten zu beobachten.

Standort: Flache sandige Küsten, von Strandnähe bis 40 m Tief.

Verbreitung: Mittelmeer.

Allgemeines: Drei weitere Arten dieser eigenartigen Blütenpflanzengattung kommen an der Südküste von Australien vor. Durch die Frühjahrsstürme werden häufig alte Pflanzen oder ihre Blattscheiden abgerissen.

Die Fasern werden von der Wellenbewegung zu kugeligen Bällen von 2–5 cm, selten bis zu 15 cm Durchmesser zusammengefügt und in großen Mengen an die Küsten geworfen.

Die Übertragung der fadenförmigen Pollenkörner auf die unter der Wasseroberfläche aufblühenden Blütenstände erfolgt durch das Wasser.

Pillenfarn *Pilularia globulifera* RL

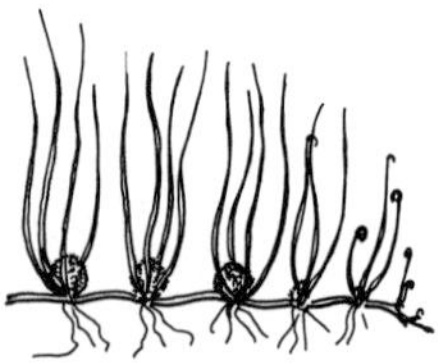

Sporangien

Sporokarp

Merkmale: Im Schlamm wurzelnde Farnpflanze mit kriechendem, an den Knoten bewurzelten und beblätterten Wurzelstock. Abstand zwischen den Knoten etwa 4 cm. Blätter 2–4 je Knoten, 3–10 cm lang, binsenartig aber weich, im Querschnitt massiv, lebhaft grün und im jungen Zustand an der Spitze eingerollt. Wurzeln einfach fadenförmig, 2–4 je Knoten. An den Knoten entstehen außerdem einzeln die sogenannten Sporokarpien. Es handelt sich dabei um von einem umgewandelten Blatt eingeschlossene Sporenträger (Sporangien). Das Blatt bildet eine wollhaarige, kugelige, kastanienbraune Hülle von etwa 3 mm Durchmesser (das Sporokarp). Im Inneren dieses Sporokarps stehen mehrere bäumchenartige Gebilde, die im unteren Teil Sporangien (Megasporangien) tragen, die eine einzelne große Spore enthalten, während im oberen Teil Sporangien (Mikrosporangien) mit zahlreichen kleinen Sporen sitzen. Die Entwicklung von Tochterpflanzen findet in diesen Sporokarpien statt.

Fruchtzeit: Juli bis September.

Standort: Schlammböden, abgelassene Teiche, Grabenränder.

Verbreitung: Westeuropa, in Deutschland im Rheinland.

Allgemeines: Der Pillenfarn gehört zu den Farnpflanzen wie seine jugendlich eingerollten Blätter und die Ausbildung von Sporangien zeigen. Von den meisten einheimischen Farnen unterscheidet er sich jedoch durch seinen Standort und durch die Ausbildung von zwei verschiedenen Sporentypen. Aus den Mikrosporen entsteht eine männliche geschlechtliche Generation, aus den Megasporen eine weibliche. Letztere bleibt im Sporokarp eingeschlossen und bildet nach der Befruchtung Jungpflanzen, die durch die klappige Öffnung des Sporokarps entlassen werden.

Zwerg-Rohrkolben *Typha minima* RL

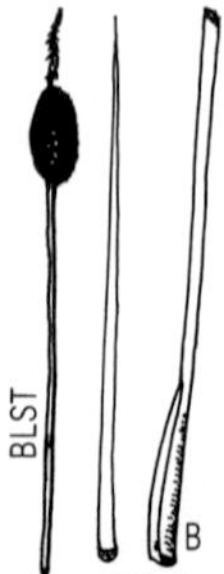

Merkmale: 30–70 cm hohe Wasser- oder Uferpflanze. Blätter sehr schmal linealisch, blaugrün, nicht glänzend, bis 30 cm lang und 1–2 mm breit, am Blütenstand fehlend, basal mit einer offenen, häutigen, oben leicht geöhrten Scheide. Im Querschnitt halbkreisförmig, unterseits deutlich gewölbt und oben flach, mit einem schwammigen Mark angefüllt. Blüten eingeschlechtig. Die weiblichen Blüten einen eiförmig-kugeligen, bis 4 cm langen, braunschwarzen Kolben bildend, darüber durch einen Sproßabschnitt getrennt die männlichen Blüten. Die weiblichen Blüten ein gestielter Fruchtknoten der von einem dichten Haarkranz umgeben ist, die männlichen drei einzelne, von wenigen Haaren umgebene Staubblätter.

Blütezeit: Mai und Juni.

Standort: Flußufer und Wiesenmoore.

Verbreitung: Europa (Alpen-Balkan), Asien.

Breitblättriger Rohrkolben *Typha latifolia*

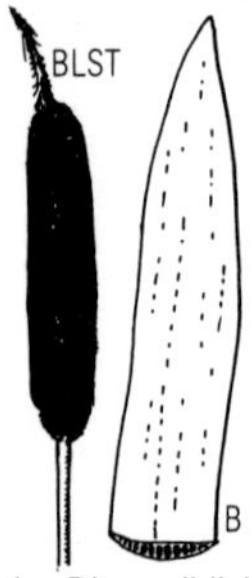

Merkmale: 1–2,5 m hohe Wasser- oder Uferpflanze. Blätter breitlinealisch, blaugrün, nicht glänzend, 1–2 cm breit, den Blütenstand häufig überragend, basal mit einer offenen, häutigen, oben leicht geöhrten Scheide. Im Querschnitt oberseits flach, unterseits leicht gewölbt und mit einem schwammigen Mark angefüllt. Blüten eingeschlechtig. Die weiblichen Blüten einen massiven, oft über 20 cm langen braunschwarzen Kolben bildend, darüber direkt anschließend die männlichen Blüten. Die weiblichen Blüten ein gestielter Fruchtknoten, der von einem dichten Haarkranz umgeben ist, die männlichen drei, auf einem verzweigten Stiel sitzende, von wenigen Haaren umgebene Staubblätter.

Blütezeit: Juli und August.

Standort: See- und Flußufer, Moore.

Verbreitung: Besonders Nordhalbkugel, Tropen.

Shuttleworths Rohrkolben RL
Typha shuttleworthii

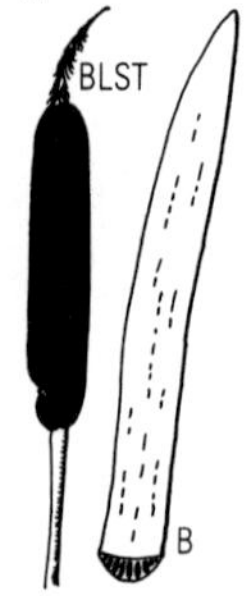

Merkmale: 1–1,5 m hohe Wasser- oder Uferpflanze. Blätter schmal linealisch, blaugrün, nicht glänzend, 5–10 mm breit, den Blütenstand überragend, basal mit einer offenen, häutigen, oben leicht geöhrten Scheide. Im Querschnitt oberseits flach, unterseits gewölbt und mit einem schwammigen Mark angefüllt. Blüten eingeschlechtig. Die weiblichen Blüten einen zur Fruchtzeit silbrig braunen, oft über 25 cm langen Kolben bildend, darüber direkt anschließend die männlichen Blüten. Die weiblichen Blüten ein gestielter Fruchtknoten, der von einem dichten Haarkranz umgeben ist, die männlichen drei, auf einem verzweigten Stiel sitzende, von wenigen Haaren umgebene Staubblätter.

Blütezeit: Juni bis August.

Standort: See- und Flußufer, Bergregion.

Verbreitung: Pyrenäen, Alpen, Karpaten.

Schmalblättriger Rohrkolben
Typha angustifolia

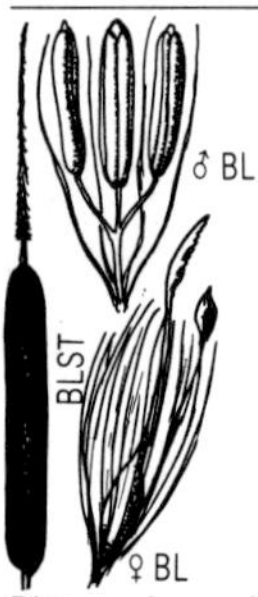

Merkmale: 1–3 m hohe Wasser- oder Uferpflanze. Blätter schmal linealisch, blaugrün, nicht glänzend, 3–10 mm breit, den Blütenstand häufig überragend, basal mit einer offenen, häutigen, oben leicht geöhrten Scheide. Im Querschnitt oberseits flach, unterseits deutlich gewölbt und mit einem schwammigen Mark angefüllt. Blüten eingeschlechtig. Die weiblichen Blüten einen schlanken, bis 35 cm langen braunschwarzen Kolben bildend, darüber durch einen Sproßabschnitt getrennt die männlichen Blüten. Die weiblichen Blüten ein gestielter Fruchtknoten, von einem dichten Haarkranz umgeben, die männlichen drei, auf verzweigtem Stiel sitzende, von wenigen Haaren umgebene Staubblätter.

Blütezeit: Juni bis August.

Standort: See- und Flußufer, Moore.

Verbreitung: Europa, Asien, Nordamerika.

Zwerg-Igelkolben *Sparganium minimum* RL

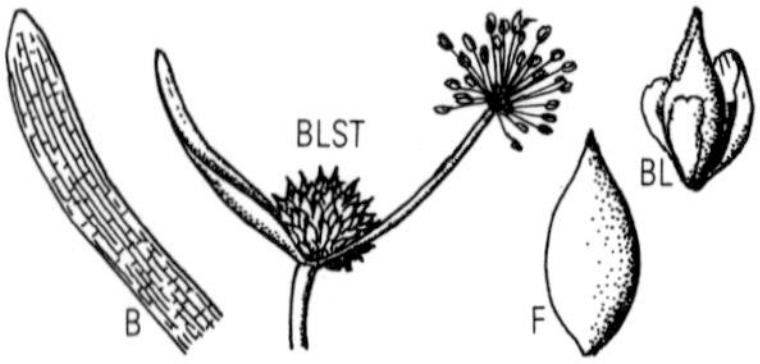

Merkmale: Im Wasser wurzelnde Pflanze mit aufrechten oder im Wasser flutenden, 60 bis 80 cm langen Blütensprossen. Die Blätter grasartig, zart und dünn, leuchtend grün, aus dem Wasser ragend oder flutend, 4–60 cm lang und 2 bis 8 mm breit, flach, mit 5–7 parallelen, seitlich vernetzten Nerven und rasch zusammengezogenem, stumpflichen Ende. Blüten getrenntgeschlechtig und zu kugeligen Köpfen vereinigt. Die weiblichen Köpfe 1–3 übereinander am Sproß in der Achsel von kurzen, rinnigen Tagblättern. Am Ende des Blütenstands ein kugeliger männlicher Blütenstand. Die weiblichen Blüten ein Fruchtknoten mit seitlich ansitzender Narbe und einer aus einigen häutigen Schuppen bestehenden Blütenhülle. Die männlichen Blüten aus jeweils 3–6 Staubblättern und einigen basalen Schuppen. Frucht eine zugespitzte ellipsoidische Steinfrucht.

Blütezeit: Juli und August.

Standort: Stehende oder langsam fließende Gewässer, Gräben und Moorschlenken, bis über 1000 m.

Verbreitung: Mittel- und Nordeuropa, Nordasien und Nordamerika.

Allgemeines: Der Zwerg-Igelkolben ist eine relativ vielgestaltige Art, deren Erscheinung stark von der Wasserhöhe und Nährstoffversorgung abhängt. Dementsprechend kann besonders die Blattbreite stärker variieren. Der Name Igelkolben rührt von den zur Fruchtzeit kugelig-stacheligen Blütenständen her. Die gesamte Gattung umfaßt etwa 20 Arten, die fast ausschließlich auf der Nordhalbkugel verbreitet sind. Lediglich eine Art ist in Neuseeland zu Hause.

Ästiger Igelkolben *Sparganium ramosum*

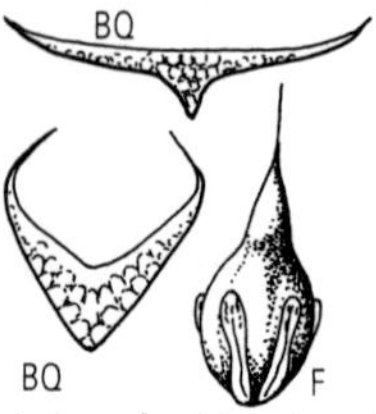

Merkmale: Meist im Wasser wurzelnde Pflanze mit starr aufrechten, 30–60 cm langen Blütensprossen. Wurzelstock kriechend mit Ausläufern. Die Blätter starr und derb, aufrecht, unten dreikantig, oben auf der Unterseite mit einem bis zur Spitze reichenden Kiel, bis 50 cm lang und bis 1,5 cm breit, nicht glänzend. Blüten getrenntgeschlechtig und zu kugeligen Köpfen vereinigt, die in einem rispig verzweigten Gesamtblütenstand stehen. An jedem Seitenast in der Achsel eines laubigen Tragblattes zunächst 2–3 weibliche Köpfe, darüber mehrere männliche Köpfe. Blütenblätter oben verbreiterte Schuppen.

Blütezeit: Juni bis August.

Standort: Stehende oder langsam fließende Gewässer, schlammige Gräben.

Verbreitung: Mittel- und Nordeuropa, Nordasien, südlich bis Nordafrika.

Einfacher Igelkolben *Sparganium emersum*

Merkmale: Meist im Wasser wurzelnde Pflanze mit aufrechten oder flutenden, 20–60 cm langen Blütensprossen. Wurzelstock kriechend mit Ausläufern. Die Blätter derb mit weiter Blattscheide, unten dreikantig, oben auf der Unterseite mit einem bis zur Spitze reichenden Kiel, bis 50 cm lang und 3 bis 6 mm breit. Schwimmblätter oberseits mit vorspringendem Mittelnerv. Blüten getrenntgeschlechtig und zu kugeligen Köpfen vereinigt, die in einem einfachen Gesamtblütenstand stehen. Im unteren Bereich 1–5 weibliche Köpfe, darüber 2–8 männliche Köpfe. Die Fruchtknoten mit langen fadenförmigen Narben.

Blütezeit: Juni bis Juli.

Standort: In Teichen und Seen, in langsam fließenden Flüssen flutend.

Verbreitung: Mittel- und Nordeuropa, West- und Mittelasien, Nordamerika.

Von Gräsern oder Grasartigen beherrschte Formationen

Entstehung von Wiesen und Weiden

Wiesen und Weiden sind charakteristische, in der Regel von Süßgräsern beherrschte Pflanzenbestände, die außerdem zahlreiche andere grasartige Pflanzen wie Seggen, Binsen oder Simsen und zusätzlich eine Vielzahl von Stauden und Kräutern beherbergen können. In der Naturlandschaft Mitteleuropas beschränkten sich solche Bestände auf die wenigen Standorte, die aufgrund ihrer ökologischen Gegebenheiten von Natur aus gehölzfrei waren. Ausgedehnte Wiesen entwickelten sich daher in Form der Salzwiesen an den Küsten (l. u.) und als Matten in den Hochgebirgen oberhalb der Baumgrenze (o.), während sich im übrigen Mitteleuropa nur sehr kleinflächig baumfreie Standorte als Wuchsplätze natürlicher Wiesen fanden. Darüber hinaus waren die Randsümpfe der Hochmoore, die Ufer der Flüsse und die Verlandungszonen der stehenden Gewässer stets baumarme oder -freie Wuchsplätze, die vor allem Seggen, Binsen und Simsen geeigneten Lebensraum boten. Die in der heutigen Kulturlandschaft weit verbreiteten Grünlandbestände sind anthropogen, d. h. sie verdanken ihre Entstehung dem Einfluß des Menschen.
Zunächst wurden in den Wäldern baumfreie Flächen geschaffen. Auf diesen verhinderte man die Wiederbewaldung durch regelmäßiges Bewirtschaften. Von ihren ursprünglichen Wuchsplätzen in der Naturlandschaft drangen nun im Laufe der Zeit die Pflanzen- und Tierarten in die freigehaltenen Flächen ein, die besonders lichtliebend, zugleich regenerationsfähig sind und deshalb die Bedingungen von Mahd und Beweidung gut vertragen. Gemähte Flächen entwickelten sich zu Mähwiesen, beweidete zu Weiden. In vielen Gegenden, in denen das Getreidestroh für die Verwendung als Einstreu in den Ställen zu wertvoll war, wurden auch solche Flächen genutzt, die als Wiesen oder Weiden kein verwertbares Futter lieferten. Dort entwickelten sich vor allem auf von Grund- und Stauwasser beeinflußten, sumpfigen Standorten die sogenannten Streuwiesen, in denen Pfeifengras oder die »Sauergräser«, also Seggen, Binsen und Simsen vorherrschten. Je nach Bewirtschaftung und örtlichen Gegebenheiten entstanden daher die unterschiedlichsten, meist sehr artenreichen Grünlandschaften.
In der heutigen Kulturlandschaft bestimmen auf fast allen nicht ackerfähigen Böden ausgedehnte Grünlandbestände das Landschaftsbild (r. u.). Diese gingen aus den oben beschriebenen, oft wenig ertragreichen, mageren Wiesen und Weiden hervor, die ursprünglich nicht oder nur spärlich gedüngt wurden. Die Zucht leistungs- und widerstandsfähiger Grassorten, die Einsaat ausgewählter, ertragsversprechender Rasenmischungen, die Verwendung organischer und mineralischer Dünger sowie moderne Bewirtschaftungstechniken mit genau an den Entwicklungsrhythmus der Gräser angepaßten Düngeterminen haben zur Entwicklung hochproduktiver Pflanzenbestände geführt. So etwa zu Wiesen, die auf geeigneten Standorten und unter optimalen klimatischen Bedingungen bis zu sechsmal pro Jahr gemäht werden können. Diese haben mit den naturnahen Magerwiesen und -weiden nur noch wenig gemeinsam.
Während das Grünland nährstoffarmer Standorte in der Regel sehr artenreich ist und stets eine charakteristische Artenkombination aufweist, welche die Standortverhältnisse ihres Wuchsortes genau widerspiegelt, führt die intensive Bewirtschaftung zu einem starken Rückgang dieser Vielfalt, dem vorwiegend die konkurrenzschwachen Arten zum Opfer fallen. Dieser Schwund führt nicht nur zum Verlust charakteristischer Artenkombinationen, sondern auch zu einer Vereinheitlichung des floristischen und faunistischen Inventars der Grünlandbestände. Die intensiv bewirtschafteten, meist reich mit Stickstoff gedüngten und artenarmen Weiden werden mit dem Typus der Frischweiden mit Ausdauerndem Lolch, Kammgras, Wiesen-Lieschgras und

▷ *o.: Hochgebirgsmatten, u. l.: Salzwiesen der Küste, r.: intensiv genutzte Weide*

Weißklee, die intensiv genutzten Wiesen dem Typus der Frischwiesen mit Glatthafer, Wiesenfuchsschwanz, Flaumhafer, Goldhafer, Weicher Trespe und Wiesenrispe zugeordnet. Wenngleich innerhalb dieser beiden Grundtypen standörtlich bedingte Unterschiede erkennbar bleiben, sind sie nicht annähernd so vielgestaltig, wie extensiv bewirtschaftete Wiesen und Weiden auf vergleichbaren Standorten (o.).

Kalkmagerweiden

Aus wärmeliebenden und trockenheitsverträglichen Laubwäldern auf Kalk entstanden unter dem Einfluß lang andauernder extensiver Schafbeweidung als anthropogene Ersatzgesellschaften sogenannte Kalk-Halbtrockenrasen (l. u.). Diese werden häufig wegen des geringen Nährstoffangebotes ihrer Standorte, wegen des Ausgangsgesteins und ihrer Bewirtschaftung auch als Kalkmagerrasen oder -magerweiden bezeichnet. Sie beherbergen eine Fülle wärmebedürftiger, trockenheitsverträglicher Pflanzen und Tiere und zählen zu den artenreichsten Lebensgemeinschaften Mitteleuropas. Besonders interessant sind die Arten, die ihren Verbreitungsschwerpunkt in den Wärmegebieten Europas und im Mittelmeerraum haben, in Mitteleuropa jedoch nur kleinklimatisch besonders begünstigte Wuchsorte besiedeln. Unter den Gräsern und Grasartigen finden sich die namengebenden Arten Pyramiden- und Zartes Schillergras, außerdem Schafschwingel, Zittergras, Wiesenhafer, Schmalblättriges Rispengras, Glatthafer, Aufrechte Trespe, Goldhafer sowie Berg- und Erd-Segge, Frühlings- und Blaugrüne Segge, Feld-Hainsimse u. a., daneben eine Reihe von Zwergsträuchern, Stauden und Kräutern, von den hier nur Fransen- und Deutscher Enzian als typische Arten genannt werden. Die Anwesenheit stacheliger, sparriger, nach ätherischen Ölen riechender oder stark behaarter Gewächse verdeutlicht, daß diese Bestände aus beweideten Flächen hervorgegangen sind, denn solche Pflanzen werden vom Vieh entweder völlig verschmäht oder nur im jungen Zustand verbissen. Hierzu zählen vor allem Wacholder, Feldmannstreu, Stengellose Kratzdistel, Gold- und Silberdistel, Kriechender und Stechender Hauhechel, Fiederzwenke und Thymian. Da heute die Schafhaltung unrentabel ist, unterbleibt vielerorts eine Nutzung der Kalkmagerrasen. Sie liegen brach, verbuschen allmählich oder werden – meist mit Kiefern – aufgeforstet. Ihre Erhaltung ist aber an dauerhafte, jedoch extensive Nutzung gebunden, so daß heute für die langfristige Erhaltung gezielte Pflegemaßnahmen notwendig sind.

Borstgrasrasen

Auf nährstoffarmen, sauren Böden über kalkfreien, basenarmen Gesteinen entwickelten sich ebenfalls charakteristische Magerweiden, die sogenannten Borstgrasrasen (r. u.). Ausschlaggebend war hier wie bei den Kalkmagerrasen der Einfluß extensiver Beweidung. Die Weideviehherden wurden unregelmäßig durch die als Allmende genutzten Flächen getrieben. Auf Düngung wurde verzichtet, der Nachwuchs war deshalb nur dürftig. Das selektive Freßverhalten der Tiere bewirkte einen erhöhten Druck auf die als Futter bevorzugten Weidearten. Dies führte zu einer Vorherrschaft der vom Vieh verschmähten, nicht beweideten Arten. Auch das namengebende Borstgras gehört zu diesen Arten. Das Vieh kaut auf den kleinen, zunächst herausgerupften Horsten herum, um diese dann doch wieder auszuspucken. So kann man in den Borstgrasrasen trockene »Grasmumien« mit harten, brettartig zusammenstehenden Blattscheiden finden. Als kennzeichnende Arten sind neben dem Borstgras vor allem das Gemeine und das Quendelblättrige Kreuzblümchen sowie die Weiße Höswurz und die Arnika zu nennen.
Im Hinblick auf die Wasserversorgung besiedeln die Borstgrasrasen ein weites Spektrum unterschiedlicher Standorte. Auf Böden mit wasserstauenden Eigenschaften ergibt sich oft ein interessantes, kleinflächiges Mosaik verschiedener Ausbildungen. Vor allem auf den nassen Standorten finden sich dort neben Wechselfeuchte-

▷ *o.: extensiv genutztes Grünland (Mähwiesen), u. l.: Kalkmagerweide, r.: Borstgrasrasen*

und Vernässungszeigern wie Pfeifengras, Teufelsabbiß oder Waldläusekraut verstärkt Seggen und Binsen, wie Bleiche, Pillen-, und Hirsen-Segge sowie Sparrige Binse und Vielblütige Simse. Auch diese nur wenig ertragreichen Standorte sind schon seit Jahrzehnten für eine Nutzung nicht mehr oder nur von untergeordnetem Interesse. Ihre Lebensgemeinschaften bedürfen nicht nur aus ökologischer Sicht des Schutzes; ihr Fortbestand ist auch als Zeugnis früherer bäuerlicher Landnutzung zu wünschen.

Sandrasen

Silbergrasfluren sind artenarme, saures Milieu ertragende Pioniergesellschaften, die kalk- und humusarme Standorte mit durchlässigen Böden besiedeln. Sie finden sich vorwiegend auf den lockeren, nährstoffarmen, trockenen Flugsanddünen Mitteleuropas und werden deshalb als Sandrasen bezeichnet (o.). Zu den charakteristischen Gräsern und Grasartigen dieser Standorte gehören das Silbergras und die Sand-Segge. Die leichte Übersandung der kleinen Silbergrashorste führt auf den stets in Bewegung befindlichen Dünen zu einer Bewurzelung der überdeckten Knoten. Das permanente Wachstum dieses dichten und tiefreichenden Wurzelsystems bewirkt allmählich eine Festigung der Sandflächen, die dann in zunehmendem Maße von zahlreichen Moosen und Flechten besiedelt werden können. Zwischen dem vorherrschenden Silbergras treten später auch einige wenige andere Höhere Pflanzen wie Bauernsenf und Frühlings-Spörgel auf. In der Weiterentwicklung lösen Arten der Trockenrasen die Sandrasen-Pflanzengesellschaft ab.

Trockenrasen

Die in der Naturlandschaft Mitteleuropas nur auf kleinflächige Vorkommen beschränkten Trockenrasen erfuhren ebenfalls eine anthropogene Erweiterung ihres Wuchsraumes und besiedeln heute als Ersatzgesellschaften der wärme- und trockenheitsverträglichsten Wald- und Gebüschgesellschaften oft steile, flachgründige und trokken-heiße Hänge (l. u.). Neben einem hohen Anteil von Pflanzenarten, die an Trockenheit und Wärme besonders gut angepaßt sind, ist vor allem die Physiognomie der Gesellschaften sehr typisch. Während in den weniger extremen Halbtrockenrasen solche Pflanzen überwiegen, die den Winter mit erdnahen Überdauerungsknospen überstehen und in der Regel eine geschlossene Vegetationsdecke bilden, weisen die echten Trockenrasen eine große Zahl einjähriger Pflanzen auf, also Arten, die den Winter nur in Samen überdauern. Diese Gesellschaften weisen typische Bestandslücken auf, in denen im nächsten Frühjahr die Samen erneut keimen und zu Pflanzen heranwachsen können.
Im östlichen, durch kontinentales Klima geprägten Europa, aber auch in den mit weniger als 500 mm Jahresniederschlag trockensten Gebieten Mitteleuropas beschränken sich die echten Trockenrasen nicht nur auf kleinräumige Wuchsplätze (r. u.). Sie nehmen dort auch größere Flächen ein und bilden zum Teil sogar landschaftsprägende Bestände, die als Steppen bezeichnet werden. Obwohl zahlreiche trockenheitsverträgliche Süßgräser und Seggen am Aufbau der lückigen Grasnarbe beteiligt sind, verleihen besonders die Federgräser zur Zeit ihrer Fruchtreife den Steppen das ihnen eigene Gepräge, auch wenn sie im Bestand mengenmäßig nicht dominieren. Daneben sind vor allem verschiedene Arten aus der Gruppe der Schafschwingel als typisch zu nennen. Steppen zeigen die Merkmale von Weidegesellschaften. Die borstigen Schwingel widerstehen mit ihren harten Blättern ebenso wie das Federgras, das allenfalls im jungen Zustand vom Vieh verbissen wird, der Beweidung.

Mähwiesen

Als Beispiel extensiv genutzter Mähwiesen finden sich vor allem im westlichen Europa unter dem Einfluß des niederschlagsreichen und milden atlantischen bis subatlantischen Klimas auf saurem, basenarmem Substrat staudenreiche Bestände. Diese einschürigen Wiesen sind wegen ihres Blütenreichtums besonders attraktiv.

▷ *o.: Sandrasen, u. l.: Steppen-, r.: Trockenrasen*

Im Frühjahr beherrschen bisweilen Tausende von Gelben Narzissen, durchsetzt von Berg-Platterbse, Buschwindröschen und Wiesenknöterich, das Bild dieser Lebensgemeinschaft, während im Frühsommer die aromatisch duftende Bärwurz dominiert (o.). Auch hier treten kleinflächig im Bereich staufeuchter Stellen immer wieder zahlreiche Seggen auf. Im oberen Teil oft an Hängen gelegener Wiesen wurde in Gräben aus einiger Entfernung Wasser herangeführt. Im Frühjahr staute man die Gräben; überlaufendes Wasser, das während seines Heranfließens wenigstens geringfügig Nährstoffe aufgenommen hatte, bewässerte die Flächen und trug gleichzeitig zu einer gewissen Düngung bei.

Großseggenriede

Die markanten, aber meist artenarmen, stets von Seggen (Name!) beherrschten Großseggenriede besiedeln meist nasse, überschwemmte aber hin und wieder auch trockenfallende Wuchsorte auf mineralischen, teilweise auch anmoorigen Böden. Sie fallen durch ihre großen, kräftigen Arten auf, von denen einige mächtige Horste bilden können. Als die wichtigsten seien Steif-, Wunder-, Draht-, Schnabel-, Sumpf-, Ufer- und Schlank-Segge genannt. Die Großseggenriede gelten zumindest teilweise als anthropogen und verdanken ihre großflächige Ausbildung der Nutzung als Streuwiesen. Meist stehen sie an ihren Wuchsorten in engem Kontakt zu unterschiedlichen Gesellschaften wie Röhrichten, Nieder- und Hochmooren sowie Frisch-, Feucht- und Naßwiesen. Das Rispenseggenried, durch kräftige, polsterförmige Horste unverkennbar (m.), besiedelt anmoorige, basenreiche, leicht quellige Standorte, die vom Wasser schwach durchrieselt werden. Zeitweiliges Trockenfallen und schwankende Wasserstände werden gut verkraftet.

Moore

Intakte Hoch- und Flachmoore werden zumindest teilweise von Grasartigen bestimmt. Dies sind in den Hochmooren die Wollgräser, allen voran das Scheidige Wollgras (u.), dessen Reste oft am Aufbau der Torfe teilhaben, seltener auch das Schmalblättrige Wollgras. In den nasseren Bereichen können Schnabelried und Schlamm-Segge auftreten. Die höheren Partien der Bulte zeigen ebenfalls typische Arten wie die unscheinbare Armblütige Segge. In den als Lagg bezeichneten Randsümpfen finden sich Großseggenriede aus Schnabel- oder Faden-Segge. Auch Binsen und Pfeifengras gehören im weiteren Sinne zu den Arten der Hochmoore.

Die vor allem in der submontanen bis subalpinen Stufe verbreiteten Flachmoore entwickelten sich zum Teil unter dem Einfluß extensiver Mahd als einschürige Streumähder. Flachmoore können auf kalkreichem und auf kalkfreiem Substrat entstehen. Voraussetzung ist eine andauernde Vernässung des Standortes über wasserundurchlässigen Schichten. Im Unterschied zu Hochmooren steht das Bodenwasser dabei stets in Verbindung zum mineralischen Ausgangsmaterial. Unter diesem Einfluß entwickeln sich zwar Torfmoorpolster, jedoch kein Hochmoorkörper. Die über karbonathaltigem Gestein auftretenden Kalkflachmoore überraschen durch ihre große Artenfülle, die unscheinbare Moose genauso wie attraktive Orchideenarten umfaßt. Hier wachsen auch einzelne Gräser, vor allem aber eine hohe Zahl Grasartiger. Neben der bestandsbildenden Davall-Segge finden sich Floh- und Zweihäusige Segge sowie Saum-, Blaugrüne, Schuppenfrüchtige, Gelb- und Hirsen-Segge sowie weitere vor allem für den alpinen Raum kennzeichnende Arten. Außerdem treten die Armblütige und Einspelzige Sumpfbinse, Stumpfblütige Binse, Flache Quellbinse, Schwarzes Kopfried und Breitblättriges Wollgras auf. Süßgräser sind weniger typisch, wenngleich randlich und in Degradationsstadien Pfeifengras auftreten kann. Flachmoore liegen oft inmitten landwirtschaftlich genutzter Flächen und sind dann den Auswirkungen von Meliorationsmaßnahmen und Stickstoffeintrag ausgesetzt. Ihr Fortbestand ist deshalb heute stark gefährdet.

▷ *o.: Mähwiesen, m.: Großseggenried, u.: Moor*

Register der Arten

Bildautoren

Dr. H. Bellmann: S. 25 u. l., 25 u. r., 29 u. l., 33 o. r., 33 u. l., 35 u. l., 35 u. r., 37 o. l., 39, 41 u. l., 43 o. l., 43 o. r., 43 u. l., 43 u. r., 45 o. l., 45 o. r., 45 u. l., 51 o. l., 51 o. r., 53 o. r., 53 u. l., 53 u. r., 55 o. l., 57 u. l., 57 u. r., 61 o. r., 61 u. l., 61 u. r., 63 o. l., 63 u. l., 67 o. l., 67 o. r., 69 o. r., 69 u. l., 69 u. r., 71 u. l., 71 u. r., 73 o. r., 75, 83, 85, 87 o. l., 89 o. l., 91 o. l., 91 o. r., 91 u. l., 93, 95, 97 u. l., 97 u. r., 99 o. l., 99 o. r., 99 u. l., 101 o. r., 101 u. l., 103 o. l., 103 u. r., 105 o. l., 107 o. l., 109, 115 u. l., 115 u. r., 119 u. l., 121 o. l., 121 o. r., 121 u. r., 123 o. l., 125 u. l., 125 u. r., 129 o. l., 129 o. r., 129 u. l., 133 o. l., 135 o. l., 135 o. r., 135 u. l., 137 o. l., 137 u. l., 139 o. r., 143 o. l., 143 u. l., 147 o. l., 147 u. l., 147 u. r., 149, 153 o. l., 155, 159 u. r., 163 u. l., 165, 167, 175 o. r., 175 u. l., 177 o. r., 177 u. l., 177 u. r., 179 u. l., 183 o. l., 185 o. r., 185 u. l., 189 o. l., 189 u. l., 191 o. l., 195 o. l., 197 o. l., 197 o. r., 197 u. r., 199 u. r., 201 o. l., 201 o. r., 201 u. r., 203 o. l., 203 u. r., 205 o. l., 205 o. r., 205 u. l., 205 u. r., 207 o. l., 207 u. l., 211 o. l., 211 u. l., 211 u. r., 213 o. l., 215 o. l., 215 u. r., 217 o. l., 217 o. r., 217 u. l., 219 o. r., 219 u. l., 221 u. l., 225 u. l., 225 u. r., 227 o. r., 227 u. l., 229 o. r., 231 o. l., 231 u. r., 233 o. l., 233 u. r., 235 o. r., 235 u. l., 235 u. r., 237 u. r., 239 o. l., 239 u. r., 241 o. l., 241 o. r., 241 u. r., 243 u. l., 245 o. l., 245 u. r., 247 o. l., 247 o. r., 247 u. l., 249 o. l., 253 u. l., 257 u. l., 257 u. r., 259, 261 o. l., 261 o. r., 261 u. l., 263 o. l., 263 o. M., 263 o. r., 263 u. l., 263 u. r., 265 o. l., 265 o. r., 267 u. l., 267 u. r., 269 o. l., 269 o. r., 269 u. r., 271 o. l., 271 o. r., 271 u. l., 271 u. r.; **W. Burkhart:** S. 141 o. r., 141 u. r.; **X. Finkenzeller:** S. 251 u. l.; **Dr. E. Foerster:** S. 91 u. r., 179 u. l.; **E. Garnweidner:** S. 47 u. l., 67 u. r., 181 u. r., 215 u. l., 221 o. l., 225 o. l., 225 o. r., 229 u. l., 243 o. r.; **R. Gerken:** S. 101 u. r., 103 o. r., 117 o. l., 119 u. r., 177 o. l., 189 u. r., 191 o. r.; **Prof. Dr. J. Grau:** S. 35 o. l., 35 o. r., 41 o. l., 41 o. r., 41 u. r., 49 o. r., 57 o. l., 89 o. r., 105 u. r., 115 o. r., 117 o. r., 121 u. l., 123 u. l., 133 u. l., 139 u. r., 143 u. r., 145 u. r., 147 o. r., 175 M. r., 175 u. r., 183 u. r., 185 u. r., 187 o. l., 187 u. l., 209 u. r., 219 o. l., 227 o. l., 251 u. r., 261 u. r., 265 u., 267 o. l., 269 u. l.; **A. Krebs:** S. 77, 79; **Dr. B. P. Kremer:** S. 161; **G. Lopez:** S. 25 o. r., 27 o. l., 27 o. r., 29 u. r., 31 o. l., 31 o. r., 31 u. l., 31 u. r., 33 o. l., 33 u. r., 47 o. l., 47 o. r., 47 M. r., 47 u. r., 49 u. r., 51 u. r., 53 o. l., 57 o. r., 59 u. l., 59 u. r., 61 o. l., 65 u. l., 65 u. r., 69 o. l., 73 u. l., 87 o. r., 87 u. l., 87 u. r., 89 u. l., 89 u. r., 97 o., 103 u. l., 105 o. r., 105 u. l., 107 u. l., 107 u. r., 111 o. l., 111 u. l., 111 u. r., 113 o. l., 113 o. r., 113 u. l., 113 u. r., 115 o. l., 117 u. l., 117 u. r., 119 o. l., 119 o. r., 123 u. r., 125 o. l., 127 o. l., 127 o. r., 127 u. l., 127 u. r., 131 o. l., 131 o. r., 131 u. l., 131 u. r., 133 o. r., 133 u. r., 135 u. r., 137 u. r., 139 u. l., 141 u. l., 143 o. r., 145 o. r., 145 u. l., 151 o. l., 151 o. r., 151 u. l., 151 u. r., 157 o. l., 157 u. l., 157 u. r., 159 o. l., 159 u. l., 163 o. l., 163 o. r., 163 u. r., 169 o. l., 169 o. r., 171 o. l., 171 o. r., 171 u., 175 o. l., 179 o. l., 179 u. r., 181 u. l., 183 o. r., 183 u. l., 185 o. l., 187 o. r., 187 u. r., 195 u. l., 197 u. l., 199 u. l., 201 u. l., 203 u. l., 207 u. r., 209 o. l., 209 u. l., 211 o. r., 213 u., 215 o. r., 217 u. r., 221 o. r., 221 u. r., 223 o. l., 223 o. r., 223 u. l., 223 u. r., 227 u. r., 229 o. l., 229 u. r., 231 o. r., 231 u. l., 233 o. r., 235 o. l., 237 o. l., 237 o. r., 239 o. r., 239 u. l., 243 o. l., 245 u. l., 247 u. r., 249 o. r., 249 u. l., 249 u. r., 251 o. l., 251 o. r., 253 o. l., 253 o. r., 253 u. r., 255 o. l., 255 o. r., 255 u., 257 o. r.; **Dr. G. Pommer (Bayer. Landesanstalt):** S. 81; **G. Quedens:** S. 51 u. l., 169 u.; **E. Rapp:** S. 159 o. r., 233 u. l.; **H. Schrempp:** S. 25 o. l., 27 u. l., 29 o., 37 u. l., 37 u. r., 45 u. r., 49 o. l., 49 u. l., 55 o. r., 55 u., 59 o. l., 59 o. r., 63 u. r., 65 o. l., 65 o. r., 67 u. l., 71 o., 73 o. l., 73 u. r., 99 u. r., 101 o. l., 107 o. r., 111 o. r., 123 o. r., 125 o. r., 129 u. r., 137 o. r., 139 o. l., 141 o. l., 145 o. l., 153 o. r., 153 u. l., 153 u. r., 157 o. r., 179 o. r., 181 o. r., 189 o. r., 191 u. l., 191 u. r., 195 o. r., 195 u. r., 199 o., 203 o. r., 207 o. r., 209 o. r., 213 o. r., 219 u. r., 237 u. l., 241 u. l., 243 u. r., 245 o. r., 257 o. l., 267 o. r.; **G. Steinbach:** S. 37 o. r., 63 o. r.; **L. Waldrich:** S. 181 o. l.

Allgemeiner Teil: **Dr. Bruno P. Kremer:** S. 11, 17, 19, 23, 173 o. l., 173 o. r.; **G. Matzke-Hajek:** S. 273 u. r., S. 275 u. r.; **Dr. Bodo M. Möseler:** S. 273 o., 273 u. l., 275 o., 275 u. l., 277, 279 o., 279 u.; **H. Schrempp:** S. 2, 3, 173 u.; **Prof. Dr. W. Schuhmacher:** S. 279 M.; **G. Steinbach:** S. 9, 193 o.

Literatur

AICHELE, D. / SCHWEGLER, H. W.:
Unsere Gräser.
Kosmos-Verlag, Stuttgart 1981.

EHRENDORFER, F.:
Liste der Gefäßpflanzen Mitteleuropas.
Gustav Fischer Verlag, Stuttgart 1973.

ELLENBERG, H.:
Vegetation Mitteleuropas mit den Alpen.
Eugen Ulmer Verlag, Stuttgart 1978.

FITTER, R. / FITTER, A.:
Grasses, Sedges, Rushes and Ferns of Britain and Northern Europe.
Collins, London 1987.

FOURNIER, P.:
Les Quatres Flores de France.
Editions Lechevalier, Paris 1977.

HEGI, G.:
Flora von Mitteleuropa,
Band I. Carl Hanser Verlag, München 1965.

HUBBARD, C. E.:
Gräser.
UTB 233. Eugen Ulmer Verlag, Stuttgart 1985.

KLAPP, E.:
Taschenbuch der Gräser.
Paul Parey Verlag, Hamburg 1965.

KLAPP, E. / OPITZ VON BOBERFELD, W.:
Gräserbestimmungsschlüssel für die häufigsten Grünland- und Rasengräser.
Paul Parey Verlag, Hamburg 1988.

KÖRBER-GROHNE, U.:
Nutzpflanzen in Deutschland.
Kulturgeschichte und Biologie. Konrad Theiss Verlag, Stuttgart 1987.

MATZKE, G.:
Die Bärwurzwiesen (Meo-Festucetum BARTSCH 1940) der West-Eifel.
Tuexenia 9 (1989).

MÖSELER, B. M:
Die Kalkmagerrasen der Eifel
Decheniana-Beihefte 29 (1989).

OBERDORFER, E. / MÜLLER, T.:
Pflanzensoziologische Exkursionsflora.
Eugen Ulmer Verlag, Stuttgart 1979.

OBERDORFER, E.:
Süddeutsche Pflanzengesellschaften,
Bd. I und II, Gustav Fischer Verlag, Stuttgart 1978.

PETERSEN, A.:
Die Gräser als Kulturpflanzen und Unkräuter auf Wiese, Weide und Acker.
Akademie-Verlag, Berlin 1988.

ROTHMALER, W.:
Exkursionsflora,
Bd. 1 Gefäßpflanzen. VEB Volk und Wissen, Berlin 1972.

SCHMEIL, O. / FITSCHEN, J.:
Flora von Deutschland.
Verlag Quelle & Meyer, Heidelberg 1988.

WILMANNS, O.:
Ökologische Pflanzensoziologie.
UTB 269. Verlag Quelle & Meyer, Heidelberg 1973.

VERBÜCHELN, G.:
Die Mähwiesen und Flutrasen der Westfälischen Bucht und des Nordsauerlandes.
Abh. Westf. Mus. Naturkde. 49, 1–88 (1987).

Die Autoren

Prof. Dr. Jürke Grau, geboren 1937, studierte Biologie, Chemie und Geographie in Hamburg und München, promovierte 1964 in systematischer Botanik und habilitierte sich 1971. Seit 1977 ist er Professor an der Universität München. Seit 1991 ist er Direktor der Botanischen Staatssammlung München und des Botanischen Gartens in München. Er unternahm Forschungsreisen nach Südamerika und wirkte an mehreren internationalen Florenwerken mit.

Bruno P. Kremer, geboren 1946. Er studierte Biologie und Chemie an der Universität Bonn und promovierte 1973. Bis 1979 war er Wissenschaftlicher Assistent am Botanischen Institut, seit 1979 ist er Akademischer Rat an der Universität Köln. Er veröffentlichte zahlreiche wissenschaftliche Arbeiten, schrieb und übersetzte Bücher.

Bodo Maria Möseler, geboren 1954. Studium der Biologie und Chemie an der Universität Bonn. 1987 Promotion am Botanischen Institut der Universität. Seit 1987 Wissenschaflticher Mitarbeiter am Institut für Landwirtschaftliche Botanik, Abt. Geobotanik und Naturschutz, der Universität Bonn.

Gerhard Rambold, geboren 1956, studierte Biologie und Paläontologie an der Ludwig-Maximilian-Universität München und promovierte 1989 im Fach Systematische Botanik. Seit seiner Habilitation 1993 ist er Dozent an der Universität München. Er unternahm Forschungsreisen nach Nordafrika sowie Australien und publizierte mehrere Arbeiten zu holarktischen und australischen Flora.

Dagmar Triebel, geboren 1957, studierte Biologie und Paläobotanik an der Ludwig-Maximilian-Universität München und promovierte 1989 im Fach Systematische Botanik. Seit 1989 ist Dr. Triebel als Konservatorin an der Botanischen Staatssammlung München tätig. Sie unternahm botanische Exkursionen nach Skandinavien und ins Mittelmeergebiet. Beiträge vor allem zur europäischen Flora.